이른 새벽, 잠에서 깨어 원고를 읽었습니다. 평소 잔잔하던 저자의 목소리가 들리는 것 같았습니다. 늘 들어도 그의 설교는 이음매가 없이 만들어진 옷 같습니다. 성경에 대한 군더더기 없는 설명과 부드러우면서도 명확한 표현이 하나님의 말씀을 보다 명징하게 이해할 수 있게 합니다. 그의 설교 속에는 설교 전달에 있어서 칼빈이 늘 강조했던 '친밀함'(familiarity)이 있습니다. 이 독특한 분위기는 오랜 세월 자신의 말씀의 항아리 속에서 그것을 숙성시켜 온 과정, 즉 수없이 묵상하고 실천하고 고뇌하며 진리에 자기를 합치하고자 노력해 온 시간의 산물일 것입니다.

아침까지, 원고에 푹 빠져서 여러 편의 설교를 읽었습니다. 머리가 맑아졌습니다. 저자의 설교는 언제나 우리로 하여금 비본질적인 것을 버리고 본질적인 것에 집중하게 합니다. 자기부정을 강요받는 은혜로운 부담이 있지만, 그 부담이 도리어 더 깊은 은혜의 정동을 느끼게 합니다.

한 편의 설교는 설교자의 심장이 진리의 칼로 베어 흐르는 한 사발의 피입니다. 나는 저자의 설교를 들을 때마다 그를 깨뜨리시고 변하게 하시는 성령의 은혜를 봅니다. 그래서 그의 설교는 복음에 대한 변호가 아니라 증거가 되고, 그 증거는 거룩한 은혜의 도구가 됩니다.

이 책은 나에게 뙤약볕 아래 먼지 나는 신작로를 타박타박 걷다가 마시는 한 사발의 시원한 생수였습니다. 뙤약볕 내리쬐는 인생길 위에서 땀나고 지친 모든 사람들이 이 물을 마시고 다시 새 힘을 얻었으면 좋겠습니다.

김남준 목사(열린교회)

〈갈라디아서〉만큼 그 적은 분량으로도 복음을 명확히 정의하고 수호한 책이 있을까요? 하지만 다른(거짓) 복음 대 참된 복음, 행위 대 믿음, 율법 대 은혜, 육체의 소욕 대 성령의 열매 등, 대조를 통한 그 주제의 명확함에도 불구하고 〈갈라디아서〉를 정확히 이해하기는(설교는 더더욱) 결코 수월하지 않습니다. 그러기에 저 같은 보통 사람에게는 읽을수록 머리가 어지러워지는 논문이나 신학적 논쟁을 다루는 난삽한 책보다는, 정확한 주해를 바탕으로 본문의 의미와 의도를 명확히 풀어내면서 현실감 있는 적용을 제시하는 책이 절실합니다. 나는 이 책이 그러한 바람을 만족시켰다고 생각합니다. 사실 성경적이면서도 의미 전달이나 적용이 명확하고 깊이 있는 설교집만큼 영혼에 유익한 책이 어디 있겠습니까? 게다가 설교자의 정서와 인품까지 엿볼 수 있는 구어체 글이니, 그 맛 또한 친근하면서도 각별합니다. 일독 아니 다독을 권합니다.

김윤기 목사(남부중앙교회)

나라와 민족의 영적 현실에 대한 마음의 부담을 갖고 항상 복음의 본질을 밝혀 전하려고 분투해 온 사랑하는 친구 화종부 목사의 외침이 마침내 책으로 나오게 되어 한없이 기쁩니다. 그의 설교를 들을 때면 제 마음이 뜨거워지는 경험을 하곤 했는데 그 이유 하나는 그가 복음을 밝혀 우리로 하여금 그 부요한 은혜 앞으로 이끌어 주었기 때문이라고 생각합니다.

심리치유적이고 축복과 번성으로 변질된 복음, 또 도덕과 삶을 복음으로 포장한 도덕주의적인 복음, 그야말로 '심리치유적이고 도덕주의적인 이신론'(Christian Moralistic Therapeutic Deism)을 복음으로 말하는 현시대에 갈라디아서를 통해 복음의 본질을 밝힌 이 귀한 메시지들은 너무나 시효 적절한 내용입니다.

단순히 〈갈라디아서〉라는 성경의 한 책을 강해한 것을 넘어 우리 한국 교회의 영적 현실을 진단하며 복음의 빛을 비추고 있어서 더욱 그러합니다. 이 나라 민족을 복음으로 다시 일깨우고 흐트러진 한국 교회의 방향성을 다시 잡아 주는 귀한 도구가 될 것을 믿으며 진심으로 이 책을 추천합니다.

박순용 목사(하늘영광교회)

설교는 하나님과 사람, 하나님의 말씀과 교회를 연결시켜 주는 일입니다. 따라서 설교자는 하나님의 말씀도 잘 알아야 하고, 교회도 잘 알아야 합니다. 화종부 목사는 오랫동안 하나님의 말씀을 사랑하고 한국 교회를 사랑하며, 하나님의 말씀을 한국 교회의 현실에 적용하려고 많은 노력을 해 왔습니다. 이번에 화종부 목사의 첫 설교집으로 출간되는《읽는 설교, 갈라디아서》는 〈갈라디아서〉가 말하는 복음을 한국 교회에 적용하는 좋은 설교의 본이 됩니다. 독자들이 이 설교집을 통해 복음의 진수를 새롭게 깨닫고, 하나님을 더욱 사랑하며, 한국 교회를 더욱 사랑하는 일이 생겨나기를 기대합니다.

백금산 목사 (예수가족교회)

화종부 목사의 메시지는 우리를 자유케 하는 힘이 있습니다. 그의 말씀을 듣고 있으면 닫혀 있던 마음이 저절로 열립니다. 그리하여 마음속에 꼭꼭 숨겨져 있던 억눌렸던 자아가 해방을 얻습니다. 또한 화종부 목사의 메시지는 결코 감동을 받지 않으리라 다짐하던 영혼의 마음도 쉽게 무장해제 시키는 능력이 있습니다. 그리하여 상처 입고 스스로 마음을 닫았던 많은 젊은이들이 그의 메시지를 듣고 주님께 마음을 열고, 위로를 받고, 치료를 받고 새로워졌습니다. 그것이 그가 그토록 오랫동안 많은 사람의 사랑과 인정을 받는 설교자로 남아 있는 이유라고 생각합니다.

그의 메시지의 비밀은 하나님 아버지와의 친밀한 교제에 있습니다. 저는 화종부 목사만큼 하나님을 친밀하게 부르는 사람을 본 적이 없습니다. 그가 하나님을 "아버지"라고 부르는 것을 들은 사람들은 그가 하나님 아버지와 특별한 관계에 있음을 쉽게 알 수 있습니다. 그가 하나님 아버지를 "아버지"라고 부르는 것을 들은 사람들은 자신도 그처럼 아버지를 친밀하게 부르고 싶은 욕심이 생깁니다.

그의 메시지의 비밀은 성경 말씀 한 구절, 한 구절 그냥 지나치는 법이 없는 치밀함에 있습니다. 그는 말씀을 연구하면서 한 구절, 한 단어라도 쉽게 지나치지 않습니다. 그는 말씀을 붙들고 치열하게 씨름하면서 어떻게 하면 한 말씀, 한 단어라도 그 참된 의미를 다 깨달을 수 있을까 주의 음성을 듣기까지 결코 쉬지 않습니다.

그의 메시지의 비밀은 설교를 위한 메시지가 아니라 자신이 먼저 아버지께 들은 메시지라는 데 있습니다. 그는 말씀을 연구할 때 먼저 자신에게 주시는 하나님 아버지의 음성을 듣습니다. 먼저 자신을 하나님의 엄위로우신 말씀 앞에 굴복시킵니다. 그러고 나서 자신에게 말씀하신 아버지의 뜻을 전합니다. 그리하여 그의 메시지를 듣는 사람들은 하나님 아버지께서 친히 그에게 말씀하신 것을 듣고 있다는 인상을 받습니다.

이제 그의 메시지가 이렇게 책으로 나오게 되었습니다. 주님께서 이 지상 메시지도 변함없이 사용하셔서 많은 사람의 마음을 자유케 하는 역사가 있기를 기도하면서 기쁘게 이 책을 추천합니다.

장호익 목사(서대신교회)

갈라디아서

죠이선교회는 예수님을 첫째로(Jesus First)
이웃을 둘째로(Others Second)
나 자신을 마지막으로(You Third) 둘 때
참 기쁨(JOY)이 있다는 죠이정신(JOY Spirit)을 토대로
하나님 나라의 확장을 위해 지역 교회와 협력, 보완하는
선교 단체로서 지상명령을 성취한다는 사명으로 일합니다.

죠이선교회출판부는 그리스도를 대신한 사신으로
문서를 통한 지상명령 성취와 하나님 나라 확장을 위해 노력합니다.

《갈라디아서》
Copyright ⓒ 2014 화종부

이 책의 저작권은 저자와 독점 계약한 죠이선교회에 있습니다.
신 저작권법에 의하여 한국 내에서 보호받는 저작물이므로 무단 전재와 무단 복제를 금합니다.

• 읽는 설교 •

갈라디아서
Galatians

• 화종부 지음 •

죠이선교회

차례

들어가는 글   011

1부 권위에 관한 문제_ 규례와 기준이 있는 삶

1장 사도 바울이 전한 복음 Ⅰ (갈 1:1-5)   017

2장 사도 바울이 전한 복음 Ⅱ (갈 1:1-5)   041

3장 오직 하나뿐인 복음 (갈 1:6-10)   057

4장 하나님의 계시로 받은 복음 (갈 1:11-24)   075

5장 독립적이면서도 동일한 복음 (갈 2:1-10)   091

6장 믿음으로 말미암아 의롭다 하심 (갈 2:11-16)   109

7장 믿음과 행함 (갈 2:15-21)   127

8장 예수를 믿을 때 우리에게 일어나는 일 (갈 2:16-21)   145

2부 복음과 구원에 관한 문제_ 공로냐, 십자가냐

9장 성령으로 시작하였다가 육체로 마치겠느냐 (갈 2:16-3:5)	165
10장 우리를 위해 저주 받으신 예수 (갈 3:6-14)	181
11장 율법과 약속 (갈 3:15-22)	193
12장 너희는 예수 안에서 하나라 (갈 3:21-29)	209
13장 새로운 시대, 새로운 신분 (갈 4:1-11)	225
14장 우리의 과거와 현재 (갈 4:4-11)	245
15장 너희도 나와 같이 되라 (갈 4:12-20)	261
16장 육체를 따라 난 자와 약속으로 난 자 (갈 4:21-31)	279
17장 약속으로 난 자들에게 있는 핍박과 유업 (갈 4:21-31)	297

3부 성령을 통한 성결_ 모양이냐, 새 창조냐

18장 바른 신앙, 거짓 신앙 (갈 5:1-12)	317
19장 바른 교훈, 거짓 교훈 (갈 5:6-15)	335
20장 사랑으로 서로 종노릇하라 (갈 5:13-18)	355
21장 성령을 따라 행하라 Ⅰ (갈 5:16-26)	369
22장 성령을 따라 행하라 Ⅱ (갈 5:16-26)	387
23장 너희가 짐을 서로 지라 (갈 5:26-6:10)	405
24장 성령을 위하여 심으라 (갈 6:7-16)	425
25장 단 하나의 복음 (갈 6:11-18)	443
26장 십자가 외에 결코 자랑할 것이 없으니 (갈 6:13-14)	463
부록 야고보서와 갈라디아서 비교 (약 2:14-26)	479

들어가는 글

간혹 저를 아끼는 지인 중에 저에게 책을 낼 것을 권할 때가 있었습니다. 그때마다 이미 귀한 사람들을 통해 좋은 책들이 많이 나왔는데 제가 책을 써서 서점에 한 권을 남긴다는 것에 자신 없어 주저하거나 두려운 마음이 있었습니다. 뿐만 아니라 눈에 띄지 않고 원칙을 지키며 목회하는 것이 저의 부르심이라고 여겼던 터라 책 내는 일은 그렇게 즐겁지 않았습니다. 그러나 약 두 해 전에 생각지도 못한 사역지 이동으로 새로운 임지가 결정되었습니다. 그러면서 저는 이제 주님께서 구체적이고 실제적인 사역으로 조국 교회를 섬기고 다른 사람들을 유익하게 하는 일을 하도록 저를 부르셨다고 여기게 되었습니다. 그 주님의 부르심에 순종하는 첫걸음이 부족하지만 저의 설교했던 자료들을 책으로 내는 것이라고 생각했습니다. 그리고 이렇게 첫 책을 출판하게 되었습니다.

이 책은 제가 남서울교회에 부임해 온 이후 주일 오전 예배 때 전한 설교를 모은 것입니다. 1장을 제외하고 설교를 녹화해 둔 것을 가능하면 거의 수정하지 않은 원형 그대로 옮기려고 노력했습니다. 왜냐하면 설교는 수필이나 소설처럼 출판을 위한 글이 아니기 때문에, 설교집은 청중들에게 들려진 형태를 가능한 한 그대로 담아야 설교집다울 뿐만 아니라 설교의 맛과 멋이 그대로 독자에게 전달될 수 있다고 생각했습니다.

이렇게 고민하고 구성된 책이기 때문에 구어체 사용으로 인해 문체상의 결점이 자주 드러나 보이고, 같은 내용의 반복이 많아 독자들의 마음이 불편하지 않을까 염려됩니다. 그럼에도 설교라는 점을 감안하시고 독자분들이 있는 그대로 읽어 주시는 아량을 베풀어 주시기를 바랍니다. 이런 기대를 가지고 감히 책 제목도 《읽는 설교, 갈라디아서》라고 붙여 보았습니다.

부족한 제가 출간 첫 책으로 〈갈라디아서〉를 택한 것은 제가 가진 조국 교회를 향한 문제의식 때문입니다. 남서울교회에 부임하면서 시작한 첫 설교는 〈빌립보서〉였습니다. 그럼에도 〈갈라디아서〉 설교를 먼저 출판하게 된 것은 조국 교회가 아직도 복음과 그 본질에 너무 약함을 보이고 있다고 여겼기 때문입니다. 저는 오늘날 조국 교회를 향한 지탄과 비난은 한마디로, "교회다운 교회, 복음과 내용에 충실한 기독교로 전환하라"는 요구로 듣고 있습니다. 오랜 세월 저는 이런 몸부림을 가지고 목회의 길을 달려 왔기 때문에 조국 교회에 작은 보탬이라도 되기를 기대하면서 〈갈라디아서〉 설교를 첫 책으로 내게 되었습니다. 저의 작은 바람은 이 책을 통해 설교를 준비하는 사역자들이나 말씀을 사랑하는 조국 교회 성도들에게 작은 유익이 되기를 기대합니다. 또한 조국 교회에 복음과 말씀을 착실하게 전달하는 강해 설교자들이 많이 나타나 풍성한 꼴을 이 땅 곳곳에 뿌리길 바랍니다. 더불어 그렇게 전해진 말씀으로 하나님이 영광 받으시고 조국 교회가 영의 살이 오르길 소망합니다. 이런 일에 저의 책이 작은 보탬이 된다면 더없는 영광일 것입니다.

이 책이 나오기까지 부족한 사람을 기다려 주고 아껴 준 제자들교회와 남서울교회 성도들의 사랑과 섬김에 감사를 드립니다. 이런 귀한 청중들이 있었기에 부족한 제가 책을 출간할 수 있었다는 것을 분명히 밝혀 드리고 싶습니다. 또한 저의 평생의 친구요, 제 설교의 최고 비평자이며 경청자였던 아내의 수고에 깊은 감사와 사랑을 전합니다. 지난 십수 년을 함께 사랑하며 함께 즐거워했던 죠이선교회 출판부를 통해 책을 낸 것도 또 다른 행복이며 즐거움입니다. 수고하고 애써 준 죠이선교회 출판부 김동신 간사님과 이성민 목사님께 마음 다한 감사를 전합니다.

화종부 목사

1부
권위에 관한 문제

규례와 기준이 있는 삶

갈라디아서 1장 1-5절

사람들에게서 난 것도 아니요 사람으로 말미암은 것도 아니요 오직 예수 그리스도와 그를 죽은 자 가운데서 살리신 하나님 아버지로 말미암아 사도 된 바울은 함께 있는 모든 형제와 더불어 갈라디아 여러 교회들에게 우리 하나님 아버지와 주 예수 그리스도로부터 은혜와 평강이 있기를 원하노라 그리스도께서 하나님 곧 우리 아버지의 뜻을 따라 이 악한 세대에서 우리를 건지시려고 우리 죄를 대속하기 위하여 자기 몸을 주셨으니 영광이 그에게 세세토록 있을지어다 아멘

1장
사도 바울이 전한 복음 I

갈라디아서는 "종교 개혁의 책"이라는 별명을 가지고 있습니다. 왜냐하면 이 책에는 종교 개혁의 핵심적인 신학 사상이 녹아 있기 때문입니다. 특별히 종교 개혁의 도구였던 마르틴 루터는 '갈라디아서'를 자신이 가장 좋아하는 책으로 손꼽았습니다. 심지어 그는 《탁상 담화》에서 "나는 갈라디아서와 결혼했고, 이 책은 카타리나 폰 보라(루터의 아내)다"라고 말할 정도였습니다. 또한 루터는 목회 사역을 하면서 갈라디아서를 가지고 무려 여섯 번에 걸쳐 강의를 했고, 스무 편이 넘는 설교를 남길 만큼 이 책에 대한 애정이 남달랐습니다. 이런 면에서 종교 개혁의 후예인 우리가 갈라디아서를 살피는 것은 중요한 의미를 갖습니다.

갈라디아서의 저자는 당연히 바울입니다. 저술 스타일이나 사용된 언어 형태, 신학적 논의와 접근 방식, 내용 등에서 저작자에 관해 논란이 있을 수 없는, 확실한 바울의 서신서입니다. 갈라디아서 6장 11절을 보면,

바울이 쓴 편지라는 것을 가장 확실하게 확인할 수 있습니다.

> 내 손으로 너희에게 이렇게 큰 글자로 쓴 것을 보라

이 서신의 저자 바울은 로마서처럼 율법의 행위와 관계 없이 하나님의 은혜와 믿음으로만 의롭다 하심을 얻는 교리, 이신칭의(以信稱義)를 다루고 있습니다. 더불어 이 편지는 성령을 좇아 행하는 것을 성도의 삶의 원리로 제시하고 있습니다.

사도직의 신적 기원

그 중에서도 서론 부분인 갈라디아서 1장 1-5절은 두 가지 핵심적인 주제로 구성되어 있습니다. 하나는 은혜의 복음에 대한 부분이고, 다른 하나는 바울의 사도권 입증에 대한 부분입니다. 이 두 가지 주제는 이 편지가 쓰인 배경과 연관되어 있습니다.

예수를 만난 후 하나님 안에서 자유로운 존재가 된 바울은 갈라디아 지역을 몇 차례 여행하면서 복음과 자유로운 삶을 소개했습니다. 그러면서 바울은 갈라디아 지역에 여러 교회를 세웠습니다. 그러자 바울을 대적하는 거짓 선생들이 일어나 바울이 전하는 복음을 강력하게 공격하기 시작했습니다. 이들은 오직 믿음, 은혜로만 구원받는다고 가르치지 않고 믿음 이상의 것, 곧 할례와 율법을 추가로 지켜야 한다고 주장했습니다. 거짓 선생들은 예전의 방식대로 다시 종교적 규율에 사람들을 가두기 시작

한 것입니다. 이런 거짓 복음을 전하기 위해 바울이 전한 복음만 공격한 것이 아니라 그의 권위에도 심각한 손상을 주고자 사도권을 놓고 맹렬히 공격했습니다.

사실, 바울은 열두 사도와 좀 다릅니다. 예수께서 생전에 뽑은 사도가 아닐 뿐더러 그분과 함께 지낸 제자도 아닙니다. 그렇기 때문에 갈라디아서에 소개된 거짓 선생들은 "바울은 열두 사도 가운데 하나도 아니고, 어느 누구에게도 권위를 부여받은 바가 없는 자칭 사도라 주장하는 사기꾼일 뿐"이라고 주장했던 것입니다. 바울은 갈라디아 지역의 교회들을 어지럽히는 거짓 선생들 때문에 자신의 사도적 권위와 자신이 전한 은혜의 복음이 부정되는 위험에 직면한 상황에서 이 편지를 썼습니다. 그래서 바울은 자신이 전한 복음이 바른 것임을 증명하기 위해 자신이 명백한 사도임을 1절부터 소개하고 있습니다.

> 사람들에게서 난 것도 아니요 사람으로 말미암은 것도 아니요 오직 예수 그리스도와 그를 죽은 자 가운데서 살리신 하나님 아버지로 말미암아 사도 된 바울은

1절에서 바울은 예수를 죽은 자 가운데서 살리신 하나님을 언급하여 예수의 부활과 자신의 사도 직분을 직접 연결시킵니다. 바울은 자신의 사도 직분에 대해 두 번의 "아니요"와 한 번의 "오직"이란 말로 강조하고 있습니다. 자신의 사도 직분은 근원(from)이 사람들(men)에게 있지 않으며, 또한 어떤 사람(man)의 중개(by)를 통해서 된 것도 아니라고 말합니다. 바

울 자신의 의지도 아니고 베드로, 야고보, 아나니아, 바나바 등의 사람을 통해서 받은 것도 아니라는 것입니다. 또한 사도 직분은 예루살렘 교회나 안디옥 교회가 세운 것도 아니고, 열두 사도가 임명한 것도 아닙니다. 바울은 자신의 사도 직분이 오직 예수 그리스도와 그를 죽은 자 가운데서 살리신 하나님 아버지로부터 왔다고 변호합니다. 대적자, 즉 거짓 선생들은 바울이 예수를 만난 적이 없기 때문에 정식 사도가 아니며 스스로 사도라고 주장하는 자에 불과하다고 공격했습니다. 이런 상황에서 바울은 자신이 비록 구주가 세상에 계실 때 직접 가르침을 받지 못했으나 부활하신 예수를 직접 만났고, 그분이 자신을 사도로 세우셨기에 자신은 사도가 맞다고 변호합니다.

사도행전 9장에 나오는 다메섹 사건을 봅시다. 교회를 핍박하고 성도를 잡아 죽이기 위해 다메섹, 즉 다마스커스로 가던 사도 바울에게 예수께서 나타나셔서 이렇게 말씀하십니다.

> 사울아 사울아 네가 어찌하여 나를 박해하느냐(행 9:4)

부활하신 예수께서 나타나셔서 사울이 가던 길을 멈추시고, 그 자리에서 회심과 중생의 경험을 시키십니다. 그런데 이 다메섹 사건은 바울이 회심하는 사건일 뿐 아니라, 사도의 직분을 받는 사건이기도 합니다. 동시에 사도의 직분으로 전하게 될 복음을 전수받는 사건이기도 합니다. 바로 삼중적 사건입니다. 부활하신 예수를 만나 회심하는 사건이자, 사도로 임명받은 사건이며, 복음을 전수받은 사건입니다. 그러므로 사도 바울은 다메섹 도상에서 부활하신 주님이 직접 나타나서 사도 직분을 주셨으므로 자신의 사도직이 신적 기원을 가진 것이며, 자신은 예수의 파송을 받은 열두 사도와 똑같은 사도임을 주장합니다. 바울의 사도 직분은 결코 인간적인 것이 아니며 근본적으로 신성한 것이고 하나님과 예수 그리스도가 자신의 사도 직분 수여자요, 임명자이심을 주장하고 있습니다.

왜 이렇게 바울이나 거짓 선생들이 사도직에 열을 올릴까요? 여기서 "사도"라는 직분이 무엇인지 살펴볼 필요가 있습니다. 사도는 특수한 기능을 위해서 예수께서 세우신 특별한 직분으로, 다음과 같은 의미가 있습니다.

첫째, 사도는 예수께서 수많은 제자 중에 열두 명을 택하셔서 세운 직분이며 주의 이름으로 가르치도록 자격을 부여한 직분입니다.

둘째, 사도는 예수를 몸으로 경험했다는 면에서 아주 특별한 직분입니다. 이들은 부활하신 예수를 직접 만난 자들입니다. 오늘날 우리도 예수 그리스도를 만났다고 주장할 수 있습니다. 그러나 우리는 예수를 성령을 통하여 인격적으로 만난 것이지 직접 만난 것은 아닙니다.

셋째, 사도는 예수와 함께 지내면서 겪은 일들을 자신들이 직접 기록하거나 기록할 수 있도록 도와준 사람들로서 특별한 직분입니다. 우리 중 어느 누구도 예수 그리스도를 직접 만난 내용을 기록하거나 기록하도록 도울 수 없습니다. 그러므로 사도 직분은 신약 성경이 완성된 후에는 더 이상 계승될 필요도 없고 계승되지도 않습니다.

더불어 사도는 '보냄을 받은 자'라는 의미입니다. 히브리 전통에 따르면

보냄을 받은 자는 그를 보낸 자와 동일합니다. 그러므로 바울은 부활하신 예수를 직접 만나 그분으로부터 직접 보내심을 받아 특별한 권세와 능력을 가지고 사도의 직분을 감당한 것입니다. 따라서 바울은 예수 그리스도의 권위를 가지고 복음을 전한 것이며, 그리스도의 권위에 기초하여 은혜의 복음을 변호하고자 한 것입니다.

이처럼 바울의 사도직이 하나님으로부터 왔다는 것은 매우 중요합니다. 왜냐하면 바울이 전한 복음과 직접 쓴 편지의 진실성을 입증하는 것은 그의 사도 직분이 타당한지에 달려 있기 때문입니다.

갈라디아 지방 여러 교회에 보내는 편지

사도 바울은 이를 증명하기 위해 편지를 썼다고 말합니다. 누구에게 이 편지를 썼습니까? 2절을 보겠습니다.

> 함께 있는 모든 형제와 더불어 갈라디아 여러 교회들에게

사도 바울은 갈라디아 지방에 있는 여러 교회에게 편지를 썼습니다. 갈라디아 지방은 소아시아 지역을 말합니다. 사도행전 13, 14장에 나오는 비시디아 안디옥, 더베, 루스드라, 이고니온 등의 지역이 갈라디아 지방입니다. 안디옥에 있는 바울의 동역자들은 모두 형제이며 하나님의 가족의 일원으로 함께 갈라디아 지방에 있는 여러 교회를 염려하고 있습니다. 그러나 이 편지가 갈라디아 지방에 있는 교회들에게 보낸 것은 맞지만 정확하

게 어느 지역을 가리키는 것인지는 학자들마다 의견 차이가 있습니다. 크게 두 가지로 나뉩니다. 하나는 갈라디아 옛 왕국이 있던 지역을 가리키는 "북(北) 갈라디아 설"이고, 다른 하나는 로마 행정 구역인 갈라디아를 의미하는 "남(南) 갈라디아 설"입니다. 주전 25년 아우구스투스 황제가 창설한 로마의 행정 구역 남 갈라디아는 기존의 갈라디아로 지칭되던 옛 지역에 비시디아, 이사우리아, 밤빌리아, 루가오니아, 파프라고니아, 갈라디아 본도의 일부 지역까지 포함시킨 구역입니다. 갈라디아서가 세련되고 잘 구성된 논의들을 포함하고 있다는 사실이나, 사도행전 16장 6절에 부르기아와 갈라디아 지방이 언급된 점, 북 갈라디아는 상당히 고립되고 험한 곳으로 병약한 바울이 여행했을 가능성이 희박하다는 점, 사도행전에 바울이 북 갈라디아 지역을 방문했다는 아무런 관련 구절이 등장하지 않는 점, 사도행전 20장 4절에 나오는 바울의 동료들 이름 가운데 더베 사람 가이오와 루스드라 사람 디모데가 나오는데 이 두 사람은 모두 남 갈라디아 지역 사람들이나 북 갈라디아 지역에서 온 사람은 언급되지 않고 있다는 점에서 "남 갈라디아 설"이 대다수 학자에게 지지를 받고 있습니다.

이 편지는 예루살렘 회의가 열리기 전인 주후 49년경, 바울이 1차 전도 여행을 마치고 돌아온 후에 교회들의 소문을 듣고 쓴 바울의 최초의 편지로, 바울이 회심한 지 약 열다섯 해가 지난 후에 쓴 것으로 알려져 있습니다.

그러나 이 편지가 기록된 연대를 결정하는 일에 있어서 우리가 고려해야 할 점이 있습니다. 이 부분은 학자들 간에 논쟁이 있는 부분입니다. 왜냐하면 예루살렘 회의(행 15장)와 갈라디아서 2장 1-10절(십사 년 후에 내가 바나바와 함께 디도를 데리고 다시 예루살렘에 올라갔나니……)에 등장하는 갈라디아 교회에 대한 두 번에 걸친 방문 암시 때문입니다. 만약 두 번째 방문이 사도행전 16장 6절(성령이 아시아에서 말씀을 전하지 못하게 하시거늘 그들이 브루기아와 갈라디아 땅으로 다녀가)에 대한 언급이라면 갈라디아서는 예루살렘 회의보다 한두 해 후에 기록되었을 가능성이 있습니다. 하지만 두 번째 방문이 바울과 바나바가 안디옥으로 돌아오는 과정에서 남 갈라디아 교회들을 재방문한 것을 묘사하는 사도행전 14장 21절(복음을 그 성에서 전하여 많은 사람을 제자로 삼고 루스드라와 이고니온과 안디옥으로 돌아가서)의 방문과 동일하다면 갈라디아서는 예루살렘 회의 전 주후 49년경에 기록되었을 가능성이 큽니다. 우리가 먼저 확인해야 하는 것은 갈라디아서 2장 1-10절의 기록이 사도행전 15장에 나오는 예루살렘 회의와 동일한 것인지 여부입니다. 동일한 사람들이 있었고, 동일한 주제가 논의되었으며, 동일한 원리가 받아들여졌기 때문에 같은 것으로 볼 수 있습니다. 그래서 이 내용이 전통적인 견해였습니다.

그러나 갈라디아서 2장 2절(계시를 따라 올라가 내가 이방 가운데서 전파하는 복음을 그들에게 제시하되 유력한 자들에게 사사로이 한 것은 내가 달음질하는 것이나 달음질한 것이 헛되지 않게 하려 함이라)은 사적인 모임이었던 반면, 사도행전 15장은 공적인 회의였습니다. 또한 갈라디아서 2장에서 바울은 능동적인 역할을 감당했으나 사도행전 15장에서는 특별한 역할이 없었습니다. 더 중요한 것은 갈라디아서 2장이 사도행전 15장에서 결정한 이방인들을 향한 현실적인 몇 가지 결정 사항을 전혀 언급하지 않고 있다는 점입니다. 이는 바울이 갈라디아서를 기록할 당시 그 결정 사항들에 대해 알지 못했음을 암시하는 것이며 갈라디아서가 예루살렘 회의보다 앞선다는 사실을 강력하게 말하는 것입니다. 또한 갈라디아서 2장 11절(게바가 안디옥에 이르렀을 때에 책망 받을 일이 있기로 내가 그를 대면하여 책망하였노라)에 나오는 안디옥에서 있었던 바울과 베드로 사이의 신학적인 갈등과 균열을 볼 때 안디옥 사건이 예루살렘 회의 이전이었음을 암시합니다.

이런 점에서 다시 본다면, 갈라디아서 1장 18-20절(그 후 삼 년 만에 내가 게바를 방문하려고 예루살렘에 올라가서 그와 함께 십오 일을 머무는 동안 주의 형제 야고보 외에 다른 사도들을 보지 못하였노라 보라 내가 너희에게 쓰는 것은 하나님 앞에서 거짓말이 아니로다)은 사도행전 9장 26-29절에 나오는 첫 번째 예루살렘 여행이고, 갈라디아서 2장의 회합은 사도행전 11장 30절, 12장 25절에 나오는 두 번째 예루살렘 여행으로서 부조를 전달하는 여행의 어느 시점에서 이뤄진 사적인 만남이며, 사도행전 15장은 사실상 그의 세 번째 예루살렘 여행이라고 보는 것이 타당하며 시점이나 방문 횟수 문제를 해결해 줍니다.

그러므로 갈라디아서는 사도행전 15장에 나오는 예루살렘 회의가 있기 전 주후 49년경에 기록된 것으로 볼 수 있습니다.

은혜와 평강이 있기를

갈라디아서는 오늘날 후대에게 "바른 복음"이 무엇인지를 알려 주고 있습니다. 그렇다면 "바른 복음"이란 무엇입니까? 바울이 전한 구원의 복음을 한 마디로 요약하면 "은혜와 평강"이라고 할 수 있습니다. 3절을 봅시다.

우리 하나님 아버지와 주 예수 그리스도로부터 은혜와 평강이 있기를 원하노라

사도행전 20장 24절에는 바울이 복음을 가리켜 "하나님의 은혜의 복음"이라고 표현한 내용이 나옵니다. 복음은 하나님의 은혜를 전하는 것입니다. 하나님이 우리에게 주시는 은혜, 혹은 하나님으로부터 오는 은혜를 담고 있는 것이 복음입니다. 복음이 하는 중요한 일은 하나님의 은혜를 우리에게 가르치고, 그분의 은혜를 우리가 누리게 하고, 그분의 은혜 속으로 우리를 데려가는 것입니다. 바울은 복음이 하나님의 은혜를 결정적으로 좌우하기 때문에 이 복음을 바르게 전하고 싶었던 것입니다.

이 은혜는 매우 중요합니다. 은혜는 자격이 없는 자들에게 거저 베풀어 주시는 하나님의 사랑, 넘치는 호의입니다. 그래서 이 은혜를 "선물"이라고도 합니다. 우리가 살고 있는 세상은 은혜가 아니라 자격과 조건이라는 틀 속에서 움직입니다. 사람이 이 땅에 태어나 자라면서 평생을 걸쳐 습득하게 되는 삶의 방식 중에 자격과 조건을 빼놓고 이야기할 수 없을 정도입니다.

사람들은 좋은 자격과 조건을 얻기 위해 죽자고 공부하고 일합니다. 왜냐하면 좋은 자격과 조건을 구비해서 다른 사람들에게 인정받아야 쓸모없는 사람 취급을 받지 않기 때문입니다. 자격과 조건을 구비하는 제일 좋은 방법은 돈과 지위를 확보하는 것입니다. 돈과 지위를 얻기 위해 사람들은 자신의 인생 대부분을 허비합니다. 자녀들과 함께 지내는 것보다 직장에 나가 조금이라도 더 많은 돈을 벌어오는 것이 당연한 인생살이며

사랑하는 방법이라고 생각합니다. 외모도 굉장히 중요한 자격과 조건이 되었습니다. 예쁜 사람만 대우해 주기 때문에 더 예뻐지려고 합니다. 우리 중에 어느 누구도 설계 도면을 직접 그려 하나님께 주문 제작해서 나온 사람은 없습니다. 주님이 주신 대로 받은 우리입니다. 그런데 자신의 외모를 다른 사람과 비교합니다. 이처럼 우리의 인생살이는 끝없는 수고의 연속입니다. 자신을 가치 있고, 존경받고, 인정받는 존재로 만들기 위해 삶의 긴장만을 붙들고 살고 있습니다.

그러나 복음은 사람들에게 하나님은 다르다는 것을 알려 줍니다. 하나님은 우리가 몸담고 있는 세상과 다릅니다. 하나님은 우리를 사랑하시고, 우리에게 좋은 것을 주십니다. 하나님은 좋은 것을 주시되 우리의 자격과 조건에 근거해서 주시지 않습니다. 우리가 예쁘기 때문에, 앞으로 훌륭한 사람이 될 가능성이 있기 때문에, 구원해 놓으면 하나님께 큰 유익을 끼칠 것 같기 때문에 주시지 않습니다. 하나님은 어떤 가능성이나 기대를 가지고 우리를 선택하시지 않았습니다. 많은 자격과 조건을 구비했기 때문에 우리를 선대하고 사랑하시는 것이 아닙니다. 하나님 자신이 선하기 때문에 자격 없는 우리에게 가장 좋은 것을 주십니다. 이것이 은혜입니다. 이 내용이 은혜의 복음이 우리에게 전하고 싶어하는 핵심입니다.

다시 말해, 하나님은 우리가 가지고 있는 어떤 아름다움이나 가능성에 근거하지 않습니다. 오직 그분의 선하심과 넘치는 사랑 때문에 우리를 사랑하시고, 우리의 모든 죄를 덮어 주시고, 의롭다고 해 주시고, 하나님의 가정에 우리를 입양하셔서 하늘에 있는 것이나 땅에 있는 모든 부요와 아름다운 것을 우리에게 거저 주신 것이 은혜입니다.

앞서 말했듯이, 우리가 살아가는 세상은 은혜가 지배하지 않습니다. 조건과 자격이 지배하는 세상입니다. 살아가는 것이 수고로운 인생길입니다. 아무리 돈을 많이 모으고 성공하여 자식을 잘 기르는 것이 행복해 보여도 그 속을 열고 들어가 보면 그 옛날 모세가 말했던 것처럼 수고와 슬픔뿐입니다. 인생살이 자체가 쉼이 없고, 긴장을 멈출 수가 없습니다. 그런데 선하신 하나님은 조건과 자격에 상관없이 우리에게 넘치는 사랑과 은혜를 베풀어 주십니다. 이 은혜를 알아야 우리는 사는 것처럼 살게 됩니다. 은혜를 알아야 우리는 이 땅에서 영생의 복이 무엇인지 경험하게 됩니다. 은혜를 알아야 자신의 자격과 조건을 높이기 위해 시간과 재물을 쓰는 긴장 속에서 벗어날 수 있습니다. 이 땅의 모든 것을 선물로 주신 하나님을 누리면서 베풀고 섬기고 희생하는 삶이 가능해지는 원동력은 은혜에 대한 감각 때문입니다.

제가 신앙 생활을 시작하고 3, 4년 동안, 죽을 것 같은 고통이 따랐습니다. 예수를 믿기 전에 저는 어지간히 바르게 살려고 몸부림치며 살았다고 생각했습니다. 그런데 교회를 다니면서 말씀을 듣고 믿음의 눈이 조금씩 열리자 나 자신에 대해 정죄만 하게 되었습니다. 이전에는 죄라고 생각하지 않았던 것들이 죄로 보이기 시작했습니다. 과거에 했던 많은 일이 하나님 앞에서 죄이며 악한 행동임을 깨달았고 동기와 내면의 불순함이 들여다보이기 시작하자 심령이 무너지는 것 같은 좌절감을 느꼈습니다. 그 정죄와 좌절은 말할 수 없을 정도였습니다. 그때 제가 제일 싫어했던 성경 구절이 요한복음 10장 10절, "내가 온 것은 양으로 생명을 얻게 하고 더 풍성히 얻게 하려는 것이라"는 말씀이었습니다. 삶이 풍성하기는커녕, 어떤 면에서는 이전보다 못한 삶이었고, 자신에 대한 정죄와 좌절의 상처는 말로 다 표현할 수 없을 정도였습니다. 그런데 성경은 예수 그리스도가 풍성한 삶을 위해 오셨다는 겁니다. 마음이 너무 고통스러웠습니다. 내 삶에 뭔가 문제가 있는 것 같다는 깊은 절망을 가지고 고통스럽게 지냈습니다.

혹시, 제가 겪었던 길을 지금 걷고 있는 분이 계십니까? 신앙 생활을 하고 있는데 기쁨이나 만족, 행복을 느끼지 못하고 정죄와 좌절을 끊임없이 느끼고 계십니까? 그렇다면, 아직 은혜를 모르는 것입니다. 내가 나를 보는 눈이나 세상이 나를 보는 눈으로 보면, 우리 삶의 짐은 절대로 가벼워지지 않습니다. 은혜의 눈으로 나를 보고 계시는 하나님을 모르면 우리의 질고는 점점 더 강하게 우리를 압박할 것입니다.

부모들 중에 혹시 자식을 길러 시집 장가 보내면 짐이 가벼워질 것이라고 생각하시는 분 계신가요? 절대로 그렇지 않습니다. 아무리 해도 짐은 가벼워지지 않습니다. 그래서 어른들이 자조 섞인 말로 "배 속에 들어 있을 때가 제일 편하다, 무자식이 상팔자다"라고 말을 하지 않습니까. 우리 삶에 긴장은 멈추지 않습니다. 그래서 사람은 은혜가 뭔지 알아야만 이 땅에서 진정한 삶을 살 수 있습니다. 하나님이 주시는 은혜에 맞닥뜨려 봐야 긴장을 푼 삶의 부요를 경험하기 시작합니다.

정죄와 좌절, 억눌림과 상함은 하나님이 나를 은혜 안에서 대하신다는 것을 느끼고 깨달을 때 덜어 낼 수 있습니다. 나를 평가하고 점수 매기는 세상 속에서 예수 그리스도 때문에, 하나님의 사랑과 선하심 때문에 우리가 귀하게 여김받는 사실을 느낄 때, 비로소 무거운 짐들을 벗고 예수 믿는 참맛을 알 수 있습니다.

　목회를 하다 보면 여러 사람을 보게 됩니다. 어떤 사람은 좋은 사람인데 예수 믿는 참맛을 몰라서 안타까울 때가 있습니다. 은혜가 뭔지 모르기 때문입니다. 그래서 자신의 스펙을 업그레이드시키고, 자신을 가치 있고 예쁘게 만들기 위해 쉼 없는 인생길을 가고 있습니다. 하나님은 우리의 자격이나 조건에 근거하지 않으시고, 우리의 행한 업적에 근거하지 않으시고, 우리의 공로에 근거하지 않으시고, 당신 자신의 선하심과 사랑으로, 예수의 공로만으로 우리를 은혜 가운데 선대하십니다. 이것이 복음의 핵심이며, 복음의 심장입니다. 이 비밀을 알 때, 우리 안에 진실한 변화가 시작됩니다.

　어느 성도가 이런 말을 했던 것이 기억납니다. "목사님, 한국 교회 성도들은 삶이 없는 것 같아요." 그런가요? 저는 그렇게 생각하지 않습니다. 삶을 가능하게 하는 은혜에 대한 감각이 없는 것입니다. 은혜를 알면 사람들이 달라질 수 있습니다. 어떻게 달라집니까? 다른 사람을 조건 없이 사랑하기 시작합니다. 결혼을 하면 이 말을 잘 이해할 수 있습니다. 평생 아내와 남편으로 살고, 귀한 자녀를 양육하면서 우리가 무엇을 배웁니까? 내 가족을 사랑하기에도 부족한 우리 자신을 보게 되지요. 우리가 가진 모든 것을 줘도 아깝지 않은 아내와 남편, 자식인데도 사랑하는 것이 얼마나 어렵습니까. 이런 경험 속에서 사랑은 무조건적이어야 한다는 사실을 수많은 실패를 통해 배웁니다. 그러나 무조건적 사랑은 하나님의 귀한 은혜를 느껴야 가능합니다.

　우리를 힘들고 아프게 하고, 우리를 해코지하려고 악한 말을 일삼는 사람들에게 주님이 우리를 대하시는 것과 같이 하려면 이것도 은혜에 대한 감각이 생길 때에만 가능합니다. 누군가를 조건 없이 사랑하고 지지하고 아껴 주고 베푸는 것은 은혜를 아는 성도만이 할 수 있는 일입니다.

성도는 그저 불쌍한 사람을 동정하는 사람이 아닙니다. 또한 성도는 불행하고 불쌍해 보이는 사람들과 비교해서 상대적인 만족감을 느끼며 여유를 나눠 주는 사람도 아닙니다. 우리 같은 사람을 선대하시는 하나님의 마음을 알고, 그분의 마음을 가지고 내 이웃을 대하는 사람이 성도입니다. 아무리 훌륭한 업적을 이룬 사람일지라도 은혜를 모른다면, 그 사람도 그저 많은 사랑과 긍휼이 필요한 존재일 뿐입니다. 부자들은 많은 물질을 가지고 자신이 원하는 것을 마음껏 누리며 사는 것 같습니다. 그러나 그들의 공허함은 말로 다 할 수 없습니다. 조건을 따지지 않고 사람을 사랑하고 아끼고 불쌍히 여기고 베풀어 주는 것은 주님의 은혜를 아는 성도가 아니면 절대로 할 수 없습니다. 겉으로 선하게 보이는 것은 아무것도 아닙니다. 외적인 선은 바닥이 금방 드러납니다. 은혜를 아는 사람들이 하는 선은 이 땅을 바꾸는 선입니다.

사람을 구원하는 근원은 오직 하나님과 주 예수 그리스도의 은혜입니다. 구원은 사람의 어떤 공적이나 행위, 자격에 근거하지 않고 오직 하나님과 주 예수 그리스도에게서만 옵니다. 하나님은 받을 만한 아무 자격과 가치도 없는 자들에게 예수 그리스도의 공로에 근거하여 사랑스런 친절을 베푸십니다. 그것이 바로 은혜입니다. 이 은혜는 바울 신학의 핵심이며 구원과 하나님 나라의 핵심입니다. 이 중요성 때문에 바울은 자신이 쓴 편지들에 '은혜'라는 단어를 무려 90회 이상 사용했습니다. 은혜는 우리를 위해 십자가를 지신 예수 그리스도를 통해 사람들에게 전달됩니다. 그 외에 다른 길은 전혀 없습니다. 은혜로 사람이 마땅히 받아야 할 심판과 형벌은 유보되고 용서와 구원, 영원한 생명이라는 믿기 어려운 선물이 주어졌습니다. 누구도 자신의 행위, 선행, 자격, 공로로 얻을 수 없는 것을 예수 그리스도의 신실하신 구속 행위 때문에 사람들이 거저 받는 것입니다.

은혜의 열매, 평강

이 귀한 은혜가 우리 삶에 영향을 주면 어떤 일이 일어날까요? 우리가 은혜를 깨닫게 되면, 우리 삶에 은혜의 열매인 평강이 생깁니다. 평강은 하나님과 사람 사이, 또 사람과 사람 사이에 생겨난 온전한 관계 혹은 삶의 상태를 가리키는 말입니다. 즉, 예수 안에 있는 은혜 때문에 하나님과 바른 관계를 맺은 사람들이 누리는 축복이 평강입니다. 죄인들에게 베풀어 주시는 은혜인 죄 용서와 영생을 얻음으로 평강이 임합니다. 은혜가 있어야 평강이 있습니다. 그리고 평강은 언제나 은혜에 뒤따라 옵니다. 결국 이 은혜와 평강은 오직 하나님 아버지와 예수 그리스도로부터 옵니다.

평강은 하나님과 화해하여 하나님의 자녀로 누리게 되는 마음과 영혼의 안식입니다. 또한 평강은 그리스도의 피로 얻게 되며 오직 복음만이 가져다줄 수 있습니다. 평강은 죄가 제거되고 마음의 불안이 해소되었기에 가능한 것이며 죄 사함을 통해 얻게 된 고요한 양심과 그리스도 안에 있는 무한한 자유를 누릴 수 있게 된 것에 대한 충만한 기쁨으로 이루어집니다. 그러므로 평강은 하나님과의 평화, 사람과의 평화가 조금도 부족함이 없는 완전한 만족의 상태입니다. 하나님이 우리에게 주신 모든 선물과 축복을 요약한 것이 은혜라면 평강은 그 선물이 성도 개인의 삶에 적용된 결과를 요약한 것입니다. 요한복음 14장 27절을 보겠습니다.

> 평안을 너희에게 끼치노니 곧 나의 평안을 너희에게 주노라 내가 너희에게 주는 것은 세상이 주는 것과 같지 아니하니라 너희는 마음에 근심하지도 말고 두려워하지도 말라

조건과 자격이 지배하는 이 땅에서 하나님으로부터 오는 무조건적인 은혜를 경험하면 비로소 우리는 삶 속에 평강, 안식과 쉼과 안전이 무엇인지 알게 됩니다. 세상에서 말하는 안전은 돈을 모으는 것입니다. 엄청난 액수가 담긴 통장을 방석 밑에 깔고 앉아야 안전할까요? 평생 보장을 광고하는 노후 적금이 우리를 편안하게 하지 않습니다. 돈을 모아 노후를 잘 준비하여 좋은 요양 시설에 들어간다고 해도 그것은 다 부수적인 것입니다. 요양 시설이 아무리 좋다고 해도 자식들이 찾아오지 않으면 억울하긴 마찬가지입니다. 몸이 병들면 그런 시설이 무슨 기쁨이 되겠습니까. 잘 나가는 자식을 둔다 한들, 노후를 보장받는 것은 아닙니다. 우리의 평강, 안전과 보장은 그런 시설이나 사람에게서 오는 것이 아닙니다. 참된 안전과 보장, 평강은 하나님의 은혜를 아는 결과로 옵니다. 하나님이 죄인인 우리의 자격이나 공로에 근거하지 않고 예수 때문에 선한 것을 주시는 분이라는 것을 알 때, 우리는 참된 안식과 평강이 무엇인지 마음으로 알게 됩니다.

사람들이 애타게 목말라 하는 안전과 보장, 평강은 하나님의 은혜를 알아야 그 은혜의 결과로 우리에게 오는 것입니다. 은혜가 없으면 평강은 없습니다. 은혜가 오면 평강은 반드시 같이 옵니다. 그리고 우리 삶의 안식, 쉼, 위로가 옵니다.

어떤 분이 저에게 이런 말을 했습니다.
"목사님, 은혜도 좋고 평강도 좋은데요, 자식이 고등학교 3학년이 되니까 은혜와 평강이 없던데요."
"딸아이가 시집 간다고 데리고 온 신랑감을 봤는데, 아주 부아가 치밀더라구요. 평강은 다 사라지고 분노만 남았습니다."
기독교의 은혜와 은혜의 열매인 평강은 세상 사람들이 생각하는 격려와는 다릅니다. 신앙 생활은 추상적이고, 개념적이고, 사실적이지 않다고 생각하십니까? 아닙니다. 신앙은 구체적이고, 사실적입니다. 하나님이 우리에게 예수 그리스도를 통해 주신 은혜는 구체적이고 사실적입니다. 그저 개념이 아니라 실체를 가지고 있습니다.

은혜의 열매인 평강은 우리 삶의 눈물, 아픔, 상함, 질고와 상관없이 분명한 안전, 보장, 쉼이 있는 평강입니다. 왜냐하면 이 은혜와 평강은 실제적 사건, 역사적 사건이기 때문입니다. 기독교는 결코 가르침이나 교훈을 주는 종교, 마음을 만지고 위로하는 종교가 아닙니다. 구원, 은혜, 평강을 주는 참 진리의 종교입니다. 역사적 사건 속에 하나님의 은혜가 나타나고 그 사건에서 평강이 나옵니다. 역사적 사건이란 예수의 오심과 사심, 죽으심과 부활하심을 말합니다. 이 사건에 근거하여 요동하거나 빼앗길 수 없는 은혜와 그 은혜의 열매인 평강이 여러분들의 삶에 끊임없이 풍성해지 길 바랍니다.

> 그리스도께서 하나님 곧 우리 아버지의 뜻을 따라 이 악한 세대에서 우리를 건지시려고 우리 죄를 대속하기 위하여 자기 몸을 주셨으니(갈 1:4)

4절에는 기독론적이고 구원론적인 진술이 기록되어 있습니다. 사도 바울이 전하는 복음의 핵심이 함축되어 있습니다. 앞에서 자신의 사도적 권위를 주장한 바울은 자신이 갈라디아 지역의 여러 교회에 전한 복음을 간략하게 소개하고 있습니다.

먼저, 역사적 사건의 핵심은 예수께서 우리 죄를 속하기 위해 자기 몸을 주셨다는 사실입니다. 예수 그리스도의 죽으심과 십자가는 우리의 죄를 위한 속죄적, 희생적, 대리적 죽음이라는 성격을 가집니다. 예수께서 십자가에서 죽으시고 자신의 몸을 드린 것은 자신의 죄 때문이 아닙니다. 사람들의 죄를 대신 지고 당한 죽으심입니다. 이런 예수 그리스도의 대신 죽으심은 근본적으로 죄에 대한 희생이었습니다. 이것은 구약의 속죄제물과 동일한 의미입니다. 그분의 대속의 죽으심은 자발적이고 대속적이고 궁극적인 것입니다. 완전한 값을 치르셨습니다. 그 제사를 통해 우리 죄가 용서되고 사해지며 이제 더 이상 우리 스스로 죄의 값을 치르거나 직접 형벌을 받아야 할 필요가 없습니다. 그러므로 모든 죄인이 오직 믿음으로, 은혜로만 구원을 얻으며, 그 구원은 더할 것이 없는 완전한 것입니다. 우리는 자기 의지, 자기 의를 내려놓고 오직 예수 그리스도의 공로만 의지하는 것이 필요합니다. 이것이 믿음이며 은혜입니다.

다음으로, 그분의 죽으심의 목적은 우리를 이 악한 세대에서 건지시는 것입니다. 여기서 "건지다"는 단어는 단순히 어디로부터 무엇을 옮겨간다는 장소적 의미가 아닙니다. 어떤 힘의 영역으로부터 옮겨지는 것을 의미합니다. 즉 예수를 믿어 성도된 자들은 이 세상에서 옮겨져 다른 세상으로 가는 것이 아니라 아직 이 세상 속에 있지만 세상에 속하지 않고 다른 힘의 영역으로 옮겨졌다는 의미입니다(요 17:15-18).

외면상 우리는 여전히 동일한 세상 속에 살고 있지만 우리가 충성을 바쳐야 할 대상과 소속이 달라졌습니다. 하나님은 우리를 세상 밖으로 끌고 가시는 것이 아니라 우리를 이 세상 속에서 빛과 소금이 되도록 남겨 두십니다. 골로새서 1장 13절을 봅시다.

> 그가 우리를 흑암의 권세에서 건져내사 그의 사랑의 아들의 나라로 옮기셨으니

즉 공간적인 구별이 아니라 세대적인 구별로서 우리가 사는 현 세대와 다가오는 새로운 세대를 구별하고 있는 것입니다. 우리가 사는 현 세대는 악한 세대로서 악과 불의가 지배하고 있습니다(엡 5:6). 사람들의 마음은 부패하고 죄는 모든 사람의 삶의 양식이 되었습니다. 악한 생각, 죄의 방식, 무서운 분노와 음란, 무시무시한 죄가 일상화될 정도로 악합니다. 이는 마귀가 공중 권세를 잡고 지배하는 세상이기 때문입니다. 성경이 말하는 구원은 죄의 비극성과 악한 세대에서 사람을 구원하는 것입니다.

주님은 우리의 죄를 위해 자신을 주셨을 뿐만 아니라 죄와 악에 저항할 수 없는 무기력한 상태에서 종노릇하던 우리를 건져내어 선한 일에 열심내는 하나님의 친백성이 되게 하십니다. 예수께서 우리 죄를 위해 자신의 몸을 주심으로, 죄와 악의 지배 아래 살 수밖에 없는 이 악한 세대로부터 우리를 건져내 그리스도께서 통치하시는 새로운 질서와 세대로 옮기신 것이 구원 사건입니다. 구원의 새 질서가 옛 세계 속으로 들어와 실현되고 있는 것입니다. 예수는 우리를 현 세대의 특징인 악과 죄로부터 건져 내어 새 세대의 삶을 성령의 도우심과 감동하심을 따라 살아 내게 하십니다.

이런 예수 그리스도의 구속 행위는 하나님 아버지의 뜻과 전적으로 일치하며, 처음부터 끝까지 하나님의 은혜로운 뜻을 따라 된 것입니다. 십자가에 달린 예수의 죽음은 하나님 앞에서 버림받은 한 개인의 죽음이 아니며 하나님이 어쩔 수 없이 허용하신 불행한 사건이 아니라 하나님이 본래부터 뜻하신 죽음이요 사람을 구원하기 원하시는 하나님의 뜻을 따른 것입니다.

그러므로 이 은혜의 복음은 다른 복음을 전하는 자들의 비판과 반대에도 불구하고 그리스도 안에 있는 하나님의 구원을 바르게 드러내 보여 주는, 하나님을 영화롭게 하는 사건이며 찬양의 제목입니다. 5절을 봅시다.

영광이 그에게 세세토록 있을지어다 아멘

그리스도의 구속 사역에는 하나님의 영화로우신 성품이 드러나기 때문에 그분께 찬양과 경배를 드리는 것은 마땅합니다. 이때 그분께 돌리는 영광은 추상적이고 막연한 영광이 아니라 역사 속에서 자신의 백성을 위하여 행하시는 하나님의 위대한 구속 사역과 관계된 것입니다. 그래서 원어 성경에서는 "영광"에 정관사를 함께 넣어 사용되었습니다. 즉 단순한 일반적인 영광이 아니라 그리스도의 구속 사역에 나타난 그 영광을 의미하는 것입니다.

하나님께 드리는 이 영광은 세세토록 무궁하며 영원합니다. 이 영광은 결코 사람들에게는 합당하지 않고, 오직 하나님께만 합당합니다. 하나님의 사랑, 자비, 인도하심, 우리를 대신한 희생 등을 생각할 때 감사와 영광, 찬송을 그분께만 돌려야 합니다. 교회는 사람의 자랑과 교만이 아니라 예수와 하나님을 향한 자랑과 칭찬, 영광으로 가득해야 합니다.

갈라디아서 전체를 살피면서 하나님의 은혜를 우리의 지각으로만 아니라 삶 속에서 온전히 누리길 바랍니다. 또한 그 하나님의 은혜가 만들어 내는 살아 있는 평강이 우리의 삶에 가득 넘치기를 기대하고 축복합니다.

갈라디아서 1장 1-5절

사람들에게서 난 것도 아니요 사람으로 말미암은 것도 아니요 오직 예수 그리스도와 그를 죽은 자 가운데서 살리신 하나님 아버지로 말미암아 사도 된 바울은 함께 있는 모든 형제와 더불어 갈라디아 여러 교회들에게 우리 하나님 아버지와 주 예수 그리스도로부터 은혜와 평강이 있기를 원하노라 그리스도께서 하나님 곧 우리 아버지의 뜻을 따라 이 악한 세대에서 우리를 건지시려고 우리 죄를 대속하기 위하여 자기 몸을 주셨으니 영광이 그에게 세세토록 있을지어다 아멘

2장
사도 바울이 전한 복음 Ⅱ

갈라디아서는 바울의 사도 직분에 대해 공격하는 대적들, 거짓 선생들을 유념하며 기록된 책입니다. 바울은 예수께서 살아생전에 함께 다녔던 제자가 아니었습니다. 그렇기 때문에 거짓 선생들이 일어나서 바울의 사도 직분을 공격했습니다. 그런데 거짓 선생들이 바울의 사도 직분을 공격할 때 직분보다 바울이 전한 복음을 바꾸려는 나쁜 의도를 가지고 공격한 것이기 때문에 바울은 자신의 사도 직분의 정당성을 주장하는 동시에 복음에 대해서도 이 편지에 처음부터 기록하고 있습니다. 자신은 하나님 때문에 사도가 된 것이고 자신이 전한 복음은 어떤 것인지를 아예 서신 초두부터 밝히고 있습니다.

앞 장에서 갈라디아서를 소개할 때, 교회의 가장 중요한 심장(핵심)을 무엇이라고 했지요? 한 마디로, "하나님의 은혜의 복음"이라고 소개했습니다. "복음을 하나님의 은혜로 선포하는 것." 이 은혜는 하나님과 예수 그리스도로부터 나옵니다. 다시 한 번 3절을 보겠습니다.

> 우리 하나님 아버지와 주 예수 그리스도로부터 은혜와 평강이 있기를 원하노라

하나님과 예수로부터 오는 은혜. 이것이 성경이 말하는 복음의 골자 중에 하나입니다. 기독교가 말하는 복된 소식, 온 땅이 듣도록 선포하고 드러내고 싶어하는 귀한 소식은 하나님과 그리스도의 은혜로부터 옵니다.

새로운 질서

세상의 질서는 조건과 자격으로 이루어집니다. 요즘은 공부 잘하거나 재능이 특출한 사람이 더욱 많은 돈을 벌고 다른 사람들에게 존경과 인정을 받는 것을 당연하게 여기고 있습니다. 우리는 모든 기반이 자격과 조건인 사회에 살고 있습니다. 그런데 이런 세상 속으로 예수께서 오셨습니다. 새로운 질서를 가지고 오셨습니다. 사람의 능력이나 재능 같은 자질적 차이나 조건에 근거하지 않고 하나님의 부요하신 사랑과 예수께서 하신 일에 근거해서 우리에게 은혜를 값없이 주셨습니다. 이것이 복음의 핵심입니다.

우리는 이 땅에 살면서 많은 불공평한 일을 경험합니다. 예를 들어, 선천적 장애가 있는 사람은 그 장애를 자신이 선택한 것이 아님에도 불구하고 많은 불편을 겪어야 합니다. 심지어 주변 사람들이 선천적 장애의 원

인을 집안에 문제가 있거나 저주를 받았기 때문이라고 여기는 경우도 있습니다. 경쟁에서 살아남지 못하면 이 사회에서 아무렇게나 대접을 받아도 되는 것처럼 여기는 묘한 편견이 어려서부터 몸에 배어 있는 것이지요. 그런데 이런 세상의 질서를 뚫고 하나님께서 은혜로 사람들을 대하십니다. 사람의 어떤 자격이나 공로나 기여와 관계없이 하나님은 당신의 성품과 예수 그리스도의 공로에 근거해서 우리에게 귀하고 풍성한 선물들을 값없이 주셨습니다.

조건과 자격이 왕노릇하는 나라가 세상이라면, 은혜가 왕노릇하는 나라는 바로 하나님 나라입니다. 복음은 그 은혜가 지배하는 새로운 질서를 선포하는 것입니다. 그리고 이 귀한 은혜를 알 때, 비로소 사람의 삶에 자유와 평강이 있습니다. 사람은 은혜를 만나기 전까지는 삶에 참 자유가 없습니다. 사람이 자유롭지 못하다는 말은 "감옥에 갇혀 있다"라는 의미보다 일차적으로 "자신의 노예"라는 의미를 담고 있습니다. 보통 사람들의 삶을 정리해서 표현하면 자기를 꾸미고, 가치를 부여하고, 자신을 복되게 하느라 인생의 전부를 쓰는 삶이라고 요약할 수 있습니다. 그러나 이런 사람들이 은혜를 알게 되면, 비로소 자기를 꾸미는 것을 멈춥니다. 참으로 귀한 것을 하나님과 구주 때문에 이미 받고 사는 줄 알기 때문에 자신의 가치를 높이기 위해 더 이상 시간과 에너지를 쓰지 않습니다. 그래서 자유와 평강을 얻습니다.

이 땅을 살아가면서 사람들은 수많은 슬픔과 질고를 겪지만, 은혜를 알게 되면 평강을 누리고 평화를 찾습니다. 사람들은 평화를 얻기 위해 돈을 모으거나 보험을 들고 방어력을 키워 다른 사람들이 넘볼 수 없는 아성을 쌓으려고 합니다. 그러나 우리가 잘 아는 것처럼 세월이 흐르면 결국 새로운 것이 나타나고 인생에는 끝없는 불안과 두려움이 나타나기 마련입니다. 그러나 은혜를 아는 사람들에게는 그리스도 때문에 평강이 주어집니다.

예수 사건에 근거한 은혜와 평강

은혜와 평강은 사람들 듣기 좋으라고 하는 얘기가 아니라 분명한 근원이 있습니다. 기독교는 탁월한 가르침이 있는 종교지만, 가르침으로만 구성된 종교는 아닙니다. 기독교의 생명은 사람을 감동시켜 마음을 열고 동의할 수밖에 없는 탁월한 가르침에 있지 않습니다. 기독교의 생명은 사건에 있습니다. 기독교는 우리가 숨쉬고 살아가는 이 역사의 한 시점에 일어났던 사건이기에 우리의 모든 것을 좌우합니다. 그것이 무엇일까요? 바로 예수 사건입니다. 구주께서 이 땅에 오셔서 삶을 사시고, 고난 당하시고, 죽으시고, 다시 살아나셔서, 지극히 높은 곳에 오르신 예수의 사건에 은혜와 평강이 절대적으로 기초하고 있습니다.

기독교가 선포하는 은혜와 평강은 그저 사람들의 마음을 위로하는 정도의 말과 교훈이 아니라, 역사적 사건에 근거해서 우리에게 허락된 것이기 때문에 참됩니다. 이 은혜와 평강은 우리가 이 땅을 살면서 누리기 시작한 그 시점부터 영원히 쇠하지 않고 누리며 경험하는 것입니다. 모든 은혜와 평강을 가능하도록 만든 이 역사적 사건을 사도 바울은 4절에서 보여 줍니다.

그리스도께서 하나님 곧 우리 아버지의 뜻을 따라 이 악한 세대에서 우리를 건지시려고 우리 죄를 대속하기 위하여 자기 몸을 주셨으니

우리말 성경과 원어 성경은 약간 순서가 다릅니다. 신약 성경의 원어인 헬라어 성경에는 첫 번째로, 구주 예수 그리스도께서 우리 죄를 대속하기 위하여 자기 몸을 주셨다고 나옵니다. 두 번째로, 몸을 주신 결과가 나옵니다. 예수가 우리 죄를 대속하기 위하여 자기의 몸을 내어 주신 결과, 모든 믿는 자들이 악한 세대로부터 건져집니다. 복음을 믿고 영접할 때, 모든 진실한 성도는 악한 세대에서 건짐을 받습니다. 세 번째로, 이 모든 일이 하나님 아버지의 뜻을 따라 일어난 일이라고 기록되어 있습니다.

우리를 대속하기 위해(대신 속죄)

제일 먼저 "예수께서 우리 죄를 대속하기 위해 자기 몸을 주셨다"는 이 부분이 기독교 복음의 핵심입니다. 왜 하나님께서 우리에게 은혜를 주시고 평강을 선물로 주실까요? 예수께서 우리 죄를 속하기 위해서 자기 몸을 드리셨기 때문입니다. 예수 그리스도의 사건에 근거해서 우리 모두가 아무 기여도 없고, 자격도 없고, 조건도 없이 은혜를 받고 모든 복을 누리게 된 것입니다.

이스라엘의 역사와 사건을 기록한 신·구약 성경은 우리에게 한 마디로 "사람은 스스로 자신의 문제를 해결할 수 없다"는 메시지를 표현했다고 할 수 있습니다. 사람이 얼마나 놀라운 존재입니까? 사람은 대단한

문명을 일으켰습니다. 정말 상상할 수 없는 위대하고 탁월한 일들을 지난 오랜 역사 안에서 이루어 왔습니다. 그럼에도 사람들은 아직도 죽음을 극복하지 못했습니다. 앞으로도 과학이 발전하겠지만 죽음은 극복하지 못할 것입니다. 죽음의 문제가 너무 큰 담론이라면, 더 작은 것도 있습니다. 사람은 아직도 자기 몸처럼 사랑해야 할 배우자를 올바르게 사랑하지 못합니다. 사람들은 과학과 기술을 발전시키고, 문화와 예술을 풍성하게 할지는 모르나 자기 주변 사람들, 특히 배우자를 제대로 사랑하지 못합니다. 아직도 사람은 자신의 핵심적인 문제를 다루지 못한 채 인생을 삽니다.

요즘은 핸드폰(스마트폰)을 휴대용 컴퓨터처럼 사용하면서, 전철이나 버스에서 사람들이 고개를 아래로 떨구고 있어요. 많이 편리해졌는데 행복합니까? 외로움은 끝이 없습니다. 사랑받지 못하는 고통이 더 깊어지고 많아집니다. 예전에 이런 소식도 있었습니다. 부국의 상징인 미국에서 스무 살 청년이 초등학교에 들어가서 총기를 난사해 어린이 스무 명, 교직원 여섯 명을 죽였다고 합니다. 그렇게 부강한 나라 미국도 사람들의 마음속에 있는 분노와 좌절을 치료할 수가 없습니다. 저는 과학과 예술과 문화의 발전을 조금도 폄하하고 싶은 마음은 없습니다만, 이 모든 것이 핵심과 본질을 다루지 못하기 때문에 사람들은 여전히 자신의 문제를 해결하지 못하고 있다고 생각합니다.

여러분, 모든 인생 문제의 뿌리는 죄입니다. 사람은 어머니의 모태로부터 죄를 가지고 태어납니다. 죄는 사람들 속에 있는 어떤 영역을 심각하게 깨뜨렸습니다. 신학적으로 말하는 일반 은총 영역은 아직도 있지만 하나님을 인지하고 그분과 친밀함을 나누는 특별 은총 영역은 많이 깨졌습니다. 사람들은 문명을 발전시켰음에도 불구하고 여전히 고독하고 외롭고, 충동을 이기지 못하고, 분노를 다스리지 못하고 있습니다.

우리는 서양, 특히 미국에서 자본주의가 발전하고 있지만 빈부의 격차가 커져서 사람들의 마음속에 분노가 일어나는 것을 보고 있습니다. 우리 사회에서도 직면하고 있지요. 사람은 자기 문제의 본질을 다룰 수 없습니다. 사람은 모두 모태에서부터 죄인으로 태어났고, 도무지 메울 수 없는 본질적인 결핍과 상함을 가지고 있습니다.

2천 년이 넘는 세월 동안 구약 성경은 우리에게 인간의 본질적인 결핍을 위해 하나님이 만드신 방법인 '대신 속죄'를 보여 줍니다. 사람이 해결할 수 없는 사람의 문제에 대해 하나님께서 피할 길을 열어 놓으셨습니다. 그래서 구약 시대를 보면, 끝없이 죄인들을 위해 제물들을 죽이는 것을 볼 수 있습니다. 그러나 신약 시대가 열리자 모든 제물은 예수 그리스도께서 자기 몸을 드리시는 것으로 죽음을 대신했습니다.

사랑하는 여러분, 저는 기독교의 여러 절기 중에 성탄절이 정말 좋습니다. 제가 20-30대 때에는 사람들이 성탄절을 제대로 누리지 못할 뿐만 아니라 오히려 세속화하고 상업화하는 것이 싫었습니다. 그러나 제가 나이를 먹고 나니까 사람들이 행복해 하고 기뻐하는 것이 얼마나 좋은지 모르겠습니다. 쉼이 없는 세상에서 예수를 모르는 사람들도 성탄절을 얼마나 기뻐합니까. 저는 사람들이 너나 할 것 없이 성탄절을 기념하고 좋아하는 모습을 보면서 감사하고 있습니다.

세상 사람들은 성탄절의 의미를 모르고 기뻐하지만 우리는 알고 기뻐합니다. 무슨 의미를 알고 기뻐합니까? 우리같이 자격 없는 자들, 아무 공로 없는 자들에게 하나님의 귀한 복을 선물로 거저 주시기 위해 예수께서 이 땅에 몸을 가지고 오셨다는 것, 그 몸으로 우리의 모든 질고와 고통을 대신 겪기 위해 우리의 왕으로 오셨다는 것을 알고 기뻐합니다. 그분은 세상에서 제일 위대한 왕이지만, 가장 낮고 천한 자리 말구유에서 갓난아기로 태어나셨습니다. 주님이 능력이 없어서가 아닙니다. 예수는 우리가 모태에서 태어날 때부터 가지고 나온 죄를 대신 지셨습니다. 또한 우리가 한 번도 제대로 지키지 못한 하나님의 모든 율법과 기대를 온전히 충족시키셨습니다. 또한 우리가 깨뜨린 율법의 모든 죄에 대한 심판과 형벌을 대신 몸으로 받으셨습니다. 죄가 우리 삶에 가지고 온 모든 비참과 불행을 전부 자신의 몸으로 겪으셨습니다. 그분은 존경받는 왕실의 높은 신분으로 온 것이 아닙니다. 슬픔 가득한 모습으로, 질고를 아는 모습으로, 평범한 우리와 똑같이 질고를 지기 위해 이 땅에 오신 것입니다. 그리고 돌아가시고 부활하심으로 우리의 죄를 위한 모든 값을 완전히 지불하신 것입니다. 그래서 우리가 다시는 죄 때문에 넘어지지 않도록 예수께서 자신의 몸을 드리셨습니다. 그렇기 때문에 우리는 아무런 자격, 조건, 공로 없이 하나님의 복, 은혜가 주어진 것을 알고 기뻐합니다.

주님은 완전한 값을 치르러 오셨습니다. 그러므로 우리는 자신을 의지하고, 사랑하고, 꾸미는 것을 멈추고 하나님께서 예수를 통해서 열어놓으신 이 생명의 길을 영접해야 합니다. 이 복된 은혜가 모든 사람에게 값없이 주어졌습니다. 이것이 복음입니다.

악한 세대에서 우리를 건지심

그렇다면, 우리가 주님을 영접하고 받아들여 은혜의 복음을 만나면 우리에게 어떤 일이 일어날까요? 이 악한 세대에서 건져집니다. 우리가 사는 이 세상은 하나님이 만드신 것으로, 그 자체로는 악한 것이 아닙니다. 하나님이 만드신 하늘과 땅과 만물이 악한 것이 아니라 우리가 살고 있는 이 세상을 지배하는 가치관이 악한 것입니다. 날 때부터 죄를 가지고 태어난 사람들이 만들어 낸 질서, 가치관이 악한 것입니다.

세상에는 강한 자도 있고 약한 자도 있습니다. 그리고 약한 자는 보호받아야 합니다. 그러나 보호받기는커녕 정당성과 합리성을 핑계로 끝없이 소외되고 있습니다. 경쟁에서 지면 다 잃습니다. 힘 있는 자들이 전부 가져갑니다. 이것이 죄에 물든 세상의 원리와 가치관이며 질서입니다. 그래서 사람들은 태어나서 죽을 때까지 힘을 가지려고 합니다. 힘이 있어야 마음껏 가질 수 있기 때문입니다.

그러나 하나님은 죄가 왜곡시켜 놓은 구조로부터, 어머니의 모태에서 죄 때문에 엉클어진 모든 질서로부터 우리를 옮기셨습니다. 요한복음을 보면, "이제 이 세상에 대한 심판이 이르렀으니 이 세상의 임금이 쫓겨나리라"(요 12:31)고 하셨고, "내 나라는 이 세상에 속한 것이 아니니라"(요 18:36)라고 말씀하셨습니다. 고린도후서 4장 4절은 마귀를 가리켜 "이 세상의 신"이라고 부릅니다. 이 마귀를 에베소서 2장 2절은 "공중의 권세 잡은 자"라고 표현했습니다. 하나님은 우리를 다른 영역으로, 은혜가 왕노릇 하는 하나님 나라로 옮기셨습니다. 그래서 우리는 이 세상에서 약육강식과 적자생존의 방식으로 살아가지 않습니다. 은혜로 사람들을 보는 새로운 질서로 눈을 열고 있습니다. 주님은 우리를 바로 천국으로 데리고 가지 않으시고 이 세상에 그대로 남겨 놓으셨습니다. 악한 구조와 질서로 똬리를 틀고 있는 세상 속에 우리를 남겨 놓고, 우리를 세상의 빛과 소금이라고 말씀하십니다.

우리가 세상의 빛이 되고 소금이 되는 방식이 무엇일까요? 그저 세상의 윤리나 도덕이나 질서, 혹은 여러 종교에서 제시하는 도덕적인 삶을 가지고 세상을 바꾸는 것은 아닙니다. 우리는 이 땅에 막연한 선을 행하는 사람들이 아닙니다. 우리는 하나님께서 은혜로 우리를 대하는 것이 무엇인지 경험한 사람들입니다. 그렇기 때문에 우리는 이 세상에 몸을 담고 있으면서도 다른 영역에 속한 사람인 것처럼 은혜가 왕노릇하는 질서를 따라 세상을 사는 사람입니다.

그렇다면, 성도가 된 우리가 하나님이 원하시는 선을 행하는 이유는 무엇입니까? 주님이 우리의 조건과 자격에 근거하지 않고 은혜로 값없이 구원하시기 때문입니다. 그것이 하나님의 은혜라는 것을 알았기 때문입니다. 그러므로 성도인 우리도 조건과 자격에 근거하지 않고 은혜로 값없이 사람들을 섬기고 대하는 것입니다. 주님이 우리를 위해 하신 것처럼 우리도 이웃을 위해 할 수 있습니다.

우리 중에 행복한 부부 생활을 누리는 사람들도 있을 것입니다. 그러나 수십 년을 함께 살다 보면 배우자의 매력이 사라질 때가 있습니다. 매력이라고 느꼈던 부분이 오히려 단점이 되기도 합니다. 경상도 사나이의 박력과 거친 억양이 좋았었는데, 살아 보니 불편해집니다. 경상도 남편이라고 집안일에 손 하나 까딱하지 않습니다. 말을 좀 예쁘게 해 주면 좋을 텐데 거친 말만 합니다. 그런데 이럴 때 우리는 진짜 사랑을 배우게 됩니다. 우리는 조건에 근거해서 누군가를 좋아했지만, 그 조건이 빛을 잃어 갈 때 우리의 모습을 보게 되는 것이죠. 그럴 때 우리는 주님이 우리에게 하신 것처럼 조건 없이 사람을 귀하게 여기는 그분의 참 사랑을 배우는 것입니다.

주 안에서 사랑하는 여러분, 은혜로 구원을 받고 나면 질서가 달라집니다. 몸은 여전히 이 땅에 있지만, 세상의 악한 질서, 구조, 방법으로 살지 않고 하나님이 우리에게 하신 은혜의 방법으로 이 땅을 살게 됩니다. 그래서 우리는 세상 사람들과는 다르게 변하여, 우리의 모습이 하나님 보시기에 선이 되는 것입니다.

만세 전부터 계획된 구원의 은혜

우리는 막연하게 다른 사람들보다 조금 더 윤리적이고 도덕적으로 삶을 사는 존재가 아닙니다. 우리는 하나님께서 보여 주신 세계를 알기 때문에 다른 질서를 알고, 다른 영역에 속해서 살아가는 것입니다. 이 귀한 구원의 은혜, 예수께서 자기의 몸을 주심으로 우리가 용서받은 이 진리는 하나님이 만세 전부터 우리를 위해 계획해 놓으신 것입니다. 억지로, 어쩔 수 없어서 한 것이 아닙니다. 처음부터, 만세 전부터, 천지와 만물을 짓기 전부터 우리를 마음에 품으시고 우리를 구원하기로 결정하신 하나님의 뜻에 따라 일어난 일입니다.

우리의 구원이 얼마나 깊고 영광스러운지 한번 보세요. 저는 에베소서 1장을 설교할 때 그 구원의 깊이를 느낄 수 있었습니다. 얼마나 감격했는지 모릅니다. 우리의 인생이 길면 팔십이고 짧으면 칠십입니다. 그런데 주님은 우리에게 구원과 은혜를 적용시키기까지 칠팔십 년이 아니라 아주 오랫동안 기다리셨습니다. 그러니 우리의 짧은 인생이 하나님의 그 사랑의 깊이와 우리를 향한 계획의 깊이를 어떻게 알고 감당할 수 있겠습니까. 기독교는 짧은 인생을 사는 사람들이 하나님께 예쁜 짓 해야 좋아하시고 복 준다는 그런 샤머니즘 종교가 아닙니다. 기독교의 생명은 그런 데 있지 않습니다.

놀라운 하나님의 영광

사랑하는 여러분, 사도 바울이 만세 전부터 시작된 주님의 구원을 말하고 무엇을 말합니까? 신약 성경에서 열세 개의 서신을 쓴 바울이 예수의 사건을 언급할 때마다 늘 말하는 것이 있습니다. 5절입니다.

> 영광이 그에게 세세토록 있을지어다 아멘

바울이 예수의 이야기를 하고 나면, 하나님의 영광 또는 하나님께 영광을 돌리는 이야기가 늘 나옵니다. 왜냐하면 예수의 사건이야말로 하나님의 성품을 제일 잘 드러내 보여 주는 사건이기 때문입니다. 천지를 창조하는 것도 위대한 일이고, 기적을 일으키는 일도 위대한 일이고, 병을 낫게 하는 일도 위대한 일이지만 그런 모든 일보다 더 놀라운 것은 예수의 사건 안에 하나님의 성품 전부가 녹아 있기 때문입니다.

사람에 대한 하나님의 사랑, 죄 때문에 다 깨뜨려지고 왜곡된 사람들을 향한 하나님의 긍휼과 자비, 우리를 사랑하시고 긍휼히 여기시지만 죄를 미워하시고 절대로 용서할 수 없는 하나님의 공의와 거룩. 이런 하나님의 성품은 전부 그분의 아들이 대신 죽어야 나타날 수 있는 것입니다.

죄는 아무렇게나 지나갈 수 있는 개념이 아닙니다. 아들이라도 대신 값을 지불하지 않으면 절대로 죄는 사라지지 않습니다. 죄는 그만큼 악하고 중한 문제입니다. 이 모든 것을 예수 안에서 볼 수 있습니다. 그 엄청난 하나님의 지혜와 권능이 예수 안에 나타납니다.

과학이 첨단으로 발전했지만 사람의 내면을 바꾸지는 못합니다. 온갖 기술과 역사들이 나타났지만 사람들의 사랑에 대한 목마름 하나를 해결하지 못합니다. 그러나 하나님의 십자가는 이기적이고 자기중심적인 우리의 내면을 바꾸고, 사랑할 수 있는 사람으로 만듭니다. 그래서 언제나 예수의 사건을 말하면 하나님께 영광이 나옵니다.

또한 하나만 더 주의해서 봅시다. 복음을 알고 은혜를 알고 사는 사람들이 세상을 사는 방법은 무엇일까요? 하나님께만 영광을 돌리는 것입니다. 이 악한 세대의 특징은 사람에게 영광을 돌립니다. 자기 자신에게 영광을 돌립니다. 사람의 악함은 자기 자랑, 자기 권세, 자기를 높이는 것 혹은 자기와 관련된 사람을 높이는 것입니다. 사람을 영화롭게 하고, 자신을 영화롭게 합니다. 그러나 사람은 금방 사람을 비난합니다. 실컷 높이고 나면 언제 그랬느냐는 듯 욕설과 저주와 판단과 심판이 난무합니다. 그게 우리죠.

그러나 성도는 은혜를 알기 때문에, 하나님만 영화롭게 합니다. 영광은 사람에게 속한 것이 아닙니다. 하나님의 것입니다. 사람은 불쌍히 여기고, 사랑하고, 아끼고, 보호하면 됩니다. 세상 사람들은 사람을 영화롭고 가치 있게 여기는 것 같지만 사실은 그렇지 않습니다. 날카로운 칼을 들이대면서 사람을 비난하고 상하게 하고 죽이는 일이 비일비재합니다.

우리는 은혜가 무엇인지 압니다. 사람이 어떤 존재인지 압니다. 그래서 우리는 사람들에게 큰 요구를 하지 않습니다. 우리는 하나님만 사람을 아끼고, 보호하고, 사랑한다는 것을 압니다. 또한 우리는 하나님께서 사람들이 정한 한계나 기준으로 사람을 아무렇게나 폄론하지 않고 판단하지 않는다는 것을 압니다.

주 안에서 사랑하는 여러분, 하나님이 우리에게 복음을 주셔서 어떤 식으로 우리를 이끄시려고 하는지 보이십니까? 우리 모두가 세월이 흐를수록 복음을 더욱 온전히 알기를 원합니다. 이 세상에서 사람을 참되게 사랑하고 아끼면서, 하나님 한 분만을 영화롭게 하는 참된 성도의 삶을 살기 바랍니다.

갈라디아서 1장 6-10절

그리스도의 은혜로 너희를 부르신 이를 이같이 속히 떠나 다른 복음을 따르는 것을 내가 이상하게 여기노라 다른 복음은 없나니 다만 어떤 사람들이 너희를 교란하여 그리스도의 복음을 변하게 하려 함이라 그러나 우리나 혹은 하늘로부터 온 천사라도 우리가 너희에게 전한 복음 외에 다른 복음을 전하면 저주를 받을지어다 우리가 전에 말하였거니와 내가 지금 다시 말하노니 만일 누구든지 너희가 받은 것 외에 다른 복음을 전하면 저주를 받을지어다 이제 내가 사람들에게 좋게 하랴 하나님께 좋게 하랴 사람들에게 기쁨을 구하랴 내가 지금까지 사람들의 기쁨을 구하였다면 그리스도의 종이 아니니라

3장
오직 하나뿐인 복음

　우리가 갈라디아서를 그냥 스쳐 가듯이 읽을 때는 흐름을 주목하지 못할 가능성이 큽니다. 실제로 바울이 쓴 열세 개의 서신을 보면, 대부분 바울이 안부 인사로 은혜와 평강을 이야기한 다음, 편지를 받는 이들의 최근 소식에 대한 감사와 그들의 아픈 이야기와 약점을 보완하는 기도를 드리는 것이 일반적입니다. 그러나 갈라디아서는 그런 구조가 아닙니다. "은혜와 평강이 있으라"고 하고서는 바로 본론으로 들어갑니다. 감사와 아픔과 약점을 위해 기도할 틈도 없이 바로 본론을 이야기합니다. 사도 바울은 갈라디아 지역 교회에 일어난 사태를 그만큼 급박하고 심각한 문제로 생각하고 있었다는 뜻입니다. 다른 복음을 전하는 자들이 갈라디아 교회를 선동하고 있었고, 이런 무리의 선동에 갈라디아 성도들이 넘어가고 있었습니다. 그렇기 때문에 심각하고 급박한 문제라고 여겼던 것입니다.

심각하고 시급한 문제

6절을 보면, 얼마나 격한 어조를 사용하고 있는지 모릅니다.

> 그리스도의 은혜로 너희를 부르신 이를 이같이 속히 떠나 다른 복음을 따르는 것을 내가 이상하게 여기노라

개역개정 성경에는 '이상하게 여긴다'라고 번역되어 있지만 영어 성경(NIV)에는 'astonished'라고 표현했습니다. 단순히 놀란 것이 아닙니다. 사실을 지적하는 이상으로 놀라고, 반대하고, 실망하고, 책망하고, 꾸짖는 뜻이 담긴 단어입니다. 그저 "놀랐다, 깜짝이야"와 같은 표현이 아닙니다. "너희가 어떻게 그럴 수 있느냐?"라는 책망과 나무람의 뜻이 담긴 단어입니다.

왜 사도 바울이 책망을 하고 있을까요? 성도들이 그리스도의 은혜에서 속히 떠나 다른 복음을 따르고 있기 때문입니다. 바울이 갈라디아 교회에서 처음 복음을 전했을 때 그들은 크게 기뻐하고 감격하며 환영했습니다. 갈라디아서 4장을 보면 갈라디아 성도들이 바울이 전한 복음을 얼마나 사랑했는지 알 수 있습니다. 바울은 복음을 전할 때 육체적인 질병으로 성도들에게 염려를 끼쳤습니다. 그 질병이 무엇이냐에 대해서는 학자들에 따라 의견이 다양한데요. 보통 눈에 질병이 생겼거나 교인들의 마음을 힘들게 하는 다른 육체적 질병이 있었을 것이라고 생각합니다. 그런데 바울이 "너희의 눈이라도 빼어 나에게 주었으리라"(갈 4:15)고 말할 정도로

갈라디아 교회는 바울과 그가 전한 복음을 사랑했습니다. 그런데 이 은혜로운 복음의 영광을 떠나서 다른 복음을 따르고 있으니 바울은 얼마나 마음 아프고 고통스러웠을까요? 바울은, 아무 자격 없는 자들이 하나님의 은혜로 그리스도를 통해 은혜가 왕노릇하고 통치하는 영역으로 이동했는데 은혜가 아닌 자격과 공로가 주장하는 자리로 그처럼 신속하게 옮겨 가는 것에 놀라고 있는 것입니다. 다시 말해, 갈라디아 교회는 바울이 전하는 진리를 좋아하고 감격스럽게 듣고서 어느 순간 속히 진리를 떠나고 있었다는 말입니다.

여기서 "속히"라는 말은 시간상 속히 떠났다는 뜻일뿐 아니라 경솔하고 성급하고 깊은 생각 없이 진리를 떠났다는 뜻도 있을 것입니다. 너무나 성급한 결정을 했다는 점에서 바울은 마음 아파하고 있습니다. 또한 "떠나"라는 단어는 충성을 바꾼다는 뜻으로 군사적, 정치적, 철학적 의미를 가지고 있습니다. 말하자면 군인이 근무지를 이탈하거나 탈영했을 때 쓰는 단어입니다. 그러니까 갈라디아 지역 교인들이 하고 있는 이 일을 군인이 군대를 탈영한 것에 비유한 것입니다. 바울은 갈라디아 성도들을 군대를 이탈한 병사와 같이 믿음에서 탈영하고 배교하는 종교적 변절자, 영적 이탈자로 여기면서 책망하고 있습니다. 은혜의 나라를 그처럼 속히 배반하고 율법의 멍에를 지는 나라로 가는 것에 대해 도저히 이해할 수 없다며 놀라워합니다. 생각해 보면, 이 일은 단순히 다른 복음을 따르는 것일 뿐 아니라 하나님을 떠나는 것입니다. 그렇기 때문에 바울은 갈라디아 지역 교회 성도들이 깊이 생각하지 않고 섣불리 생각한 것에 경악하고 있습니다.

다른 복음은 없다

그렇다면, 갈라디아 지역 교회 성도들을 넘어뜨린 "다른 복음"이란 무엇입니까? "다른 복음"이라고 하니까 선택 가능한 또 다른 복음이 있는 것 같습니다. 하지만 결론부터 말하면, 다른 복음은 없습니다. 우리가 선택할 수 있는 다른 복음이 있었다면, 사도는 이렇게 놀라지 않았을 것입니다. 다른 복음은 절대로 없습니다. 그런데 "다른 복음"이라고 합니다. 이 문제는 유대주의 선동꾼들에 의해 야기된 것입니다. 앞에서 바울의 사도권을 공격한 이들은 또한 바울이 전한 복음의 진정성과 신뢰성을 공격했습니다. 그들은 다른 복음을 제시하여 갈라디아 성도들을 혼란스럽게 만들고 마치 경쟁적인 두 복음이 존재하는 것처럼 생각하게 만들었습니다. 그래서 바울은 은혜가 담긴 바른 복음을 떠나 다른 복음을 따르는 갈라디아 성도들을 보면서 큰 상처와 고통을 느끼고 있습니다.

사도들이 전한 복음, 2천 년 동안 교회가 사랑해 온 복음, 오늘날 우리가 성경을 통해서 만나는 복음은 하나입니다. 복음은 시대를 따라 달라지는 것이 아닙니다. 복음은 모든 시대와 문화를 초월해서 하나밖에 없습니다. 제가 사랑하고 존경하는 인물들은 1,600년대 영국에 살았던 믿음의 선배들입니다. 저는 그들의 글을 읽을 때 큰 감격과 깨달음이 있었습니다. 시대와 문화와 환경은 달라도 복음은 하나입니다. 복음은 다양하지 않고, 오직 하나입니다.

그렇다면, 복음이란 무엇입니까? 예수 그리스도가 복음입니다. 예수 자신이 복음이며, 그분이 우리에게 전한 것이 복음입니다. 예수를 통해 밝히 드러나고, 예수의 공로를 통해 우리에게 밝히 드러난 하나님의 은혜의 복음(행 20:24)입니다. 예수를 통해서 하나님이 은혜를 밝히 드러내셨기 때문에 사람의 노력과 행위와 공로 없이 받는(더 정확하게 말하자면 값을 치를 수 없는, 값을 따지거나 매길 수 없는) 하나님의 선물인 구원을 가르치는 것이 성경이 말하는 복음입니다.

그런데 거짓 선생들이 갈라디아 지역 교회에서 다른 복음을 가르칩니다. 이들은 무엇을 가르쳤을까요? 이들은 바울이 예수를 믿고 난 후, 사도들에게 복음을 배웠다는 겁니다. 열두 사도들이 나중에 사도가 된 바울에게 복음을 가르쳤는데, 바울이 복음을 전하다가 원래 사도들에게 배웠던 가르침대로 가르치지 않는다는 겁니다. 열두 사도는 모두 유대인으로서 전부 할례를 받았습니다. 그들은 아주 어릴 때부터 율법을 배우며 자랐던 사람들입니다. 그런데 바울은 똑같이 유대의 전통 안에서 자랐음에도 불구하고 이방인에게 복음을 전하면서 할례와 율법을 빼고 믿음으로만, 은혜로만 구원을 받을 수 있다고 선포했다는 것입니다. 그래서 거짓 선생들은 바울이 가르친 은혜로, 믿음으로 받는 구원은 초보 단계에 불과하며 이것과 더불어 율법을 지키고 할례를 받아야 온전한 복음이 된다고 주장했습니다. 그래서 바울은 편지를 시작하자마자 갈라디아 성도들의 믿음에 대한 감사나 여러 연약함에 대한 기도를 빼고 본론으로 시급하게 들어갔습니다. 거짓 선생들의 가르침을 자세히 살펴보면 많은 문제를 가지고 있습니다.

거짓 선생들의 교훈

거짓 선생들이 가르친 교훈이 왜 잘못된 것일까요? 두 가지로 살필 수 있습니다.

첫 번째로, 이방인도 할례를 받아서 유대인처럼 되어야 성도가 될 수 있다고 가르치기 때문입니다. 기독교 신앙 자체는 이스라엘 땅에서 시작된 것입니다. 만약 신자들이 많은 사람에게 이 기준으로 가르친다면, 먼저 유대인이 되고 그 다음에 믿어서 구원을 받는 것을 당연하게 여길 위험이 있습니다. 사실 이런 상황은 교회 역사에서 오랫동안 반복되었습니다. 서구 기독교가 복음을 세상에 전파하고 가르칠 때 실패한 것 중에 하나는 자신들에게 익숙한 고유의 문화까지도 복음인 것처럼 전한 것입니다. 우리는 상황이나 조건이나 환경에 따라 어떤 것들은 상대화하고, 어떤 것들은 절대로 포기할 수 없는 진리가 있다는 것을 분별할 줄 알아야 합니다. 우리는 얼마나 어리석은지 다른 사람들을 나 자신과 똑같은 존재로 만들고 싶어합니다. 예를 들어, 부부는 같이 살면서 생각이 똑같아야 한다고 생각합니다. 아무리 부부라도 각각 다른 존재이고 살아온 환경과 문화 때문에 차이가 날 수밖에 없습니다. 그런데 이런 차이를 인정하지 않고 상대화하면 문제가 생깁니다. 복음도 마찬가지입니다. 복음을 전하면서 자신의 독특한 문화까지 전하려고 합니다. 그래서는 안 됩니다. 모든 것들을 상대화하고 모든 종교가 동일하게 구원에 이르는 유효한 길이라고 주장하는 오늘날의 종교 다원주의적 주장도 이런 측면에서 받아들일 수 없습니다.

아무리 이방인이라도 복음으로, 예수를 믿음으로 성도가 됩니다. 우리처럼 되고 난 후 예수를 믿어 성도가 되는 것이 아닙니다. 우리처럼 만들려고 해서는 안 됩니다. 신앙인들 삶 속에는 이런 연약함이 있습니다. 상대를 나처럼 만들고 싶어하는 어리석음, 문화에 속한 것인지 진리에 속한 것인지 분별하지 못하는 약함들 때문에 교회가 한 번씩 상처를 받는 것입니다. 분별할 줄 알아야 합니다.

문화적 차이를 복음에 넣어서 전하려고 하는 것은 어리석은 행동입니다. 그래서는 안 됩니다. 교회의 생명은 다양성에 있습니다. 공동체 안에서 내 방식으로 상대를 바꾸는 것이 아니라 어떤 무리가 와도 그들의 고유한 아름다움을 가지고, 그들의 부름대로 다양성을 살리는 모임이 되도록 해야 합니다.

또한 교회는 중상층만 모이면 안 됩니다. 세상에서 공부 잘하고 손색없는 사람들만 모이면 망합니다. 그런 공동체는 교회가 아닙니다. 거짓 선생들의 실패 중에 하나는 사람들을 유대 전통 안으로 끌어들이고 그 다음에 복음을 믿어야 된다고 가르쳤기 때문에 결국 복음을 이방인들에게 전하는 선교의 영광을 안디옥 교회에 넘겨 줄 수밖에 없었던 것입니다. 문화와 진리의 차이가 뭔지 분별하지 못했기 때문입니다.

두 번째로, 거짓 선생들은 복음에 율법 준수를 더했습니다. 그들의 가르침을 한번 봅시다. 예수께서 시작하신 구원을 모세의 율법이 완성하도록 만들었습니다.

구약 성경은 우리에게 아브라함, 이삭, 야곱, 모세, 다윗 등 수많은 믿음의 사람들을 보여 줍니다. 그들은 하나같이 넘어진 인생을 산 불완전한 사람들이었습니다. 성경은 이들을 통해, 율법을 지켜서 하나님 앞에 완전하게 설 수 있는 사람은 아무도 없다는 것을 알려 줍니다. 구약 성경은 이 사실을 우리에게 다양한 형태로 보여 주었습니다. 우리가 알고 있는 성경의 위대한 인물들도 우리와 똑같이 허물과 한계가 있는 사람들이었습니다. 혹시 여러분은 성경의 위대한 인물들이 우리와 다르다고 생각하십니까? 다르지 않습니다. 아브라함은 다르겠지, 모세는 다르겠지, 다윗은 다르겠지 생각하고 계십니까? 다르지 않습니다. 어느 누구도 자신의 삶과 자격으로 하나님 앞에 설 수 없습니다.

그런데 거짓 선생들은 믿음의 조상들도 지키지 못한 율법의 짐을 더해서, 율법을 지켜야 구원이 온전해진다고 하니 성도들을 멸망의 길로 내모는 격이지요. 이렇게 말할 수도 있겠지요. 율법을 완전히 지키라는 것이 아니라 율법의 일부를 지키고 복음의 일부를 믿으면 된다고 말이죠. 그러나 우리가 율법의 일부라도 지킬 수 있다면 하나님께서 그에 맞는 율법을 주셨겠지요. 불가능합니다. 그래서 사도행전 15장에 나오는 예루살렘 회의 때, 사도 베드로가 일어나서, "우리 조상과 우리도 능히 메지 못하던 멍에를 제자들의 목에 두려느냐"(행 15:10)라고 말했습니다. 그래서 모든 사람은 예수를 믿어서 구원받는 것이 진리라고 예루살렘 회의에서 결정했습니다.

오늘날 세상 사람들은 믿는 자들의 삶이 성도답지 않다고 비난합니다. 조국 교회 성도들이 예수를 믿고 손가락질 받는 시대에 살고 있습니다. 이제 교인들 중에는 믿음으로만 구원이 가능한 것이 아니고 선행을 해야 구원받는 것처럼 생각합니다. 저와 절친한 사람 중에 선하고 의롭게 살려고 애쓰다가 길을 잃어버린 사람을 봤습니다. 제가 그 마음을 이해 못하는 것은 아니지만 그것은 진리가 아닙니다. 사람은 선행으로 구원받을 수 없습니다. 선행은 구원받은 자들만 할 수 있습니다. 주님이 우리를 구원하시고 새 생명을 주신 이유는 선을 행하는 친백성이 되게 하시려는 것입니다. 또한 자기중심성으로 똘똘 뭉친 우리가 하나님 중심, 이웃 중심으로 사는 자가 되게 하시려는 것입니다. 구원의 조건은 선을 행하는 것이 아닙니다. 그런 것을 충족시켜서 구원에 이를 사람은 이 세상에 아무도 없습니다.

성경은 우리에게 예수께서 이 땅에 오셔서 하신 일이 무엇이라고 선포합니까? 성경은 예수께서 율법을 다 완성하셨다고 합니다. 어머니의 모태에서부터 죄를 가지고 태어난 우리는 한 번도 율법을 사랑해서 바르게 지켜 본 적이 없습니다. 그러나 예수께서 사람의 몸을 입고 이 땅에 오셔서 우리 대신 율법을 완전히 지키셨습니다. 또한 모든 형벌과 진노를 십자가에서 몸으로 다 받으셨습니다. 그분은 율법을 지켜서 구원받을 수 없는 우리를 위해 스스로 완전한 의가 되셔서 우리가 구원받게 하셨습니다. 그런데 다시 율법을 요구하는 것은 구주를 통해 완성된 율법을 깨는 것입니다. 우리에게 선을 행하라는 요구는 예수의 완전한 공로, 그 진리를 깨는 것입니다.

그럼에도 교회사를 보면, 거듭 다른 복음이 나타났습니다. 초대 교회뿐 아니라 다른 시대에도 수없이 나타났습니다. 오늘날에도 다른 복음이 있다고 믿는 자들이 있습니다. 그런 자들은 아직도 하나님 앞에 선을 행할 수 없다는 것을 모르는 것입니다. 자신이 어떤 사람인지 모르기 때문에 은혜의 부요함을 아직도 모르는 겁니다.

왜 다른 복음이 교회 역사에서 반복적으로 나타났을까요? 사람은 나면서부터 행위 구원론자이며 율법주의자이기 때문입니다. 좀 더 쉽게 설명하면, 우리 속에 다른 복음을 더 좋아하는 경향이 있습니다. 은혜의 복음은 낯설고 다른 복음을 더 좋아하는 경향이 우리 속에 들어 있습니다. 우리는 이런 경향이 우리 자신에게 있는지 잘 모릅니다. 죄를 가지고 태어난 우리에게는 두 가지 중요한 경향이 있습니다. 자기중심성과 종교성입니다. 이 자기중심성이 또 다른 죄를 만들어서 왜곡된 종교성이 많이 나타납니다. 죄가 왜곡된 종교성과 만날 때 다른 복음이 나옵니다.

우리는 우리 자신이 얼마나 종교적인 존재인지 잘 모릅니다. 그런데 우리가 가진 종교성은 왜곡되어 있기까지 합니다. 이 세상에는 종교성을 충족시키면서도 우리 자신을 만족시킬 수 있는 종교가 수두룩합니다. 그러나 그 종교들은 복음처럼 우리 자신을 부인하는 참된 신앙으로 이끌지는 않습니다. 우리의 종교성을 적절히 만족시키고 자기중심성을 충족시켜 주는 본성들이 결합될 때 다른 복음이 나타납니다.

은혜로 자격 없는 자를 구원하셨다고 할 때 다들 감격하고 좋아할 것입니다. 이 세상의 관점에서 실패하고 아무것도 가진 것이 없는 사람들도 하나님이 은혜로 값없이 부르셨습니다. 예수께서 말씀하신 포도원 품꾼들 비유를 보면, 천국은 마치 품꾼을 얻어 포도원에 들여보내려고 이른 아침에 나간 집 주인과 같다고 하셨습니다. 하루 일이 끝나자 주인은 이른 아침부터 와서 뜨거운 햇빛 아래 많은 일을 한 사람들이나 제일 나중에 합류하여 한 시간만 일한 품꾼이나 똑같은 한 데나리온의 품삯을 주었습니다. 자기중심성에 찌들어 있는 우리가 이 비유를 듣는다면, 이른 아침에 온 품꾼마냥 불평과 원망이 쏟아져 나올 것입니다.

하나님께서 나를 은혜로 구원하셨다 할 때는 기쁘지만, 나보다 훨씬 못한 형편에 있는 사람, 아무것도 가진 것이 없는 다른 사람들에게도 하나님의 은혜가 동일하게 적용될 때는 마음이 불편해집니다. 말로 표현은 하지 않겠지만, '저 사람과 내가 같아? 똑같이 취급하는 거야?' 하면서 마음속에서 불편함이 생기면서 다른 것을 찾기 시작하는 것입니다. 이런 것이 죄성입니다.

성경은 우리에게 나보다 남을 낫게 여기라고 가르칩니다. 그러나 우리가 은혜를 알아야 남을 나보다 낫게 여길 수 있습니다. 그러나 우리는 자기중심성에 찌들어 있기 때문에 다른 사람과 나를 같게 취급하는 것을 견디지 못합니다.

주 안에서 사랑하는 여러분, 우리의 자기중심성과 악한 종교성이 만나면 다른 복음이 생깁니다. 우리의 공로를 첨가해서 나를 다른 사람과 구별하고 나를 더 높은 자리에 앉히려고 합니다. 우리의 패역한 죄성이 종교적인 영역에서도 나오는 겁니다. 그래서 사람들은 이 땅에서 만날 수 있는 다른 복음을 환영하게 됩니다. 그것으로 자신의 마음을 충족시키는 것이죠. '내가 어떻게 저들과 같을 수 있는가, 저런 사람과 나를 똑같이 취급하는 것은 불공평하다'고 생각하기에 다른 복음에 기쁨을 느끼는 것입니다. 많은 사람들이 이런 어리석은 길을 가고 있습니다.

왜곡된 종교성

더불어 우리는 참 더디게 바뀝니다. 더딘 변화로 사람들 속에 있는 부패한 종교성이 작동되면, 진짜가 아닌 껍질을 붙들게 됩니다. 부패한 종교성으로 자기 신앙의 본질을 대체하려는 어리석은 죄성이 작동하는 거죠. 그렇게 되면 결국 거짓 선생들에게 넘어갑니다. 어려서부터 율법에 단련된 거짓 선생들과 은혜로 구원받아 교회를 다니는 죄인들의 행동은 분명 다를 것입니다. 외부에서 보면 오히려 거짓 선생, 율법주의자들이 더 훌륭해 보입니다. 세련된 종교성으로 보이는 것이죠. 세련된 종교성이 우리의 죄성을 만족시키는 것 같기 때문에 사람들은 넘어집니다.

현대인 중에는 다른 종교에서 개신교와 다른 안식을 얻는다고 말하는 사람들이 있습니다. 그들은 요즘 개신교가 시장 바닥 같고, 믿는 사람 중에 꼴불견이 많아서 가톨릭교회를 찾거나 불교 사찰을 체험한다고 합니다. 이럴 때 사람들은 크게 감격합니다. 이것은 우리의 자기중심성과 왜곡된 종교성을 만족시키는 하나의 예입니다.

사람들은 은혜로 자신을 깨뜨리고 참 진리를 따르기보다 자신의 종교성을 만족시키는 길을 선택하려고 합니다. 우리의 죄성은 하나님이 구주 예수를 통해 우리를 완전하게 바꾸신 진리를 선택하기보다 다른 복음을 찾습니다.

그렇다면, 성도인 우리의 신앙은 어떻습니까? 세상 사람과 마찬가지로 왜곡된 종교성을 붙들고 있는 경우가 많습니다. 내용도 없고, 진실한 변화도 없는 종교성을 추구하고 있습니다. 복음이 주는 영광을 경험하지 못하고 껍질만 추구하고 있습니다. 자기중심성과 왜곡된 종교성은 참 신앙의 영광이 눈에 들어오기 전까지 사라지지 않습니다. 그렇기 때문에 자기중심성에 머물러서는 안 됩니다. 그것으로는 아무것도 할 수 없습니다. 자기중심의 왜곡된 종교성은 껍데기 같은 것입니다. 우리는 예수의 생명으로만 자기중심성에서 벗어날 수 있습니다. 예수의 생명이 들어가야 더디지만 완전하고 참된 변화가 우리 삶 전체에 드러납니다. 그럴 때 우리는 이 세상을 바르게 섬기고 치료할 수 있습니다.

그러나 수많은 사람이 예수를 믿으면서도 자기중심성을 깨뜨리지 못합니다. 예수를 믿으면 당연히 집사, 장로, 권사가 되어야 한다고 생각합니다. 제가 직분을 무시하는 것이 아닙니다. 우리가 직분을 받되 자기중심성을 가지고 남들보다 나아야 한다는 생각으로 직분을 받아서는 안 됩니다. 다른 사람을 섬기고 유익하게 하는 직분이어야 합니다. 그저 자기중심성을 충족시키면서 신앙은 껍질만 머물러 있으면 망할 수밖에 없습니다. 자기중심성에서 나와야 다른 복음의 가르침에서 벗어날 수 있습니다.

단호한 저주의 선언

다른 복음을 가르치는 무리를 향한 사도의 태도를 봅시다. 아주 단호하고 분명합니다. 7절입니다.

> 다른 복음은 없나니 다만 어떤 사람들이 너희를 교란하여 그리스도의 복음을 변하게 하려 함이라

다른 복음은 없습니다. 이 말은 혼란을 일으켜서 복음을 변질시키는 것이 불가능하다는 말입니다. 8절을 봅시다.

> 그러나 우리나 혹은 하늘로부터 온 천사라도 우리가 너희에게 전한 복음 외에 다른 복음을 전하면 저주를 받을지어다

9절 하반절도 읽어 봅시다.

> 다른 복음을 전하면 저주를 받을지어다

두 번이나 단호하고 분명하게 말합니다. 다른 복음은 없고, 다른 복음을 전하면 저주를 받아야 한다고 말합니다.

오늘날 서양의 많은 교회와 학자들은 이 본문을 참 곤혹스러워합니다. 복음은 친절하고, 사랑을 말하고, 남들을 잘 배려하는 것인데 이렇게 저주를 선포하는 것에 대해 당황스러워합니다. 우리는 모든 사람을 향하여 자원하여 종이 되기를 기뻐하고 누구든지 옆에 있는 사람을 나보다 낫게 여기는 삶을 살기를 원합니다. 하지만 진리와 하나님의 영광이 깨질 때에는 상대방에게 궁극적으로 유익이 되지 않기 때문에 절대로 타협할 수 없습니다. 사도 바울의 표현에 따르면, "우리나 혹은 하늘로부터 온 천사라도 우리가 너희에게 전한 복음 외에 다른 복음을 전하면 저주를 받을지어다"(8절)라고 말할 정도입니다. 왜 이렇게까지 말할까요?

이런 단호한 표현이 사람의 영혼을 살리는 유일한 길이기 때문입니다.

기독교는 그저 막연하게 평화로운 관계를 유지하는 종교가 아닙니다. 오늘날 우리는 이 길도 맞고, 저 길도 맞는 보편적인 종교다원주의 시대를 살고 있습니다. 이런 시대에 산다고 할지라도 복음은 한 길밖에 없습니다. 사도들의 복음과 현재 우리가 전하는 복음은 하나입니다. 이 부분에 대해서는 목에 칼이 들어와도 우리는 타협하거나 양보할 수 없습니다. 왜냐하면 이것이 영혼을 살리는 하나뿐인 길이기 때문입니다. 또한 이것이, 하나님의 영광이 하나님의 영광답게 드러나는 유일한 길이기 때문에 절대로 타협할 수 없습니다. 고린도전서 9장 20-22절에서 사도 바울은 이렇게 말했습니다.

> 유대인들에게 내가 유대인과 같이 된 것은 유대인들을 얻고자 함이요 율법 아래에 있는 자들에게는 내가 율법 아래에 있지 아니하나 율법 아래에 있는 자같이 된 것은 율법 아래에 있는 자들을 얻고자 함이요 율법 없는 자에게는 내가 하나님께는 율법 없는 자가 아니요 도리어 그리스도의 율법 아래에 있는 자이나 율법 없는 자와 같이 된 것은 율법 없는 자들을 얻고자 함이라 약한 자들에게 내가 약한 자와 같이 된 것은 약한 자들을 얻고자 함이요 내가 여러 사람에게 여러 모습이 된 것은 아무쪼록 몇 사람이라도 구원하고자 함이니

우리는 언제든지 복음 때문에 다른 사람의 종이 될 준비를 해야 합니다. 우리 모두가 복음 안에서 다른 사람을 섬기고 유익하게 하기를 원합니다. 그러나 우리는 진리와 생명, 하나밖에 없는 길을 포기하거나 타협하

면서 다른 것을 추구하는 평화주의자들은 아닙니다. 우리는 진리를 위해 대가를 지불해야 하는 순간이 있다는 것을 압니다. 갈라디아서 1장 10절에서 바울이 이렇게 묻습니다.

> 이제 내가 사람들에게 좋게 하랴 하나님께 좋게 하랴 사람들에게 기쁨을 구하랴 내가 지금까지 사람들의 기쁨을 구하였다면 그리스도의 종이 아니니라

우리는 때로 귀한 진리 때문에 다른 사람을 아프게 할 수도 있습니다. 그러나 진리에 속해 사람의 영혼을 살리는 일이 참된 길인 줄 아시기 바랍니다. 그리고 하나님 편에 서서 사람을 잠시 기쁘게 하지 못하는 것을 두려워하지 않기를 바랍니다.

저는 오늘날 조국 교회가 힘을 잃은 이유가 다른 데 있다고 생각하지 않습니다. 사람을 위해 복음을 변질시켰기 때문에 힘을 잃었다고 봅니다. 하나님 편에 서서 그분께 충성해야 할 때에, 사람에게 버림받고 욕 먹고 핍박받고 직장에서 쫓겨나는 것을 두려워했기 때문입니다. 복음을 분명하게 말하고 믿어야 할 중요한 순간에 사람의 눈치를 너무 많이 보기 때문에 교회가 결국 맛을 잃었다고 생각합니다.

사랑하는 여러분, 사도의 마음을 이해할 수 있습니까? 만인의 종이 되기를 주저하지 않는 그가 이렇게 급한 마음으로 전하는 것이 무엇인지 아시겠습니까? 하나밖에 없는 주님의 진리와 생명의 길을 깨뜨리는 다른

복음으로 속히 떠나려는 사람들에게, 하나님 편에 서서 진리를 고수해야 할 때라고 다급히 외치는 열정이 보이십니까?

진리와 하나님의 영광만이 우리 영혼에 참된 유익을 준다는 것을 알기 때문에, 우리가 알지도 못하는 사람들, 우리를 핍박하고 조롱하는 자들을 위해 값을 지불하기를 주저하지 않는 우리가 되길 바랍니다. 만인의 종이 되어 복음의 열매를 맺기 위해 참된 분별을 가져 진리 위에 서 있는 여러분 모두가 되기를 소망합니다. 그래서 이 땅을 살리고 사람을 치료하는 귀한 일이 풍성하게 일어나길 바랍니다.

갈라디아서 1장 11-24절

형제들아 내가 너희에게 알게 하노니 내가 전한 복음은 사람의 뜻을 따라 된 것이 아니니라 이는 내가 사람에게서 받은 것도 아니요 배운 것도 아니요 오직 예수 그리스도의 계시로 말미암은 것이라 내가 이전에 유대교에 있을 때에 행한 일을 너희가 들었거니와 하나님의 교회를 심히 박해하여 멸하고 내가 내 동족 중 여러 연갑자보다 유대교를 지나치게 믿어 내 조상의 전통에 대하여 더욱 열심이 있었으나 그러나 내 어머니의 태로부터 나를 택정하시고 그의 은혜로 나를 부르신 이가 그의 아들을 이방에 전하기 위하여 그를 내 속에 나타내시기를 기뻐하셨을 때에 내가 곧 혈육과 의논하지 아니하고 또 나보다 먼저 사도 된 자들을 만나려고 예루살렘으로 가지 아니하고 아라비아로 갔다가 다시 다메섹으로 돌아갔노라 그 후 삼 년 만에 내가 게바를 방문하려고 예루살렘에 올라가서 그와 함께 십오 일을 머무는 동안 주의 형제 야고보 외에 다른 사도들을 보지 못하였노라 보라 내가 너희에게 쓰는 것은 하나님 앞에서 거짓말이 아니로다 그 후에 내가 수리아와 길리기아 지방에 이르렀으나 그리스도 안에 있는 유대의 교회들이 나를 얼굴로는 알지 못하고 다만 우리를 박해하던 자가 전에 멸하려던 그 믿음을 지금 전한다 함을 듣고 나로 말미암아 하나님께 영광을 돌리니라

4장
하나님의 계시로 받은 복음

앞 장에서 복음은 하나밖에 없다고 했습니다. 그리고 만약 다른 복음을 전하는 자들이 있다면, 전하는 자가 하늘에서 온 천사일지라도 저주를 받아 마땅하다고 단호하고 분명하게 이야기했습니다. 혹시 이 이야기가 너무 지나친 것 같다고 마음에 부담감을 느끼는 사람이 있을지 모르겠습니다.

바울 복음의 신적 기원

이 장의 본문은 이렇게 단호하고 분명한 사도의 선포의 근거가 무엇인지 보여 줍니다. 왜 사도는 복음이 하나밖에 없다고 주장하는가? 그리고 왜 다른 복음은 틀렸다고 확신하는가? 11절과 12절을 보십시오.

> 형제들아 내가 너희에게 알게 하노니 내가 전한 복음은 사람의 뜻을 따라 된 것이 아니니라 이는 내가 사람에게서 받은 것도 아니요 배운 것도 아니요 오직 예수 그리스도의 계시로 말미암은 것이라

사도가 단호하게 복음은 하나밖에 없으며 다른 복음은 저주를 받아 마땅하다고 말할 수 있는 이유는 그가 이 복음을 하나님께 받았기 때문입니다. 초대 교회 때나 종교 개혁 때나 현재 우리가 사는 시대나 동일하게 미국, 한국 어느 곳이나 상관없이 복음이 하나인 이유는 하나님이 계시해 주셨기 때문입니다. 그래서 베드로가 전하든, 야고보가 전하든, 요한이 전하든 복음은 똑같았던 것입니다. 복음은 하나입니다. 다른 복음을 가르치면 안 됩니다. 시대와 지역과 사람은 다양하고 다를 수 있어도 복음은 다양하지 않습니다. 복음은 하나밖에 없습니다. 다시 말하지만, 복음은 하나님이 주신 것입니다.

복음은 지혜 있는 사람들이 많은 연구를 통해 만든 것이 아닙니다. 복음은 탁월한 종교적 감각을 가진 사람에게 배워서 전하는 것도 아닙니다. 복음은 하나님이 주신 계시를 통해 얻은 지식입니다. 하나님은 사람이 아니십니다. 하나님은 사람보다 탁월한 존재십니다. 하나님은 사람이 열심히 노력하고 연구하면 이를 수 있는 경지에 계신 분이 아닙니다. 하나님은 우리와 완전히 다른 분이십니다. 그래서 하나님은 사람들이 당신을 알 수 있도록 사람들에게 당신을 열어서 보여 주셨습니다. 그것을 계시라고 부릅니다.

그런데 우리는 이런 계시가 필요한 것이 아닙니다. 계시는 사도들이 받

은 것입니다. 바울이나 베드로처럼 신약 성경을 기록한 사도들이 계시를 받았습니다. 우리는 계시가 아니라, 기록된 성경을 바르게 이해하고 깨달을 수 있도록 조명이 필요합니다. 이 일은 성령이 하십니다. 하나님께서 사도들에게 계시를 주셨고, 우리는 그 계시에 따라 기록된 성경을 깨달을 수 있도록 우리의 지각과 지혜를 넘어서는 하나님의 신묘불측(神妙不測)한 조명이 필요합니다.

예수 그리스도의 계시

이 계시를 무엇이라고 합니까? 12절에 "예수 그리스도의 계시"라고 합니다. 이것을 두 가지로 해석할 수 있습니다.

우선, 사도행전 9장을 보면 다메섹 가는 길에 바울이 예수 그리스도를 만납니다. 그때 바울은 예수께 계시를 받습니다. 그래서 "예수가 보여 주신 계시"라고 해석하거나 "예수가 주신 하나님의 계시"라고 해석하는 것도 무리가 없을 것입니다. 다음으로, 본문 전체 흐름을 보면 "예수에 관한 계시"라고 볼 수 있습니다. 하나님이 바울에게 알게 하신 예수의 복음에 관한 계시. 이렇게 정리가 됩니다.

사도 바울이 귀한 복음에 대해 단호하게 확신했던 이유는 하나님께서 이 복음을 자신에게 계시를 통해 직접 주신 것이라고 여겼기 때문입니다. 그래서 이 복음 이외에 다른 복음이 있을 수 없다고 주장한 것입니다. 이 복음은 바울뿐 아니라 모든 사도에게 일치하는 것입니다. 하나님이 계시를 통해서 주신 것이기 때문에 똑같습니다.

복음의 내용은 세 가지로 요약할 수 있습니다. 첫 번째는 "예수가 누구인가"라는 예수에 대한 복음입니다. 두 번째는 "예수가 하신 일이 무엇인가"라는 의미를 깨닫는 복음입니다. 세 번째는 예수 자신과 하신 일을 근거로 우리에게 어떤 일이 일어나는지, 2천 년 전에 예수께서 하신 일이 나와 무슨 관계가 있는지 적용하는 복음입니다. 이 세 가지가 복음의 핵심이라 할 수 있습니다.

복음은 사람이 계획해서 만든 것이 아니라 하나님이 마련하시고, 계획하시고, 정하신 때에 나타내셔서 사람들의 죄를 씻으시고, 새 생명을 주시는 하나님의 지혜와 능력입니다. 그런데 바울은 지금 복음을 부정하고 공격하는 갈라디아 지역의 거짓 선생들에게, 자신이 복음을 하나님께 받았다고 주장하면서 증거를 대고 있습니다. 무슨 증거입니까? 자기 자신의 삶에 일어난 일을 증거로 대고 있습니다. 13-14절을 보십시오.

> 내가 이전에 유대교에 있을 때에 행한 일을 너희가 들었거니와 하나님의 교회를 심히 박해하여 멸하고 내가 내 동족 중 여러 연갑자보다 유대교를 지나치게 믿어 내 조상의 전통에 대하여 더욱 열심이 있었으나

여기서 "연갑자"라는 말은 "동년배"라는 뜻입니다. 사도 바울은 유대교와 율법, 유대교에서 소중하게 여기는 전승에 대해 열심을 가진 사람이었습니다. 심지어 가말리엘의 문하에 있었습니다. 가말리엘은 당시 유대 안에서 제일 탁월하고 위대한 두 선생 중 하나입니다. 그 가말리엘 밑에서 율법을 배운 자가 바울입니다.

그런 바울이 교회가 가르치는 교훈을 들었을 때, 어땠겠습니까? 율법과 전승을 사랑했던 바울이 보기에 교회는 율법을 모독하고 성전을 모욕하는 공동체로 여겨졌을 것입니다. 특별히 교회의 가르침 중에 십자가에 못 박혀 돌아가신 예수가 온 인류의 구주라는 부분은 율법에 정통한 학자였던 바울이 받아들이기에는 힘든 내용이었습니다. 왜냐하면 율법에서는 십자가에 달려 죽은 사람, 즉 나무에 달려 죽은 사람들은 하나님께 저주를 받은 사람이라고 했기 때문입니다. 나무에 달려 죽은 자는 하나님께 저주를 받은 자라고 율법이 분명하게 말하고 있는데 나무에 달려 돌아가신 예수가 메시아이며, 구세주라고 가르치는 교회를 바울이 어떻게 생각했을까요? 율법에 열심이 특심했던 바울은 교회를 그냥 두지 않고 핍박하고, 박해하고, 멸망시켜 이 땅에서 없애려고 애를 썼습니다.

그랬던 바울이 본문에서 자신의 이야기를 하는 이유가 무엇입니까? 율법에 열심이 있고, 교회를 핍박하고, 복음을 대적했던 자신이 이렇게 복음을 전하는 자가 된 이유가 있다는 것을 설명하는 것입니다. 하나님이 개입하시고, 간섭하셔서 자신에게 복음을 계시해 주신 역사가 있었기 때문에 자신의 삶이 변화되었다는 말입니다.

가끔 우리말 성경이 성경 전체의 뉘앙스와 흐름을 잘 살리지 못하는 경우가 있습니다. 그래서 헬라어 성경이나 영어 성경을 읽으면 뉘앙스를 살려 낼 수 있습니다. 13, 14절에는 사도 바울이 "내가, 내가"라고 반복해서 말합니다. 그런데 15, 16절에 가면 주어가 바뀝니다. "하나님께서, 하나님께서"라고 달라집니다. 이것은 사도 바울처럼 주님을 만나고 인격적으로 경험한 모든 성도에게 나타나는 진실한 변화입니다. 예수를 믿기 전, 하나님을 섬긴다고 생각하고 율법에 특심이던 바울, 조상의 전통과 전승을 소중히 여겼던 그가 주님을 만나 복음을 알고 거듭난 성도가 된 이후, 하나님께로 중심이 완전히 이동합니다.

우리가 예수를 믿는다고 한 순간에 삶이 완전히 바뀌거나 성자같이 되지는 않습니다. 예수를 믿고 나면, 우리가 원하는 대로 살아도 아무 거리낌 없는 상태가 되는 것도 아닙니다. 방향이 바뀝니다. 내 중심에서 하나님 중심으로 달라지기 시작합니다.

바울에게 일어난 심오하고 본질적인 변화

자기만 생각하고 살던 바울의 삶에 하나님이 개입하시는 사건이 다메섹 사건입니다. 하나님은 다메섹 사건을 통해 바울에게 무슨 일을 하셨으며, 바울에게 주신 계시의 핵심은 무엇입니까? 16절을 보겠습니다.

> 그의 아들을 이방에 전하기 위하여 그를 내 속에 나타내시기를 기뻐하셨을 때에 내가 곧 혈육과 의논하지 아니하고

하나님께서 바울에게 주신 계시의 핵심은 예수를 나타내는 것입니다. 바울의 인격과 삶의 중심에 예수 그리스도를 보여 주시는 것입니다. 이것은 예수를 믿는 모든 진실한 성도들의 공통적인 경험입니다. 우리는 사도 바울처럼 계시를 받은 사람은 아닙니다. 우리에게 필요한 것은 계시가 아니라 조명이라고 했습니다. 우리 역시 바울에게 일어난 것과 같은 변화를

받아들여야만 진짜 성도가 됩니다. 우리는 그저 교회를 오래 다녔기 때문에 성도가 된 것이 아닙니다. 교회를 다니면서 교회에서 시키는 일을 열심히 한다고 성도가 되는 것도 아닙니다. 참된 성도는 예수를 인격적으로 만난 사람들입니다.

다메섹 사건 이전의 사도 바울은 자신이 하는 일이 하나님을 위한다고 생각했습니다. 그러나 오히려 바울 자신이 하나님을 대적하고 있었습니다. 바울은 이 사실을 깨닫지 못하다가 다메섹 가는 길에서 하나님의 은혜로 예수를 계시받았습니다. 바울이 예수를 만났을 때 그의 생애가 변화되었습니다. 바울은 이렇게 참된 성도가 되었습니다. 이처럼 모든 시대의 신자는 반드시 예수 그리스도를 만나야 합니다. 말씀을 통해서, 성령의 조명을 통해서 예수 그리스도를 인격적으로 만나고 알아야 참된 성도가 됩니다. 교회를 오래 다녔고, 교회에서 시키는 일을 잘했기 때문에 성도가 되는 것이 아닙니다. 교회를 오래 다닌 사람일지라도 주님을 모를 수 있습니다. 만약 우리가 교회 생활과 상관없이 주님을 모른다면, 그 사람은 가장 불행하고 어리석은 사람입니다.

사도 바울은 열심이 특심했지만 방향이 잘못된 사람이었습니다. 그래서 과거의 자신처럼 열심은 있지만 방향이 잘못된 유대인들을 향해 바울은 로마서 10장 2-3절에서 이렇게 말했습니다.

> 내가 증언하노니 그들이 하나님께 열심이 있으나 올바른 지식을 따른 것이 아니니라 하나님의 의를 모르고 자기 의를 세우려고 힘써 하나님의 의에 복종하지 아니하였느니라

바울을 포함한 유대인들은 열심이 특심했으나 하나님이 계시로 주신 바른 지식을 따르지 않고 자기 열심을 가지고 자기 의를 쌓았습니다. 남들보다 뛰어남을 강조하고 자신이 의지할 수 있는 자기 자랑을 쌓았습니다. 그 결과 그들은 하나님을 향한 열심을 가지고도 하나님이 주시는 의를 대적하면서 생명을 잃게 된 것입니다.

교회 안에 오래 머물러 있으면서 많은 일을 해도 주님을 인격적으로 만나 참된 변화가 없는 사람은 성도가 아닙니다. 교회는 사람들이 교회 안에 있기 때문에 성도가 된다고 가르치지 않습니다. 바울이 다메섹에서 만난 예수를 우리도 만나야 합니다.

예수 그리스도는 어떤 분인가요? 회심하기 전 바울은 예수가 '사람을 미혹하는 자'라고 여겼습니다. 또한 '율법과 성전을 모독하는 자, 하나님께 저주를 받아 죽은 자'라고 여겼습니다. 그러나 다메섹에서 예수를 만난 바울은 예수가 사람을 미혹하는 자가 아니라 오랫동안 예언대로 기다리던 메시아라는 사실을 깨닫습니다. 바울은 예수 그리스도가 하나님의 아들로서 이 땅에 몸을 가지고 오셨고 온 세상을 구원할 구세주라는 사실을 깨닫습니다. 유대인에게만 아니라 이방인과 온 열방과 민족을 구원할 구세주이심을 깨달은 것입니다.

우리도 바로 그 예수의 공로 때문에 구원받습니다. 유대인이든, 이방인이든, 학식이 높거나 낮은 사람이든, 세상에서 성공하거나 실패한 사람이든, 외모가 잘나거나 못난 사람이든, 어떤 사람이든 상관없이 예수께서 하신 일 때문에 구원받습니다. 그분의 공로 때문에 우리의 혈통, 자격, 조건에 근거하지 않고 하나님의 은혜로 죄를 용서받고 구원받은 것입니다.

바울은 예수를 의지하고 믿기만 하면 누구든지 구원받는 복음을 다메섹에서 만난 것입니다.

여러분은 이 예수를 만났습니까? 우리에게 어떤 종교적 경험이 있어도 그것이 우리가 신앙인이라는 것을 보증하지 않습니다. 핵심은 예수를 인격적으로 만나는 것입니다. 말씀과 성령의 조명하심을 통해 나는 자격 없지만 은혜로 하나님께 구원받는다는 믿음으로 성도가 되는 것입니다. 꼭 그렇게 주님을 믿고 만나야 합니다.

하나님의 예정

사도 바울이 다메섹 가는 길에 예수를 만나 그의 눈이 열리기 시작합니다. 15절을 보세요.

> 그러나 내 어머니의 태로부터 나를 택정하시고 그의 은혜로 나를 부르신 이가

예수를 인격적으로 만나고 바울이 깨달은 중요한 진리가 복음입니다. 복음을 깨달을 때 눈이 열립니다. 다메섹 가는 길에서 일어난 일이지만, 사실은 어머니의 태에서부터 정해진 일이라고 합니다. 바울은 하나님의 은혜로 주님을 인격적으로 만나 진리를 바르게 깨달았을 때, 하나님께서 이 일을 어머니의 태에서부터 계획하시고 오랜 세월을 변함없이 우리를 기다리면서 사랑하고 아끼셨다는 사실 또한 깨달았습니다.

이 내용이 우리가 잘 아는 '예정론'입니다. 많은 사람이 이 예정론에 부딪혀서 넘어지곤 합니다. 예정론에 따른다면 하나님이 미리 프로그램으로 모든 것을 계획해 두셨기에 우리는 아무것도 할 수 없고, 하나님이 원하는 대로 움직이는 로봇에 불과하다고 생각합니다. 그러나 예정론은 우리의 인격이나 자유를 무시하는 교리가 아닙니다. 예정론은 그렇지 않습니다. 바울이 고백하는 예정론은, 하나님을 추구하지도 않고 찾지도 않았으며 예수가 구주일 것이라고 상상도 못한 그에게 어느 순간 하나님이 개입하셔서 예수의 복음을 적용시켜 주셨다는 것입니다. 바울이 그때 그런 일이 어떻게 자신에게 일어났는지 돌아보니, 자격 없는 자신을 하나님께서 사랑하셔서 복을 주신 것을 알게 된 것이죠. 주님을 만나고 그 순간에 은혜를 경험했지만, 그것이 만세 전부터 하나님이 계획하시고 우리를 그렇게 오랫동안 사랑으로 기다리시다가 그 순간에 우리에게 적용시켜 주신 것입니다. 은혜를 주신 순간부터 즉흥적으로 사랑하려고 결정하신 것이 아니라 오랫동안 우리를 향한 계획이 있었다는 것을 깨닫고 고백하는 진리가 예정론입니다. 예정론은 흔히 생각하는 것처럼, 이 사람이 구원받도록 예정된 사람인지를 판단하기 위한 기준으로 나온 교리가 아닙니다. 관점과 자세가 완전히 다릅니다. 하나님은 만세 전부터 헤아릴 수 없는 깊은 사랑과 계획을 사람들을 향하여 가지고 계십니다. 그렇기 때문에 사람은 목적을 가지고 창조된 존재이고 참으로 존귀하고 영화로운 존재입니다.

우리가 살고 있는 이 땅의 사람들은 세상이 말하는 가치로 사람을 평가합니다. 돈, 신분, 재능, 외모, 능력, 업적, 성취 등등. 이런 것들을 가지고 사람의 존귀와 영광을 재려고 합니다. 사람의 영광은 그 사람의 업적에 있지 않습니다. 사람의 영광은, 하나님께서 오래전에 계획하시고 그분의 변함없는 사랑으로 기다리셨다가 그 사랑을 적용시켜 주셔서 드디어 그분의 사랑과 은혜를 깨달을 때 드러납니다. 그때에야 비로소 우리는 사랑을 바르게 보게 됩니다.

저는 생긴 것과 다르게 까탈스러운 사람입니다. 사람을 보는 눈이 보통 까다로운 게 아닙니다. 제가 목회 사역을 시작했을 때, 마음에 드는 사람이 정말 소수밖에 없었습니다. 그런데 주님을 알아가고, 말씀을 알아 갈수록 한 사람이 정말 귀한 것을 알게 되었습니다. 그 사람의 사회적 신분, 업적, 외모와 상관없이 그 사람 자체로 가치 있고 보배로운 존재라는 것을 알게 되었습니다. 왜냐하면 사람은 하나님의 섭리와 사랑, 예정과 계획 속에 존재하기 때문입니다. 비록 정서적 장애가 있고, 육체적 장애가 있더라도 우리가 다 헤아릴 수 없는 하나님의 신묘불측(神妙不測)한 은혜가 각 영혼에게 있다는 것을 세월이 갈수록 더 많이 보게 됩니다.

예정론은 이런 눈을 우리에게 열어 주는 진리입니다. 사람이 기계적인 로봇 같은 존재가 아니라 귀한 보석같이 오랫동안 하나님의 계획과 섭리와 변함없는 사랑이 적용되는 대상임을 말하고 있는 진리입니다.

하나님의 예정과 택하심의 근거가 무엇입니까? 하나님이 사람을 예정하시고 택하실 때, 사람의 자격이나 하나님께 기여한 공로, 상황과 조건을 보시지 않습니다. 로마서 9장 11절에, "그 자식들이 아직 나지도 아니하고 무슨 선이나 악을 행하지 아니한 때에 택하심을 따라 되는 하나님의 뜻이 행위로 말미암지 않고 오직 부르시는 이로 말미암아 서게 하려

하사"라고 되어 있습니다. 하나님의 은혜 때문에 선택하신 것입니다. 우리를 선택하셔서 온갖 은혜와 복을 주시는데, 그 모든 은혜와 복이 우리 안에 손톱만큼의 근거도 없습니다. 만물이 만들어지기 전에, 우리가 어머니의 모태에 있기도 전에 예정하셨습니다.

이 진리(예정론)를 바르게 아는 성도들은 삶에 감격이 있습니다. 하나님이 나를 생긴 대로 대하지 않으시고 나의 모든 악, 무익한 어리석음을 따라 대하지 않으시고, 만세 전부터 예정하셔서 예수의 공로에 근거하여 나를 선대하신다는 사실에 감격하며 살게 됩니다. 동시에 내가 한 것이 아니고, 나의 의가 아니고, 나 때문에 한 것이 아니라는 것을 알게 됩니다. 그 결과, 삶에 깊은 겸손이 있습니다. 감격과 겸손이 함께 만나도록 만드는 진리가 예정론입니다.

바울은 이 귀한 진리를 알았을 때, "오직 그리스도 예수의 주 되신 것과 또 예수를 위하여 우리가 너희의 종 된 것을 전파함이라"(고후 4:5)고 했습니다. 모든 사람에게 빚을 졌을 뿐 아니라 모든 사람의 종이 되었다고 말할 정도로 마음의 중심에 겸손한 감격을 갖게 되었습니다.

우리 주변에도 꽤 겸손한 분들이 많은데, 겸손은 교양일 때가 많습니다. 그리고 많은 경우, 겸손이 나를 위한 것일 때가 많습니다. 어쩌면 "이 사람은 참 훌륭한 점도 많은데 겸손하기까지 하구나!"라는 말을 듣기 위해 미덕의 하나로 겸손을 갖추는 것일지 모릅니다. 그러나 예정론이 우리에게 열어 주는 겸손은 그런 것이 아닙니다. 은혜로 많은 복을 누리고 있다는 감격이 있지만, 이 복이 얼마나 자격 없는 자에게 거저 주는 것인지 아는 데서 오는 깊은 감격과 자기 부정이 그 속에 들어 있습니다.

여러분은 이 겸손이 무엇인지 아시겠지요? 우리가 "예수님을 만났다, 믿는다"라고 말만 하는 것이 아니라 예수 그리스도를 통해 우리 과거가 다르게 해석되고, 우리 삶이 다시 해석되는 것입니다. 그러면서 나에게 집중하고, 다른 사람의 나쁜 점만을 말하던 자리에서 하나님께서 만세 전에 나 같은 것을 계획하시고 사랑하셨다는 것을 아는 겸손의 자리, 자기 부정의 자리로 옮겨 서는 것입니다.

사랑하는 여러분, 우리는 서로 교양 있게 대하고, 듣기 좋은 말만 하고 지나치는 관계가 아닙니다. 복음을 알기 때문에 깊은 겸손으로 하나님을 영화롭게 하고 자기 부정을 통해 이웃들을 복되게 하고 싶어하는 마음이 우리 안에 있기를 바랍니다. 이런 예정과 택하심이 우리 삶 속에 적용될 때, 그것을 '부르심'이라고 부릅니다.

사도 바울은 우리를 삶의 구체적인 자리에서 부르신 하나님을 고백하면서 은혜라고 말합니다. 은혜로 나를 부르신 이, 은혜로 나를 택하신 이가 교회를 핍박하고 멸망시키려 했던 자를 만세 전에 계획하시고 불러 주셔서 복음을 위탁하고 그 복음을 위한 사도로 쓰는 것이 복음의 영광입니다.

우리는 사람들이 생각해 낼 수 있는 지식, 사람들이 탐구하여 알고 도달할 수 있는 지식을 믿는 사람들이 아니라 하나님이 계시하신 참되고 복된 진리를 믿는 자들입니다. 그리고 그렇게 믿는 중요한 증거는 은혜를 아는 자만이 만들어 내는 겸손입니다. 나를 위한 겸손이 아니라 남을 살리는 참된 겸손입니다.

복음의 계시를 통해 알게 되고, 성경을 통해 우리에게 전달되어, 성령의 조명하심으로 깨닫게 하시고 우리의 삶에 적용되게 하시는 이 귀한 복음이 우리 안에 깊이와 넓이를 더해 가기를 원합니다. 또한 남을 살리는 복된 겸손이 풍성하게 역사해서 복음의 영광스러운 역사가 우리 공동체 안에 넘치기를 소원합니다.

갈라디아서 2장 1-10절

십사 년 후에 내가 바나바와 함께 디도를 데리고 다시 예루살렘에 올라갔나니 계시를 따라 올라가 내가 이방 가운데서 전파하는 복음을 그들에게 제시하되 유력한 자들에게 사사로이 한 것은 내가 달음질하는 것이나 달음질한 것이 헛되지 않게 하려 함이라 그러나 나와 함께 있는 헬라인 디도까지도 억지로 할례를 받게 하지 아니하였으니 이는 가만히 들어온 거짓 형제들 때문이라 그들이 가만히 들어온 것은 그리스도 예수 안에서 우리가 가진 자유를 엿보고 우리를 종으로 삼고자 함이로되 그들에게 우리가 한시도 복종하지 아니하였으니 이는 복음의 진리가 항상 너희 가운데 있게 하려 함이라 유력하다는 이들 중에 (본래 어떤 이들이든지 내게 상관이 없으며 하나님은 사람을 외모로 취하지 아니하시나니) 저 유력한 이들은 내게 의무를 더하여 준 것이 없고 도리어 그들은 내가 무할례자에게 복음 전함을 맡은 것이 베드로가 할례자에게 맡음과 같은 것을 보았고 베드로에게 역사하사 그를 할례자의 사도로 삼으신 이가 또한 내게 역사하사 나를 이방인의 사도로 삼으셨느니라 또 기둥같이 여기는 야고보와 게바와 요한도 내게 주신 은혜를 알므로 나와 바나바에게 친교의 악수를 하였으니 우리는 이방인에게로 그들은 할례자에게로 가게 하려 함이라 다만 우리에게 가난한 자들을 기억하도록 부탁하였으니 이것은 나도 본래부터 힘써 행하여 왔노라

5장
독립적이면서도 동일한 복음

갈라디아 지역에 있는 교회에 거짓된 교훈을 가르치는 선생들이 나타났습니다. 그들은 바울이 가르치고 있는 복음을 불완전한 반쪽짜리 진리라고 가르쳤습니다. 거짓 교사들은, 바울이 원래 예루살렘에 있는 사도들에게 복음을 배웠는데 그 복음을 이방인들에게 전하다 보니 율법이나 할례 같은 것을 가르치기 어렵기 때문에 그 내용을 빼고 일부만 전한 것이라고 했습니다. 이런 거짓 선생들의 주장에 대해 바울은 자신이 전하는 복음이 하나님으로부터 계시 받은 것이라고 주장합니다. 자신이 받은 복음은 사람이나 사람의 지혜로 받은 것이 아니라고 합니다. 우리는 그동안 하나님께서 계시로 주신 복음이 바울의 생을 얼마나 근본적으로 다르게 만들었는지를 보았습니다. 바울은 그 주제를 계속해서 발전시키고 있습니다. 바울이 전하는 복음은 예루살렘에 있는 사도들이 전한 복음과는 독립되어 있습니다. 바울이 전하는 복음은 하나님께 받은 것이지 사도들에게 받은 것이 아닌, 독립된 복음입니다. 그러나 예루살렘 복음이 따로 있고, 사도 바울이 전하는 복음이 따로 있는 것은 아닙니다. 복음의 기원은 다르지만 하나님께 계시로 받은 것이기 때문에 내용은 같은 것이라고 본문을 통해 살폈습니다.

1차 예루살렘 방문

복음이 예루살렘에서 온 것은 아니지만 바울의 복음이 하나님으로부터 왔기 때문에 예루살렘의 사도들이 전하는 복음과 바울이 전하는 복음이 분명히 독립되어 있으면서도 동시에 같은 내용을 가지고 있습니다. 하나님의 계시로 온 복음이 자신에게 얼마나 많은 변화를 일으켰는지 말하여 계시의 진정성을 보여 주었던 바울이 이번에는 그 복음이 예루살렘에서 얼마나 독립된 것인지를 자신의 여정을 통해 입증하려고 합니다. 바울은 자신이 예수를 만난 이후, 어떤 일을 했는지를 보여 줍니다. 우리는 지난 장에서 갈라디아서 1장 뒷부분을 다루지 못했습니다. 1장 16절을 봅시다.

> 그의 아들을 이방에 전하기 위하여 그를 내 속에 나타내시기를 기뻐하셨을 때에 내가 곧 혈육과 의논하지 아니하고

여기서 "혈육"은 연약한 존재, 즉 "사람"을 뜻합니다. 제한이 있고 죽을 수밖에 없는 "사람"을 가리킵니다. 그러니까 "혈육과 의논하지 아니하고"

라는 말은 "사람에게 말하지 않았다"는 것입니다. 17절에, "또 나보다 먼저 사도 된 자들을 만나려고 예루살렘으로 가지 아니하고 아라비아로 갔다가 다시 다메섹으로 돌아갔노라"고 했습니다. 바울이 다메섹 가는 길에서 주님을 만난 후, 예루살렘으로 올라가서 사도들에게 자신의 경험과 계시를 나눌 필요가 없었다는 것입니다. 왜냐하면 분명한 계시였기 때문입니다. 그래서 바울은 사도들을 만나지 않고 바로 아라비아로 갔다가 다시 다메섹으로 갔습니다. 그러니까 바울이 예루살렘 사도들에게 복음을 배웠다는 거짓 선생들의 주장은 거짓된 말입니다. 18절을 보겠습니다.

> 그 후 삼 년 만에 내가 게바를 방문하려고 예루살렘에 올라가서 그와 함께 십오 일을 머무는 동안

3년이 지난 후에 예루살렘으로 올라갔습니다. 바울이 복음을 예루살렘에서 배웠다고 주장하는 거짓 선생들의 의견과 달리 바울이 예루살렘에 처음으로 올라간 것은 예수 그리스도를 인격적으로 만난 후, 3년이 지나서였습니다. 그리고 15일을 머물렀습니다. 짧은 시간 머물면서 베드로와 야고보를 만났습니다. 바울이 그들을 만났을 때, 육신을 가지고 지상에서 사신 예수 그리스도의 세세한 이야기를 듣고 많은 도움을 받았을 것입니다. 그러나 복음의 내용에 영향을 미칠 정도의 이야기는 아니었을 겁니다. 3년이 지난 후에 예루살렘에 올라갔고, 15일간 짧은 시간 만났으므로, 예루살렘에 있는 사도들에게 복음을 배운 것이 아니라는 이야기를 역설적으로 하고 있습니다. 21절을 보겠습니다.

그 후에 내가 수리아와 길리기아 지방에 이르렀으나

수리아와 길리기아는 예루살렘에서 멀리 떨어진 지역입니다. 예루살렘에 15일을 머문 다음, 멀리 떨어진 수리아와 길리기아 지방으로 간 것입니다. 특히 길리기아는 바울의 고향인 다소가 있는 지역의 이름입니다. 바울이 예루살렘에서 멀리 떨어져 있었는데 어떻게 예루살렘 사도들에게 복음을 배웠다고 할 수 있겠습니까?

2차 예루살렘 방문

이제 갈라디아서 2장을 살펴보겠습니다. 1절에 두 번째 예루살렘 방문 이야기가 나옵니다.

십사 년 후에 내가 바나바와 함께 디도를 데리고 다시 예루살렘에 올라갔나니

바울은 14년 동안 이방인 사역을 충분히 한 후에 두 번째로 예루살렘에 가서 사도들을 만납니다. 이는 바울이 예루살렘 사도들에게 복음을 배웠다는 말이 전부 어불성설(語不成說)이라는 증거입니다. 바울이 다메섹 가는 길에서 주님을 만난 이후 그가 지나온 모든 삶의 여정이 전혀 그런 사실을 지지하지 않습니다.
여기서 우리가 몇 가지 주의해서 보아야 할 대목이 있습니다. 바울이

바나바와 디도를 데리고 올라갑니다. 바나바는 유대인이고, 디도는 헬라인, 즉 이방인입니다. 바나바는 유대인으로 할례를 받은 사람이고, 디도는 이방인이기에 할례를 받지 않은 사람입니다. 바울이 디도를 데리고 간 것은 우리가 생각하는 것보다 파격적인 일입니다. 당시 유대인들의 정서를 생각한다면, 디도를 데리고 예루살렘으로 가는 것이 쉽지 않은 일이었습니다. 2절을 보십시오.

> 계시를 따라 올라가 내가 이방 가운데서 전파하는 복음을 그들에게 제시하되 유력한 자들에게 사사로이 한 것은 내가 달음질하는 것이나 달음질한 것이 헛되지 않게 하려 함이라

바울이 그냥 올라간 것이 아니라 주님이 명령하신 계시를 따라 예루살렘으로 올라갔습니다. 계시의 정확한 내용을 우리가 알 수 없지만 하나님의 계시가 있어서 올라간 것입니다. 바울이 예루살렘에 올라가서 한 일은 복음을 제시한 것이었습니다. 그런데 바울은 베드로나 야고보 같은 유력한 지도자들과 개인적으로 이야기를 나누었다는 겁니다. 공적인 석상에서 바울 자신이 이방인들에게 전하는 복음을 꺼내 놓고 공적인 허락을 받는 절차가 아니었습니다. 사사로이 교제하고 복음을 나누었습니다. 왜 그랬을까요? "내가 달음질하는 것이나 달음질한 것이 헛되지 않게 하려 함이라"(갈 2:2)고 합니다. 지금까지 이방인들에게 열심히 복음을 전했는데, 그 이방인들이 예수를 믿고 교회 안으로 들어오기 시작했습니다. 그럴 때 여전히 유대인의 정서를 잘 아는 바울의 마음에 부담감이 생겼습니다.

당시 초대 교회를 구성하고 있는 사람들은 거의 할례를 받은 유대인들입니다. 그런데 바울이 이방인들에게 복음을 전하고 이방인들이 교회 안으로 들어오기 시작하자 유대의 관습을 잘 아는 바울이 개인적으로 사도들에게 그동안 있었던 일들과 복음을 이야기하여, 이방인들이 교회 안으로 들어오는 과정에서 생길 어려움을 예측하고 그 때문에 교회가 힘들어하거나 수고한 것들이 열매를 맺지 못하는 일들이 없도록 사도들에게 말한 것입니다.

할례 문제

눈여겨볼 중요한 사건이 있습니다. 디도를 데리고 올라가니까 예루살렘에 있는 어떤 무리가 디도에게 무언가를 요구합니다. 3절을 보겠습니다.

> 그러나 나와 함께 있는 헬라인 디도까지도 억지로 할례를 받게 하지 아니하였으니

디도에게 억지로 할례를 주려고 하는 것입니다. 이방인으로서 디도는 할례를 받고 싶어하지 않았을 것입니다. 그런데 바울이 예루살렘 교회에 가서 사도들을 만나고 있는데 예루살렘에 있던 어떤 무리가 디도에게 억지로 할례를 주려고 한 것입니다.

유대인들에게 할례는 자기 정체성의 핵심이죠. 하나님의 언약 백성이라는 정체성을 외적으로 표시해 주는 것이 할례입니다. 그래서 남자 아이는

태어나면 8일 만에 할례를 받습니다. 이방인 중에서 유대교 안으로 들어오려면 반드시 할례를 받아야 합니다. 그래야 유대인이 됩니다. 이런 차원에서, 바울이 복음을 전해서 교회 안에 들어오려는 이방인들에게도 예루살렘에 있는 어떤 무리가 할례를 받아야 한다고 가르친 것입니다. 달리 표현하자면, 예수를 믿어 구원받은 자를 할례를 통해 다시 유대인처럼 만들고 싶어하는 거죠. 예수를 믿는 것으로 충분하지 않고, 교회 안으로 들어와 성도가 되려면 유대인이 되는 것이 필요하다고 주장하는 것입니다. 아마도 문화적 차이 때문에 우리에게는 이 상황이 아무 문제가 아니라고 생각할 수 있습니다. 우리 정서로 바꿔 생각해 보면 이런 것입니다. 누구든지 세상에서 교회 안으로 들어오는 것은 환영합니다. 그러나 우리 방식대로 정착해 주기를 원합니다. 세상 사람들이 예수를 믿어 교회 안으로 들어오는 건 얼마든지 좋은데 들어와서는 우리가 믿는 것처럼 믿기를 원하는 겁니다. 우리를 바꾸면 안 되고 들어오는 사람들이 모두 바꿔야 되는 거죠. 무슨 말인지 알겠지요? 먼저 유대인이 되고 그 다음에 예수 믿는 사람이 되기를 원하는 것, 오늘날 우리의 습관과 굉장히 비슷합니다. 많은 사람이 남을 바꾸려고 하지 자신을 바꾸려 하지 않습니다. 부부가 같이 살면서 제일 많이 노력하는 것이 서로에게 맞추는 겁니다. 중요한 노력입니다. 그런데 사람들은 온갖 조건을 붙여서 나를 바꾸지 않고 상대를 바꾸려고 합니다. 그냥 바꾸면 이기적으로 보이니까 원칙을 내세워서 상대를 바꾸려고 합니다. 이것과 똑같은 상황입니다. 유대인들은 이방인이 교회 안으로 들어오자 할례를 받아야 한다고 주장하는 겁니다. 자기들처럼 되어야 교회를 구성하는 성도가 될 수 있다고 말이죠.

사랑하는 여러분, 교회에는 포기할 수 없는 핵심 진리가 있고, 상대화 할 수 있는 나머지가 있습니다. 교회가 핵심적인 진리가 아닌 상대적인 것을 붙드는 실수는 시대마다, 반복적으로 있었습니다.

본문에서는 이런 유대인들의 도모를 바울이 어떻게 다루었지요? 5절을 보겠습니다.

> 그들에게 우리가 한시도 복종하지 아니하였으니 이는 복음의 진리가 항상 너희 가운데 있게 하려 함이라

할례를 받고 안 받고는 그렇게 간단한 문제가 아닙니다. 그 안에 무엇인가 있기 때문입니다. 복음의 진리가 있느냐 없느냐 하는 결정적인 주제가 그 속에 들어 있습니다. 그래서 바울은 절대로 디도에게 할례를 주지 않았고 허락하지도 않았습니다. 진리 그대로 교회가 보존되도록 불필요한 것은 언제든지 제거해야 되지만 진리의 핵심적인 내용이 들어 있는 것은 애써 보호하고 유지하려고 했습니다. 그것이 무엇입니까? 4절을 봅시다.

> 이는 가만히 들어온 거짓 형제들 때문이라 그들이 가만히 들어온 것은 그리스도 예수 안에서 우리가 가진 자유를 엿보고 우리를 종으로 삼고자 함이로되

왜 바울은 디도에게 할례를 주지 않으려고 할까요? 할례를 요구하는 이들이 형제의 이름과 모양은 가지고 있지만 가짜이기 때문입니다. 바울

은 이것을 분별한 것입니다. 한국 교회 안에도 많은 거짓 선생이 있습니다. 특별히 신천지 추수꾼들은 교회를 심각하게 해코지하는 좋지 않은 사람들입니다. 저는 우리 교회에도 들어와 있을 거라고 생각합니다. 이들은 정말 교회를 어렵게 합니다. 30년이 조금 안 되는 저의 사역을 생각해 보면, 하나님이 제일 싫어하는 것은 교회를 해코지하는 것입니다. 그것보다 더 하나님이 싫어하는 일은 없다고 할 만큼 교회를 해코지하는 건 아주 잘못된 일입니다. 그런데 신천지 추수꾼들은 교회에 들어와서 해코지하는 일을 두려워하지 않습니다. 이들은 자신들이 하는 일이 얼마나 하나님을 거역하는 줄 모르고 있습니다. 이런 무리의 특징은 몰래 들어오는 것입니다. 자기를 있는 그대로 보여 주지 않습니다. 자기를 적절히 잘 포장해서 교회에 몰래 들어와 혼란스럽게 합니다.

자유를 욕망의 종으로 만드는 자들

갈라디아 교회 안에 몰래 들어온 거짓 선생들은 들어와서 무엇을 도모했습니까? 2장 4절 하반부를 보면, "그리스도 예수 안에서 우리가 가진 자유를 엿보고 우리를 종으로 삼고자 함이로되"라고 했습니다. 여기에 중요한 단어가 나옵니다. "자유"입니다. 복음이 우리에게 가져다주는 선물 중 하나가 자유입니다. 우리를 정죄에서 자유하게 합니다. 우리를 죄에서 자유하게 합니다. 우리를 사망에서 자유하게 합니다. 복음이 우리에게 주는 중요한 열매를 "자유"라고 할 수 있습니다. 그런 면에서 갈라디아서는 "자유의 대헌장"이라고 불리는 책입니다.

이런 자유만 있는 것은 아닙니다. 자유는 다양하게 표현할 수 있습니다. 우리가 사는 세상에 모든 풍습과 습관을 한번 살펴볼 필요가 있습니다. 이 세상은 모든 사람을 자격, 조건, 행위, 공로를 가지고 구별하고 차별합니다. 사람을 평가하는 기준이 자격, 조건, 행위입니다. 그래서 사람이 가지고 있는 외적인 여러 조건, 성취, 신분, 재능, 학벌, 부를 가지고 사람들을 평가합니다. 그 결과 사람의 삶이 수고롭고 힘들어집니다. 뭔가 조건과 자격을 구비하는 것이 인생살이 전부인 것처럼 살아가기 때문입니다. 그런데 그런 세상 속으로 하나님이 자신의 나라를 가지고 들어오셨습니다. 그 나라의 특징은 은혜가 왕노릇하는 것입니다. 조건과 자격이 지배하는 이 세상에, 자격이나 조건과 같은 행위가 아니라 예수의 공로로 값없이 복을 받는 특별한 은혜가 주어진 것입니다. 우리가 이 놀라운 하나님 나라의 은혜 원리를 바르게 깨달으면 자유할 수 있습니다.

사실 사람은 욕망의 종일 뿐만 아니라 세상의 화려하고 찬란하게 보이는 것의 종이고, 자기 자신의 종입니다. 사람들은 다른 사람보다 더 존귀해지고 싶은 욕구에 얽매이고 있습니다. 또한 다른 사람의 기대와 평판을 의식하면서 종처럼 살아갑니다. 그런데 하나님께서 복음으로 사람들에게 오실 때, 사람들은 비로소 종 된 자기 자신에서 벗어나기 시작합니다. 은혜로 값없이 우리를 찾으시는 하나님을 만납니다. 다른 사람들의 평판에 대해서 자유를 얻기 시작합니다. 참된 자유가 우리 성도들의 삶 속으로 들어옵니다.

그런데 복음을 통해서 놀라운 자유를 경험한 이후에, 성도의 삶에 어려움이 생깁니다. 은혜로 구원을 감격하며 기쁘게 받아들였는데, 우리가 생각했던 것보다 변화가 더딥니다. 하나님의 은혜가 왕노릇하는 세계가 우리 삶에 들어오면, 변화가 눈에 보이면 좋겠는데 그렇지 않습니다. 변화가 아주 더딥니다. 이런 상황 때문에, 신앙 생활을 하는 중에 이단 교훈을 가르치는 사람들에게 귀를 기울이게 됩니다. 이단의 특징은 빠른 길이 있다고 가르치는 것입니다. 그러나 진리가 우리 속에 만들어 내는 변화는 참 더딥니다. 저도 30대 때 불 붙는 마음으로 목회 전선에 나왔습니다. 30대 때 저의 눈에서는 빛이 났습니다. 제가 영국에서 한 번씩 설교를 하면, 에딘버러에서 같이 공부하던 친구들 중 몇 명이 제게 말을 했습니다. "제발, 눈에 힘 좀 빼라! 네 설교를 듣고 있으면 몸에 힘이 들어가서 얼어 있다가 설교가 끝나면 '이제 살았다'는 생각이 든다. 설교를 왜 그렇게 하냐?" 그러면서 친구들이 저에게 진심어린 조언을 해 주었습니다. 그때는 제가 열정이 많을 때였습니다. 그렇기 때문에 교회와 예수 믿는 자들의 더딘 변화가 마음에 들지 않아서 눈과 입으로 불을 쏟고 칼로 베고 했답니다. 사람들에게 상처를 많이 입혔습니다. 세월이 흐르고 말씀을 연구하면서 제 안에 수많은 연약함이 발견되고, 사람들의 본성을 조금 더 알게 되었습니다. 성경이 우리를 더디게 변화시키지만, 완벽한 열매를 맺고 있다는 것이 보이면서 사람들을 보는 눈이 훨씬 달라지기 시작했습니다. 오래 참고, 기다리고, 지치거나 낙심하지 않고, 사람들을 향한 기대가 약해지지 않았습니다. 더딘 변화이지만 낙심하지 않는 것은 하나님이 우리를 구원하고 자유케 하시기 때문입니다.

우리는 평생 이런저런 형태의 종노릇을 많이 하면서 살았습니다. 우리는 자기 자신이 선택했다고 생각하는 부분에서도 사실 종노릇하면서 살았습니다. 배우자도 집안, 직장, 돈, 외모 등 온갖 것을 보고 결정합니다. 자기 자신의 욕망의 종이자 이웃들의 눈총의 종으로 살았습니다. 그러나 하나님이 값진 대가를 지불하고 귀한 구주의 보혈로 우리를 구원하셔서 참된 자유가 무엇인지 충분히 아는 자리로 데려가십니다.

이런 삶을 살아가고 있는 우리에게 중간에 한 번씩 다른 복음이 들어옵니다. 앞 장에서 우리가 보았듯이, 우리가 다른 복음을 환영하는 것은 우리 속에 타락한 종교성이 있기 때문입니다. 하나님을 믿고 의지하는 참된 신앙이 아니라 타락한 종교성이 우리 안에 있습니다. 온갖 형태의 종교적 욕구가 우리 속에 들어 있습니다. 그런데 이 종교성이 우리가 만든 자기중심성과 만나면 다른 복음을 만듭니다. 강제하거나 억압하지 않고 사랑으로 기다리시는 하나님은 오랫동안 우리를 바꿔 자유자로 만들고 참 복음을 주시지만, 우리는 이런 기다림에 익숙하지 않기 때문에 우리의 본성은 끊임없이 다른 복음을 만들어 냅니다. 더욱 종교적인 것같이 보이는 어떤 모습을 찾습니다. 그래서 할례를 행하는 것입니다. 금식으로 더 열심을 냅니다. 여러 외적인 종교성과 우리의 자기중심성이 만나면서 다른 복음이 뚫고 들어옵니다. 우리를 참 자유에서 종의 자리로 데려갑니다. 껍질에 불과한 자아의 종이 되거나 세상의 욕망과 사람들의 종이 되는 것입니다.

복음은 자유입니다. 우리가 하나님을 예배하지만 그 안에 하나님을 향한 사랑, 그리움, 자원하는 마음보다 그렇게 하지 않으면 해코지 당할 것을 두려워해서 겁 때문에 하는 것은 전부 타락한 종교입니다. 힘 세고 성격 나쁜 신의 비위를 잘 맞춰 드리는 것은 타락한 종교에서 하는 행동입니다. 우리 속에 자원함과 사랑이 기반이 되어야 합니다. 중심이 담겨 있는 예배와 사랑이 있어야 합니다. 그것이 주님이 우리에게 기대하는 핵심입니다. 이는 자유자밖에 할 수 없습니다.

우리 신앙은 무엇을 얻기 위해 비위를 맞추지 않습니다. 그렇게 하지 않으면 불행과 어려움이 닥칠 것 같으니까 종교적 행위로 하나님을 잘 달래고 나머지는 내가 원하는 대로 사는 것이 신앙 생활이 아니지요. 참 신앙은 하나님을 마음에서부터 자원하여 사랑하고 기꺼이 순종하는 것입니다. 그러나 이런 행동은 우리 본성에 잘 맞지 않습니다. 하나님은 강제로 우리의 인격과 중심을 바꿀 힘이 있으십니다. 하지만 하나님은 우리의 인격과 중심을 바꾸기 위해 우리가 사용해 본 적이 없는 근육들을 사용하는 법을 배워 내면의 변화를 일으키는 참된 신앙을 기대하십니다. 그래서 더디 바뀌지만 완전하고 온전한 것입니다.

하나님은 실패함이 없는 완전한 열심을 가지고 우리의 내면을 바꾸십니다. 그러나 그분은 우리가 선택하도록 기다리시고, 우리의 자유를 온전히 보존해 주고, 사랑하고, 아끼십니다. 그래서 오히려 변화가 더디 보일 수 있습니다. 그러나 실패할 수 없는 길입니다. 왜냐하면 주님이 우리를 위해 피를 쏟고 몸을 찢으시며, 완전하고 귀한 대가를 지불하셨기 때문입니다.

여러분, 참된 자유가 무엇입니까? 많은 사람들이 신앙의 자유를 제대로 누리지 못합니다. 또한 자신의 힘이나 강제로만 되는 세상 속에서 자신을 종으로 내모는 것을 신앙이라고 생각합니다. 그래서 종교성이 위험한 것입니다. 우리 속에 있는 그런 종교적인 성향은 본질이 아닌 것들로 만족하고 종교적인 외모를 취하면서 스스로를 합리화합니다. 할례를 하는 방식으로 말이죠.

바울의 동일하고 완전한 복음

사도 바울이 진리를 잘 보존하고 예루살렘에 있는 사도들에게 복음을 제시했을 때 어떤 일이 일어났을까요? 6절을 봅시다.

> 유력하다는 이들 중에 (본래 어떤 이들이든지 내게 상관이 없으며 하나님은 사람을 외모로 취하지 아니하시나니) 저 유력한 이들은 내게 의무를 더하여 준 것이 없고

바울이 복음을 다 제시하자 예루살렘의 유력한 자들이 아무도 뭔가를 더해 주지 않았습니다. 바울의 설명과 복음을 들을 때, 자신들이 전하는 복음과 전혀 손색이 없는 완전한 복음임을 알았던 것입니다. 부족하여 보충하거나 더하려고 하지 않았다는 것입니다.

여기에서 사도 바울이 하나님의 성품 중에 중요한 것을 소개했습니다. 하나님은 사람을 외모로 취하지 않는다는 점입니다. 사람은 외모를 봅니다. 사람은 생김새가 어떤지, 어떤 옷을 입었는지, 사회적 신분과 지위는 어떤지, 타고 다니는 차는 무엇인지를 살핍니다. 사람은 이런 외적 모습에 마음을 기울이고 있습니다. 그러나 주님은 우리의 내면적인 본질이 어떤지 살피십니다. 하나님이 우리의 신앙 생활에 기대하는 것은 믿음이 있

는 행함입니다. 오늘날 한국 교회에서는 피상적인 믿음만 강조하고 행함은 강조하지 않는다고들 말합니다. 그러나 믿음과 행함은 그렇게 말할 수 있는 주제가 아닙니다. 믿음은 주님이 주시는 것입니다. 믿음은 우리 속에 참된 행함을 만드는 유일한 길입니다. 진실한 믿음 없이 진실한 행함은 불가능합니다. 행함 따로, 믿음 따로 있는 것이 아닙니다. 제대로 믿고 은혜를 바르게 알아야 내면이 담겨 있는 참된 행위가 나옵니다. 세월이 흐를수록, 저는 다른 사람들이 위대하다고 인정하는 사람들을 별로 인정하고 싶은 생각이 없습니다. 반대로 아주 평범하고, 보잘것없는 작은 행위가 눈에 들어옵니다. 왜냐하면 하나님께서는 평범하고 보잘것없는 작은 선행을 보석같이 여긴다는 사실을 알기 때문입니다.

하나님은 외모를 따라 사람을 취하지 않고, 우리 내면의 본성과 진실함을 원하십니다. 할례를 받았는지 여부를 확인하는 것처럼 외적인 표시를 하나님은 원하시지 않습니다. 우리 속이 정말 변화되었는지, 우리 속에 자원함이 있는지, 하나님과 이웃을 향한 진실한 사랑이 있는지, 우리의 본성과 행위가 일치되고 있는지를 보십니다. 사람들은 내면의 본성과 행위가 다릅니다. 주님은 행위가 내면을 담아내는 도구가 되기를 원하십니다. 사도 바울도 사람의 외모가 중요하지 않다고 하나님처럼 똑같이 고백하고 있습니다. 이런 바울의 고백을 사도들은 어떻게 받았습니까? 7절입니다.

> 도리어 그들은 내가 무할례자에게 복음 전함을 맡은 것이 베드로가 할례자에게 맡음과 같은 것을 보았고

사도 바울이 복음을 설명하고 그동안에 있었던 일들을 나열했을 때, 예루살렘 사도들이 바울의 고백 속에서 뭔가를 보았습니다. 9절을 봅시다.

> 또 기둥같이 여기는 야고보와 게바와 요한도 내게 주신 은혜를 알므로 나와 바나바에게 친교의 악수를 하였으니 우리는 이방인에게로 그들은 할례자에게로 가게 하려 함이라

사도들이 바울의 고백을 들었을 때 무엇인가 눈으로 보았다는 것은 아닙니다. 깨달은 것입니다. 자기들과 똑같은 복음이라는 사실을 깨달은 것입니다. 동시에 그 복음을 통해 일하시는 하나님이 똑같은 분이라는 사실을 인정하게 되었습니다. 그리고 9절 하반절에 나왔듯이 "친교의 악수"를 나누었습니다. 우리 사회에서는 처음 만날 때 악수하고 헤어질 때 악수하기 때문에 당연한 행동처럼 느낍니다. 그러나 당시 이 사회에서 악수는 교통과 사귐과 대등함의 상징입니다. 그 당시는 신분 사회였기 때문에 악수를 한다는 것은 상대방과 내가 대등하다는 것을 상징하는 행동입니다. 한걸음 더 나아가서 친교의 악수를 한다는 것은 사귀고 교통하는, 서로를 받아들이는 중요한 상징입니다.

사도들은 바울의 복음을 듣고 확인한 다음, 자신들의 복음과 같은 복음이며 바울의 복음을 통해서 역사하시는 하나님이 같은 분임을 알았습니다. 그리고 한 부류는 유대인에게로, 한 부류는 이방인에게로 부르셨다는 것만 구별되는 줄 알고 서로를 충분히 인정했습니다.

이것이 복음입니다. 문화가 다르고 사람이 다르고 시대가 달라도 복음

은 하나입니다. 복음은 하나밖에 없습니다. 그리고 복음 때문에 우리는 사람과 교통하고 사귀고 교제하게 됩니다. 교회는 우리가 믿는 신앙에 근거해서 예수 외에 나머지 모든 것들은 상대화하면서 사람들을 사랑하고 교통하며 사람들의 자격과 조건에 근거해서 대하지 않습니다. 교회는 복음이라는 한 가지 눈만 가지고 모든 장벽과 한계를 뛰어넘어 연합되는 공동체입니다. 때로 우리는 우리의 세계관 안에 절대로 포기할 수 없는 중요한 가치가 있을 것입니다. 성경적으로 지지받지 못함에도 불구하고 우리의 성장 배경이나 문화 안에서 어쩔 수 없이 만들어진 습관과 포기할 수 없는 어떤 가치들이 있을 것입니다. 하나님이 그런 것들을 무시하라고 하지는 않습니다. 그러나 할 수만 있다면 무너뜨리십시오. 복음과 진리가 우리 안에 풍성하게 있고 나머지 모든 것은 무너져서 교회 공동체의 생명이 복음 안에 있다는 것만 드러날 수 있도록, 다른 모든 상대적 문화 차이들이 별거 아니라고 느낄 수 있게 하는 것이 교회의 영광이고 존귀입니다.

여러분, 가까이 있는 사람들을 한번 살펴보십시오. 어떤 사람들입니까? 비슷한 경제 수준을 가지고 있는 사람들입니까? 비슷한 학벌과 재능을 가지고 있는 사람들입니까? 유대인처럼 할례를 받게 하고 유대인처럼 만들어서 교제하고 사랑하려고 하는 그런 경향은 우리 모든 인생 속에 있습니다. 이것을 깨뜨리는 것이 중요합니다. 주님이 바울은 이방인에게로, 베드로는 유대인에게 보낸 것처럼 우리가 넘어설 수 없는 영역도 있습니다. 진리와 관련된 것은 아니지만 내가 넘어설 수 없는 것은 다양함으로 인정하고 교회 안에 진리의 부요함이 풍성하게 드러나서 참된 자유가 내 안에, 공동체 안에 있기를 바랍니다.

갈라디아서 2장 11-16절

게바가 안디옥에 이르렀을 때에 책망 받을 일이 있기로 내가 그를 대면하여 책망하였노라 야고보에게서 온 어떤 이들이 이르기 전에 게바가 이방인과 함께 먹다가 그들이 오매 그가 할례자들을 두려워하여 떠나 물러가매 남은 유대인들도 그와 같이 외식하므로 바나바도 그들의 외식에 유혹되었느니라 그러므로 나는 그들이 복음의 진리를 따라 바르게 행하지 아니함을 보고 모든 자 앞에서 게바에게 이르되 네가 유대인으로서 이방인을 따르고 유대인답게 살지 아니하면서 어찌하여 억지로 이방인을 유대인답게 살게 하려느냐 하였노라 우리는 본래 유대인이요 이방 죄인이 아니로되 사람이 의롭게 되는 것은 율법의 행위로 말미암음이 아니요 오직 예수 그리스도를 믿음으로 말미암는 줄 알므로 우리도 그리스도 예수를 믿나니 이는 우리가 율법의 행위로써가 아니고 그리스도를 믿음으로써 의롭다 함을 얻으려 함이라 율법의 행위로써는 의롭다 함을 얻을 육체가 없느니라

6장
믿음으로 말미암아 의롭다 하심

이 본문은 안디옥 사건이라고 알려진 꽤 유명한 내용입니다. 교회의 대표적인 두 지도자인 바울과 베드로가 충돌한 사건이지요. 더 정확하게 말하면 바울이 베드로를 공개적으로 책망하는 사건이 안디옥에서 일어났습니다.

안디옥 사건

우리가 성경을 읽어 보면, 사도행전의 앞부분은 주로 베드로에 대한 이야기입니다. 뒷부분에서는 바울을 통해서 일하시는 하나님을 보게 됩니다. 이렇게 베드로와 바울은 초대 교회와 사도행전의 중요 인물이라 할 수 있습니다. 바울은 베드로에 비해 상대적으로 연령도 낮고, 사도도 더 늦게 된 후배입니다. 그런데 공개 석상에서 연장자인 베드로를 꾸짖는 일이 일어났습니다. 안디옥 사건을 잘 해석하고 그 이유가 무엇인지 알려면, 본문의 동사 하나를 주의해서 봐야 합니다. 중요한 동사가 등장합니다. 먼저 11절을 보겠습니다.

> 게바가 안디옥에 이르렀을 때에 책망 받을 일이 있기로 내가 그를 대면하여 책망하였노라

'게바'는 '베드로'를 가리키는 말입니다. 바울이 안디옥에 이르렀을 때, 베드로에게 책망 받을 일이 있어서 바울이 게바의 얼굴을 마주 보고 책망했다고 합니다. 14절을 봅시다.

> 그러므로 나는 그들이 복음의 진리를 따라 바르게 행하지 아니함을 보고 모든 자 앞에서 게바에게 이르되 네가 유대인으로서 이방인을 따르고 유대인답게 살지 아니하면서 어찌하여 억지로 이방인을 유대인답게 살게 하려느냐 하였노라

바울이 게바에게 말했습니다. 얼굴을 마주하고 꾸짖되 모든 사람 앞에서 공개적으로 꾸짖은 것입니다. 왜 그랬을까요? 12절을 보겠습니다.

> 야고보에게서 온 어떤 이들이 이르기 전에 게바가 이방인과 함께 먹다가 그들이 오매 그가 할례자들을 두려워하여 떠나 물러가매

여러분, 여기에 핵심적인 구절이 있습니다. "함께 먹다가"라는 구절입니다. 우리말 성경은 지금 베드로가 이방인들과 식사를 하다가 야고보에게서 온 사람이 오자 물러갔다는 느낌을 줍니다만, 원문의 뉘앙스와 의미를 충분히 살려 주지 못하고 있습니다. 이 "먹다가"라는 동사는 미완료 시제 동사입니다. 이 동사는 일회적인 사건을 가리키는 것이 아니라 반복적이고 규칙적인 습관을 보여 주는 동사입니다. 한 번 먹었다는 것이 아니라 먹기를 즐기며 자주 습관적으로 했다는 뜻입니다. 베드로가 이방인들과 함께 식사하는 것을 즐거워했고, 자주 반복해서 함께 식사했다는 사실을 이 "먹다가"라는 동사가 함축해서 보여 주는 것입니다.

이방인과 유대인이 일상적으로 식탁 교제를 나눈다는 것은 오늘날 우리가 생각하기에는 별로 문제가 되지 않습니다. 그러나 이 당시 문화 속에서는 상당히 어려운 문제였습니다. 유대인은 선택받은 백성으로서 거룩한 삶을 살아야 한다고 생각했습니다. 그래서 300가지가 넘는 규정을 만들었습니다. 그중에서 70퍼센트가 조금 안 되는 규정이 음식 먹는 방법에 대한 것입니다. 그만큼 먹는 문제를 중요하게 생각했습니다. 구약 성경을 보면, 먹어도 되는 음식과 먹으면 안 되는 음식에 대한 규례가 있습니다. 거기다가 어떤 사람들과 어울리면 부정하게 되는지에 대한 규례도 있습니다. 그런 것을 정결 의식이라고 하죠. 당시 음식법과 정결법을 철저히 지키던 유대인들은 하나님을 모르고 율법을 무시하는 이방인들과 함께 식탁 교제를 하는 것은 자신을 스스로 더럽히는 죄라고 여겼습니다. 그렇기 때문에 이방인들과는 절대로 식탁 교제를 하지 않았습니다.

그런데 베드로는 이방인들과 자주 먹었고, 함께 먹기를 좋아했다는 것을 암시하고 있습니다. 한 사건으로 베드로의 눈이 열렸기 때문이죠. 사도행전 10장을 보면, 하나님의 특별한 인도하심으로 베드로가 이방인 고넬료의 가정에 가게 되었습니다. 고넬료는 이방인이었음에도 불구하고 베드로가 복음을 전할 때 하나님께서 성령을 주셨습니다. 성령이 함께하는 것을 본 베드로는 고넬료에게 세례를 주고 그를 교회 구성원으로 받아들였습니다. 베드로는 그 경험을 통해 중요한 교훈을 얻었습니다. 사도행전 10장 34-35절에서 베드로가 이렇게 고백했습니다.

> 내가 참으로 하나님은 사람의 외모를 보지 아니하시고 각 나라 중 하나님을 경외하며 의를 행하는 사람은 다 받으시는 줄 깨달았도다

베드로는 이 사건을 통해 하나님이 사람을 외모를 따라 취하지 않으시고, 유대인이냐 이방인이냐 하는 외적인 조건을 가지고 사람을 나누지 않으신다는 것을 배웠습니다. 또한 하나님은 진실한 믿음이 있는 자라면 누구든지 성령을 주시고 교회 안으로 받아 주시는 분이라는 것을 분명히 깨달았습니다. 그랬기 때문에 안디옥 교회에 이방인들이 들어오자 베드로는 거리낌 없이 이방인과 식탁 교제를 할 수 있었던 것입니다. 그 당시 대부분의 유대인은 할 수 없었지만, 베드로는 유대인임에도 불구하고 하나님의 구원의 섭리와 경륜을 깨달았기 때문에 이방인들과 즐겨 먹고 함께 교제했습니다.

그런데 문제가 생겼습니다. 야고보에게서 어떤 사람들이 왔습니다. 제가 해석하기에는 아마도 이 사람들은 야고보가 보낸 사람들이 아니라 자

신들 스스로 야고보가 보냈다고 주장하는 무리인 것 같습니다. 진리를 깨달은 데 있어서 야고보나 베드로나 바울은 일치합니다. 그렇기 때문에 저는 야고보가 사람들을 보내어 문란을 일으키도록 허락했을 리가 없다고 해석합니다. 왜냐하면 갈라디아서를 기록한 후에 일어난 예루살렘 공회(행 15장)에서 이미 중요한 결정을 내렸기 때문입니다. 당시 야고보는 갈라디아서에서 일어난 일과 비슷한 사건을 다루면서 내린 결정을 지역 교회들에 알려 주면서 이런 글을 썼습니다.

> 들은즉 우리 가운데서 어떤 사람들이 우리의 지시도 없이 나가서 말로 너희를 괴롭게 하고 마음을 혼란하게 한다 하기로(행 15:24)

어떤 사람들이 야고보의 지시를 받지도 않고 가서 야고보가 보냈다고 말하면서 사람들을 혼란하게 하고 괴롭힌다는 겁니다. 그래서 갈라디아서에서 다루고 있는 주제와 거의 똑같은 결론을 내려 전체 교회에 공문을 보내는 사건이 있었습니다. 그 사건을 결정한 예루살렘 공회를 기록한 내용이 사도행전 15장에 있습니다. 이런 기록을 보면, 야고보가 이 사람들을 보냈을 거라고 여겨지지 않습니다.

야고보가 보냈다고 자칭하는 무리가 오자 베드로가 이방인들과 잘 먹다가 물러갔습니다. 식탁에서 함께 교제를 하다가 유대인들의 눈치를 보면서 두려워하여 물러간 것입니다. 베드로가 물러나니까 안디옥 교회에 있던 다른 유대인 성도들도 똑같이 식탁 교제에서 물러갑니다. 바나바까지도 말입니다. 바나바는 바울과 같이 1차 전도 여행을 다니며 갈라디아 교회를 개척한 장본인입니다. 그런 바나바까지 뒤로 물러나서 이방인과의 교제를 멀리하는 일이 일어난 것이죠. 이 사건을 지켜본 바울이 게바를 책망한 내용이 14절에 나옵니다.

> 그러므로 나는 그들이 복음의 진리를 따라 바르게 행하지 아니함을 보고 모든 자 앞에서 게바에게 이르되 네가 유대인으로서 이방인을 따르고 유대인답게 살지 아니하면서 어찌하여 억지로 이방인을 유대인답게 살게 하려느냐 하였노라

베드로가 유대인인데도 깨달아서 이방인들과 사귀고 이방인들과 함께 먹으며 유대인들이 사는 것과 다르게 살았다는 겁니다. 그런데 "어찌하여 억지로 이방인을 유대인답게 살게 하려느냐"고 묻습니다.

사도 바울은 안디옥에서 베드로가 행한 행동을 바라보면서 두 가지 문제를 발견했습니다. 첫째, 그가 진리를 따라 바르게 행하지 않았다는 문제입니다. 하나님께서 복음을 통해 베드로에게 깨닫게 해 준 진리를 바르게 행하지 않았으므로 공개적으로 꾸짖어서 복음과 진리가 왜곡되는 것을 막아야 했다는 것입니다. 베드로의 행위를 그냥 용납하면 복음과 진리가 왜곡되거나 무시될 수 있는 위험을 느꼈기 때문에 공개적으로 꾸짖고 혼을 낸 것입니다. 둘째, 바울이 베드로의 행동에서 발견한 모습은 14절 뒤에 나오는 대로 억지로 이방인을 유대인답게 살도록 만들려는 행위입니다. 이 두 가지를 들어 바울은 베드로를 공개적으로 꾸짖습니다.

베드로는 하나님께서 사람을 외모로 취하지 않으시고 진실하게 믿는

모든 자에게 성령을 주시며 교회 안으로 받아들이신다는 것을 고넬료 사건을 통해서 알았습니다. 그런데 이방인과 식탁 교제를 잘 하고 있다가 갑자기 야고보가 보냈다고 주장하는 무리들이 오자 식탁 교제에서 물러감으로 자기가 스스로 가르치고 선포한 진리인 복음을 따르지 않는 오류를 범한 것입니다. 베드로는 모든 사람이 오직 믿음으로 교회 안에 들어온다는 복음의 진리를 어기는 행위를 한 것입니다.

교회가 가르치는 사랑

그런데 여기서 우리가 눈여겨봐야 할 대목은, 바울이 베드로의 허물을 사랑으로 덮어 주지 않고 공개적으로 책망했다는 사실입니다. 교회는 사랑이 제일 중요하다고 사람들에게 가르치는 공동체입니다. 십계명의 열 가지 계명을 두 가지로 요약하면 하나님 사랑과 이웃 사랑으로 요약할 수 있습니다. 이를 하나로 합치면 사랑이죠. 교회는 사랑이 제일 핵심이라는 것을 가르치는 공동체입니다. 그런데 바울은 베드로를 공개적으로 책망하고 있습니다.

사랑은 중요합니다. 그러나 사랑은 우리가 흔히 생각하는 것같이 좋은 게 좋은 거라는 개념이 아닙니다. 큰 소란 일으키지 않고 그냥 같이 묻어가는 것이 사랑이 아닙니다. 복음이 가르치는 사랑은 목에 칼이 들어와도 포기할 수 없는 핵심적인 진리를 가진 사랑입니다. 그냥 유야무야하며 너도 맞고 나도 맞고, 너도 좋고 나도 좋고, 이렇게 사는 것이 아닙니다. 목에 칼이 들어와도 포기할 수 없는 진리를 가지고 있기 때문에 틀린 것은 틀린 것입니다. 말해야 하는 순간에 말할 줄 아는 것이 참 신자의 모습이고, 기독교의 특징입니다. 물론 우리는 책망하는 순간조차도 원수처럼 정죄하는 것이 아니라 그 영혼을 바르게 하기 위해 사랑으로 책망해야 합니다. 사랑은 언제나 옳다고 말하는 것이 아닙니다. 때로는 아니라고 분명히 말해야 하는 순간이 있습니다.

제가 젊은 사람들을 위한 사역을 할 때, 아직 어린 그들에게 제가 모시던 선배들의 아름다움을 보여 주고 싶었습니다. 어떤 대가를 지불하더라도 양보할 수 없는 분명한 것이 무엇인지 분별하는 모습을 신앙 선배들을 통해 보여 주고 싶었습니다. 저는 내수동교회에서 지금은 원로이신 박희천 목사님이 담임 목회로 계실 때 그 어른과 함께 13년간 교회를 섬겼습니다. 저는 그분을 늘 존경했습니다. 그분은 살가운 분이 아닙니다. 별명이 "30초"세요. 사람들이 전화하면 30초 안에 끊습니다. 그래서 박 목사님과 전화 통화만 하면 사람들이 실족합니다. 인간적이고 인정 많고 살갑게 잘 챙겨 주시는 분이 아니기 때문입니다. 그런 분이셨는데도 저는 그분 옆에 있으면 얼마나 좋았는지 모릅니다. 왜냐하면 그분 속에 진리에 대한 선명한 기준이 있었기 때문입니다. 박희천 목사님은 양보할 것과 양보하지 않을 것을 분별할 줄 아셨습니다. 오죽하면 저는 그 어른이 "아닙니다"라고 말하면 '아니구나'라고 그대로 받아들일 정도였습니다. 저는 진리가 요구하는 것과 그렇지 않은 것을 단순하고 선명하게 구분하는 법을, 그 어른을 모시고 사역하면서 봤습니다.

교회가 가르치는 사랑은 모두 맞다고 말해 주는 사랑이 아닙니다. 우리는 목에 칼이 들어와도 포기할 수 없는 진리, 목숨을 바쳐서라도 사수하고 싶은 진리를 가진 성도입니다. 그래서 바울은 진리가 왜곡된다고 느낄 때 베드로 같은 훌륭한 인물도 공개적으로 책망하기를 두려워하지 않았습니다. 베드로와 관계가 깨질 것을 두려워하지 않고 진리를 세우고 보존했습니다. 그것이 바울의 사랑이었습니다.

어쩌면 베드로는 야고보가 보냈다고 주장하는 사람들에게 자기가 겪은 경험을 설명하고 자기의 자유로움을 설명하기가 쉽지 않았을 것입니다. 베드로는 불필요한 문제를 만들 필요가 없어서 물러갔을 겁니다. 그러나 우리는 그렇게 하지 않습니다. 사람과의 관계가 불편해지는 것을 두려워해서 진리를 양보하는 삶을 살지 않습니다. 우리는 언제든지 만인의 종이 되기를 원하는 사람들입니다. 우리는 세상에 나서서 지도자가 되기보다 종이 되기 원하는 사람들입니다. 섬기고 희생하고 무엇이든지 남을 위해 내려놓을 준비를 하고 사는 사람들이 성도입니다. 그러나 우리는 그저 마음씨가 착한 사람으로 남지 않아야 합니다. 진리가 왜곡되거나 부정되는 상황에서는 생명의 값을 치르더라도 타협하거나 뒷걸음질 치지 않는 사람들이 우리입니다. 우리는 바로 그런 사랑으로 사람을 사랑하는 자들입니다.

교회가 말하는 성도의 교제

바울이 본 두 번째 문제는 더 심각합니다. 진리가 바르게 행해지지 않는다는 점이 첫 번째 문제였다면, 진리가 바르게 행해지지 않았던 방식이 두 번째 문제입니다. 어떤 방식으로 드러났죠? 이방인들을 억지로 유대인처럼 만들어야 성도의 교제가 가능한 것처럼 진리가 아닌 다른 것을 간접적으로 가르치는 결과가 된 것입니다.

교회는 새로 들어온 이방인들이 먼저 자리잡은 유대인들처럼 되어야 성도의 교제가 가능한 그런 공동체가 아닙니다. 교회는 세상에 있는 모든 족속과 열방과 민족이 각각 자기 모양과 형태 그대로 오직 한 가지 예수를 믿고 인격적으로 만남으로써 한 몸이 되어 깊이 서로 사랑하는 공동체입니다. 세상 어디에서도 찾아볼 수 없는 독특한 공동체죠. 그런데 유대인처럼 되어야 한다는 조건은 교회의 정체성을 심각하게 깨뜨려 놓는 것입니다. 마치 아무리 예수를 믿어도 유대인들처럼 할례를 받거나 율법을 지키지 않으면 같이 식탁 교제를 할 수 없다는 듯이 뒤로 물러나 버린 것은 진리를 왜곡시키는 것입니다.

동창회를 가면 같은 학교 출신들이 전부 모입니다. 종친회에 가면 혈통적으로 연결된 사람들을 만납니다. 향우회에 가면 고향이 같은 사람들을 만납니다. 그러나 교회는 그런 공동체가 아닙니다. 교회는 만민을 위한 집입니다. 교회는 어느 지역이나 어느 대학 출신인지가 중요한 게 아니고, 진짜 예수를 믿는지, 주님을 알고 인격적인 변화가 있는지를 제일 중요한 문제로 삼는 유일한 공동체입니다.

제가 영국에 있을 때, 가끔 이런 이상한 한국 사람들을 만났습니다. 한국 사람들은 하얀 피부색을 좋아하는 것 같습니다. 말은 하지 않지만, 피부색을 가지고 사람을 구별하려고 합니다. 옥스포드 같은 대학 도시에서 목회를 하는데, 어떤 성도가 저에게 와서 말했습니다. "목사님, 그곳에 집을 구하면 안 돼요. 학군이 안 좋거든요." 학군이요? 제가 옥스포드에 몇 년을 있었는데 학군 안 좋다는 말은 한 번도 듣지 못했습니다. 한국 사람들이 오기 시작하면서 학군 안 좋다는 이야기가 나옵니다. 그것도 성도가 하는 말입니다. "거기에는 파키스탄 사람과 인디언이 많아요"라고 합니다. 나쁜 사람들이죠. 영국 사람은 그렇게 생각하지 않는데, 한국 사람은 유독 그런 말을 합니다. 영국 사람들은 피부색이 흰 사람과 검은 사람은 우대합니다. 피부색이 황색인 사람을 약간 무시합니다. 그런데 황인종이 또 다른 황인종인 파키스탄 사람과 인디언이 많기 때문에 학군이 좋지 않다고 하며 자녀를 그 지역 학교에 안 보내겠다는 겁니다. 나쁜 사람들이죠. 예수를 믿는데도 뭐가 뭔지를 모르는 겁니다. 교회 공동체가 어떤 것인지 정말 모르는 겁니다. 이방인을 억지로 유대인처럼 만들어 놓으려고 하는 것과 같습니다.

사람들은 자꾸 남들이 자신과 같아지기를 요구해요. 사람들이 얼마나 다르고, 다양한데요. 민족, 소속, 재능, 능력, 생김새, 신분 등 모든 것이 달라도 교회에 모이면 그 모든 것은 빛을 잃습니다. 오직 하나 예수 그리스도 때문에 소외된 사람들과 함께 나누는 공동체가 교회입니다. 그런데 베드로 같은 위대한 인물이 이방인의 교제에서 뒷걸음질 쳐서 유대인이 되어야만 교제가 가능한 것처럼 편견과 차별을 한 것입니다.

사랑하는 여러분, 교회는 세상에서 달아 준 명찰을 달고 들어오는 곳이 아닙니다. 교회는 세상의 어떤 공동체와도 본질적으로 구분됩니다. 민족, 피부색, 신분, 지위, 능력에 차이를 가지고 있더라도 교회 안에 들어오면 예수 때문에 하나가 됩니다. 한 몸을 구성하여 깊고 진실한 사랑으로 서로 연합하는 공동체가 교회입니다.

저는 선거철만 되면 교회가 살얼음판이 되는 것 같아요. 대통령을 뽑고 국회 의원을 뽑는데 왜 교회가 어리석은 반응을 하는지 모르겠습니다. 어느 당을 지지하는지 왜 그렇게 중요할까요. 저도 정치 외교학을 전공한 사람으로서 나름의 정치적 관점이 있습니다. 저도 좌파나 우파 중에 더 선호하는 경향이 있습니다. 실제로 선거할 때에는 그 선호하는 경향에 따라 투표합니다. 그러나 제가 교회에서 성도를 대할 때는 저의 정치적 성향으로 성도를 제한하고 싶은 생각은 손톱만큼도 없습니다. 제게 제일 중요한 것은 사람입니다. 어떤 사람이 좌파거나 우파라는 이유로 교회에 오는 것을 방해받지 않았으면 합니다. 정치적 성향은 자신의 마음대로, 양심껏 경험에 맞게 선택할 수 있습니다. 그런 것들로 교우들을 획일화하려고 해서는 절대로 안 됩니다. 교회는 그런 공동체가 아닙니다. 교회는 이데올로기나 정치적인 식견에 따라 이합집산을 거듭하는 공동체가 아닙니다. 교회는 주님을 믿는 고백이 확실하면 모두가 한 몸입니다. 그리고 교회는 생명이 다할 때까지 섬기고 사랑해도 아깝지 않은 소중한 공동체입니다. 세상에 있는 어떤 공동체와도 구별되는 공동체가 바로 교회입니다.

교회 공동체의 힘, 예수 그리스도

베드로의 허물은 본인이 의도한 것은 아니더라도, 논쟁과 오해를 피하기 위해 타협을 하다가 본의 아니게 교회의 본질을 흐리게 하였습니다. 복음이 하부적인 위치로 내려가면서 복음이 왜곡되거나 무시될 수 있는 위험에 처하자 바울은 공개적으로 베드로 같은 인물도 꾸짖은 것입니다.

교회 공동체의 생명은 사람에게 있지 않습니다. 교회에서 중직자를 선출할 때, "이 정도는 되어야지" 하는 기준으로 사람을 뽑으면 교회는 망합니다. 교회의 직분자는 사회적 지위에 따라 일꾼으로 세워지지 않습니다. 교회의 직분자는 유능한 사람이 아니라 예수 그리스도 때문에 사람을 사랑하고 아끼고 소중하게 여기는 사람을 세워야 합니다. 세상의 기준으로 사람이 가지고 있는 신분, 지위, 재능으로 일꾼을 세우면 교회는 죽습니다. 교회는 기준이 달라야 합니다. 그 속에 주님이 살아 계신 일꾼을 뽑아야 합니다. 주님이 통치하시는 표와 증거가 성품에 묻어나는지, 말과 행실에 담겨 있는지를 점검하지 못하면 교회는 일꾼을 뽑을 수가 없습니다. 교회는 공동체를 구성하고 있는 사람들이 어떤 자들인지에 의해 좌우되지 않습니다. 교회는 하나님의 임재 속에서 내면의 변화를 경험한 사람들의 희생과 사랑으로 참된 힘을 갖는 곳입니다.

사랑하는 여러분, 교회를 어떻게 대하고 있습니까? 사람들을 어떤 눈과 기준으로 바라보고 있습니까? 우리는 교회 안에서 다른 사람들을 대할 때, 유대인처럼 이방인들을 억지로 자기와 같이 만들려고 하지 않고, 예수 믿는 복음과 그 진리의 아름다움만이 교회 안에 편만하게 드러나도록 해야 합니다. 그것이 교회가 교회다워지고, 세상을 섬기는 가장 중요한 방법입니다.

복음의 핵심

이렇게 안디옥 사건을 해석한 바울은 교회가 왜곡시킬 수 있는 복음에 대해 다시 한 번 선명하게 선을 긋고 우리에게 들려줍니다. 16절입니다.

> 사람이 의롭게 되는 것은 율법의 행위로 말미암음이 아니요 오직 예수 그리스도를 믿음으로 말미암는 줄 알므로 우리도 그리스도 예수를 믿나니 이는 우리가 율법의 행위로써가 아니고 그리스도를 믿음으로써 의롭다 함을 얻으려 함이라 율법의 행위로써는 의롭다 함을 얻을 육체가 없느니라

16절은 갈라디아서 전체에서 제일 중요한 구절이라고 할 수 있습니다. 또한 성경에서 가장 핵심적인 구절 중 하나라고 할 수 있습니다. 16절 앞부분에 이미 복음의 핵심이 다 나왔습니다. "사람이 의롭게 되는 것은 율법의 행위로 말미암음이 아니요 오직 예수 그리스도를 믿음으로 말미암음이라." 이게 복음의 요약입니다. 우리가 지금까지 1장과 2장 초반을 다루면서 복음을 "하나님의 은혜"라고 했습니다. 그 은혜라는 말을 다시 새롭게 "율법의 행위가 아니라 믿음으로"라고 표현하고 있는 것입니다. 이미 앞에 복음을 소개했음에도 불구하고 복음을 또다시 소개합니다.

"우리도"가 누구입니까? 앞에서 "사람"이라고 말했다가 뒤에서는 "우리도"라고 썼습니다. 여기서 우리는 베드로와 바울 자신까지 포함하는 유대인들입니다. 사람(이방인)들뿐 아니라 유대인들조차도 예수 그리스도를 믿음으로만 의롭다 하심을 받는 줄 알고 예수를 믿는다는 것입니다. 앞에서 말한 복음을 다시 자신에게 적용했습니다. 그 이유는 율법의 행위로써는 의롭다 함을 얻을 육체가 없기 때문입니다.

다음 장부터 본격적으로 16절과 그 이하에 있는 복음을 살펴보겠습니

다. '믿음과 행위'에 대하여 집중적으로 살필 것입니다. 사람들이 복음에 대한 핵심적인 주제들을 오해하고 있기 때문에 오늘날 조국 교회가 이렇게 약해졌다고 저는 생각합니다. 복음을 믿는다고 말은 하지만, 복음에 대한 지혜와 지식이 너무 모자랍니다. 그 중의 하나만 봅시다.

> 율법의 행위로써는 의롭다 함을 얻을 육체가 없느니라

이 내용을 읽을 때 "아멘"으로 동의가 되는지 자신을 한번 살펴보십시오. 오늘날 많은 사람이 예수를 믿는다고 고백합니다. 그러나 자신의 모습을 정직하게 보지 못합니다. 율법의 행위를 가지고 이런저런 행실이나 조건을 구비해서 하나님 앞에 서서, "너는 정말 잘했다, 너는 정말 내 마음에 든다, 너는 정말 바르고 참되다"라는 말씀을 들을 육체가 아무도 없다고 성경은 선포하고 있습니다.

우리는 우리 자신이 생각하는 것보다 훨씬 악합니다. 자신의 바닥을 보신 적 있습니까? 사람들이 율법의 행위로 의롭다 함을 얻을 수 있는 자가 없다는 사실을 모릅니다. 그래서 은혜로, 믿음으로 구원받았다고 아무리 가르쳐도 그 내용을 좋아하기는 하나 가슴과 삶으로 나타나지 않습니다. 왜냐하면 자신의 바닥을 본 적이 없기 때문입니다. 악하고 부패한 자신을 본 적이 없습니다. 그저 자기 자신이 남들 보기에 평균은 하는 것 같다고 생각하고 살아갑니다. 남들이 자기를 존중하는 것으로 만족하고 삽니다. 그러나 일반 사회에서 말하는 관점 말고 하나님 앞에서 우리의 바닥을 보신 적이 있습니까?

거룩하고 의로우신 하나님 앞에 서서 "너는 참 올바르다, 너는 참 내 마음에 합하다"라고 들을 수 있는 자가 어디 있습니까? 얼마나 자신이 부패하고 무익하고 악한 자인지를 보지 못하기 때문에 은혜로, 믿음으로 구원받는다고 할 때 별 감흥이 없습니다. 그저 세상 종교들 중 하나를 선택하는 것처럼 교회를 생각할 뿐입니다. 자기 자신이 율법으로는 의롭다 하심을 받을 수 없는 존재라는 것을 보는 사람은 별로 없습니다. 그렇기에 하나님의 방법으로 값없이 은혜로, 믿음으로 의롭다 하시는 길이 열렸다고 해도 마음으로 환영하고 기뻐하고 즐거워하며 주의 귀한 복음을 감격할 줄 모르는 것입니다. 바닥을 못 보니까 복음의 감격도 못 보는 것입니다. 그렇기 때문에 늘 사람을 외모로 보는 것입니다. 자신도 외모로, 남도 외모로 보는 것입니다.

모쪼록 우리 모두가 이 말씀을 주님이 원하시는 방식대로 소화하기를 바랍니다. 이 말씀을 배울 때, 우리의 영혼 속에서 많은 죄를 깨닫고 우리가 생각하는 것보다 더 나쁘고 부패한 본성이 우리 안에 있다는 것을 자각하기 바랍니다. 우리 속에 하나님으로부터 오는 은혜가 충만하기를, 우리같이 허물 많은 자를 의롭다 하시고 구원하신 복음의 감격이 우리 심령에 임하기를 바랍니다.

갈라디아서 2장 15-21절

우리는 본래 유대인이요 이방 죄인이 아니로되 사람이 의롭게 되는 것은 율법의 행위로 말미암음이 아니요 오직 예수 그리스도를 믿음으로 말미암는 줄 알므로 우리도 그리스도 예수를 믿나니 이는 우리가 율법의 행위로써가 아니고 그리스도를 믿음으로써 의롭다 함을 얻으려 함이라 율법의 행위로써는 의롭다 함을 얻을 육체가 없느니라 만일 우리가 그리스도 안에서 의롭게 되려 하다가 죄인으로 드러나면 그리스도께서 죄를 짓게 하는 자냐 결코 그럴 수 없느니라 만일 내가 헐었던 것을 다시 세우면 내가 나를 범법한 자로 만드는 것이라 내가 율법으로 말미암아 율법에 대하여 죽었나니 이는 하나님에 대하여 살려 함이라 내가 그리스도와 함께 십자가에 못 박혔나니 그런즉 이제는 내가 사는 것이 아니요 오직 내 안에 그리스도께서 사시는 것이라 이제 내가 육체 가운데 사는 것은 나를 사랑하사 나를 위하여 자기 자신을 버리신 하나님의 아들을 믿는 믿음 안에서 사는 것이라 내가 하나님의 은혜를 폐하지 아니하노니 만일 의롭게 되는 것이 율법으로 말미암으면 그리스도께서 헛되이 죽으셨느니라

7장
믿음과 행함

2장 16절은 갈라디아서에서 가장 중요한 구절 중 하나입니다. 성경 전체에서 복음을 제일 잘 담고 있는 본문 중에 하나기도 합니다. 16절을 다시 한 번 읽어봅시다.

> 사람이 의롭게 되는 것은 율법의 행위로 말미암음이 아니요 오직 예수 그리스도를 믿음으로 말미암는 줄 알므로 우리도 그리스도 예수를 믿나니 이는 우리가 율법의 행위로써가 아니고 그리스도를 믿음으로써 의롭다 함을 얻으려 함이라 율법의 행위로써는 의롭다 함을 얻을 육체가 없느니라

이 본문에는 두 가지 중요한 개념이 등장합니다. 하나는 "의롭다 하심을 받다 혹은 얻다"라는 개념입니다. 또 하나는 의롭다 하심을 받는 방법으로써 율법의 행위가 아니라 믿음으로 받는다는 점입니다. 이 두 가지

개념이 어떤 면에서는 갈라디아서 전체를 지배하는 핵심적인 사상이라 할 수 있습니다.

풍성한 구원의 의미

우리는 흔히 복음이 우리에게 가져오는 결과, 예수를 믿어 얻는 결과를 "구원을 받는다"라고 표현하거나 "죄 용서를 받는다"라고 합니다. 그런데 이 본문은 "의롭다 하심을 받는다"라고 했습니다. 구원의 의미는 매우 풍성하기 때문에 한두 단어로 다 표현할 수 없습니다. 그래서 다양한 단어를 사용하여 구원의 풍요로움을 전달해 주는 것입니다.

죄를 용서받는 것은 가장 소극적이고 작은 개념이라고 할 수 있습니다. 죄 용서를 통과하면 그때부터 구원이 주는 은혜의 영광을 볼 수 있습니다. 죄 용서는 첫 번째 관문일 뿐만 아니라 제일 중요한 관문 중 하나이기 때문에 구원을 죄 용서와 연결시킬 때가 자주 있습니다. 그러나 그보다 훨씬 큽니다. "죄 용서"가 작은 개념이라면 "의롭다 하심을 받는다"는 큰 개념입니다. 죄가 용서된다는 것은 제로 상태에 이르는 것입니다. 그러나 "의롭다 하심을 받는다"는 것은 적극적으로 뭔가가 더해지는 것입니다. 우리가 하나님 앞에 섰을 때, 죄가 없는 제로 상태로 서는 것이 아니라 적극적으로 의로운 상태로 서는 것입니다. 그러니까 구원을 더욱 적극적으로 풍성하게 표현해 주는 개념이라 할 수 있습니다. 구원은 하나님 앞에서 의롭다 하심을 받는 성도의 삶에 임하는 모든 부요와 풍성을 합한 개념이라고 말할 수 있습니다. 주님이 우리에게 주신 구원을 다양한 방식으로 표현할 수 있는데, 그 중에 하나가 "의롭다 하심을 받는다"입니다. 이 단어는 우리가 쉽게 말로 풀어보면, "하나님 보시기에 너는 옳다, 너는 바르고 제대로 사는구나"라는 평가를 받는 것입니다.

하나님 앞에서 의롭다 함을 받는 것

이 땅을 살아가는 사람들의 제일 중요한 문제는 의로우신 하나님 앞에서 자신이 의롭지 못하다는 것을 보는 것입니다. 세상 사람들이 겪는 질고의 뿌리는 의로우신 하나님 앞에서 자신이 의롭지 못한 것을 알 때 경험하는 하나님과의 거리에 있습니다. 사람들이 하나님과 관계하면서 살갑고 조화롭게 잘 더불어 사는 것이 아니라 하나님께 마찰 또는 거리를 느끼며 그분만 생각하면 끝없는 눌림이 있는 것이 인생의 근원적 문제라고 할 수 있습니다. 15절을 보면 이렇게 말합니다.

> 우리는 본래 유대인이요 이방 죄인이 아니로되

모든 사람은 이처럼 생각하고 살아갑니다. 이방인은 율법도 없고, 하나님의 법을 지키지도 않고, 하나님 앞에 죄인으로 드러납니다. 반면 유대인들은 끝없이 율법을 가지고 순종하려고 합니다. 그래서 이런 자신들에 비해 이방인은 죄인이라고 얘기했습니다. 사람들은 대부분 자기를 상대적인 기준으로 평가합니다. 그래서 언제나 문제의 근원이 무엇인지 정확하게 알지 못합니다. 이것이 사람들의 제일 큰 불행입니다.

교회 안에는 남들만큼 공부를 하지 못한 분들이 계십니다. 다른 사람보다 많이 공부하신 분도 계시지만, 그렇게 잘하지 못하신 분들도 계실 겁니다. 그런 분들은 이렇게 생각합니다. '나는 공부를 못하는구나!' 이렇게만 생각하지 않고 '그래도 나는 인간성은 좋다!'라고 늘 상대적인 개념으로 자기를 평가합니다. 공부를 많이 하신 분들은 종종 '나는 뭔가를 이루었다, 이 사회에서 경쟁해서 뭔가를 이루었다'라고 하면서 다른 사람과 상대적 비교를 통해 자신을 점검합니다. 또한 도덕적이고 윤리적으로 타락한 사람들을 보면서, '나는 저들과 다르다'라고 생각합니다. 물론 그렇게 말은 안 합니다. 그러나 마음속으로 리스트를 작성해 둡니다. 누가 뭐라 그러면 리스트를 가지고 있다가 자기 방어를 할 수 있도록 준비해 둡니다. 사람들은 이 땅을 살아가면서 전부 상대적인 가치 기준을 가지고 자신을 다른 사람보다 낫다고 생각하고 있습니다. 많은 사람이 그렇게 세상을 살아갑니다. 객관적으로 다른 사람들보다 못한 분들도 있습니다. 그러나 그 마음속을 살펴보면 놀라운 세계가 있습니다. 저마다 나름의 자기 의와 기준이 있습니다. "너는 그 부분에서 낫겠지만 이것만은 나를 못 따라온다." 이런 식으로 끝없이 자기를 평가하고, 보호하고, 자신의 가치를 높이는 경향이 사람 속에 있습니다.

사람들은 상대적인 기준으로 자기를 평가하기 때문에 하나님 앞에서 자기가 어떤 존재인지를 종종 잊어버립니다. 평생을 살아가면서 자신이 하나님 앞에 불의한 존재라는 사실을 바르게 인식하지 못합니다. 그렇기 때문에 이 사회가 상대적으로 제일 가치 있게 여기는 돈, 신분, 명예, 지위, 업적들에 인생을 다 쏟아 부으면서 사는 것이죠. 우리 인생살이를 한

마디로 말하자면, 등뼈가 휘어지도록 그런 것들을 추구하며 살아가는 삶이라고 할 수 있습니다. 상대적인 가치들을 획득해서 상대적인 우위를 확보하려고 인생을 살아가고, 그것으로 자신을 평가하고 있습니다.

그러나 우리가 하나님 앞에 서면, 우리는 생애 처음으로 절대적 기준 앞에 서게 됩니다. 상대적인 비교가 아니라 하나님 앞에 설 때 비로소 사람은 자신을 볼 수 있습니다. 그럴 때 사람이 느끼는 곤욕스러움과 고통에 대해 성경은 말해 줍니다. 성경은 하나님이 우리를 사랑하지 않기 때문이 아니라 어머니의 모태로부터 가지고 태어난 죄가 하나님과 우리 사이를 멀게 만들기 때문에, 사람들이 하나님을 생각할 때 행복하거나 기쁘게 여기지 못한다고 했습니다. 사람들이 상대적인 가치와 평가 안에서 살다가 절대자, 의로우신 하나님을 만나면 자신의 무거운 짐을 하나님께 맡기고 우리 삶을 하나님께 의탁하는 데서 오는 안식과 쉼을 누리기보다 자기의 불의와 죄악을 보는 것입니다. 그것이 인생에서 제일 중요한 곤고와 고통의 뿌리입니다.

사람은 하나님 앞에서 의롭다 함을 얻기 전까지 안식이 없습니다. 하나님께서 우리를 보시면서 "너는 바르다, 참되다, 내 눈에 보기에 옳다"라고 말씀하시는 하나님의 마음과 음성을 듣기 전까지 사람은 안식할 수 없습니다. 옆에서 다른 사람이 아무리 칭찬을 해도 혼자 골방에 있을 때에는 그 칭찬들이 아무 의미가 없다는 것이 명확해집니다. 수많은 돈, 신분, 지위, 업적을 가져도 사람들은 하나님의 "너는 옳다"라는 말씀을 듣기까지 참 자유가 없습니다. 전부 종살이하면서 자신의 종이 되거나 세상의 종이 되거나 사람들의 평가를 받는 종으로 살아갑니다.

창세기 1, 2장을 보면 하나님이 사람을 자신의 형상에 따라 지으셨습니다. 사람의 모델이 하나님 자신이었습니다. 그러므로 사람은 하나님을 만나서 그분을 누릴 때까지 절대로 채워지지 않는 공간을 가집니다. 그리고 그 채워지지 않는 공간이 있는 한, 사람은 무엇을 해도 행복할 수 없습니다. 성경은 그 개념을 '의'라고 부릅니다. 사람들 대부분은 이런 것들을 인식하지 못하고 한평생 돈을 버는 일에 시간을 보내고 삽니다. 그러면서 막연하게 언젠가는 행복할 날이 올 거라고 기대할 뿐입니다. 그러나 인생은 그것이 전부가 아닙니다. 세상이 다 비난하는 죄인이나 세상이 실패자라고 낙인찍은 사람일지라도 그 영혼 속에 하나님이 옳다고 인정하는 음성을 들으면, 참된 자유를 얻고 그때부터 새로운 삶을 살 수 있습니다.

많은 사람이 바람 잡는 것처럼 인생을 삽니다. 하나님이 옳다고 인정해 주시는 말을 들어야 삶이 달라지는데 하나님 앞에서 바르지 못하기 때문에 스스로의 만족을 끝없이 구하면서 평생 헛된 시간과 에너지를 쏟아부으면서 사는 것이 사람들의 보편적인 모습입니다. 하나님이 우리같이 어리석은 자, 주님 앞에 내세울 것도 없는 실패자를 보시면서 "너는 참되다"라고 말씀하신다는 것이 예수 믿는 것의 핵심입니다.

의롭다 함을 얻는 비결

사람들의 보편적인 문제가 하나님 앞에 의로운지 아닌지에 관심이 없는 것이라면, 또 다른 문제는 의롭다 함을 어떻게 얻을 수 있는지에 대한 것입니다. 사람들은 하나님 앞에 자신이 의롭지 못하고, 합당하지 못하고, 옳지 못하다는 것을 대부분 인식하지 못하고 살아갑니다. 상대적인 비교 때문에 그렇습니다. 그런데 어느 순간 자신의 부족함을 인식하면, 그 때부터 율법의 행위를 추구합니다. 선을 행하려고 한다든지, 계명을 지킨다든지 혹은 남들이 보기에 훌륭해 보이는 여러 행위를 해서 자기를 하나님 앞에 바르고 옳은 자리에 세우려고 합니다. 아마 예수를 믿고 나서도 적지 않은 사람들이 그렇게 신앙 생활을 할 것입니다. 그래서 사람들이 끝없는 정죄와 자격없음에 대한 눌림에서 벗어나지 못합니다.

세상의 보편적인 종교와 철학의 근간은 한 마디로 말해서, 사람이 자신의 행위와 능력으로 하나님 앞에 바르게 서려고 하는 노력입니다. 이것이 세상에 있는 종교, 철학, 도덕의 공통점입니다. 인간의 힘과 지혜와 노력으로 하나님 앞에 자기를 의롭게 세우고 싶어합니다. 이것은 인류의 역사만큼 오래된 거짓말입니다. 너무 무서운 기반입니다. 거짓의 아비인 마귀가 오랫동안 사람들에게 해왔던 전형적인 거짓말입니다. 마귀가 사람에게 했던 첫 번째 거짓말은 "너희가 그것(선악을 알게 하는 나무의 실과)을 먹는 날에는 너희 눈이 밝아져 하나님과 같이 되어 선악을 알 줄 하나님이 아심이니라"(창 3:5)였습니다. 우리가 하나님같이 된다는 것을 신적인 존재가 된다는 의미로만 생각하지 마십시오. 의로우신 하나님처럼 우리가 의로워진다는 데 있습니다. 이런저런 일을 하면 의로워진다는 것입니다. 자격을 갖추고, 조건을 구비하고, 열심히 하나님 마음에 들도록 무엇을 행하면 그분 앞에서 바르고 의로울 수 있다는 생각입니다. 이것이 인류의 역사만큼 오래된 거짓말이고 전형적인 기만입니다.

오늘날 이 땅을 사는 사람들이 하나님 앞에 의로우려고 애를 씁니다.

그래서 도덕적으로 바르게 살려고 노력하고, 윤리적으로 선을 행하고, 종교적으로 열심을 가지고 어떤 종교 행위를 합니다. 이 모든 노력에 대해 우리가 읽은 2장 16절 하반부에서 한 마디로 결론을 내렸습니다.

> 율법의 행위로써는 의롭다 함을 얻을 육체가 없느니라

상대적인 비교가 아닙니다. 다른 사람보다 낫다는 식의 비교가 아닙니다. 우리가 율법과 계명 몇 가지는 지킬 수 있습니다. 어느 정도 우리는 행할 수 있습니다. 그러나 율법을 온전히 지키는 것은 불가능합니다. 그런데도 사람들은 미련을 버리지 못합니다. 사람의 본성 자체가 왜곡되어 있기 때문에 예수를 믿고 나서도 하나님 앞에 예쁜 짓을 해서 뭔가를 얻어 내려고 하는 부패한 본성이 그대로 남아 있습니다. 그러므로 하나님을 믿고, 그분의 은혜로우시고 복되심을 찬양하고 높이기보다 끊임없이 뭔가를 받기 위해 예쁜 짓을 하는 신앙 생활을 하는 것입니다. 이것이 율법주의적 경향입니다. 한국 교회는 이런 경향을 많이 가르쳤습니다. 구원은 은혜로, 믿음으로 값없이 받지만 상급은 행함으로 받는다고 가르쳤습니다. 그래요, 상급은 있습니다. 성경은 성도에게 분명히 상급이 있다고 가르칩니다. 그러나 행함으로 상급을 받는 것은 아닙니다. 상급은 부요한 은혜로 받습니다. 이상한 신학으로 복음의 질서를 왜곡시키는 가르침은 위험합니다. 이런 가르침을 받은 한국 교회 성도들은 교회에서 열심히 봉사하지만, '내가 저 사람보다 상급을 많이 받아야지'라는 생각으로 섬깁니다. 그러면 안 됩니다. 자신의 희생으로 상대방이 잘 되도록 해야 합니다. 내

가 열심히 희생하고 낮아져서 다른 사람들을 부요하게 해야 합니다. 이런 신앙 생활이 건강하고 정상적인 모습입니다. 그런데 상대방보다 내가 더 많은 상급을 받아야 한다는 생각으로 신앙 생활을 하면, 또 다른 율법주의가 들어옵니다.

어지간히 예수를 믿어도 다른 사람들에게 관대하고 타인을 위해 종살이하는 성도를 만나기가 쉽지 않습니다. 왜냐하면 우리의 신학 자체가 왜곡되어 있기 때문입니다. 우리는 행위를 가지고 하나님 앞에 설 수 있는 존재가 아닙니다. 율법을 지켜서 하나님 앞에 의롭다 하심을 받을 자가 아무도 없습니다. 하나님이 우리를 믿음으로 구원하시는 이유는 행위로 하나님이 원하시는 기준을 충족시킬 수 있는 자가 아무도 없기 때문입니다. 아무도 행위로는 구원을 받을 수 없습니다. 자격을 구비하고 율법을 지키고 선을 행해서 구원에 이를 자는 아무도 없습니다.

상대적 기준을 내려놓아야 합니다. 우리 자신이 다른 사람보다 조금 나아 보여도, 상대방도 우리 못지 않게 훌륭한 사람들입니다. 피상적 기준을 가지고 볼 때만 그렇지, 그들의 수고하고 고생한 삶의 이야기를 들어보면 모든 사람이 할 얘기가 많습니다. 사람의 차이가 커 보여도 그 차이가 결정적인 차이는 아닐 때가 많습니다. 하나님 앞에서 행위를 가지고 다른 사람과 비교하며 자신을 스스로 바르게 세울 수 있는 사람은 아무도 없습니다.

하나님이 우리에게 생명을 주고, 의를 주고, 죄를 이겨 극복할 수 있는 힘을 주기 위해서 율법을 주신 것이 아닙니다. 율법과 하나님의 귀한 생명의 말씀을 주신 것은 귀한 율법을 보면서 우리가 얼마나 하나님의 기준에 미치지 못하는지를 깨닫고, 하나님이 은혜를 주실 때 그 은혜를 환영하며 받을 수 있도록 하려는 데 있습니다. 율법이 초등교사가 되도록, 길을 닦고 예비하는 자가 되도록 주신 것입니다. 우리를 예수께로 데려가기 위해 율법을 주셨습니다. 율법을 지켜서 스스로 의롭다 함을 얻으라고 주신 것이 아닙니다.

철학과 윤리가 가르치는 이상적인 교훈을 행하여 구원에 이를 수 있는 사람은 아무도 없습니다. 하나님 앞에서 옳고 바르게 설 수 있는 자는 아무도 없습니다. 율법 때문에 죄를 깨달은 사람들만이 주님의 대속 은혜를 알게 됩니다. 주님이 사람의 몸을 입고 율법을 완전히 지키시고 십자가 위에서 달려 돌아가심으로 누구든지 예수를 믿고 그분을 의지할 수 있게 되었습니다. 예수를 믿고 의지하는 자는 용서와 의롭다 하심과 구원받은 것을 기뻐할 수 있습니다. 예수께서 지상에서 살아 계실 때, 이렇게 말씀하셨습니다.

> 건강한 자에게는 의사가 쓸 데 없고 병든 자에게라야 쓸 데 있느니라 너희는 가서 내가 긍휼을 원하고 제사를 원하지 아니하노라 하신 뜻이 무엇인지 배우라 나는 의인을 부르러 온 것이 아니요 죄인을 부르러 왔노라 (마 9:12-13)

여러분, 이 말씀이 무슨 뜻인지 아십니까? 심각한 병이 들었거나 천인공노할 죄를 지어야 예수 그리스도가 필요하다는 말이 아닙니다. 모든 사람이 하나님의 기준인 의롭다 하심에 도무지 이를 수 없다는 것을 깨닫고, 예수의 공로와 하나님의 은혜와 사랑 외에는 하나님 앞에 설 수 없다는 것을 알아야 합니다. 이를 통해 자신의 자격, 조건, 공로를 갖추는 것이 아니라 하나님의 사랑과 예수의 완전한 공로를 의지하고 믿음으로 나오는 모든 병든 자들, 즉 자기가 죄인임을 아는 자들이 주님을 환영하고 기뻐하고 구원을 감격해 받아 들인다는 것입니다.

바리새인과 사두개인처럼 자신을 의롭게 여긴 자들은 들어오지 못했습니다. 자신이 다른 사람보다 낫다고 생각하고, 남들을 무시하고, 이방인을 죄인이라고 여긴 자들은 들어오지 못했습니다. 왜냐하면 그들은 자기 자신 속에 무엇인가 의지하고 붙들 것이 있다고 믿었기 때문입니다. 주님이 주시는 이 완전한 구원의 도리를 마음으로 순종하고 믿지 않고, 자기의 공로를 붙들고 하나님의 의를 대적했기 때문입니다. 그래서 구원에서 벗어난 것입니다.

이런 면에서 예수 믿는 사람은 그저 기독교라는 종교를 갖는 것이 아닙니다. 샤머니즘을 믿는 것처럼, 행위 구원을 강조하는 모든 종교처럼, 스스로 공로를 세워 하나님 앞에 옳다 바르다고 인정 받으려 한다면 그는 예수 그리스도를 믿는 사람이 아닙니다. 예수 믿는 자들은 가치 체계가 완전히 달라야 합니다. 나는 아무런 공로가 없고 하나님 앞에 의롭지 못한 자임을 인정하고 회개하고 죄를 자복하는 자만이 하나님의 귀한 은혜와 진리에 의탁하는 자가 될 수 있습니다. 이것이 믿음의 핵심이고, 복음의 심장입니다.

복음, 참된 삶을 살게 하는 길

이 귀한 문을 통해 진리 안으로 들어가면, 우리 안에 뭐가 있어야 합니까? 17절입니다.

> 만일 우리가 그리스도 안에서 의롭게 되려 하다가 죄인으로 드러나면 그리스도께서 죄를 짓게 하는 자냐 결코 그럴 수 없느니라

진리를 가르치는 우리에게 일부 사람들이 반론을 제기합니다. 어떤 반론인가요? "진리, 곧 하나님의 도는 자칫 잘못하면 사람들로 하여금 행위가 중요하지 않은 것처럼 생각하게 만들고, 결과적으로 선행이나 율법을 무시하고 방탕하고 죄악된 삶을 살도록 주장하는 것이 아닌가?"라는 반론입니다. 행위, 자격, 조건에 근거하지 않고 은혜로 값없이, 믿음으로 구원받는 진리가 한편으로는 사람들이 삶을 어떻게 살아도 관계없다는 오해를 하도록 해서 믿기만 하면 구원받는다는 생각을 사람들에게 심어 준다는 겁니다.

특히, 한국 교회는 대학생 선교 단체를 중심으로 "입으로 시인하여 구원에 이른다"(롬 10:10)는 본문을 잘못 해석하면서 산데마니즘을 전했습니다. 교회 역사 안에 나오는 "산데만"이라는 사람이 주장했던 주장입니다. 입으로 고백하기만 하면, 구원받는다는 것입니다. 여러분, 이게 맞는 말입니까? 신앙을 기계적으로 생각할 수 있나요? 내 중심이 어떻든지 간에 입으로 믿는다고 말만 하면 구원받던가요? 기독교는 그런 종교가 아닙니다.

우리 속에 깨달음이 있어야 합니다. 우리의 지각으로 깨닫는 것입니다. 내 힘으로 구원에 들어갈 수가 없고 의를 이룰 수가 없습니다. 그런데 우리를 사랑하시는 하나님이 예수를 보내셔서 그분의 완전한 의와 공로에 근거해서 자격 없는 우리가 예수를 믿을 때 의롭다 하신다는 것을 깨닫는 것입니다. 그리고 깨달을 뿐만 아니라 깨달은 진리대로 살아야 합니다. 그 진리에 내 삶을 전폭적으로 의탁하는 과정이 믿음입니다. 입으로만 말하는 것이 믿음이 아닙니다. 깨닫고 살아가는 과정 전체가 믿음입니다. 그것이 은혜로 값없이 우리를 의롭다 하시는 길입니다. 그런데도 사람들은 진리에 대해 끝없이 오해를 하면서 이 진리가 삶을 무시하는 것처럼 자꾸 반론을 폅니다.

한국 교회에서는 이렇게 말합니다. "사람들이 믿음으로 인한 칭의를 지나치게 강조하고 선행이나 성화는 덜 강조해서 성도들의 삶에 행실이 모자랍니다"라고 말이죠. 믿기는 믿는데 삶의 행위가 따르지 않는 오류가 생겼다는 것입니다. 저는 동의할 수 없는 주장입니다. 우리가 믿는 이 귀한 진리, 믿음으로 말미암는 구원의 귀한 진리는 사람을 살게 하는 참된 진리입니다. 이 귀한 진리는 자기 행위를 통해서 조건을 구비하고 자기를 하나님 앞에 예쁜 사람으로 만들어서 구원에 들어가는 길이 아닙니다. 절대로 불가능합니다. 은혜를 통해서 구원을 받으면 그때부터 참된 행실을 하게 되는 유일한 진리가 복음입니다. 사도 바울이 생명을 걸고, 하늘에서 온 천사라도 저주 받을 것이라고 하면서까지 복음을 지키려고 했던 것은 복음이야말로 참된 삶을 살게 하는 유일한 길이기 때문입니다. 그저 교리적으로 억지로 지키는 그런 개념이 아닙니다. 사람의 삶을 가능하게 만드는 유일하고도 참된 길이 이 진리 안에 있습니다.

얼마나 많은 사람이 한평생 자기를 가꾸기 위해 살아갑니까? 돈 버는 것이든, 명예를 얻는 것이든, 공부를 하는 것이든, 한평생을 그렇게 살아갑니다. 시집 가고, 장가 가는 것조차 그렇게 합니다. '저 남자, 저 여자가 나를 얼마나 빛나게 해 줄까, 내 인생을 얼마나 보장해 줄까, 내 남은 삶을 얼마나 행복하게 해 줄까?' 전부 그런 기준으로 인생을 살아갑니다. 그러다가 주님의 거저 주시는 은혜를 만납니다. 하나님 앞에서 아무 일 한 것도 없는 나를 하나님께서 "의롭다, 너는 내 앞에서 옳다, 참되고 바르다"고 해 주시는 놀라운 복음을 만나면, 우리 삶에 중요한 전환이 일어납니다. 더 이상 나를 하나님 앞에 꾸미거나, 사람 앞에서 꾸미면서 살고 싶지 않습니다. 왜냐하면 완전한 의가 주어졌기 때문입니다. 비록 하나님 앞과 사람 앞에서 여러 부족하고 모자란 것이 여전히 있다 하더라도 하나님이 그리스도를 통해 주시는 완전한 의, 주님 안에 있는 완전한 의가 우리에게 주어졌기 때문입니다. 그때부터 사람에게 중요한 전환이 일어납니다. 더 이상 나를 남보다 더 가치 있게 만들기 위한 삶이 아니라 하나님을 영화롭게 하고 하나님을 드러내고, 그분을 높이고, 다른 사람을 복 되게 하는 삶을 살고 싶은 변화가 옵니다. 더 이상 나를 꾸밀 필요가 없는 것이지요.

저는 지난 수십 년 동안 목회 사역을 하면서 많이 울었습니다. 삶이 따라 주지 않았기 때문입니다. 제가 예수를 믿고 나서 칼날 같은 복음을 가르치고, 지나치다 싶을 만큼 준엄한 요구들을 성경에 근거해서 말하면서도, 저 자신은 수없이 넘어지는 것을 끝없이 봐야 했습니다. 우리가 예수를 믿고 완전한 의의 옷을 입었음에도 불구하고 여전히 죄의 습관이 남아 있고, 죄를 경험하고 있습니다. 그래서 사람들은 넘어지고 상처를 받고 좌절을 합니다.

우리가 예수를 믿는 순간 완전히 변화되는 것이 아닙니다. 평생을 살아가면서 주님이 우리에게 주신 구원이 얼마나 영광스럽고 참된 것인지 알아가는데, 갓난아이 같은 영적인 상태에서 출발해야 합니다. 자라면서 깊이와 넓이와 높이를 더해 가며 온전히 경험하고 누리는 것이 성도의 삶입니다. 성도는 죄를 짓습니다. 혹시 죄를 지을 때마다 자신을 정죄하는 마음이 일어납니까? 성도는 하나님 앞에 의롭다 함을 받고 하나님의 은혜의 보좌에 무시로 드나들면서도 죄를 짓습니다. 그 정죄감과 손상 때문에 좌절도 하고 울기도 하지만 너무나 역설적이게도 그 죄를 발견하고 울고 가슴을 찢는 우리에게 복음이 얼마나 필요한지 더 생생하게 와 닿습니다. 복음을 처음 들었을 때보다, 복음을 처음 접했을 때보다 세월이 가면 갈수록 복음이 더욱 사실이고 참되다는 것을 깊이 경험합니다. 나를 나 되게 하는 것은 은혜밖에 없고 예수의 공로밖에 없다는 것을 깊이 경험하면서 주님을 더욱 의지하고, 예수 아니면 다른 것은 말하고 싶지도 않습니다. 그러면서 동시에 생명의 근원이신 하나님 앞으로 나아가면서 힘을 얻습니다. 하나님이 주시는 은혜와 복을 경험하기 시작합니다. 죄의 습관들이 몸 안에 여전히 남아 있어서 우리가 예수를 믿고 난 이후에도 여전히 죄를 짓습니다. 그럼에도, 놀랍게도 우리 속에 하나님을 영화롭게 하고 이웃을 사랑하는 참된 선행이 시작됩니다.

우리는 직장 생활을 호구지책으로 하는 것이 아닙니다. 직장에서 만나는 사람들을 어떻게 하면 사랑하고 유익하게 할까 하고 생각하며 생활해야 합니다. 그저 돈을 벌고 경쟁에서 살아남고 더 많은 월급을 쟁취하는 게 직장 생활의 목표가 아닙니다. 하나님은 우리가 이웃들을 영화롭게 하도록 우리의 삶에 일터를 주시고 많은 사람을 만나게 하십니다. 그들을 섬겨야 합니다. 또한 예수를 믿으면 가정에서 생활이 달라지기 시작합니다. 제 몸도 가누지 못하는 어린 자녀에게 걷고 뛰라고 다그치는 부모가 어디 있습니까? 자기 자식은 말 한 마디 제대로 못하고 그저 누워만 있어도 얼마나 사랑스럽고, 소중합니까? 누구도 알 수 없는 행복을 어린 생명이 주지 않습니까? 의롭다 하심을 받고 나면 우리의 존재가 그렇게 됩니다. 우리가 손발을 잘 움직여 많은 일을 해야 하나님이 기뻐하시는 것이 아닙니다. 존재 자체만으로, 말 한 마디 제대로 못해도 사랑스럽고 귀한 것입니다. 그러다가 남들을 섬기고, 선을 행하기 시작할 때 아버지의 기쁨이 커지기 시작합니다. 신앙은 행위를 배제하지 않습니다. 진짜 바른 행위를 하는 구원으로 우리가 들어간 것입니다.

사랑하는 여러분, 자기를 꾸미고 자기 의를 세우기 위해 조건을 구비하는 세상의 행위가 아니라, 의롭다 함을 받은 백성이 하나님을 사랑하고 이웃을 사랑하는 마음으로 하는 행위가 참 행위입니다. 하나님이 받으시고 사람에게 합당한 참 행위를 만들어 내는 길은 믿음으로 인한 구원의 길입니다. 그렇기 때문에 하나님께 구원받은 우리는 다른 사람을 살리는 행동을 하는 백성으로 자라길 바랍니다.

우리의 신분이 어떻든지 간에, 우리의 지위가 뭐든지 간에, 이 땅에서의 직업이 뭐든지 간에 하나님 앞에서 우리는 판단받을 것입니다. 하나님을 드러내고 이웃을 참되고 복되게 하여 생명을 얻은 자처럼 살았는지, 아니면 이 모든 것을 통해 자기를 영화롭게 하고 가치 있게 하기 위해 살았는지 말입니다.

이 일을 할 수 있는 사람으로 만드시기 위해, 우리를 구원하시고 새로운 마음을 주시고, 새로운 은혜를 주셔서 우리를 그 행위와 삶의 자리로 데리고 가시는 하나님께 영광을 돌립시다. 우리 속에 새 생명이 만들어 내는 선으로 하나님을 영화롭게 하고 이웃들을 복되게 하는 삶이 되기를 바랍니다.

갈라디아서 2장 16-21절

사람이 의롭게 되는 것은 율법의 행위로 말미암음이 아니요 오직 예수 그리스도를 믿음으로 말미암는 줄 알므로 우리도 그리스도 예수를 믿나니 이는 우리가 율법의 행위로써가 아니고 그리스도를 믿음으로써 의롭다 함을 얻으려 함이라 율법의 행위로써는 의롭다 함을 얻을 육체가 없느니라 만일 우리가 그리스도 안에서 의롭게 되려 하다가 죄인으로 드러나면 그리스도께서 죄를 짓게 하는 자냐 결코 그럴 수 없느니라 만일 내가 헐었던 것을 다시 세우면 내가 나를 범법한 자로 만드는 것이라 내가 율법으로 말미암아 율법에 대하여 죽었나니 이는 하나님에 대하여 살려 함이라 내가 그리스도와 함께 십자가에 못 박혔나니 그런즉 이제는 내가 사는 것이 아니요 오직 내 안에 그리스도께서 사시는 것이라 이제 내가 육체 가운데 사는 것은 나를 사랑하사 나를 위하여 자기 자신을 버리신 하나님의 아들을 믿는 믿음 안에서 사는 것이라 내가 하나님의 은혜를 폐하지 아니하노니 만일 의롭게 되는 것이 율법으로 말미암으면 그리스도께서 헛되이 죽으셨느니라

8장

예수를 믿을 때 우리에게 일어나는 일

우리는 믿음으로 말미암아 의롭다 함을 받고 율법의 행위나 자격이나 조건을 구비하여 하나님 앞에 의롭다 함을 받을 수 없다는 것을 계속 배우고 있습니다. 그러나 기독교의 핵심인 이 진리가 자주 오해를 받습니다. 여러 오해 중에 하나가 예수를 믿어 우리가 의롭다 함을 받는다고 말은 하지만 우리 스스로 의로운 존재라고 생각하지 않는다는 점입니다. 우리는 스스로 의롭다고 여길 만한 조건도 구비하고 있지 않고, 또 그런 행위나 자격도 없다는 것을 알기 때문에 믿음으로 의롭다 함을 받는다는 이 진리가 때로는 형식적인 판결을 말하는 것이 아닌지 오해할 수 있습니다.

구원은 은혜로 값없이 믿음으로만 우리에게 주어집니다. 이 귀한 구원과 의롭다 하심은 형식적인 이론에 불과하거나 가상적인 판결이 아닙니다. 우리가 예수를 믿을 때, 한편에서는 의롭다 선포하시고 우리를 의롭다 여겨 주시는 일이 일어납니다. 동시에 우리 속에서도 이 일이 실제적으로 일어납니다. 우리를 의롭다 선언하시고, 죄 많은 우리를 죄 없다고 선포만 해 주시는 것이 아니라 우리가 예수를 믿는 순간 동시적으로 이 일들이 우리 안에 일어납니다. 피부로 느끼지 못할 수도 있고, 때로 사람에 따라 많은 증거와 체험을 겪을 수도 있습니다. 그러나 어떤 경우든지 모든 진실한 성도 안에 실제적인 일이 일어납니다. 이번 본문은 이 내용을 다루고 있습니다.

새로운 피조물

고린도후서 5장 17절을 보면, 우리가 예수를 믿을 때 이런 일이 일어난다고 말합니다.

> 그런즉 누구든지 그리스도 안에 있으면 새로운 피조물이라 이전 것은 지나갔으니 보라 새 것이 되었도다

우리가 형식적으로만 의롭다 선포되는 것이 아니라 실제로 새로운 피조물이 됩니다. 하나님께서 아무것도 없는 데서 천지와 만물을 지으신 것처럼, 죄로 죽어 있던 우리 속에 새로운 창조 사역이 일어납니다. 우리가 예수를 믿을 때, 새로운 창조 사역과 함께 실제적인 일들도 일어납니다. 예수께서 니고데모에게 말씀하셨습니다.

> 진실로 진실로 네게 이르노니 사람이 거듭나지 아니하면 하나님의 나라

를 볼 수 없느니라(요 3:3)

사람이 다시 태어나지 않으면 하나님 나라를 볼 수 없고, 알 수 없고, 들어갈 수 없다고 하셨습니다. 우리는 예수를 믿는 순간 의롭다고 선포만 된 것이 아니라 우리 속에 새로운 일이 일어납니다. 어머니의 모태에서 태어난 것처럼 새로운 생명으로 태어납니다. 물론, 태어나자마자 장성한 사람이 되지 않습니다. 어린아이 같죠. 마치 우리가 어머니의 모태에서 어린아이로 태어난 것처럼 우리가 영적으로 태어나는 순간에도 분명히 다른 생명을 가지고 태어납니다. 구체적이고 실제적인 일들이 일어나는 것이죠.

그렇다면 우리가 예수를 믿을 때, 우리 안에 의롭다고 선포하신 일 외에 어떤 일이 일어납니까? 본문에서 세 가지로 우리에게 보여 줍니다. 19절과 20절을 보십시오.

> 내가 율법으로 말미암아 율법에 대하여 죽었나니 이는 하나님에 대하여 살려 함이라 내가 그리스도와 함께 십자가에 못 박혔나니 그런즉 이제는 내가 사는 것이 아니요 오직 내 안에 그리스도께서 사시는 것이라 이제 내가 육체 가운데 사는 것은 나를 사랑하사 나를 위하여 자기 자신을 버리신 하나님의 아들을 믿는 믿음 안에서 사는 것이라

19절을 보면, "내가 율법으로 말미암아 율법에 대하여 죽었다"라고 했습니다. 동사가 과거형입니다. 20절을 보면, "내가 그리스도와 함께 십자

가에 못 박혔다"라고 했습니다. 여기도 동사가 과거형입니다. 우리가 예수 그리스도를 믿을 때, 우리도 그리스도와 함께 십자가에 못 박혀 죽고 그 결과로 율법에 대하여 죽습니다. 물론, 우리가 예수를 믿을 때 율법에 대해서만 죽는 것은 아닙니다. 죄를 향해서도 죽고 또 이 세상을 향해서도 죽습니다. 그런데 이번 본문은 모든 주제를 다루지 못하고 하나만 다룹니다. 예수 그리스도를 믿을 때, 우리가 그리스도와 함께 연합하여 율법에 대해 죽는다는 것만 다루려고 합니다.

그리스도와의 연합

첫 번째로, 우리가 예수를 주님으로 영접하면 외적인 표가 잘 드러나지 않을지 모르지만 한 가지 중요한 일이 일어납니다. 성령 안에서 각 개인이 예수와 연합하는 일이 일어납니다. 우리가 그저 입으로 "예수를 믿습니다"라고 형식적으로 말하는 게 아니라 참으로 예수를 믿으면, 예수와 우리 사이에 실제적인 영적 현상인 연합이 일어납니다. 우리 눈에 보이지는 않지만 참되고, 영적이고, 개인적이고, 사실적인 연합이 일어납니다.

주님과 우리 사이에 연합이 일어났기 때문에 예수께서 하신 일들은 우리 안에서 동등하게 같은 혜택을 누리게 됩니다. 성경은 우리가 예수를 믿을 때 그분과 연합하면서, 주님이 십자가를 지시고 부활하신 사건이 우리의 사건이 되어 우리가 함께 참여하고 함께 부활하게 된다고 말합니다. 어떤 면에서 육체를 가진 우리에게 충분한 설명은 되지 않습니다. 하지만 우리가 그분을 영접할 때, 2천 년 전 예수의 십자가 사건은 마치 우리가 그 자리에 있는 것처럼 실제로 예수와 함께 죽고 율법에 대해 죽습니다.

에베소서 2장에서는 이 본문과 약간 다르게 표현하고 있습니다. "긍휼이 풍성하신 하나님이 우리를 사랑하신 그 큰 사랑을 인하여 허물로 죽은 우리를 그리스도와 함께 살리셨고 (너희는 은혜로 구원을 받은 것이라) 또 함께 일으키사 그리스도 예수 안에서 함께 하늘에 앉히시니"(엡 2:4-6)라고 했습니다. 이 문장에 나오는 동사들도 전부 과거형입니다.

우리가 예수를 믿을 때, 그분과 함께 십자가에 죽고 그분과 함께 부활했다는 것입니다. 그래서 성경은 곳곳에서 우리에게 말합니다. 우리는 이미 하나님의 자녀로서 천사들의 섬김을 받고 예수와 함께 왕노릇한다고 말입니다. 또한 사도 바울은 "만물이 다 너희 것임이라"(고전 3:21)라고 했습니다. 앞으로 그렇게 될 것이라고 말하지 않고 이미 우리 것이라고 과거형으로 말합니다.

우리가 예수 그리스도를 믿을 때, 주님과 연합이 일어나면서 십자가에서 함께 죽은 결과는 율법에 대해서 죽었다는 것입니다. 우리가 지금 계속 보고 있는 주제는 믿음으로만 구원에 이르고, 율법의 행위는 구원에 이르는 수단이 아니라는 점입니다. 왜냐하면 우리가 율법에 대해 죽었기 때문입니다. 예수를 믿는 순간, 예수의 십자가에 동참하게 되면서 우리 자체가 율법을 향하여 죽는 일이 일어났기 때문입니다.

그렇다면, 우리가 율법에 대하여 죽었다는 말의 의미가 무엇입니까? 로마서 7장에서는 결혼의 비유를 들어 설명합니다.

형제들아 내가 법 아는 자들에게 말하노니 너희는 그 법이 사람이 살 동안만 그를 주관하는 줄 알지 못하느냐 남편 있는 여인이 그 남편 생전에는 법으로 그에게 매인 바 되나 만일 그 남편이 죽으면 남편의 법에서 벗어나느니라 그러므로 만일 그 남편 생전에 다른 남자에게 가면 음녀라 그러나 만일 남편이 죽으면 그 법에서 자유롭게 되나니 다른 남자에게 갈지라도 음녀가 되지 아니하느니라 그러므로 내 형제들아 너희도 그리스도의 몸으로 말미암아 율법에 대하여 죽임을 당하였으니 이는 다른 이 곧 죽은 자 가운데서 살아나신 이에게 가서 우리가 하나님을 위하여 열매를 맺게 하려 함이라(롬 7:1-4)

하나님은 모든 여성이 능력, 사회적 지위, 재능의 탁월함에 관계없이 가정에서는 남편에게 복종하도록 질서를 세우셨습니다. 사실, 여성이 훌륭하고 탁월한 부분이 많습니다. 그러나 하나님은 그 재능과 훌륭함에 근거하지 않으시고 남자를 머리로 두시고, 여자를 남자에게 순종하도록 가정의 질서를 세우셨습니다. 그런데 남편이 죽으면 더 이상 남편의 권세 아래 있지 않습니다. 자유합니다. 더 이상 죽은 남편에게 매이거나 제한 받지 않습니다. 아내가 남편이 죽기 전에 다른 남자와 결혼을 하거나 남편의 권위를 무시하면 죄를 짓는 것입니다. 그러나 남편이 죽으면 이제 아내는 자유롭습니다. 이것이 로마서 7장에 나오는 설명입니다.

똑같은 일이 우리가 예수를 믿는 순간에 일어납니다. 율법 자체는 나쁘거나 악한 것이 아닙니다. 하나님의 율법은 하나님 성품의 표현이기 때문에 오히려 귀합니다. 그런데 아담 이후 모든 사람이 어머니의 모태에서 죄를 가지고 태어나기 때문에 율법에 관심이 없습니다. 하나님의 율법과 기준이 무엇인지 알려고 하지 않습니다. 전부 자기 소견에 옳은 대로 삽니다. 세상의 법적인 기준으로만 삶을 평가하려고 합니다. 하나님의 율법에 근거해서 자기 삶을 보려고 하지 않습니다. 그러니 하나님의 율법에 대해서 무시하고 무관심할 뿐만 아니라 어기는 것입니다. 그리고 율법을 모욕하기도 합니다. 모든 인생은 이런 면에서 더욱 죄인입니다.

아담 이후의 모든 인생이 율법을 율법답게 제대로 지켜 본 적이 한 번도 없습니다. 그런 인생들 속에 예수께서 사람의 몸을 가지고 이 땅에 오셨습니다. 갈라디아서 4장 4절을 보면, "하나님이 그 아들을 보내사 여자에게서 나게 하시고 율법 아래에 나게" 하셨다고 말합니다. 모든 사람이 하나님의 율법을 무시하고, 율법과 상관없이 살고 있는 세상 속에 예수께서 율법의 권위 아래로 오셨습니다. 그리스도 자신이 율법을 주신 분이신데 스스로 율법의 권위 아래 오셨습니다. 예수는 모든 율법의 명령과 요구를 일점일획도 땅에 떨어짐 없이 전부 이루셨습니다. 그분은 우리처럼 어머니의 모태에서 태어나 키가 자라고 지혜가 자라면서 33년 동안 하나님의 율법을 순응하고 사셨습니다. 그리고 예수는 모든 율법을 어긴 우리의 삶에 대한 정죄와 형벌을 십자가 위에서 완전하게 받으셨습니다. 율법의 일점일획도 더 이상 남김없이 다 이루셨고, 율법을 어긴 결과로 오는 형벌과 심판도 예수께서 전부 대신 받으셨습니다. 그러므로 예수께서 부활하셨을 때, 율법은 더 이상 그분과 아무 상관 없는 것입니다. 왜냐하면 그분이 다 이루고 완성하셨기 때문입니다.

주님과의 관계에서 성도에게도 똑같은 일이 일어납니다. 우리가 예수를 믿을 때, 그분의 귀한 공로로 우리가 율법을 향하여 죽었기 때문에, 율법은 우리에게 요구하거나 명령하거나 정죄하거나 판단할 수 있는 어떤 권리도 없습니다. 그런 우리이기에 예수를 믿는 것 외에 율법을 지켜야 구원받는다는 요구는 너무 어리석은 이야기입니다. 왜냐하면 율법은 이미 끝났기 때문입니다. 율법의 요구와 명령은 우리와 더 이상 관계가 없습니다. 예수께서 다 이루어 놓으셨기 때문에 율법은 우리에게 아무것도 요구할 수 없습니다. 그런 의미에서 우리가 율법에 대해 죽고 참 자유를 얻은 것입니다.

어떤 사람들은 이 내용을 오해해서 방탕하게 살기도 해요. 이제 정죄로부터 자유하다는 무율법주의를 가르쳤지요. 이런 것은 성경의 교훈이 아닙니다. 우리가 지난 장에서도 살펴보았습니다. 구원은 세상이 할 수 없는 선으로 얻은 것입니다. 그렇기 때문에 우리를 부르실 때 자격과 조건과 공로에 따라 부르지 않으셨습니다. 그런 면에서 율법은 더 이상 우리에게 요구할 것이 아무것도 없습니다. 우리는 예수를 믿는 순간에 완전한 의를 옷 입었습니다. 그것이 참 자유입니다.

그러나 어떤 학자들은 율법의 제3 용법이 있다고 말을 합니다. 율법의 제3 용법이란 이런 것입니다. 거듭난 성도의 마음은 하나님이 원하는 삶을 살고 싶어합니다. 하나님께 순종하고 살기를 원하는 성도에게 하나님이 무엇을 기뻐하시는지를 보여 주는 일이 율법의 세 번째 용법입니다. 그런 면에서 우리가 이 땅에 사는 동안 율법의 정죄에서 자유를 누리는 것은 성도의 특권 중 하나입니다. 세상을 살면서 율법의 어렴풋한 형태로 우리의 영혼 속에 남아 있는 양심의 정죄나, 이따금씩 주변 사람들에게 듣게 되는 정죄 등 그 모든 것에서 자유할 수 있는 오직 한 길은 예수의 귀한 공로를 의지해서 믿음으로 의롭다 함을 받을 때 가능합니다. 이때 우리는 모든 정죄에서 참 자유를 얻습니다. 아무도 우리를 죄 아래 묶을 수 없습니다. 지금도 여전히 우리가 죄를 지을 때, 율법이 정죄합니다. 우리가 죄를 지으면 양심이 일어나서 소리를 칩니다. 그럴 때 우리는 어떻게 하면 됩니까? 그럴 때는 "제가 죄를 지었습니다. 하나님, 예수의 완전한 공로로 저를 씻어 주시고 옷 입혀 주십시오"라고 하는 것이죠. 죄를 지었을 때, 우리는 자꾸 착한 일을 하거나 죄를 상쇄할 수 있는 좋은 일을 해야 죄가 용서될 것 같은 유혹을 받습니다. 그러나 그런 방식으로는 죄를 용서받고 의롭다 함을 받을 자가 아무도 없습니다. 우리는 이미 예수를 믿음으로 의롭다 함을 받을 때, 예수와 연합되면서 율법을 향하여 죽었습니다. 그렇기 때문에 우리는 다시는 율법의 정죄 아래 가둘 수 없는 자유자가 되었습니다. 참된 자유를 누리는 것은 성도에게 최고의 특권입니다. 정죄 아래 눌려 있어서는 안 됩니다.

저 역시 아직도 제 안에 있는 허물과 죄를 발견합니다. 여전히 넘어지고 실패하는 순간이 많습니다. 그럼에도 저는 정죄 아래 머물러 있지 않습니다. 죄를 짓기도 하지만, 그것이 곧 죄인이라는 정죄 아래 있다는 것을 의미하지 않습니다. 예수 그리스도의 완전한 대속의 은혜 때문에 모든 죄가 덮어지고 믿음으로 의롭다 함을 얻습니다. 이것이 자유입니다. 우리 속에 실제적인 일이 일어나서 우리가 예수와 함께 죽고 살았기 때문에, 우리는 율법의 정죄에서 자유롭고 다시는 누구도 죄 아래 가두어 놓을 수 없는 자유로운 존재입니다.

한국 사람은 참 불쌍합니다. 모두 생긴 건 멀쩡한데 험한 인상을 가지고 있습니다. 왜일까요? 자유가 없는 거죠. 보편적으로 한국 사회가 그렇습니다. 예수 믿는 우리도 진리를 바르게 알지 못하기 때문에 율법적으로 눌려 있습니다. 우리는 그리스도와 함께 율법을 향하여 죽고 자유합니다.

내 안에 그리스도가 산다

우리가 예수를 믿을 때 일어나는 일 두 번째는 다시 19-20절을 통해 살펴볼 수 있습니다.

> 내가 율법으로 말미암아 율법에 대하여 죽었나니 이는 하나님에 대하여 살려 함이라 내가 그리스도와 함께 십자가에 못 박혔나니 그런즉 이제는 내가 사는 것이 아니요 오직 내 안에 그리스도께서 사시는 것이라 이제 내가 육체 가운데 사는 것은 나를 사랑하사 나를 위하여 자기 자신을 버리신 하나님의 아들을 믿는 믿음 안에서 사는 것이라

19절에 "율법에 대하여 죽었나니 이는 하나님에 대하여 살려 함이라"고 했습니다. 율법을 향하여 죽는 일이 일어났을 뿐 아니라 하나님을 향하여 살아나는 일이 나타났습니다. 20절에는 "내가 그리스도와 함께 십자가에 못 박혔나니 그런즉 이제는 내가 사는 것이 아니요 오직 내 안에 그리스도께서 사시는 것이라"고 했습니다. 우리가 예수를 믿을 때, 우리에게 일어나는 중요한 일 하나는 성령이 우리 속에 들어오시는 것입니다. 성령

이 없이는 성도가 아닙니다. 모든 진실한 성도는 성령으로 거듭납니다. 그리고 하나님의 영이 그 속에 있습니다. 하나님의 영이 없으면 성도가 아닙니다. 성령이 우리 속에 들어오시면, 예수께서 우리 속으로 들어오십니다. 이것이 성도의 자기 정체성의 핵심입니다.

지금까지 우리는 경쟁 사회에서 바르게 살려고 애쓰고, 도태하지 않고 건전한 시민이 되려고 노력했습니다. 그러나 이것만으로는 성도가 되지 않습니다. 성도를 성도 되게 하는 것은 다른 곳에 있습니다. 아무리 아름답게 보이고, 세상이 다 놀랄 만한 일을 성취하고, 명성을 얻고, 도덕과 윤리를 잘 행한다고 해도 그것으로 성도가 되지 않습니다. 이런 것들은 전부 자기를 위해서 하는 것들입니다. 어머니의 모태에서 죄를 가지고 태어난 사람들의 치명적인 문제는 처음부터 끝까지 자기중심성에서 벗어날 수 없다는데 있습니다. 인생에서 가장 중한 질고와 아픔은 자기중심성입니다. 자기를 위해 살고, 자기를 위해 울고, 자기를 기쁘게 하고, 자기를 믿고. 이것이 세상을 살아가는 사람들의 보편적인 삶의 방식입니다.

그런데 우리가 예수를 믿으면, 자기중심에 묻혀 있던 우리의 삶에 예수께서 들어오십니다. 주님께서 우리의 삶 중심에 들어오셔서 좌정하시고, 임재하십니다. 이것의 의미는 우리가 자기를 위해 살기를 멈추기 시작하는 것입니다. 모든 것이 자기 자신을 중심으로 평가되고 판단되던 삶에서 떠나기 시작합니다. 그래서 어떤 학자는 우리가 처음 본 1번을 율법의 폭정에서의 자유라고 부르고, 지금 보는 2번은 자아의 폭정에서의 자유라고 했습니다. 사람은 자아의 학대에 시달리면서 살아갑니다. 자기를 위하는 것 같지만 실상은 자기를 괴롭히는 것입니다. 그래서 세상이 약육강식과 적자생존의 수고로운 세상이 되는 것입니다. 자신을 위하는 것 같지만, 결국 자기도 죽고 남도 죽는 것이 세상 삶의 방식입니다.

자기만 아는 사람의 삶 중심에는 자기밖에 없습니다. 자기 가족과 친척, 자기 교회와 자기 직장밖에 없습니다. 이런 자기중심적 세상에 복음이 들어와서 복음을 영접하는 성도의 삶에는 어떤 일이 일어날까요? 주님을 모실 때, 주님이 들어오십니다. 중심 축이 바뀝니다. 복음을 영접하는 성도에게는 주님을 중심으로 하는 새로운 삶이 열립니다. 더 이상 자기를 기쁘게 하고 싶어하지 않습니다. 자기를 만족시키면서 더 이상 의지하려고 하지 않습니다. 더 이상 자기를 행복하게 만드는 것이 삶의 목적이 아닙니다. 중심에 하나님이 계시고, 하나님과 더불어 모든 일을 하고 싶어하고, 어디를 가든지 예수와 함께하고 싶어하는 새로운 삶이 시작됩니다. 예수께서 우리의 삶 중심으로 들어오는 일이 일어납니다. 그래서 옛날처럼 자기 방식대로 살기를 멈추기 시작합니다.

인생에서 이와 비슷한 변화를 경험하는 것이 결혼을 해서 가정을 꾸미면서입니다. 부부가 가정을 꾸미면서 제일 많이 배우고 경험하는 것이 자기중심성입니다. 부부 생활을 통해 우리는 가장 소중한 사람도 바르게 사랑하지 못하는 자기 자신을 발견합니다. 부부 생활에서 제일 중요한 것은 자기중심성을 깨닫고, 자신을 깨뜨리면서 사는 훈련을 하는 것입니다. 제가 청년들에게, "아무리 마음에 드는 사람을 만나도 후회도 하고 회개도 하면서 산다"고 말합니다. 그러나 우리는 그런 일을 겪을 때마다 어리석게도 상대를 탓합니다. 자기중심성의 어리석음이 발동하면서 늘 상대를 탓합니다. "내 남편(아내)이 바뀌었어. 옛날에는 그런 사람이 아니었는데…….

결혼하고 나더니 날 귀하게 여기지 않는 것 같아." 이렇게 상대를 원망하는 거죠. 부부가 같이 살면서 제일 노력하며 배워야 하는 것은 안 싸우기가 아닙니다. 죄인 둘이 만났는데 어떻게 싸우지 않습니까? 전부 자기가 왕이라고 생각합니다. 티를 안 낼 뿐입니다. 간혹 사람들은 배우자를 만날 때, 성격 좋은 사람을 만나야 한다고 합니다. 성격 좋은 죄인 봤습니까? 성격 좋은 죄인은 없습니다. 다 망가져 있는 상처투성이일뿐입니다. 정말 어질고 좋게 생겼는데 헐크가 되는 순간을 다 보셨잖아요. 헐크가 된 사람을 비난할 일이 아닙니다. 그런 것을 보면서 우리 속의 자기중심성을 들여다보고 깨뜨려 가는 것입니다.

하나님은 우리의 삶 속에 예수께서 들어오셨다는 것이 얼마나 큰 기쁨인지 알도록 우리를 데려가시는 과정도 그러합니다. 자기중심성이 드러나는 아픈 과정을 통해, 우리 삶에 주님이 좌정하셔서 우리의 임금, 우리의 목자, 우리의 주인이 되시는 삶이 얼마나 복되고 행복한 것인지를 배우게 됩니다. 우리는 전부 내 마음대로 해야 행복하다고 생각하기 때문에 높아지려고 하다가 불행해지는 것입니다. 참 행복은 망가지고 깨뜨려진 자기중심성으로 똘똘 뭉쳐 살아가는 우리 삶에 주님이 들어오셔서 우리 삶을 다스려 주시고, 이끌어 주시고, 참 주인이 되어 주실 때, 우리는 그 감격과 위로 속에 살아갑니다. 그러므로 하나님은 주님을 중심에 모시고 이웃을 나보다 더 우선 자리에 앉히는 행복과 영광이 무엇인지를 알도록, 때로는 아픔과 역기능도 허락하십니다.

성경은 주님을 중심에 모시고, 이웃을 더욱 먼저 섬기고, 자기를 희생하여 타인을 존귀하게 하는 것이 인생의 참된 본분이고 영광이라고 가르칩니다. 교회는 언제든지 만인을 위해 종이 될 준비를 하고 있어야 합니다. 그러나 진리에 대해서는 절대로 타협하지 않고, 생명의 길을 끝까지 지켜야 합니다. 왜냐하면 이 길만이 세상을 살고 이웃을 복 되게 하는 유일한 생명의 길이기 때문입니다. 이것이 주님이 우리 속에 들어오셔서 우리와 함께 사실 때 일어나는 두 번째 일입니다.

믿음 안에 산다

세 번째로, 우리가 예수를 믿을 때 어떤 일이 일어납니까? 20절 하반절을 다시 봅시다.

> 오직 내 안에 그리스도께서 사시는 것이라 이제 내가 육체 가운데 사는 것은 나를 사랑하사 나를 위하여 자기 자신을 버리신 하나님의 아들을 믿는 믿음 안에서 사는 것이라

우리는 예수를 믿는 순간 곧바로 천당으로 들어가지 않습니다. 이 몸을 그대로 가지고 이 땅에 그대로 있습니다. 우리 몸은 세상을 사는 성도의 제일 큰 질고의 원인 중 하나입니다. 성도들은 구원의 영광을 경험했지만, 여전히 몸은 그대로입니다. 우리 속에 성령이 들어와 계시지만 이 몸은 여전히 어머니의 모태에서 받은 그대로입니다. 그래서 이 몸은 죄에 더 쉽게 반응하고 세상의 이야기에 귀가 더 솔깃합니다. 대중 매체에서 쏟아져 나오는 이야기들을 피가 되고 살이 되는 듯이 받아들입니다. 어떻게 그렇

게 우리 정서에 착착 안기는지 모릅니다. 그래서 "저걸 사서 입어야 하는데, 저 정도는 가지고 있어야 하는데" 하면서 우리를 혼란스럽게 합니다.

육신이 문제입니다. 우리 몸 자체가 죄에 익숙한 습관을 그대로 가지고 있습니다. 예수를 십자가에 못박아 죽인 세상은 그대로입니다. 그렇기 때문에, 우리는 끊임없이 이 몸을 가지고 이 땅을 살아가는 삶에서 중요한 원리가 무엇인지 기억해야 합니다. 절대로 몸이 이끄는 대로 세상이 말하는 대로 살지 말아야 합니다.

세상을 살아가면서 우리에게 일어나는 중요한 일들을 제대로 누리고, 경험하고, 드러내기 위해서는 믿음으로 살아야 합니다. 세상의 방식과 내 몸이 이끄는 방식대로 살면 망합니다. 이 세상을 살아갈 때 우리 몸 안에 죄에 익숙한 습관이 있기 때문에 몸이 원하는 대로 하면 망합니다. 신앙의 영광이 금방 무너집니다. 이 땅을 살아가는 동안 우리는 몸이 원하는 대로 사는 것이 아니라 진리의 말씀이 가르치는 믿음으로, 말씀이 가르치는 대로 사는 것이 정말 중요합니다.

세상이 얼마나 강한지요. 여러분이 직장에 가 보면 세상이 호락호락하지 않다는 것을 쉽게 경험할 수 있습니다. 어지간히 예수 믿는 사람도 자꾸 타협을 합니다. 어느 정도 믿음으로 살 용의가 있지만, 성경이 원하는 만큼 믿음으로 살지 못합니다. 세상이 너무 강해 보이고 믿음으로 살다가는 모든 걸 다 빼앗기고 잃을 것 같기 때문에 결정적인 순간마다 믿음으로 살기를 포기하거나 타협합니다.

우리가 세상을 이기는 방법은 하나밖에 없습니다. "하나님께로부터 난 자마다 세상을 이기느니라 세상을 이기는 승리는 이것이니 우리의 믿음이니라"(요일 5:4). 우리가 세상을 이기는 방법은 믿음으로 사는 것입니다. 그렇지 않으면 절대로 이길 수가 없습니다.

세상을 살아가는 동안 하나님을 신뢰하고, 진리의 말씀을 붙들고, 우리의 본성과 세상의 메시지가 아니라 진리의 말씀이 가르치는 그 말씀을 믿고 의지하는 믿음이 아니면 우리는 세상을 거슬러 갈 수가 없습니다. 믿음이 아니면, 우리는 존재에 합당하게 살 수가 없습니다.

사랑하는 여러분, 눈에 보이는 대로 살지 말고 주님의 말씀을 붙들고, 우리를 위해 자신의 목숨을 아낌없이 내어 주신 하나님의 아들 예수께 나갑시다. 낭떠러지 같은 길이지만 떨어지지 않는다는 것을 볼 것입니다.

저는 목회자로 살면서 한 번씩 느낍니다. '주님이 나를 지켜보시는구나! 이놈이 어찌 하는지 보고 계시는구나!' 세상의 방법을 의지하지 않고 주님을 의지하다가 벼랑에서 떨어져 죽을 각오를 하는지, 주님이 한 번씩 보고 계시다는 것을 문득문득 느낍니다.

우리는 우리를 위해 자기 목숨까지 아낌없이 주신 하나님의 아들을 믿는 믿음으로 사는 자들입니다. 우리가 믿음으로 이 땅을 살아야 영광을 볼 수 있습니다. 질그릇 같고, 티끌 같고, 먼지 같아 깨어지기 쉬운 우리 몸에 내주하시는 하나님과 그분의 역사가 빚어 내는 영광이 어떤 것인지 경험하는 것은 우리가 믿음으로 벼랑 끝에 서 볼 때만 누릴 수 있습니다. 반드시 믿음으로 살아서 질그릇 같은 우리의 삶에 하늘의 영광이 담기는 복된 일이 있기를 바랍니다. 우리가 그렇게 살아야 세상이 우리를 통해 참된 위로와 소망을 경험합니다. 모두가 그런 삶을 사시기 바랍니다.

2부

복음과 구원에 관한 문제

공로냐 십자가냐

갈라디아서 2장 16절-3장 5절

사람이 의롭게 되는 것은 율법의 행위로 말미암음이 아니요 오직 예수 그리스도를 믿음으로 말미암는 줄 알므로 우리도 그리스도 예수를 믿나니 이는 우리가 율법의 행위로써가 아니고 그리스도를 믿음으로써 의롭다 함을 얻으려 함이라 율법의 행위로써는 의롭다 함을 얻을 육체가 없느니라 만일 우리가 그리스도 안에서 의롭게 되려 하다가 죄인으로 드러나면 그리스도께서 죄를 짓게 하는 자냐 결코 그럴 수 없느니라 만일 내가 헐었던 것을 다시 세우면 내가 나를 범법한 자로 만드는 것이라 내가 율법으로 말미암아 율법에 대하여 죽었나니 이는 하나님에 대하여 살려 함이라 내가 그리스도와 함께 십자가에 못 박혔나니 그런즉 이제는 내가 사는 것이 아니요 오직 내 안에 그리스도께서 사시는 것이라 이제 내가 육체 가운데 사는 것은 나를 사랑하사 나를 위하여 자기 자신을 버리신 하나님의 아들을 믿는 믿음 안에서 사는 것이라 내가 하나님의 은혜를 폐하지 아니하노니 만일 의롭게 되는 것이 율법으로 말미암으면 그리스도께서 헛되이 죽으셨느니라 어리석도다 갈라디아 사람들아 예수 그리스도께서 십자가에 못 박히신 것이 너희 눈 앞에 밝히 보이거늘 누가 너희를 꾀더냐 내가 너희에게서 다만 이것을 알려 하노니 너희가 성령을 받은 것이 율법의 행위로냐 혹은 듣고 믿음으로냐 너희가 이같이 어리석으냐 성령으로 시작하였다가 이제는 육체로 마치겠느냐 너희가 이같이 많은 괴로움을 헛되이 받았느냐 과연 헛되냐 너희에게 성령을 주시고 너희 가운데서 능력을 행하시는 이의 일이 율법의 행위에서냐 혹은 듣고 믿음에서냐

9장
성령으로 시작하였다가 육체로 마치겠느냐

갈라디아서 3장입니다. 앞서 나눴던 2장 16절은 갈라디아서 전체의 핵심 구절로, 사람이 의롭게 되는 것은 율법의 행위로 되는 것이 아니라고 했습니다. "의롭다"는 말은 사람이 하나님과 바른 관계 안에 들어간다는 말입니다. 우리가 하나님과 바른 관계로 들어가서 그분을 마음껏 누리는 방법은 무엇일까요? 길은 하나밖에 없습니다. 율법의 행위로는 안 됩니다. 유대인으로 태어난다고 가능한 것이 아닙니다. 할례를 받아 이방인에서 유대인으로 되었다고 가능한 것도 아닙니다. 율법을 잘 순종해서 하나님 마음에 들거나 하는 방법으로도 가능하지 않습니다. 의롭다 하심을 받고 하나님과 바른 관계에 이르는 길은 오직 예수 그리스도를 믿는 것뿐입니다. 구주가 아니고는 누구도 하나님과 바른 관계를 맺을 수 없습니다. 자신의 자질이나 자격이나 조건이나 행위나 공로를 충족시켜서 하나님과 바른 관계 안에 들어갈 자는 아무도 없습니다. 예수 믿는 자 외에는 아무도 그 은혜 안에 들어갈 자가 없습니다. 2장 16절 후반부를 봅시다.

> 율법의 행위로써는 의롭다 함을 얻을 육체가 없느니라

율법을 행함으로 자격과 조건을 갖춰서 하나님을 만족시킴으로 그분과 바른 관계를 맺을 수 있는 사람은 아무도 없다는 이야기입니다. 철없던 20, 30대 때는 우리 자신에 대한 남다른 기대를 가지고 삽니다. 그러나 나이를 먹으면서 어떻게 됩니까? 우리가 사랑하고 소중히 여기는 사람도 만족시킬 수 없는 존재라는 사실을 알게 됩니다. 아내와 남편으로서 제대로 사랑하려고 결심하지만, 살면서 대부분 실패를 경험합니다. 사람이 사람을 만족시키지 못합니다. 또한 우리는 하나님께서 우리에게 선물로 주신 자녀를 얼마나 잘 기르려고 결심했습니까? 그러나 자녀 하나 만족시키는 것도 얼마나 어려운지요. 이런 인생이 어떻게 하나님과 바른 관계에 들어갈 수 있겠습니까? 그래서 아무도 육체로, 또는 자신의 힘으로 하나님 앞에 의롭다 함을 얻을 자가 없습니다. 하나님과 바른 관계를 맺는 길은 예수를 믿는 것 외에는 없습니다.

사랑하는 여러분, 예수를 믿음으로만 하나님 앞에 의롭다 함을 받는 진리를 바울이 21절에서는 부정적으로 다시 표현했습니다.

> 내가 하나님의 은혜를 폐하지 아니하노니 만일 의롭게 되는 것이 율법으로 말미암으면 그리스도께서 헛되이 죽으셨느니라

우리같이 공로없는 자, 자격을 갖추지 못한 자가 하나님과 바른 관계에 들어갈 수 있는 길은 하나님의 은혜뿐입니다. 하나님이 예수를 통해 우리에게 보여 주신 그 귀한 은혜로, 우리는 하나님과 바른 관계를 맺습니다. 이것이 하나님의 은혜를 폐하지 않는다는 의미입니다. "만일 의롭게 되는 것이 율법으로 말미암으면 그리스도께서 헛되이 죽으셨느니라"(21절). 만약 사람이 자기 스스로 노력해서 어떤 조건을 구비하고 자격을 갖춰서 하나님과 바른 관계를 맺을 수 있다면, 하나님의 은혜는 폐하여지는 것이고 예수 그리스도는 헛되이 죽은 것입니다. 그러나 아무도 스스로 하나님을 만족하게 할 수 없습니다. 스스로 하나님과 바른 관계에 들어갈 자가 없습니다. 예수께서 우리의 모든 죄를 대신 지시고 돌아가신 그 귀한 공로만이 우리를 하나님과 바른 관계 안에 들어가게 합니다.

밝히 보이는 십자가

그런데, 갈라디아 지역 교회에 어떤 일이 일어났습니까? 3장 1절을 봅시다.

> 어리석도다 갈라디아 사람들아 예수 그리스도께서 십자가에 못 박히신 것이 너희 눈 앞에 밝히 보이거늘 누가 너희를 꾀더냐

예수께서 십자가에 달려 돌아가신 것이 눈 앞에 밝히 보인다고 말합니다. 이 말은 갈라디아 사람들 눈 앞에서 구주께서 십자가에 달려 돌아가

셨다는 뜻은 아닙니다. 그분은 이미 수십 년 전에 돌아가셨습니다. 그러나 바울이 갈라디아 지역 성도들에게 복음을 전할 때, 마치 예수 그리스도가 그들의 눈 앞에서 달려 돌아가신 것처럼 복음이 성령의 능력 안에서 생생하게 전달되는 것을 바울이 보았다는 것입니다. 바울이 그렇게 복음을 전했을 뿐 아니라 바울이 전한 복음을 들은 갈라디아 성도들도 감동적으로 생생하게 눈으로 본 것처럼 주의 복음을 받아들이고 행복해했습니다. "아직도 기억이 선명한데, 너희가 어찌 그 은혜를 헛되이 여기고 십자가에 못 박히신 예수께서 눈 앞에 계신데도, 이 하나밖에 없는 참 진리를 떠나 율법의 행위를 첨가하여 구원에 이른다고 말하는 것처럼 어리석은 길로 다시 돌아가려고 하는가?"라고 한탄하며 반문하는 것입니다.

주 안에서 사랑하는 여러분, 인간이 스스로의 방식으로 하나님을 만족시키고 그분과 생명의 교제를 나눌 수 있었다면, 예수는 십자가에 달려 돌아가시지 않아도 됩니다. 그것이 분명한데도 갈라디아 성도들은 할례를 받거나 율법을 준수하는 어떤 육신의 행위를 해서 하나님 앞에 온전해지는 길이 있다고 말하는 다른 어리석은 길로 가려고 합니다. 더 보장된 구원의 길이 있다고 생각하는 것만큼 어리석은 일이 어디 있습니까.

예수께서 십자가에 달려 돌아가신 한 번의 완전한 제사가 우리의 모든 죄를 씻습니다. 그리고 하늘에 속한 모든 신령한 복과 하나님의 은혜의 보좌와 친밀한 교통과 그 교통이 주는 모든 복을 누리기에 완전한 자격과 조건을 부여하는 예수 그리스도의 완전한 제사가 우리를 위해 드려졌습니다. 그러므로 우리가 어떤 것도 더하거나 추가할 것이 없습니다. 예수 믿는 모든 진실한 성도에게 주님의 완전한 은혜가 주어졌는데 왜 다른 곳으로 가려는 것인지 바울은 반문하고 있습니다.

주 안에서 사랑하는 여러분, 주님의 완전한 대속의 은혜에 다른 무엇을 더하려고 해서는 안 됩니다. 어느 누구도 스스로의 힘으로 구원받는다고 주장할 자는 없습니다. 더구나 교회 안에 있는 자들은 더 말할 것도 없지요. 그런데도 예수를 믿는 것에 다른 무엇을 더한다면 속아서 넘어가는 자들이 많습니다.

제가 십수 년 전에 에베소서 1장을 설교할 때, 마음에 곤혹스러운 본문이 있었습니다. 1장 3절에, "우리 주 예수 그리스도의 아버지께서 그리스도 안에서 하늘에 속한 모든 신령한 복을 우리에게 주시되"라고 했습니다. 이 본문에서 과거형으로 말씀하신 것을 보고 마음이 참 곤고했습니다. 하나님이 우리에게 복을 주시는 것은 틀림없이 없습니다. 그런데 하늘에 있는 모든 복을 주셨다고 하신 이 말씀 앞에서 제 마음에 한 번씩 하나님이 나를 좀 홀대하시는 건 아닌지 하는 생각이 드는 겁니다. 다른 사람은 복을 많이 주시는 것 같은데 나는 좀 차별하시는 것같이 느껴졌습니다. 하나님이 복을 주시는데 다른 훌륭한 사람들에 비해 나는 복을 덜 주시는 것 같다고 생각했습니다. 그때만 해도 설교에 대해 열등감을 많이 느낄 때였습니다. 김남준, 김서택 목사님과 같은 훌륭한 설교자들 때문에 열등감을 많이 느낄 때였습니다. 이렇게 굼벵이같이 구르는 재주밖에 안 주셨다고 투정하며 눈물도 흘리고 불평도 할 때였습니다. 그러니 하나님이 하늘에 속한 모든 신령한 복을 주셨다는 말씀이 잘 믿어지지 않는 겁니다. 그 때 마음이 곤고하고 어려웠습니다.

사랑하는 여러분, 하나님이 우리같이 자격 없는 자들, 때로 다른 사람들과 비교할 때 내세울 것도 없고 세상 속 경쟁에서 지지 않으려고 몸부림 쳐도, 예수는 계속 한계를 느끼는 우리에게 하늘에 속한 많은 신령한 복을 주셨습니다. 아무 자격과 조건도 없는 우리의 죄를 용서하시고 새 생명을 주신 그분이 우리에게 수많은 신령한 복을 믿음에 근거해서 주셨습니다. 그런데 어리석은 갈라디아 성도들처럼 이 모든 복을 거부하고 하나님의 마음을 움직일 수 있는 예쁜 짓을 뭔가 더 하겠다는 생각은 하지 말아야 합니다. 주님의 십자가 사건이 분명함에도 불구하고 율법의 행위나 어떤 것을 더해서 하나님의 특별한 복을 받겠다고 생각하는 어리석은 신앙 생활을 하지 않아야 합니다. 그래서 "어리석도다, 갈라디아 사람들아! 주께서 십자가에 못 박히신 것이 이렇게 분명하거늘 어떻게 이 주님의 복음을 생생하게 받고서는 그 어리석은 길로 가려고 하느냐"고 묻고 있습니다.

성령을 선물로

예수를 믿을 때, 우리에게 일어나는 중요한 일이 있습니다. 현대의 많은 성도들은 예수를 믿는 것이 입으로 믿는다고 말만 하면 되는 거라고 생각합니다. 그래서 신앙의 내용이 결핍되어 있습니다. 실체가 너무 모자란 것입니다. 입술에 붙어 있는 혹은 머리로 동의하는 정도로 신앙을 자꾸 전락시키는 것입니다. 신앙은 우리의 전 인격, 지성과 감성과 의지가 다 포함된 것입니다. 신앙은 입으로만 하는 것이 아닙니다. 그 안에 내용과 실체가 있어야 합니다.

우리가 주님을 믿을 때, 모든 죄가 용서되고 하나님과 바른 관계에 들어가는 것을 어떻게 알 수 있습니까? 성경이 말하니까 알 수 있습니다. 그러나 성경은 말만 하는 것이 아니라 우리에게 내용과 실체를 주셨습니다. 2절을 봅시다.

> 내가 너희에게서 다만 이것을 알려 하노니 너희가 성령을 받은 것이 율법의 행위로냐 혹은 듣고 믿음으로냐

5절도 보겠습니다.

> 너희에게 성령을 주시고 너희 가운데서 능력을 행하시는 이의 일이 율법의 행위에서냐 혹은 듣고 믿음에서냐

우리가 예수를 믿을 때 일어나는 실제적인 실체가 있습니다. 비록 눈에 보이지 않고 손으로 만져지지 않지만, 중요한 실체입니다. 그것은 성령을 선물로 받은 것입니다. 모든 진실한 성도는 성령을 선물로 받습니다. 사도행전 2장을 보면, 오순절에 성령이 임했을 때 깜짝 놀라서 주변에 모여든 사람들에게 사도 베드로가 설교를 했습니다.

> 이 예수를 하나님이 살리신지라 우리가 다 이 일에 증인이로다 하나님이 오른손으로 예수를 높이시매 그가 약속하신 성령을 아버지께 받아서 너희가 보고 듣는 이것을 부어 주셨느니라(행 2:32-33)

예수께서 이 땅에 오셔서 우리의 모든 질고를 지고 십자가에 달려 돌아가시고 부활하셨습니다. 그분이 우리를 위한 완전한 의가 되신다는 증거를 하나님이 성령을 주심으로 증거하십니다. 하나님이 예수에게 주신 성령을 우리 모든 성도에게 부어 주십니다. 그래서 사도 베드로는 사도행전 2장에 나오는 설교 마지막 부분에 이렇게 전합니다.

> 베드로가 이르되 너희가 회개하여 각각 예수 그리스도의 이름으로 세례를 받고 죄 사함을 받으라 그리하면 성령의 선물을 받으리니 이 약속은 너희와 너희 자녀와 모든 먼 데 사람 곧 주 우리 하나님이 얼마든지 부르시는 자들에게 하신 것이라 하고(행 2:38-39)

성령을 선물로 받을 것이라는 약속은 그 자리에 있던 자들만 받는 것이 아니라 먼 데 있는 사람들, 즉 시간적, 공간적으로 먼 곳에 떨어져 있을지라도 회개하고 예수를 믿는 성도라면 누구든지 성령을 선물로 받는다는 것입니다.

예수를 믿는 것은 우리가 입술로만 시인하는 일이 아닙니다. 예수를 믿을 때 우리가 마음으로 믿고 입으로 시인할 때 우리에게 성령을 선물로 주십니다. 이 성령이 우리에게 주어질 때, 실체와 내용이 생깁니다. 어떤 실체와 내용이 생깁니까?

예수께서는 니고데모에게 물과 성령으로 거듭날 것을 말씀하셨습니다. 우리는 어머니의 모태에서 생명을 받은 것처럼 성령으로 생명을 공급받습니다. 우리가 거듭날 때, 육신에 속한 생명이 아니라 성령이 우리에게 주시는 참된 생명을 공급받습니다. 그 성령이 우리 속에 오셔서 우리가 하나님께 "아버지"라고 부를 수 있습니다. 그래서 그분을 "양자의 영"이라고 부르기도 합니다. "아버지"는 그저 형식적으로 부르는 호칭이 아닙니다. 성령이 우리 속에 증거하시는 것입니다. 하나님이 우리의 참 아버지가 되심을 성령이 증거하고 믿게 하시기 때문에 우리가 그분을 "아버지"라고 부릅니다. 마치 육신이 배고프고 목마른 것처럼 하나님의 성령이 우리 속에 임재해 계시기에 우리가 영적인 양식인 말씀을 목말라합니다. 또한 우리는 살아 계신 하나님에 대한 그리움으로 골방에서 홀로 하나님을 만나고 싶어합니다. 또한 하나님을 예배할 때 형식적으로 예배하지 않습니다. 순서를 따라 마지막 축도까지 우리 속에 살아 있는 영, 성령의 도우심을 따라 살아 계신 하나님을 예배하고 영광을 올립니다.

저는 설교자, 목회자로서 꿈이 있습니다. 예배를 드리는 우리 모두가 예배 인도자나 설교자를 잊고, 살아서 우리 가운데 임재하시며 우리의 예배를 받으시는 하나님을 성령 안에서 확인하고 누리는 그런 예배를 드리는 것이 저의 꿈입니다.

사랑하는 여러분, 성령이 우리에게 선물로 주어졌기 때문에 우리는 우리 영혼 속에 또 다른 열정과 소원을 가지고 이 땅을 살아갑니다. 또한 세상의 어떤 부귀영화를 누리는 사람을 만나는 것보다 성도의 교통과 교제를 사모하고 좋아합니다. 이 메마르고 척박한 인생길을 걸어가는 동안 마음을 열어 주님을 사랑하고, 세상을 거슬러 가는 삶을 나눌 수 있는 성도의 교통이야말로 이 땅에서 누리는 최고의 복락 중에 하나입니다. 그래서 저는 교회를 사랑하고 성도의 교통을 좋아합니다.

돈이 우상이 된 이 세상, 음란과 탐욕과 방탕을 부추기는 이 세상, 온갖 방식으로 자기 합리화의 틀을 만드는 이 세상에 몸담고 살면서 우리 성도들이 물질에 마음을 빼앗기지 않고 오히려 재물과 자아를 깨면서 거룩하고 성결한 눈으로, 서로 사랑하고 섬기고, 헌신과 희생을 할 수 있는 이유가 무엇입니까? 사람들이 우리를 인정해 주기 때문이 아닙니다. 성령이 우리 속에 보증하시기 때문입니다. 에베소서 1장 13-14절을 보면, "약속의 성령으로 인치심을 받았으니 이는 우리 기업의 보증이 되사 그 얻으신 것을 속량하시고 그의 영광을 찬송하게 하려 하심이라"고 했습니다. 우리에게 주신 기업에 대한 보증으로 성령을 주셨습니다. 이 성령이 우리 속에 계시면서 보증하십니다.

여러분, 보증이 무엇입니까? 보증은 전부가 아닙니다. 일부입니다. 실물이 우리에게 완전하게 주어지기 전에 약속의 확실함을 위해 일부를 주어서 우리가 완전한 성취를 사모하고 그리워하게 합니다. 우리가 말씀을 통해 듣고 배우는 것이 별 내용 없는 것처럼 보입니까? 이 땅의 것들은 눈으로 보고 손으로 만지니 실물처럼 느껴지고, 믿음으로 사는 것은 실물이 아닌 것처럼 느껴질지 모릅니다. 그러나 우리에게 성령이 오셔서 보증하십니다. 눈에 보이거나 손에 잡히지는 않지만, 말씀이 얼마나 진실된 것인지 그 증거를 주십니다. 성령이 우리를 붙들어 땅의 재물을 잃는 것은 큰일이 아니라는 것을 보여 주십니다. 사람을 위해 재물을 쓰는 것이 얼마나 가치 있고 영화로운지 알게 하십니다.

사랑하는 여러분, 하늘의 보화를 쌓으며 이 땅에 사는 것이 참 인생의 본분이라는 것을 성령이 우리 속에서 보증하십니다. 그러므로 억지로 율법주의적으로, 금욕주의적으로 세상을 살 것이 아니라 성령이 보증하시는 그대로 하나님 나라와 언약을 붙들고 희락과 감격 가운데 살아야 합니다. 재물을 포기하기도 하고, 남들을 위하여 종이 되기도 하고, 주님의 자취를 따르면서 고난을 선택하기도 하고, 남들이 가는 길을 가지 않고, 사람들이 찾지 않는 길을 선택할 용기를 성령으로부터 공급받으며 사는 것입니다.

성도의 삶은 처음부터 끝까지 성령으로 시작해서 성령으로 마칩니다. 그런데 갈라디아 성도들은 믿음으로 값없이 은혜로 받은 이 귀한 구원과 성령을 선물로 받고도 어리석게도 육신의 길로 다시 돌아가려고 합니다. 자기를 신뢰하고, 공로를 세우고, 끊임없이 자격을 세워서 하나님 앞에 뭔가를 얻어 낼 수 있는 것처럼 생각하는 어리석은 길로 돌아가려고 합니다. 3절을 봅시다.

> 너희가 이같이 어리석으냐 성령으로 시작하였다가 이제는 육체로 마치겠느냐

성령이 동행하시고 도와주시지 않으면 성도의 삶은 불가능합니다. 성령의 은혜로 시작된 귀한 삶이 성령의 도움과 동행하심을 통해 더 풍성하게 열매를 맺어야 합니다. 그런데 성령을 의지하고 시작한 이 귀한 일이, 육체를 의지해서 하나님 앞에 유리한 고지를 점령할 수 있다고 생각하는 어리석은 자리에 머무름으로써 은혜를 헛되게 하는 길로 가려는 겁니다.

사랑하는 여러분, 성도의 신앙 생활은 처음도 믿음으로 시작하고, 마칠 때도 믿음으로 마칩니다. 주님이 이 땅에 다시 오실 때까지, 그리고 주님이 우리를 데려 가실 때까지 믿음으로 믿음에 이르게 되는 것이 성도의 삶입니다. 그런데 갈라디아 성도들은 믿음으로 시작해서 육체로 끝나는 어리석은 길로 가려고 합니다.

그런데 갈라디아 지역 성도들은 왜 육체의 길로 가려고 합니까? 처음에 그들은 생생한 복음을 감격적으로 받았습니다. 주님이 날 위해 돌아가셨고, 자격 없는 나를 완전하게 하셨고, 만복을 주신 것을 믿었습니다. 그런데 신앙을 갖고 나서 기대만큼 변화가 신속하게 오지 않았습니다. 우리가 원하는 만큼 변화가 빨리 오지 않았습니다. 하나님의 측량할 수 없는 오래 참으심으로 우리를 향한 기대가 생각보다 더디 이루어지는 것 같습니다. 이럴 때 사람들은 순간마다 자기를 보면서 낙심합니다. 은혜로 구원받은 우리, 은혜가 아니면 설 수 없는 죄인인 줄 아는 우리지만, 예수를 믿고 난 후 더 많이 보게 되는 것은 낙심입니다. '내가 아직도 이것밖에 되지 않는구나'라고 육신의 생각이 들어옵니다. 뭔가 믿음으로 충분하지 않고, 은혜로 충분하지 않다는 생각이 듭니다. 그리고 자신의 종교적 열심이 부족한 것 같은 마음이 슬그머니 일어납니다. 그런 고민을 하고 있을 때, 거짓 선생들이 와서 율법을 행하라고, 믿는 것만으로 충분하지 않고 율법을 더해서 온전해지라고 하니 넘어지는 것입니다.

주 안에서 사랑하는 여러분, 우리의 마음속에 끊임없이 남아 있는 죄악된 본성인 자기중심성과 자기를 특별하게 보려고 하는 경향이 우리를 긁어 댑니다. 특별하게 다른 사람들보다 나은 것이 있어야 할 텐데, 똑같이 값없이 은혜로 주님 한 분 외에는 자랑할 것이 없다고 하면 죄악된 우리 본성이 좋아하지 않습니다. 나에게 더 특별한 것이 있어야 하지 않을까라고 고민하고 있을 때 남들이 안 하는 할례와 율법의 준수를 더 하려고 하면서 넘어집니다.

오늘날 조국 교회 안에 똑같은 일들이 일어나고 있습니다. 60, 70년대 한국 교회가 발칵 뒤집히는 사건이 있었습니다. 성령 운동, 즉 은사주의 운동을 하는 그룹이 나타났습니다. 60, 70년대 한국 교회가 더디 바뀌는 것을 고민하던 틈을 타서, 예수 믿을 때 받은 성령을 한 번 더 받으면 달라진다고 해서 많은 교회에서 많은 성도들이 성령을 한 번 더 받기 위해 몸부림치고 금욕하고 발버둥쳤습니다.

사랑하는 여러분, 오늘날 조국 교회는 제대로 된 삶을 살지 않는 성도들 때문에 비난을 받습니다. 그래서 어떤 무리가 일어나서 믿음으로 충분하지 않고, 은혜로 충분하지 않고, 행위를 더 해야 한다고 말할 때 우리가 자꾸 넘어집니다. 그러나 우리가 스스로의 자격이나 복을 받을 조건을 갖출 힘이 있었다면 하나님은 십자가에 예수를 달아 죽이지 않았을 것입니다.

구원받은 우리가 진짜 선을 행할 수 있는 유일한 존재입니다. 행위로 구원에 이르는 것이 아니라, 선을 행할 수 있는 자가 되도록 구원해 놓은 것입니다. 행위를 더해서 복을 받고 하나님의 마음을 만족시킬 자는 아무도 없습니다. 예수의 완전한 공로와 그분의 십자가 달리심만이 나를 온전히 하나님과의 바른 관계 안에 이르게 합니다. 그 믿음을 따라 사는 자들만이 믿음이 만들어 내는 참된 행함으로 이 땅을 섬기고 하나님을 섬기며 살게 되는 것입니다.

  수많은 사람이 어리석은 공로를 쌓는 길로 달려갑니다. 내려놓읍시다. 그렇게 예수를 믿기 때문에 남들에게 혹독한 것입니다. 은혜가 아니면 절대로 구원에 이를 수 없고 다른 사람을 마음을 다해 사랑하고 품는 것이 무엇인지 배우십시다. 더딘 것 같지만 완전한 구원으로 우리를 데리고 가시는 하나님을 신뢰하고, 어리석은 길로 가지 않고 끝까지 믿음의 경주를 하여 신앙의 복된 열매를 맺기를 바랍니다.

갈라디아서 3장 6-14절

아브라함이 하나님을 믿으매 그것을 그에게 의로 정하셨다 함과 같으니라 그런즉 믿음으로 말미암은 자들은 아브라함의 자손인 줄 알지어다 또 하나님이 이방을 믿음으로 말미암아 의로 정하실 것을 성경이 미리 알고 먼저 아브라함에게 복음을 전하되 모든 이방인이 너로 말미암아 복을 받으리라 하였으니라 그러므로 믿음으로 말미암은 자는 믿음이 있는 아브라함과 함께 복을 받느니라 무릇 율법 행위에 속한 자들은 저주 아래에 있나니 기록된 바 누구든지 율법 책에 기록된 대로 모든 일을 항상 행하지 아니하는 자는 저주 아래에 있는 자라 하였음이라 또 하나님 앞에서 아무도 율법으로 말미암아 의롭게 되지 못할 것이 분명하니 이는 의인은 믿음으로 살리라 하였음이라 율법은 믿음에서 난 것이 아니니 율법을 행하는 자는 그 가운데서 살리라 하였느니라 그리스도께서 우리를 위하여 저주를 받은 바 되사 율법의 저주에서 우리를 속량하셨으니 기록된 바 나무에 달린 자마다 저주 아래에 있는 자라 하였음이라 이는 그리스도 예수 안에서 아브라함의 복이 이방인에게 미치게 하고 또 우리로 하여금 믿음으로 말미암아 성령의 약속을 받게 하려 함이라

10장
우리를 위해 저주 받으신 예수

복음과 교회가 세상에 전하는 메시지의 핵심은 갈라디아서 2장 16절이라고 볼 수 있습니다.

> 사람이 의롭게 되는 것은 율법의 행위로 말미암음이 아니요 오직 예수 그리스도를 믿음으로 말미암는 줄 알므로 우리도 그리스도 예수를 믿나니 이는 우리가 율법의 행위로써가 아니고 그리스도를 믿음으로써 의롭다 함을 얻으려 함이라 율법의 행위로써는 의롭다 함을 얻을 육체가 없느니라

사람은 하나님과 바른 관계를 가져야 비로소 제대로 된 삶을 살 수 있습니다. 그런데 하나님과 바른 관계는 율법의 행위로는 맺기 어렵습니다. 그분과의 바른 관계는 자격이나 조건, 혈통이나 신분, 지위 같은 것으로 맺을 수 없습니다. 성경은 사람이 공로를 쌓고 선을 많이 행해서 의롭다 함을 받는 것이 아니라고 아주 단호하고 분명하게 말합니다. 오직 예수

그리스도 안에 있는 하나님의 은혜를 믿음으로만 하나님과 바른 관계를 맺을 수 있습니다. 이것이 교회가 세상에 선포하는 메시지의 핵심입니다. 16절 하반부를 보면, "율법의 행위로써는 의롭다 함을 얻을 육체가 없느니라"고 했기 때문입니다. 아무도 하나님을 설득시킬 만한 공로나 선행으로 자격과 조건을 구비해서 그분 앞에 설 수 없습니다. 사람의 실존 자체가 어머니의 모태에서부터 하나님을 만족시키는 것이 불가능하도록 죄를 가지고 태어났습니다. 그래서 절대로 사람들은 자기 스스로, 율법의 행위로 하나님과 바른 관계를 맺는 것이 불가능합니다. 그렇기 때문에 하나님은 믿음으로, 은혜로 바른 생명의 길을 우리에게 열어 주셨습니다.

이 진리가 얼마나 중요한지, 사도 바울은 이 진리를 다양한 형태로 지지하고 있습니다. 사람의 실존 자체가 하나님 앞에 스스로 의롭다 할 수 없기 때문에 믿음으로, 은혜로만 의롭다 함을 받는다고 주장했습니다. 그리고 2장 21절에 또 이렇게 말합니다.

> 내가 하나님의 은혜를 폐하지 아니하노니 만일 의롭게 되는 것이 율법으로 말미암으면 그리스도께서 헛되이 죽으셨느니라

예수께서 우리를 위해 십자가를 지셨다는 것이 이렇게 밝히 드러났는데, 만약 사람들이 스스로의 힘으로 하나님과 바른 관계를 맺을 수 있는 자격을 갖출 수 있거나 공로를 구비할 수 있다면, 예수는 헛되게 죽은 것입니다. 예수께서 십자가에 달려 돌아가신 이유가 선명한 것은 사람이 스스로의 힘으로 설 수 없고 은혜와 예수의 공로를 의지함으로만 하나님과

바른 관계에 들어갈 수 있다는 것을 역설적으로 보여 주는 것입니다.

아브라함을 통한 논증

지난 장에서 살펴본 것처럼, 우리는 예수를 믿을 때 성령을 받습니다. 그런데 성령을 선물로 받은 것은 우리가 성령을 받을 자격이나 조건을 구비했기 때문이 아닙니다. 은혜로 성령을 우리에게 값없이 선물로 주신 것입니다. 신·구약 전체를 관통해서 일관적으로 한결같이 강조하는 진리는 사람의 행위가 아니라 믿음으로만 하나님과 바른 관계를 맺을 수 있다는 사실입니다. 이 귀한 진리를 본문 6-14절은 구약 성경을 인용하여 지지하고 있습니다. 6절을 봅시다.

> 아브라함이 하나님을 믿으매 그것을 그에게 의로 정하셨다 함과 같으니라

창세기 15장을 보면, 하나님이 아브람에게 "하늘을 우러러 뭇별을 셀 수 있나 보라 …… 네 자손이 이와 같으리라 …… 이 땅을 네게 주어 소유를 삼게 하려고 ……"라고 말씀하셨습니다. 이때는 아브람에게 아직 자녀가 없었습니다. 게다가 그의 나이도 적지 않았습니다. 그런 아브람에게 하나님이 말씀하셨을 때 아브람은 그 말씀을 믿었습니다. 하나님의 약속대로 될 줄 믿었습니다. 아브람이 믿었을 때 하나님이 그를 보시며 의롭다고 하셨습니다. 이 사건이 창세기 15장입니다. 창세기 17장을 보면, 아브람의 나이 99세에 하나님이 할례를 행하도록 하셨습니다. 15장에서는 아

브람의 나이가 정확하게 몇 살인지 우리가 알기 힘듭니다. 그러나 적어도 99살이 되기 10, 20년 전이었을 것이라고 추론할 수 있습니다. 그때 아브람이 의롭다 여김을 받았고, 할례는 20년 뒤에 했습니다. 그리고 율법은 창세기 15장 사건이 있은 후로부터 무려 약 400년 이상 더 있다가 우리에게 주어졌습니다. 그러나 지금 이 갈라디아에 나타난 거짓 선생들은 예수를 믿고, 할례를 받고, 율법을 지켜야 하나님과 바른 관계에 들어가는 것처럼 가르치고 있습니다. 아브람은 하나님 앞에 할례를 행하기도 전에, 율법을 지키기도 전에, 하나님의 언약을 믿었을 때 의롭다 여김을 받았습니다.

성경 자체가 우리에게 가르치는 진리가 무엇인가요? 구약 성경도 율법이나 할례를 행하여 자격, 조건, 행위가 있어야 하나님과 바른 관계를 맺을 수 있는 것이 아니라 언약을 믿을 때, 하나님의 약속의 말씀을 의지하고 믿을 때 의롭다 함을 받는다고 가르치고 있습니다. 그래서 본문 7절을 보면, "그런즉 믿음으로 말미암은 자들은 아브라함의 자손인 줄 알지어다"라고 했습니다. 혈통적으로 유대인인지, 할례를 받아서 유대교에 들어갔는지가 아브라함의 자손인가 아닌가, 언약의 자손인가 아닌가를 결정짓는 것이 아니라 아브라함처럼 하나님을 믿고 의지하는지가 아브라함의 자손인지를 결정하는 핵심이라는 것입니다.

혈통이 유대 혈통이어야 한다는 것은 성경이 가르치지 않는 내용입니다. 할례를 받고 율법을 행해야 한다고 가르치지도 않습니다. 성경이 가르치는 내용은 이방인이든 유대인이든 누구든지 아브라함처럼 믿을 때 언약의 백성이 된다는 것입니다.

제 성(姓)은 특이하게도 '화'입니다. 그래서 저를 처음 만나는 사람들이, 본이 어디인지 자꾸 물어봅니다. 김 씨, 이 씨, 박 씨처럼 가문이 출중하면 좋은데 저는 아무것도 없습니다. 그래서 저는 농담 반 진담 반으로, "아브라함 화 씨입니다"라고 대답합니다. 모든 진실한 성도는 누구든지, 이방인이든 유대인이든 상관없이 아브라함의 자손입니다. 믿음으로 말미암은 아브라함의 자손입니다.

언약 백성이 되는 유일한 길은 율법을 지키거나 할례를 받는 것이 아니라 오직 믿음으로 누구든지 하나님의 언약의 자손이 되는 것입니다. 민족이나 피부 색깔이 중요한 것이 아닙니다. 갈라디아서 3장 8절을 보면, 우리를 더욱 한걸음 다가가게 합니다.

> 또 하나님이 이방을 믿음으로 말미암아 의로 정하실 것을 성경이 미리 알고 먼저 아브라함에게 복음을 전하되 모든 이방인이 너로 말미암아 복을 받으리라 하였느니라

아브라함 한 사람을 의롭다 하셨을 뿐만 아니라 모든 이방과 열방을 아브라함처럼 믿음으로 의롭다고 하시는 것, 이것이 하나님의 본래 목적이었습니다. 하나님은 아브라함을 부르시고 아브라함이 하나님을 믿을 때 의롭다 여기셨습니다. 그러면서 하나님은 아브라함과 그의 육신적인 자손인 유대인에게만 목적을 가진 것이 아니라 창세기 12장부터 이방인들도 똑같은 방식으로 의롭다 함을 받도록 목적하고 아브라함을 부르셨습니다. 그래서 모든 이방인과 유대인 누구든지 아브라함처럼 바르게 믿기만

하면 아브라함이 받았던 복을 함께 받는 은혜를 누릴 수 있습니다.

조국 교회 성도들은 예수를 믿어 죄가 용서되고 천국 가는 것을 다 믿습니다. 그런데 이상하게도 이 땅을 살면서 받는 복은 믿음으로, 은혜로 된다고 생각지 않는 것 같습니다. 천국 가는 것이나 죄 용서받는 것은 믿음으로, 은혜로 되지만 이 땅에서 복 받는 것은 예쁜 짓을 해야 하나님이 주시는 것처럼 생각합니다. 그러나 이번 장의 본문은 믿음으로, 은혜로 값없이 구원받고 하나님과 바른 관계를 맺어야 모든 복을 받는다고 합니다. 행위나 자격을 갖추고 하나님 앞에 복을 타 낼 수 있는 사람은 아무도 없습니다.

혹자는 오해하기를 예수만 믿으면 어떻게 살아도 된다고 생각합니다. 그런 뜻이 절대로 아닙니다. 이방 종교의 샤머니즘처럼 하나님께 예쁜 짓을 해서 복을 타 내려는 행위는 참되고 진실한 성도들에게는 있을 수 없습니다. 우리는 이미 예수 그리스도 안에서 완전하게 하나님의 마음에 합한 자로 여김받고, 모든 복을 받았습니다. 그런데 요즘 성도들은 이방 종교의 샤머니즘처럼 하나님 마음에 드는 일을 하고, 아첨을 해서 복을 받으려는 어리석은 생각을 갖고 있습니다.

참되고 진실한 성도는 하나님이 우리에게 해코지할까봐 두려워서, 내 자식이 좋은 대학을 들어가지 못할 것을 염려해서 헌금을 드리고 기도하는 그런 어리석은 사람들이 아닙니다. 그건 세상의 무지한 자들이 하는 행동입니다. 우리는 그리스도 안에 나타난 하나님의 은혜와 사랑을 아는 자들입니다. 그렇기 때문에 보잘것없는 우리지만 하나님을 사랑하는 마음으로 거룩하게 자기를 지키고 남들이 가지 않는 길을 가고 내 이웃을 내 몸처럼 사랑하고 종이 되어 섬기는 자들입니다.

주 안에서 사랑하는 여러분, 저는 나쁜 사람입니다. 저와 함께 시간을 보내면 보낼수록 나쁜 사람인 것을 알게 될 것입니다. 제 성격의 모난 부분을 많이 볼 것입니다. 그렇다고 제가 공개적으로 지탄받을 만한 도덕적 허물이 있는 것은 아닙니다. 그저 주님의 은혜를 알고 그분 앞에 서 보니 자격, 조건, 공로를 붙들고 그분 앞에 설 수 없다는 것을 알게 된 것입니다. 하나님께 받은 은혜와 사랑을 헤아려 볼수록 죄송하고 부끄럽기 짝이 없습니다. 그래서 이렇게 나쁜 사람이라고 자처하는 것입니다.

사랑하는 여러분, 구주가 세상에 오셔서 믿음으로, 은혜로 의롭다 하는 생명의 길을 열어 놓으셨습니다. 누구든지 그 진리를 믿는 자는 아브라함과 함께 복을 받습니다. 이것이 성경의 한결같은 증언입니다. 이런 복된 시절에도 여전히 어리석은 사람이 있습니다. 본문 10절을 보겠습니다.

> 무릇 율법 행위에 속한 자들은 저주 아래에 있나니 기록된 바 누구든지 율법 책에 기록된 대로 모든 일을 항상 행하지 아니하는 자는 저주 아래에 있는 자라 하였음이라

이 귀한 은혜의 시대에 여전히 율법 행위 아래 있는 자들이 있습니다. 하나님 앞에 스스로 자격과 조건을 구비해서 선한 행위를 가지고 공로를 쌓아 하나님 앞에 남다른 존재가 될 수 있다고 생각하는 자들이 있습니다. 그러면서 하나님을 만족시킬 수 있다고 착각하는 자들입니다. 이들은 여전히 율법 아래 머물러 있는 자들입니다. 성경은 이들이 저주 아래

있다고 말합니다. 율법의 요구를 행함으로 자격을 갖추고, 행실을 바르게 하여 하나님을 만족시킬 수 있다는 인간의 도모는 실제적으로 사람들을 저주와 심판과 형벌 아래 있게 합니다. 어떤 종교는 사람의 일평생 행한 선과 악의 무게에 따라 천국과 지옥으로 갈 운명이 갈린다고 말합니다. 대부분 사람들이 막연히 그런 생각을 하고 삽니다. 만약 그렇다면 어느 누구도 지옥의 저주와 형벌을 피할 수 없습니다. 그것이 성경의 선언입니다. 10절 하반절에, "누구든지 율법 책에 기록된 대로 모든 일을 항상 행하지 아니하는 자는 저주 아래에 있는 자라"고 했기 때문입니다. 율법은 우리가 자격을 갖추고 행위와 공로를 쌓아서 하나님과 바른 관계를 맺으라고, 우리에게 완전하라고 요구합니다. 율법은 끝없이 하나님의 완전과 거룩이 어떤 것인지를 우리에게 보여 주고 있습니다. 모든 시간, 장소에서 율법을 다 완전히 지켜야만 하나님 앞에 바른 자라고 선언합니다. 그러나 생명의 율법 앞에 서면 자격 없는 자가 은혜로 값없이 얻었다는 사실을 더 많이 알게 됩니다. 사랑하는 여러분, 어머니의 모태에서부터 죄를 가지고 태어난 인생들은 율법을 항상 어디서나 지키는 것이 불가능합니다. 어쩌다가 한두 가지는 지킬 수 있습니다. 하나님의 은혜와 특별한 도우심을 경험할 때, 말씀을 지키고 율법을 행할 수 있습니다. 그러나 언제나 그렇지는 않습니다. 그래서 율법 아래 있는 자들은 끝없이 정죄 아래, 심판과 저주 아래 머물게 됩니다. 11절을 봅시다.

> 또 하나님 앞에서 아무도 율법으로 말미암아 의롭게 되지 못할 것이 분명하니 이는 의인은 믿음으로 살리라 하였음이라

이런 저주와 심판과 사망이 지배하는 세상 속에서는 하나님 앞에 어느 누구도 율법을 지켜 의롭게 되지 못할 것이 분명합니다. 왜냐하면 "의인은 그의 믿음으로 말미암아 살리라"(합 2:4)고 이미 성경이 말했기 때문입니다. 율법 아래서 정죄와 심판과 저주와 사망 아래 있는 인생들 속에 하나님이 말씀하셨습니다. "의인은 그의 믿음으로 말미암아 삶을 얻고, 삶을 살고, 저주나 심판이 아니라 사는 것처럼 살게 될 것이다"라고 구약 성경, 하박국서에서 이미 선포했습니다. 사람이 삶을 얻고 제대로 사는 것은 믿음이 아니면 불가능합니다. 누구든지 율법이나 행위 아래 머물러 있으면, 저주와 심판을 피할 길이 없습니다.

사랑하는 여러분, 그렇다면 죽어 가는 사람들이 어떻게 믿음으로 삶을 얻고 생명으로 들어갈까요? 13절입니다.

> 그리스도께서 우리를 위하여 저주를 받은 바 되사 율법의 저주에서 우리를 속량하셨으니 기록된 바 나무에 달린 자마다 저주 아래에 있는 자라 하였음이라

초대 교회 성도들이 복음을 전할 때, 그 복음을 듣는 유대인들을 가장 괴롭혔던 주제가 이것입니다. "나무에 달린 자는 하나님께 저주를 받았음이니라"(신 21:23)고 구약 성경에 기록되어 있습니다. 그런데 초대 교회 성도들이 복음을 전할 때, 십자가에 달려 돌아가신 예수가 모든 사람의 구세주라고 하며 하나밖에 없는 생명의 길이라고 했습니다. 이 선포를 들은

유대인들은 그 '십자가'에 다 걸려 넘어졌습니다. "십자가 나무에 달려 죽은 것은 하나님의 저주와 심판을 받았다는 상징인데, 어떻게 나무에 달려 죽은 예수가 온 세상의 구주가 될 수 있는가?" 바울도 이 부분에서 걸려 넘어졌습니다. 그런데 어떻게 바울이 이 복을 전하게 되었을까요?

사도 바울은 다메섹 도상에서 예수를 만나면서 깨달았습니다. 예수가 십자가에 달려 저주를 받았지만 예수 자신의 죄와 허물 때문이 아니고 우리의 죄와 허물 때문에 저주를 대신 받고 십자가에 달려 돌아가신 것을 깨달았습니다.

예수께서 우리를 대신하여 저주를 받으심으로 우리를 속량하셨습니다. '속량'이라는 단어는 복음을 전하는 핵심적인 단어 중에 하나입니다. '속량'이라는 말은 '값을 지불하고 자유하게 하다'는 뜻입니다. 노예나 종에게 몸값을 완전히 지불하여 더 이상 종으로 잡아 둘 수 없고 자유롭게 놓아 주는 것이 속량이라는 단어입니다.

예수께서 우리를 대신해서 저주 받으심으로, 율법 아래 있으면서 스스로 하나님과 바른 관계를 맺으려고 했던 수많은 저주를 다 예수가 대신 받으심으로 값을 지불하시고 우리를 자유케 하신 것입니다. 다시는 행위를 의지하여 정죄 아래로 떨어지는 법이 없도록 생명의 길을 열어 놓으신 것입니다.

주 안에서 사랑하는 여러분, 아직도 이 시대는 여전히 율법 아래에 머물러 있는 자들이 많습니다. 주님의 이 귀한 고난을 묵상하고 함께 참여하면서 우리 속에 자격과 공로는 없지만, 예수께서 우리를 위하여 대신 저주 받음으로 생명의 길을 열어 주신 귀한 복음의 영광과 감격을 우리 가슴에 회복하는 은혜가 있기를 바랍니다.

갈라디아서 3장 15-22절

형제들아 내가 사람의 예대로 말하노니 사람의 언약이라도 정한 후에는 아무도 폐하거나 더하거나 하지 못하느니라 이 약속들은 아브라함과 그 자손에게 말씀하신 것인데 여럿을 가리켜 그 자손들이라 하지 아니하시고 오직 한 사람을 가리켜 네 자손이라 하셨으니 곧 그리스도라 내가 이것을 말하노니 하나님께서 미리 정하신 언약을 사백삼십 년 후에 생긴 율법이 폐기하지 못하고 그 약속을 헛되게 하지 못하리라 만일 그 유업이 율법에서 난 것이면 약속에서 난 것이 아니리라 그러나 하나님이 약속으로 말미암아 아브라함에게 주신 것이라 그런즉 율법은 무엇이냐 범법하므로 더하여진 것이라 천사들을 통하여 한 중보자의 손으로 베푸신 것인데 약속하신 자손이 오시기까지 있을 것이라 그 중보자는 한 편만 위한 자가 아니나 하나님은 한 분이시니라 그러면 율법이 하나님의 약속들과 반대되는 것이냐 결코 그럴 수 없느니라 만일 능히 살게 하는 율법을 주셨더라면 의가 반드시 율법으로 말미암았으리라 그러나 성경이 모든 것을 죄 아래에 가두었으니 이는 예수 그리스도를 믿음으로 말미암는 약속을 믿는 자들에게 주려 함이라

11장
율법과 약속

주님의 생애를 기록하고 있는 복음서는 하나가 아니고 네 개입니다. 마태, 마가, 누가, 요한, 이렇게 네 개의 복음서가 있습니다. 왜 복음서가 하나가 아니고 네 개여야 할까요? 주님의 사역과 삶 자체가 다양한 앵글로 조명되어야 할 만큼 풍성한 메시지를 담고 있기 때문일 것입니다. 복음도 마찬가지입니다. 복음 역시 가지고 있는 부요함과 풍성함을 단어 하나로 충분히 담아내지 못합니다. 그렇기 때문에 갈라디아서는 복음을 다양한 앵글로 우리에게 가르치고 있습니다.

갈라디아서 1장에서는 복음이 무엇이었습니까? "은혜와 평강"이었습니다. 자격이 없는 자들에게 거저 주시는 귀한 선물, 은혜입니다. 2장에서는 "하나님의 은혜를 믿음으로 의롭다 하심을 받는다"고 표현했습니다. 하나님과 바른 관계를 맺는 유일한 길은 믿음으로만 가능하다고 했습니다. 은혜를 의지하는 믿음이 아니면 하나님과 바른 관계를 맺을 수 없습니다.

이렇게 사도 바울은 복음을 다르게 표현했습니다.

이번 장에서도 복음을 또 다른 형태로 표현하고 있습니다. "약속과 유업"이라는 형태입니다. 하나님께서는 당신과 바른 관계를 맺도록 우리에게 귀한 선물, 구원을 주실 때 오랫동안 약속의 형태로 주셨습니다. 실제로 우리는 구원을 받아서 경험하고 누리지만 아브라함으로 시작해서 구약에 있는 믿음의 사람들에게 이 귀한 선물은 약속의 형태로 주어졌습니다. 유업을 보장하는 약속이 믿음의 선배들에게 주어질 때, 하나님께서 일방적이고 주권적으로 주셨습니다. 율법을 행해서 하나님께 잘 반응했기 때문에 받은 것이 아닙니다. 약속을 값없이 그냥 주신 것입니다. 이것이 본문의 전체 흐름입니다.

우리는 갈라디아서를 가지고 다양한 앵글로 복음을 보고 있습니다. 그런데 왜 우리가 복음을 거듭 생각하고 묵상해야 할까요? 복음은 우리의 본성을 상당히 거스르기 때문입니다. 간혹 어떤 분들은 복음을 감격적으로 믿기도 합니다. 하지만 대부분 사람들은 그렇지 않습니다. 우리는 어머니의 모태에서 태어날 때부터 자기중심적인 존재로 태어났습니다. 우리는 모든 사고 구조가 자기중심적입니다. 공로, 자격, 조건을 소중하게 생각하는 사람들입니다. 이런 것들은 내가 남보다 낫고 훌륭하다고 생각하게 만들어 줍니다. 우리는 차별을 정당화하면 제일 좋아합니다. 자기 스스로 높이는 것은 힘드니까 어떤 종교의 틀을 가지고 차별화하고 정당화할 때, 사람들은 그런 종교를 좋아합니다. 그러나 복음은 끊임없이 우리 모두가 죄인이고 믿음이 아니면 구원받을 수 없다고 가르칩니다. 사람들은 하나님 앞에 은혜로 값없이 구원받는 진리를 환영하는 듯이 보이지만, 사실은 사람들 속에서 차별을 정당화하지 않는 것을 불편해합니다. 그래서 우리는 끊임없이 어떤 율법을 지키고, 수고스럽게 고행을 하고, 금욕적 삶을 살면서 종교적 열심이나 인간적 기여를 하여 거짓된 안정감을 누리고 싶어합니다. 우리 속에 있는 부패한 종교성이 주는 거짓된 안정감과 종교적인 만족을 누리는 것이 우리 본성 속에 깔려 있기 때문에 참된 복음은 우리를 불편하게 합니다. 그래서 사람들이 어지간히 신앙 생활을 하는데도 아름답지 않습니다. 우리의 자기중심성, 공로주의, 끊임없는 거짓된 종교적 안정감을 가지고 신앙 생활을 하기 때문에 참된 열매를 맺지 못합니다. 신앙의 연조가 오래 됐어도 마찬가지입니다. 그런 면에서 복음을 바르게 아는 것이 중요합니다.

약속의 우선성

앞서 우리는 사람이 믿음으로만 하나님 앞에 의롭게 되는 복음을 성경에 근거해서 살펴보았습니다. 이번 장은 성경의 교훈뿐 아니라 보편적으로 알고 있는 사람들의 일반적인 관례를 가지고 진리를 강조하고 있습니다. 본문 15절을 보겠습니다.

> 형제들아 내가 사람의 예대로 말하노니 사람의 언약이라도 정한 후에는 아무도 폐하거나 더하거나 하지 못하느니라

일반 상식에서 말하고 있습니다. 사회가 보편적으로 통례처럼 여기고

있는 예를 하나 들고 있습니다. "사람의 언약이라도"라고 했습니다. 여기서 "언약"은 "유언"이라고 번역할 수 있습니다. 내용적으로는 공증된 약속이라고도 할 수 있습니다. 중요한 약속은 공증을 받습니다. 다시 표현하면, "사람의 유언이나 공증된 약속이라도 정한 후에는 아무도 폐하거나 더하지 못하느니라"고 한 것입니다.

사랑하는 여러분, 작성된 유언은 유언장을 쓴 본인 외에는 수정이 불가능합니다. 유언장과 똑같이 하나님께서 우리에게 주신 약속은 하나님 외에는 어느 누구도 고칠 수가 없습니다. 그리고 하나님은 고칠 이유가 없습니다. 왜냐하면 하나님은 실수하지 않으시기 때문입니다. 그분께서 약속을 주시면, 그 약속은 참된 것입니다. 사람의 유언도 아무나 고칠 수 없는데 하물며 하나님의 약속을 고칠 수 있겠습니까? 17절을 보겠습니다.

> 내가 이것을 말하노니 하나님께서 미리 정하신 언약을 사백삼십 년 후에 생긴 율법이 폐기하지 못하고 그 약속을 헛되게 하지 못하리라

하나님께서 주신 약속을 430년 후에 생긴 율법이 손을 댈 수 있겠냐는 것입니다. 하나님이 어떤 약속을 주셨습니까? 아브라함이 하나님을 믿은 것을 의롭다고 하셨습니다. 믿음으로 의롭다 함을 받는 귀한 약속을 주셨습니다. 이것을 430년 후에 생긴 율법이 폐하거나 뭔가를 더하거나 할 수 있겠느냐는 것입니다. 불가능합니다. 율법보다도 하나님의 약속이 더 우선입니다. 하나님의 약속이 훨씬 우선하고 월등하기에 그럴 수 없습니다. 16절을 봅시다.

이 약속들은 아브라함과 그 자손에게 말씀하신 것인데 여럿을 가리켜 그 자손들이라 하지 아니하시고 오직 한 사람을 가리켜 네 자손이라 하셨으니 곧 그리스도라

이 약속을 아브라함에게 주셨습니다. 창세기 12, 15장에서 아브람에게 약속을 주셨습니다. 그런데 하나님이 그 약속을 주실 때 아브람에게만 주신 것이 아니라 "네 자손"에게 주신다고 하셨습니다. "네 자손들"이라고 하지 않고 "네 자손"이라고, 한 인물을 가리켰습니다. 오실 예수를 가리킨 것입니다. 믿음으로 의롭다 하심을 받는 귀한 은혜의 약속을 아브람에게 주시고, 그리스도에게 주시고, 그리스도 안에서 우리 모두에게 주신 것입니다. 이렇게 주신 약속은 430년 후에 생긴 율법에 의해 훼손되거나 수정될 수 있는 것이 아닙니다. 하나님은 아브람에게 약속을 주시면서 이미 그리스도를 바라보셨고, 그리스도 안에서 우리까지 바라보신 영원한 약속이므로 하나님의 약속은 절대로 폐하거나 더해질 수 없습니다. 하나님의 약속이 훨씬 우월하고 진실하고 참된 것입니다.

약속과 함께 주어지는 유업

주 안에서 사랑하는 여러분, 이 약속을 주시면서 하나님이 약속과 함께 또 다른 하나를 주셨습니다. 이 부분이 18절에 나옵니다.

만일 그 유업이 율법에서 난 것이면 약속에서 난 것이 아니리라 그러나

하나님이 약속으로 말미암아 아브라함에게 주신 것이라

"유업"이란 말이 나옵니다. 이 말은 "유산, 상속, 상금"으로 번역할 수 있습니다. "유업(상속) 받는 것이 율법에서 난 것이면 약속에서 난 것이 아니리라." 그러나 하나님은 약속으로 말미암아 아브람에게 유업을 주셨습니다. 하나님께서 아브람에게 약속을 주시는 창세기 15장을 보면, "그를 이끌고 밖으로 나가 이르시되 하늘을 우러러 뭇별을 셀 수 있나 보라 또 그에게 이르시되 네 자손이 이와 같으리라 아브람이 여호와를 믿으니 여호와께서 이를 그의 의로 여기시고"(창 15:5-6)라고 하신 후, 다시 하나님이 약속을 하나 더 주십니다. "또 그에게 이르시되 나는 이 땅을 네게 주어 소유를 삼게 하려고 너를 갈대아인의 우르에서 이끌어 낸 여호와니라"(창 15:7)고 했습니다. 하나님이 아브람에게 가나안 땅을 유업으로 약속해 주셨습니다. 그때 아브람이, "주 여호와여 내가 이 땅을 소유로 받을 것을 무엇으로 알리이까"(창 15:8)라고 질문했습니다. 그러자 "여호와께서 그에게 이르시되 나를 위하여 삼 년 된 암소와 삼 년 된 암염소와 삼 년 된 숫양과 산비둘기와 집비둘기 새끼를 가져올지니라"(창 15:9)라고 말씀하셨습니다. 이 말씀을 듣고, 아브람은 그 모든 것을 가져다가 그 중간을 쪼개고 그 쪼갠 것을 마주 대하여 놓습니다. 이것은 아브람 당시의 풍습으로, 왕과 신하가 충성을 맹세하고 계약을 맺는 방식입니다. 혹은 한 나라와 한 나라가 서로 끝까지 신뢰를 가지고 서로를 충성스럽게 지지해 주기를 결심하는 조약을 맺을 때의 형식입니다. 만약 약속을 어기면 중간을 두 쪽으로 가른 짐승처럼 죽어도 합당하다는 것을 표현한 것입니다. 이 예식이 바로 짐승을 쪼개 놓고 약속을 맺는 양식입니다.

창세기 15장 17절에 보면, 쪼갠 고기 사이로 횃불이 지나가는 장면이 나옵니다. 이것은 하나님의 임재를 상징합니다. 아브람이 하나님께 그 유업을 얻을지 어떻게 알 수 있느냐고 묻자 하나님이 주신 증거입니다. 하나님 자신이 당신의 생명을 걸고 이 약속을 꼭 지킬 것이라는 의지를 보여주신 것입니다.

하나님은 구원받은 백성, 의롭다 함을 받은 백성에게 유업도 주십니다. 약속 안에 유업도 포함되어 있습니다. 첫째 유업은 가나안 땅입니다. 우리에게는 천국, 즉 하나님 나라를 말하는 것입니다. 그러나 또 있습니다. 우리는 죄가 용서되어 의롭다 여김을 받고, 하나님 나라를 유업으로 얻으면 끝이 아닙니다. 유업으로 가나안 땅을 약속해 주실 때, 가나안 땅에는 무엇이 포함되어 있습니까? 가나안 땅이 상징하는 풍요와 부요가 있습니다. 가나안 정탐꾼들이 큰 포도송이와 무화과 열매를 가지고 온 것을 기억하시죠? 가나안의 풍요와 부요가 약속 안에 들어 있습니다. 우리는 예수를 믿어서 종교적 영역에서 위로를 받고, 이 땅에서 살다가 죽으면 천국 가는 그런 진리를 전하는 자들이 아닙니다. 우리는 귀한 진리를 믿을 뿐 아니라 이 땅에서 천국의 부요와 풍요를 함께 누리고 경험하는 자들입니다. 유업의 상급이 우리에게 있습니다.

지난 30년 동안 조국 교회는 유업의 부요와 풍요를 대부분 물질로 바꿔 놓았습니다. 예수를 믿어 복을 받는데, 대부분 돈을 많이 버는 것이 부요와 풍요라고 생각했습니다. 또 어떤 교단은 물질을 무시하되 지도자가 되는 명예와 신분을 많이 가르쳤습니다. 좋은 지도자가 되어서 사회를 이끌어 가는 복을 부요와 풍요라고 생각하고 가르친 것입니다. 병이 들면 나아야 되고, 자녀도 좋은 대학에 들어가고, 그 자녀가 좋은 직장을 얻어 시집 장가 잘 가는 것이 부요와 풍요라고 생각했습니다. 물론 그런 부분도 일면 있습니다. 이것이 완전히 틀렸다고 말할 수는 없습니다. 우리가 주님을 믿고 기도할 때, 우리의 질병이 낫기도 합니다. 우리에게 많은 재물도 주십니다. 틀림없이 그런 요소가 있습니다. 그러나 그것은 아주 작은 부분에 불과합니다. 주님이 우리에게 주시는 풍요는 가난 속에서도 부요를 능가하는 풍요입니다. 사랑하는 사람이 질병에 걸려 낫기를 기도하는데 병이 낫지 않아도 누리는 부요와 풍요가 그 안에 있습니다. 자녀들을 키우면서 바라던 대로 되지 않아도 얻을 수 있는 부요와 풍요가 있습니다.

우리 사회는 KS마크를 좋아하는데, 아무리 KKSS마크를 달아서 귀티가 좔좔 흐르고, 딱 봐도 공부 많이 하고 탁월해 보이는 사람이어도 오히려 쌀쌀맞고 차갑고 별로 보탬이 안 되는 경우가 많습니다. 하나님 앞에서 섬겨야 할 사람을 섬기고, 질고가 무엇인지 알아서 눈물을 흘릴 줄 알고, 고통이 뭔지 아는 사람이 마음을 같이 할 수 있습니다. 그러나 세상이 길러 내는 사람들을 한번 보십시오. 지난 30년 동안 성도들도 세상 사람들과 똑같이 외형적인 모습을 부요와 풍요라고 생각했습니다. 아무리 설교를 해도 그 신화를 깨뜨리려고 하지 않습니다.

우리가 살아가는 이 땅에서 예수를 믿고 의롭다 함을 받는다는 것은 그저 종교적으로 의롭다 함을 받고 끝나는 것이 아닙니다. 우리는 이 땅에서 참된 부요가 무엇인지 경험합니다. 우리의 작은 재능과 능력에도 불구하고 세상을 다 가진 사람과 비할 수 없는 풍요가 있습니다. 세상이 만들어 내는 학벌, 돈, 계급의 신화가 아니라 감옥 안에 있어도, 몸에 병이 들어도, 삶의 질고와 수고가 너무 무거워도 그 자리에서 하나님께서 나의 목자 되심을 신뢰할 때 경험하는 부요와 풍요가 있다고 성경은 거듭 말하고 있습니다. 그 눈이 열려야 우리가 세상을 바르게 섬길 수 있습니다.

조국 땅은 자식 기르는 일에 너무 많은 에너지를 쏟습니다. 연령과 상관없이 모두가 자녀 양육에 매여 있습니다. 자녀가 다 성장해서 자기 앞가림을 할 수 있는데도 매여 있기는 마찬가지입니다. 계속 자녀에게 매여 있다가 주님 곁으로 갑니다.

사랑하는 여러분, 예수 믿는 아름다움과 복락에 대한 자신만의 비밀이 없으면 세상이 말하는 방식을 거슬러 가지 못합니다. 우리가 예수를 믿으면 우리의 죄가 용서되는 것은 말할 것도 없습니다. 우리가 의롭다 여김을 받는 것도 말할 것 없습니다. 의로운 자로 인정받아 하나님의 은혜의 보좌에 무시로 드나들 수 있습니다. 자기 몸을 위해서 성공과 조건으로 꾸미려는 엉터리 같은 인생을 살던 우리를 하나님이 부르셔서 우리 속에 그분의 성품을 빚어 가십니다. 티끌 같은 인생 속에 하나님의 아름다움이 만들어지기 시작하는 것이 구원의 영광입니다. 질그릇과 같이 깨어지기 쉬운 사람 하나를 위해 독생자 예수를 십자가에 못 박아 죽이기를 주저하지 않는 하나님이 주신 복음의 은혜가 구원입니다. 이런 영광이 우리 속에 있는데 어떻게 예수를 믿으면 자신이 잘되고, 병들면 낫고, 내 자식, 손자 손녀까지 잘되는 것이 복음이고 기독교라고 생각할 수 있습니까? 그것은 샤머니즘이고 세상 종교들이 말하는 것입니다. 복음은 그렇게 가르치지 않습니다. 우리에게는 그 무엇과도 비교할 수 없는 만족과 부요가 넘칩니다. 세상은 아무리 가져도 만족할 줄 모르지만 예수 믿는 성도는 세상 것과 비교할 수 없는 만족과 부요가 있습니다. 그래서 성도들이 이 땅에서 다르게 사는 것입니다.

저는 오늘날 조국 교회의 문제가 잘 살지 못하는 것이라고 생각하지 않습니다. 이것은 복음을 너무 모르는 것입니다. 우리가 예수를 믿을 때 우리에게 일어나는 일이 어떤 것인지 모르는 것입니다. 예수 믿는 맛을 모르는 것이죠. 그렇기 때문에 예수를 믿을 때 외적인 것을 좋아하는 것입니다. 예수를 믿어도 다른 사람들이 자신을 볼 때 뭔가 있어 보이려고 학식을 갖추고 사회적 신분과 지위를 만들어 다른 사람에게 무시당하지 않기 위한 조건들을 추구하는 것입니다. 세상이 우리를 어떻게 보든지 우리 속에 있는 비밀, 하나님과 함께 누리는 참된 비밀과 신비가 우리를 넉넉하고 풍요롭게 할 수 있습니다. 그런데 신앙 생활을 하면서도 그 맛이 무엇인지 모르니까 가시적으로 드러나는 것이 있어야 한다고 생각해서 복음의 핵심, 그 심장을 송두리째 빼앗겨 버리는 일이 조국 교회 안에 일어나고 있습니다.

가끔 저는 교회를 다니는 중직자 중에 술을 끊지 못하는 분들을 봅니다. 그런 분들이 이런 말을 합니다. "술 취하지 말라고 했지 언제 먹지 말라고 했습니까?" 이러면서 먹는 분들이 있더군요. 참 어린아이 같지요? 교회를 30년을 다니고, 직분을 맡아도 그래요. 그런 모습을 볼 때마다 '새 술맛을 알아야 헌 술맛을 잊을 텐데'라는 생각이 듭니다. 주님은 우리의 손목을 비틀어서 억지로 뭔가를 하도록 하지 않으십니다. 그분은 우리가 우리의 삶, 인격, 작은 부분도 깨뜨리지 않고 진리의 말씀으로 우리의 눈을 열고, 내면의 중심을 바꾸어 자신의 손발로 더 나은 삶을 선택하여 주님께 순종하고 그분의 일을 하는 백성이 되기를 기다리십니다.

사랑하는 여러분, 오늘날 조국 교회가 어느 자리에 서 있습니까? 예수 믿고 부자 되어 높은 자리와 신분을 얻어 남 부럽지 않게 떵떵거리며 사는 교회를 향해 현재 우리 사회가 뭐라고 말합니까? "눈꼴 시려서 못 봐 주겠다"고 합니다. "돈 버는 거 좋다, 높은 신분 좋다. 그래, 너희 유능하고 탁월한 거 좋다. 그런데 더 이상 교회에 주목하거나 귀 기울이지 않겠다." 복음이 가르치는 진짜를 잃어버렸기 때문입니다. 독생자 예수 그리스도를 못 박으신 그 귀한 복음을 잃어버렸기 때문입니다. 하나님을 사랑하고 이웃을 사랑하는 우리는 어떤 일이 우리 삶에 주어질지라도 주를 통해 본 영광 때문에 통과할 수 있습니다. 견고하고 요동할 수 없는 영광 때문에 세상이 모르는 희락과 감격이 우리 속에 있다면, 우리는 흔들릴 수 없습니다. 우리가 그 핵심을 다 잃어버렸기 때문에 조국 교회가 이런 소리를 듣는 것입니다.

귀한 유업은 율법으로 말미암아 얻은 것이 아닙니다. 행위와 자격, 공로로 얻은 것도 아닙니다. 하나님이 아브라함에게 약속하셨고, 그 신실한 약속이 이스라엘 백성에게 적용되어 400년 넘게 종살이한 백성을 자유하게 하시고 가나안 땅을 유업으로 준 것입니다. 그들이 돈으로 산 것입니까? 싸워서 얻은 것입니까? 율법을 잘 지킨 공로로 얻은 것입니까? 신실한 하나님이 아브라함에게 하신 약속을 기억하시고, 그 약속에 근거해서 이스라엘 백성에게 선물로 가나안 땅을 주신 것입니다. 우리도 마찬가지입니다. 하나님이 그리스도에게 주신 약속 때문에 우리같이 허물 많은 자에게 부요한 복들을 주신 것입니다.

사랑하는 여러분, 우리 삶 구석구석에 이같은 복음이 만들어 내는 감격과 희락이 있습니까? 우리는 이것을 가지고 이웃을 섬기고 사람을 살리는 자들입니다. 이렇게 우리의 손과 발을 움직이면 세상이 우리를 다른 눈을 가지고 보기 시작합니다. 꼭 그렇게 살아야 합니다. 오늘날 조국 교회를 향해 세상은 부르짖습니다. "복음이 진짜라는 것을 삶으로 보여 달라"고 말입니다. 주님이 무익한 우리를 위해 자신의 아들을 보내시고 죽였다는 그 사실을 행동으로 보여달라고 말입니다. 꼭 그렇게 살 수 있는 영성과 경건의 능력을 회복하는 것이 어느 때보다 필요합니다. 그 힘은 복음에 대한 분명한 인식을 새롭게 하는 것에서 나옵니다.

율법의 역할과 목적

이런 가르침에 어떤 사람들이 질문합니다. "그렇다면, 율법은 대체 무엇 때문에 필요합니까?" 19절을 봅시다.

> 그런즉 율법은 무엇이냐 범법하므로 더하여진 것이라 천사들을 통하여 한 중보자의 손으로 베푸신 것인데 약속하신 자손이 오시기까지 있을 것이라

율법에 대하여 세 가지로 말합니다.

첫 번째, 범법함으로 더하여진 것입니다. 율법은 본질적이거나 필수적인 것이 아닙니다. 필수적인 것은 약속이면 충분합니다. 그런데 율법은 약속 이후에 더해졌습니다. 율법은 본질적인 것이 아니라 추가된 것입니다.

두 번째, 율법은 천사를 통해 한 중보자의 손으로 베푸신 것입니다. 약속은 하나님이 아브라함에게 직접 하신 것입니다. 그런데 율법은 천사를 통해 모세의 손을 빌려서 주신 것입니다. 몇 단계를 거쳤습니다. 직접 주신 언약과 여러 단계를 거친 율법, 어떤 것이 더 고귀하고 소중하겠습니까? 당연히 언약(약속)이 더 우선이고 고귀한 것입니다. 20절을 보겠습니다.

> 그 중보자는 한 편만 위한 자가 아니나 하나님은 한 분이시니라

20절 해석은 정말 어렵습니다. 학자마다 다양한 해석을 내놓았습니다. 어떤 책을 보면, 이 본문에 대해 200가지가 넘는 해석이 있다고 할 만큼 복잡한 본문입니다. 제가 간편하게 요약해 드리겠습니다.

이 중보자는 한 편만을 위한 것이 아닙니다. 율법을 위해서는 중보자가 필요했습니다. 중보자는 언제나 이해 당사자인 쌍방을 위해 존재하는 것입니다. 그런데 하나님은 한 분이십니다. 하나님께서 아브라함에게 주권적으로 언약(약속)을 주셨습니다. 이것은 쌍방에게 필요한 중보자가 아닙니다. 약속은 한 분이신 하나님이 주도적으로 아브라함에게 주신 것입니다. 상황에 따라 달라지거나 쌍방에 의해 조정될 수 있는 것이 아닙니다. 약속은 하나님의 넘치는 풍성하심과 신실하심에 근거했기 때문에 변할 수 없습니다. 약속은 율법보다 귀한 것입니다.

세 번째, 율법은 약속하신 자손이 오시기까지 있는 것입니다. 율법은 제한적이고 한시적으로 주어진 것입니다.

율법은 이와 같이 세 가지 목적을 위해 주어졌습니다. 그 중에 첫 번째 부분을 한 번 더 생각해 봅시다. 율법은 본질적인 것이 아니고, 범법하므로 추가된 것입니다. "범법하므로"는 "범법을 위하여"라고 번역할 수 있습니다. 저는 이 번역을 선호합니다. 율법이 이 땅에 더해진 것은 죄를 더하게 하기 위해 더해졌다는 것입니다. 우리는 죄인입니다. 우리는 불완전한 죄인입니다. 이 부분은 대부분 동의할 것입니다. 그런데 한걸음 더 들어가서 그 죄가 너무 중해서 형벌을 면할 수가 없습니다. 그래서 지옥에 가야 합니다. 그만큼 우리의 죄가 흉악합니다. 이렇게 말하면 대부분 동의하기 어려울 것입니다. 사람들은 자신이 어느 정도 부족하다고 하면 얼마든지 인정할 용의가 있습니다. 그러나 사람들은 자기가 얼마나 중하고 악한 죄인인지는 동의하지 않습니다. 율법이 와서 눈을 열 때까지 말이죠. 율법이 와서 자신의 실체를 보여 줄 때까지 사람들은 자신의 죄성과 악함을 인정하지 않습니다. 교양 있고, 품위도 있고, 일정한 교육도 받은 성도라면 실체를 놓칠 위험이 있습니다. 그 모든 교양과 문화와 규범 밑에서 우리는 자신을 바르게 드러내지 않고 진짜 모습을 보지 못할 위험이 있습니다. 율법이 와서 체면, 문화, 교양 밑에 감추어진 우리의 본성을 들춰 냅니다. 죄를 알게 도와 줍니다. 무엇이 죄이고 악인지 알게 합니다. 하나님 목전에서 그분을 인정하지 않고, 그분을 인정하지 않는 삶 전부가 송두리째 죄라는 사실을 율법이 와서 눈을 열어 보여 줍니다. 그게 죄일뿐 아니라 하나님의 눈 앞에서 얼마나 악취가 진동하는지 율법이 와서 보여 줍니다.

사랑하는 여러분, 신앙 생활 수십 년을 해도 자신을 나쁜 사람이라고 생각하지 않는다면, 죄송하지만 아직 성도가 아닙니다. 자신의 실체를 본 적 없는 사람은 기독교를 종교로 받아들일 수는 있습니다. 그러나 성경이 말하는 구주를, 나를 대속하신 주로서 인정하지는 않습니다. 율법이 와서 하는 일은 다 망가지고 깨뜨려진 나를 보게 합니다. 율법은 다른 사람들이 보기에는 멀쩡하게 보여도 하나님 목전에서 얼마나 극한 죄인이고 그 죄 때문에 형벌과 진노를 조금도 면할 수 없다는 사실을 우리에게 상기시켜 줍니다. 이것을 깨달으면 우리는 복음이 드러날 때, 구주가 세상에 다시 오실 때, 믿음으로 의롭다 하는 진리가 선포될 때, 진리를 전심으로 환영하고 받아들입니다. 바로 이것이 나에게 생명을 주는 유일한 길인 것을 알도록 율법은 우리의 죄성을 드러내고 보여 줍니다. 율법은 죄 안에 갇혀 있는 우리를 꺼내 복음을 기뻐하고 구주를 바르게 믿도록 하기 위해 주신 것입니다.

윤리와 도덕으로 살 수 있다고 생각하는 사람은 어리석은 자입니다. 아직 자신의 실체를 본 적이 없는 것입니다. 일정한 종교성으로 살 수 있다고 생각하는 사람은 아직 출발도 못한 것입니다. 주님께서 우리 모두에게 열어 보이신 깨달음으로 복음이 주는 풍요와 부요, 예수 믿는 희락과 맛을 삶 속에서 풍성하게 누리시길 바랍니다.

갈라디아서 3장 21-29절

그러면 율법이 하나님의 약속들과 반대되는 것이냐 결코 그럴 수 없느니라 만일 능히 살게 하는 율법을 주셨더라면 의가 반드시 율법으로 말미암았으리라 그러나 성경이 모든 것을 죄 아래에 가두었으니 이는 예수 그리스도를 믿음으로 말미암는 약속을 믿는 자들에게 주려 함이라 믿음이 오기 전에 우리는 율법 아래에 매인 바 되고 계시될 믿음의 때까지 갇혔느니라 이같이 율법이 우리를 그리스도께로 인도하는 초등교사가 되어 우리로 하여금 믿음으로 말미암아 의롭다 함을 얻게 하려 함이라 믿음이 온 후로는 우리가 초등교사 아래에 있지 아니하도다 너희가 다 믿음으로 말미암아 그리스도 예수 안에서 하나님의 아들이 되었으니 누구든지 그리스도와 합하기 위하여 세례를 받은 자는 그리스도로 옷 입었느니라 너희는 유대인이나 헬라인이나 종이나 자유인이나 남자나 여자나 다 그리스도 예수 안에서 하나이니라 너희가 그리스도의 것이면 곧 아브라함의 자손이요 약속대로 유업을 이을 자니라

12장
너희는 예수 안에서 하나라

우리는 계속해서 율법에 대한 이야기를 하고 있습니다. 그런데 우리는 유대적인 배경에서 살고 있지 않습니다. 그런 우리가 율법이라고 할 때, 이 율법은 우리말로 무엇에 해당될까요?

로마서를 보면, 유대인들은 기록된 율법을 가지고 있고, 이방인인 우리는 하나님께서 우리 마음속에 새겨 준 율법을 가지고 있습니다. 마음에 새겨진 율법을 "양심"이라고 합니다. 유대인들은 하나님이 돌판에 새겨진 율법을 주셨고, 우리에게는 마음에다 새겨 주셨단 말입니다. 그런데 문제는 사람들이 율법을 지키고 양심을 따라 살면 구원받을 수 있는 것처럼 자꾸 오해하는 데 있습니다.

간혹 주변에서 "양심껏 살았습니다, 양심껏 부끄럽지 않게 살았습니다"라고 하는 말을 듣습니다. 이런 말을 하는 사람들은 떳떳할 수 있다고 생각할지 모르지만, 굉장한 오해입니다.

율법과 양심의 용도

사랑하는 여러분, 율법과 양심은 하나님이 주신 것이기 때문에 악하거나 나쁜 것은 절대 아닙니다. 선하고 귀한 것이지만 용법이 다릅니다. 본문 21절을 보겠습니다.

> 그러면 율법이 하나님의 약속들과 반대되는 것이냐 결코 그럴 수 없느니라 만일 능히 살게 하는 율법을 주셨더라면 의가 반드시 율법으로 말미암았으리라

우리가 율법의 행위로 말미암지 않고 믿음으로 구원을 받는다고 하니까 이런 의문이 생깁니다. '그렇다면 율법이 하나님의 약속들과 반대되는 것인가?' 결코 그럴 수 없습니다. 하나님이 둘 다 주신 것입니다. 율법도 하나님이 우리에게 주신 것이고, 약속도 하나님이 우리에게 주신 것입니다. 둘 다 귀한 하나님의 선물입니다. 그런데 무엇이 문제인가요?

왜곡이 문제입니다. 죄인들이 하나님이 주신 용도에 맞게 사용하는 것이 아니라 왜곡시킵니다. 원래 하나님이 주신 모양 그대로 쓰는 것이 아니라 왜곡시키는 것이 죄인들의 제일 큰 문제입니다. 하나님이 우리에게 율법과 양심을 주셨기 때문에 율법과 양심은 다 선하고 귀합니다. 그러나 죄인은 율법을 용도에 맞게 쓰지 않습니다.

그렇다면, 무엇이 율법과 양심의 용도입니까? 21절 하반절을 다시 한 번 보겠습니다.

만일 능히 살게 하는 율법을 주셨더라면 의가 반드시 율법으로 말미암았
으리라

율법과 양심은 생명을 얻는 도구로 주신 것이 아닙니다. 아무도 율법이나 양심으로 의롭다 함을 받거나 생명을 누리거나 할 수 없습니다. 우리가 흔히 주변에서 "양심껏 살았다, 양심에 부끄럽지 않게 살았다"고 말하지만, 사실 그 양심은 약해진 양심입니다. 하나님이 원래 우리에게 주신 양심이 소리를 지르면 절대로 그렇게 말할 수 없습니다. 우리는 어리석은 죄인이어서 양심을 약화시키고, 마비시키고, 합리화합니다.

예수께서 이 세상에 살아 계실 때, 어느 부자 관리가 와서 주님께 물었습니다. "선한 선생님이여 내가 무엇을 하여야 영생을 얻으리이까?"(눅 18:18)하고 묻자 예수께서 말씀하셨습니다. "네가 어찌하여 나를 선하다 일컫느냐 하나님 한 분 외에는 선한 이가 없느니라 네가 계명을 아나니 간음하지 말라 살인하지 말라 도둑질하지 말라 거짓 증언하지 말라 네 부모를 공경하라 하였느니라"(19-20절). 부자 관리가 말했습니다. "이것은 내가 어려서부터 다 지키었나이다"(21절). 예수께서 이 말을 들으시고 말씀하셨습니다. "네게 아직도 한 가지 부족한 것이 있으니 네게 있는 것을 다 팔아 가난한 자들에게 나눠 주라 그리하면 하늘에서 네게 보화가 있으리라 그리고 와서 나를 따르라"(22절). 여기서 예수께서 "아직도 한 가지 부족한 것이 있다"고 말씀하신 것은 다른 것은 다 잘했는데 하나가 모자르다고 말씀하신 것이 아닙니다. 계명을 지켰으나 핵심적이고 가장 중요한 것이 빠졌다고 말씀하신 것입니다. 그리고 예수께서 두 번째 돌판에 있는

이야기를 한마디로 요약해서 말씀하셨습니다. "내 이웃을 내 몸처럼 사랑하라"고 말씀하셨습니다. 그러나 부자 관리는 돈을 하나도 안 쓰고 이웃을 사랑한 것입니다. 사실은 율법의 원래 기능과 목적대로가 아니라 기준을 낮춰서 행한 것이죠. 자기 방식으로 합리화한 율법을 지킨 것입니다. 자기 방식으로 합리화한 양심을 따라 살았기 때문에 부끄럽지 않다는 말을 할 수 있을 뿐이지 양심이나 율법은 사람이 의롭다 함을 받거나 생명을 얻는 도구로 주어진 것은 아닙니다. 생명은 그리스도를 통해서 옵니다. 그리스도를 통해 주신 약속에서 생명이 옵니다. 율법이나 양심은 우리가 떳떳하게 살게 하기 위해서 주신 것이 아니라 다른 목적과 기능이 있습니다. 22절을 보겠습니다.

> 그러나 성경이 모든 것을 죄 아래에 가두었으니 이는 예수 그리스도를 믿음으로 말미암는 약속을 믿는 자들에게 주려 함이라

율법과 양심은 거듭나기 전 사람들에게 죄를 깨닫고 죄 아래 가두어 놓는 역할을 합니다. 율법과 양심을 주신 목적은 우리로 하여금 우리가 얼마나 죄 아래 있는지를 보게 하는 데 있습니다. 율법과 양심을 가지고 우리가 의로운 자인지를 평가하는 기준으로 주신 것이 아닙니다. 율법과 양심은 적극적으로 우리가 죄인임을 확신하도록 주신 것입니다. 이 부분을 23-25절에서 조금 더 소상하게 풀었습니다.

> 믿음이 오기 전에 우리는 율법 아래에 매인 바 되고 계시될 믿음의 때까

지 갇혔느니라 이같이 율법이 우리를 그리스도께로 인도하는 초등교사가 되어 우리로 하여금 믿음으로 말미암아 의롭다 함을 얻게 하려 함이라 믿음이 온 후로는 우리가 초등교사 아래에 있지 아니하도다

"믿음이 오기 전에"라는 말이 무슨 뜻인가요? 25절을 보면, "믿음이 온 후로는"이라고 되어 있습니다. 마치 구약 성경에는 믿음이 없는 것같이 이야기되지만 구약에도 믿음이 있었습니다. 아브라함은 믿음으로 의롭다 함을 받았습니다. 다윗이나 수많은 믿음의 사람은 다 믿음으로 살았던 사람들입니다. 구약에도 믿음이 있었지만 예수께서 이 땅에 오시자 믿음으로 말미암는 구원의 경륜이 밝히 드러났음을 이야기하는 것입니다. 구약에도 믿음이 없었던 것은 아니지만 믿음으로 말미암아 얻는 구원의 경륜이 밝히 드러나지는 않았지요. 그런데 신약에서 예수께서 오시자 그 구원의 경륜이 밝히 드러났습니다. 이 말은 "예수께서 오시기 전에"로 바꿀 수 있습니다. 믿음이 오기 전에 우리는 율법 아래 매인 바 되고 계시된 믿음의 때까지 갇혀 있었습니다. 율법과 양심에 의해 믿음으로 말미암는 구원의 때가 오기 전까지, 즉 예수께서 오시기 전까지 사람들은 감옥에 갇혀 있었습니다. 왜 갇혀 있었을까요? 24절을 보면 알 수 있습니다.

이같이 율법이 우리를 그리스도께로 인도하는 초등교사가 되어 우리로 하여금 믿음으로 말미암아 의롭다 함을 얻게 하려 함이라

율법이 우리를 초등교사처럼 그리스도께 인도할 때까지, 하나님이 정

하신 때가 될 때까지 우리를 감옥 안에 딱 가두었다는 겁니다. 과거에는 초등교사를 "몽학선생"이라고 번역했습니다. 로마 사회에서 초등교사는 7-15세 나이의 어린아이들을 돕는 노예 교사를 말합니다. 신분은 노예인데 선생입니다. 선생이지만 학과목이나 지식을 가르치는 교사가 아닙니다. 어린아이에게 예절을 가르치고, 등하교 시 안전을 보호해 주는 선생이었습니다. 아이들이 자라면 초등교사는 필요가 없습니다. 율법이 그와 같은 역할을 합니다. 하나님의 때가 오기 전까지 사람들을 율법 아래 가두어 예수께서 오시면 사람들을 그분께 데리고 가는 역할을 하는 것입니다. 율법의 기능은 사람들이 자기 죄를 깨닫고 중보자가 필요함을 알고 하나님의 약속이 주어질 때 그 약속을 믿을 수 있도록 하는 역할입니다. 그러니까 율법과 양심은 하나님의 약속 혹은 예수의 공로와 반대가 아닙니다. 오히려 약속이 얼마나 필요한지 인식시키는 기능이 율법의 기능입니다. 약속이 꼭 필요하다는 사실을 확인시키는 역할을 율법이 합니다.

구주가 세상에 오심으로 세상은 다른 시대를 열었습니다. 신앙 생활을 하는 성도들이 예수께서 오신 것과 그분을 믿는다는 개념이 도대체 어떤 차이를 만드는지를 잘 모릅니다. 조국 교회의 성도들이 그냥 믿습니다. 율법이 무엇이고 양심이 무엇인지 찾으면서 복잡하다고 생각하고 그냥 믿습니다. 그러나 기독교는 그런 종교가 아닙니다. 기독교의 생명은 우리를 생각하게 만드는 데 있습니다. 우리가 깨닫고 생각하게 만드는 데 기독교의 모든 영광이 들어 있습니다. 주님은 우리를 로봇처럼 부르지 않습니다. 우리의 지각, 감성, 의지가 전부 신앙 안에서 생각하고 고민하고 선택하도록 부르십니다. 종노릇할 때는 적당히 하는 것이 아닙니다. 우리가 생각하고 고민하고 선택하도록 합니다.

구주께서 이 땅에 오셔서 믿음이 들어온 새로운 시대에 우리는 더 이상 율법 아래 있으면 안 됩니다. 율법은 이제 초등교사처럼 용도가 폐기된 것입니다. 더 이상 기능이나 역할이 거의 없고 그저 교훈 자체는 여전히 유익하지만 초등교사 자체는 이제 필요 없어진 것입니다.

사랑하는 여러분, 예수 믿는 믿음 외에 율법을 지켜야 한다고 말해서는 안 됩니다. 예수 믿는 믿음 외에 양심껏 살아야 한다는 말을 해서는 안 된다는 거죠. 왜냐하면 새로운 시대가 왔기 때문입니다.

믿음의 새로운 시대가 왔을 때, 우리에게 중요한 일이 몇 가지 일어나게 됩니다. 본문에서는 세 가지가 나오는데, 이번 장에서는 두 가지만 살펴보려고 합니다. 첫 번째는 26절로 "그리스도 예수 안에서 하나님의 아들이 되었으니"는 중요한 주제이기 때문에 다음 장에서 독립적으로 다루겠습니다.

그리스도로 옷 입기

이번에는 27절을 보면서 두 번째부터 살펴보겠습니다.

> 누구든지 그리스도와 합하기 위하여 세례를 받은 자는 그리스도로 옷 입었느니라

우리가 예수를 믿을 때 어떤 일이 일어납니까? 예수를 옷 입습니다. 우리가 예수를 믿으면 실제로 거듭납니다. 의롭다 여김을 받습니다. 그럴 때 또 다른 일이 일어납니다. 예수와 우리 사이에 연합이 일어납니다. 우리와 예수 사이에 일어나는 연합을 상징적으로 보여 주는 행위가 "세례"입니다. 우리는 세례 예식을 통해 생명을 얻는다고 생각하지 않습니다. 우리는 믿음으로 구원받습니다. 예식으로 구원받는 게 아닙니다. 교회는 세례를 받지 않으면 구원을 못 받는다고 절대로 가르치지 않습니다. 그러나 세례는 우리가 예수와 연합했다는 중요한 외적 표현입니다. 예수를 구주로 믿고 바른 신앙 안에 서 있다는 공적인 표시입니다. 그래서 세례는 온 회중 앞에 자기의 신앙을 고백하는 복되고 귀한 시간입니다. 우리가 예수를 믿고 세례를 받을 때, 그리스도와 연합하고 예수를 옷 입게 됩니다.

요즘은 그런 일이 없지만, 로마 시대에는 초등교사를 벗어나서 성년이 될 때 성인식을 합니다. 성인식을 할 때는 옷 자체를 바꿔 입습니다. 더 이상 어린 시절의 옷이 아닌 장년에게 합당한 옷을 입습니다. 이와 같이 우리가 예수를 믿는 것은 율법의 초등교사를 떠나, 성인식에서 옷을 입는 것처럼 예수를 옷 입는 것입니다.

저는 세례를 줄 때, "성부와 성자와 성령의 이름 속으로"라는 표현을 씁니다. 이 표현이 낯선 분들이 계실 겁니다. 대부분 "성부와 성자와 성령의 이름으로 세례를 준다"고 표현합니다. 그런데 저는 "성부와 성자와 성령의 이름 속으로 세례를 준다"라고 말합니다. 왜냐하면 세례 안에 중요한 두 가지 상징이 있기 때문입니다. 첫 번째는 "성령으로 세례를 준다"고 할 때와 마찬가지로, 씻음과 정결하게 한다는 의미입니다. 우리 죄가 삼위 하나님의 공로로 덮이고 가려지는 씻음의 상징입니다. 다음으로 세례는 삼위 하나님 속으로 연합하여 들어가는 것(into)을 상징합니다. 그래서 성부와 성자와 성령 속으로 세례를 주는 것입니다. 우리가 삼위 하나님의 친교 안으로 들어가기 때문입니다. 그 '속으로' 연합과 교통이 일어납니다.

예수와 하나 됨

우리가 예수를 믿으면, 예수를 옷 입게 됩니다. 그런데 예수를 옷 입는다는 말의 의미가 무엇입니까? 우리 속은 똑같은데 예수를 옷 입으니까 하나님이 우리를 보실 때 어떻게 보실까요? 예수를 보시는 것과 같은 방식으로 보십니다. 하나님은 예수께서 한 일에 근거해서 우리를 바라보고 대하십니다. 우리는 죄를 좋아합니다. 성도가 된 후에도 죄를 좋아하는 경향이 여전히 있습니다. 속은 그대로입니다. 바깥으로 예수를 옷 입으니까 하나님이 우리를 대하실 때 예수께서 하신 모든 행위와 공로를 바라보시면서, '의롭다'고 여겨 주시는 겁니다.

우리는 예수를 옷 입을 때 동시에 예수의 신분과 지위를 입습니다. 그저 종교적으로, 형식적으로 하나님 앞에 나아가는 것이 아니라 예수의 신분과 지위를 상속받습니다. 하나님이 예수를 대우하던 그 대우를 예수의 옷을 입음으로 우리가 받는 것입니다. 더 이상 초등교사 아래에 있지 않습니다. 이제는 성인 대접을 받는 것처럼 예수의 옷을 입고 예수와 같은 대접을 받습니다. 이것이 예수를 믿는 제일 중요한 영광 중 하나입니다. 우리가 이 땅을 살면서 예수를 믿어 부자가 되고, 예수를 믿어 높은 신분에 올라가는 것과는 비교할 수 없는 영광입니다. 세상적인 것들은 잠시 잠깐입니다. 예수를 옷 입는 순간부터 우리는 영원한 존영과 존귀를 옷 입습니다. 그리고 이것이 믿음 안에서 바르게 누리고, 고백되고, 경험되기 시작하면 우리는 땅에 있는 반짝이는 것들에 흥미를 잃기 시작합니다. 우리가 세상을 이기는 방법은 이 방법이 아니면 불가능합니다. 우리가 그저 예수 믿는 사람으로서 세상의 명예나 부(富)를 무시하는 것만으로는 아무 일도 일어나지 않습니다. 우리가 주님이 주신 옷을 입음으로 우리 속에 새 술이 부어지면, 영광과 존영이 어떤 것인지 알 수 있습니다. 그래서 거룩함과 성결함을 더 원하고 세상이 말하는 명예와 돈을 상대화하여 잘 쓰려고만 하지, 그런 것들을 목표로 삼고 살지 않습니다. 하나님께서 덤으로 주시면 잘 사용하려고 할 뿐 명예와 부를 붙들고 나를 평가하고 자랑하려는 데 사용하지 않습니다.

사랑하는 여러분, 이 갈라디아서를 받았던 초대 교회 성도들은 대부분 노예입니다. 그들은 세상에서 노예요, 종이었지만 주님을 믿음으로 예수를 옷 입는 영광을 알았습니다. 그때 그들은 더 이상 이전과 같은 종이 아니었습니다. 현실의 신분은 그대로지만 매가 두려워 아첨하거나 눈치를 보던 종이 더 이상 아닙니다. 그들은 그리스도의 존영으로 옷 입은 것, 자신의 진정한 주인이 세상의 부요와 자유와 신분과 지위를 다 가지고 있다는 것을 알았습니다. 그래서 초대 교회사를 보면, 많은 집 주인들이 노예를 보고 회심합니다. 인간 취급도 하지 않았던 노예들의 변화에 강한 도전을 받고 자신들의 삶의 변화를 경험했습니다.

조국 교회는 지난 30년 동안, 예수를 잘 믿어 부자 되고 세상에서 훌륭한 신분과 지위를 가지고 영향력 있는 자리를 차지해야 교회가 힘 있게 일할 수 있다고 생각했습니다. 그러나 교회 역사는 우리에게 그렇게 가르치지 않습니다. 교회의 힘은 그런 것에서 오는 것이 아닙니다. 로마 사회의 노예들이 예수로 옷 입은 존영을 알기 시작하자, 많은 돈과 명예와 신분을 가지고도 갈 수 없는 자리에 가게 됐습니다. 그게 교회가 세상에 보여 준 힘이었습니다. 그런 힘이 교회 안에 회복되어야 합니다. 그래야 교회가 세상을 거슬러 가면서 이 땅을 바르게 섬길 수 있습니다.

주 안에서 사랑하는 여러분, 교회는 인간적인 지혜와 모임으로 감당할 수 있는 공동체가 아닙니다. 교회는 다른 공동체입니다. 이 공동체 안에 하나님의 경건의 능력과 힘이 있습니다. 우리는 그것으로 세상을 섬기고 새롭게 하는 역할을 해야 합니다.

더 중요한 주제가 있습니다. 28절을 읽어 봅시다.

> 너희는 유대인이나 헬라인이나 종이나 자유인이나 남자나 여자나 다 그리스도 예수 안에서 하나이니라

우리가 몸 담아 사는 이 세상은 예나 지금이나 사람들 사이의 다양한 차이를 전부 편견, 편애, 차별, 우열, 특권이라는 개념으로 바꾸어 놓았습니다. 왕족이나 귀족은 태어나면서부터 정해져 있습니다. 요즘 같은 자본주의 사회는 돈을 가지고 아주 노골적으로 사람들을 차별합니다. VIP 고객뿐 아니라 VVIP 고객이 있습니다. 이런 사회가 어디 있나 모르겠어요. 너무 유치하죠. 실수로 돈 좀 벌었는데, 그걸 가지고 사람들을 이렇게 차

별할 수 있는지 모르겠어요. 심지어 외모 가지고도 그렇습니다. 우리가 주문 제작하지 않고 그냥 주님이 주신 대로 받았는데, 이걸 가지고 사람을 차별해요. 이런 기준이 어디 있습니까? 그런데 세상은 다 이렇습니다. 더구나 성경이 기록된 시대에 노예는 물건이었습니다. 사람 취급하지 않았습니다. 노예는 물건처럼 주인의 소유였습니다. 노예가 잉태하여 고생스럽게 아이를 낳으면, 그 아이도 주인의 소유였습니다. 그런 노예가 예수를 믿었습니다. 그리고 그들이 교회에 와서 이런 메시지를 듣습니다. "유대인이나 헬라인이나 종이나 자유인이나 남자나 여자나 다 그리스도 예수 안에서 하나다." 100년도 안 된 초대 교회가 이런 메시지를 전했다고 한번 생각해 보십시오.

평생을 노예로 살았던 사람들이 교회에 들어오는 순간부터 세상의 구조와 질서와는 완전히 다른 새로운 질서를 만나게 됩니다. 다른 점을 가지고 차별과 특권과 우열과 열등을 만들어 내는 세상에 몸을 담고 있어도 교회에 들어온 성도들은 비로소 그때부터 하나님 안에 있는 새로운 질서를 만나게 됩니다. 종과 주인이 하나입니다. 종은 더 이상 물건이 아닙니다.

힘이 지배하는 세상, 칼과 창을 가지고 영토를 정복하는 시대에 여성은 남성처럼 힘이 세지 못하기 때문에, 상대적으로 늘 열등하게 여겨졌습니다. 그래서 여자는 억압과 착취의 대상이었고 남자의 소유물이었습니다. 남편은 아내가 마음에 들지 않으면 이혼 증서를 써 주고 욕망과 탐욕에 따라 다른 여자를 취하면 그만이었습니다. 그런 시대에 여성들이 교회에 가서 처음으로 복음을 들었습니다. "남자와 여자는 하나다. 둘은 차이는 있지만 그 차이는 우등이나 열등, 편견이나 차별이 아니다." 남자와 여자가 하나라는 독특한 새로운 질서를 만났습니다. 그게 교회이고, 복음입니다. 이 세상이 만들어 놓은 수많은 차별을 정당화하는 온갖 구조의 틀들을 복음은 다 허물고, 전혀 새로운 질서를 만들었습니다.

미국과 유럽에서 들어온 천박한 자본주의가 오늘날 조국 사회에 가득해서 사람들이 돈을 가지고 사람의 가치를 판단하고 있습니다. 이 좁은 땅에 대형 자가용이 왜 이렇게 많아야 하는지 모르겠습니다. 잘 산다는 유럽 어디를 가도 이렇게 큰 차가 많은 나라는 없습니다. 이 나라에는 왜 이렇게 큰 차가 많을까요? 차를 가지고 사람을 평가하기 때문입니다. 차를 가지고 사람의 성공 여부를 평가하기 때문입니다.

어디를 가나 향우회가 있습니다. 제가 정치외교학과로 대학에 들어가니 호남, 영남, 충청 향우회가 있었습니다. 아직 머리도 벗겨지지 않은 친구들이 벌써 모여서 대사를 도모하고 있더라구요. 그런데 지금 보면 그 친구들 대부분 정치는 하지 못했어요.

이런 세상에 복음은 사람이 누구나 다 하나라고 선포합니다. 사람의 재능과 능력이 사람을 평가하는 기준이 아니라, 죄인인 우리를 은혜와 풍성한 사랑으로 덮어서 자신의 아들로 삼으시고 믿음으로 의롭다 하시는 하나님이 우리에게 예수의 옷을 입혀 전혀 다른 관점으로 사람을 보게 하십니다. 이런 사람들이 모인 교회 공동체는 사람들을 대할 때, 이 사회가 만들어 놓은 잣대와 기준으로 사람들을 대하는 것이 아니라 전혀 다른 눈을 가지고 사람들을 대해야 합니다. 그런 공동체가 교회입니다.

그러나 교회는 획일적인 평등을 가르치지 않습니다. 우리의 얼굴 모양이 다른 것처럼, 우리 안에 재능과 능력, 중요성도 차이가 납니다. 그러나 이런 다양성을 가지고 서로가 몸의 한 부분을 구성하는 것처럼 여기면서 하나된 것을 힘써 지켜야 합니다.

조국 교회는 자꾸 이상한 신화를 만들어 냅니다. 우리 교회는 좋은 사람들만 모였다는 신화 말이죠. 그런 게 무슨 교회입니까? 주님이 이미 우리에게 보여 주셨습니다. 나에게 가장 잘 맞는 최고의 사람을 고르고 골라 부부가 되고 가정을 일굽니다. 결혼해서 20, 30년을 같이 삽니다. 그러면서 간혹 '다른 사람으로 교체했어도 될뻔 했는데, 그때 그 사람 참 괜찮았는데……'라고 생각합니다. 물론 대놓고 말은 못하지만, 후회도 하고 섭섭하기도 하면서 삽니다. 그렇지만 하나님이 하나 되게 하신 것을 사람이 나누지 못한다는 말씀에 순종해서 서로의 매력이 약해져도 변함없이 충성스럽게 책임 있게 사랑하는 게 부부입니다. 이것이 사랑입니다.

성도들의 사랑도 이와 같습니다. 성경이 우리에게 보여 주는 것이 사랑입니다. 주님의 말씀과 진리를 붙들고 우리 옆에 사랑하기 어려운 사람들, 우리와 다른 사람들을 섬겨야 합니다. 물론 우리는 죄된 본성 때문에 차별과 편견을 끝없이 만들어 내는 것을 알면서도 주님의 복음을 믿는 사람으로서 교회와 사랑하는 지체들을 몸의 한 부분처럼 사랑하는 성도가 되어야 합니다. 하나님이 주신 다양성으로 한 몸을 이루는 복의 통로가 되는 것이 교회 공동체인 것입니다.

너무나 불완전한 사람들이 모였기 때문에 때로는 덮어 주고 가려 주어야 할 것이 많습니다. 때로는 악하고 부패하고 탐욕적이기 때문에 생기는 허물을, 내가 하나님 앞에서 죄를 지어 고백하는 것처럼 공동체의 죄를 붙들고 씨름하여 하나님께서 하나 되게 하신 것을 힘써 지켜 내는 공동체가 교회입니다.

온 세상을 한번 보십시오. 세상은 다 찢어 놓습니다. 모든 것을 다 찢어 놓습니다. 그런데 교회는 연합하고 하나 되고, 모든 것을 사용해서 하나 되게 하신 것을 힘써 지켜 내는 생명과 희생의 공동체입니다. 교회 안에 몸 담아 신앙 생활을 하는 우리는 이런 교회를 기대합니다. 그저 몸만 교회에 왔다 갔다 하면서 설교에 대한 품평이나 하는 성도가 아니라 땀과 눈물과 수고를 통해서 다른 사람들이 살아나고, 영혼들이 유익을 얻고, 하나님 앞에서 인생의 존영과 아름다움을 발견하는 그런 공동체가 되기를 바랍니다. 좋은 사람들이 많이 모인 교회는 없습니다. 죄인들이 모였는데 어떻게 그런 교회가 있겠습니까? 우리도 다 허물투성이지만, 주님이 우리에게 하신 것처럼 상대의 허물을 나의 것으로 여기고, 내 것으로 다른 사람을 복되게 하고 윤택하게 하는 그런 생명 공동체가 되길 원합니다.

교회 지체는 그냥 모였다 헤어지는 사람들이 아닙니다. 몸의 한 부분입니다. 우리는 주님께서 하나 되게 하신 것들을 힘 써서 지켜 내야 합니다. 다 찢어 놓는 세상, 차별과 편견과 학벌과 돈과 재능과 외모를 가지고 사람들을 찢어 놓는 세상에서 연합하고, 하나 되어 존귀한 교회의 아름다움과 존영이 묻어나도록 우리가 해야겠습니다. 그래서 이런 교회를 세워서 이 퍽퍽한 조국 땅에 시원한 물이 흘러가는 귀한 복과 은혜가 있기를 바랍니다.

갈라디아서 4장 1-11절

내가 또 말하노니 유업을 이을 자가 모든 것의 주인이나 어렸을 동안에는 종과 다름이 없어서 그 아버지가 정한 때까지 후견인과 청지기 아래에 있나니 이와 같이 우리도 어렸을 때에 이 세상의 초등학문 아래에 있어서 종노릇하였더니 때가 차매 하나님이 그 아들을 보내사 여자에게서 나게 하시고 율법 아래에 나게 하신 것은 율법 아래에 있는 자들을 속량하시고 우리로 아들의 명분을 얻게 하려 하심이라 너희가 아들이므로 하나님이 그 아들의 영을 우리 마음 가운데 보내사 아빠 아버지라 부르게 하셨느니라 그러므로 네가 이 후로는 종이 아니요 아들이니 아들이면 하나님으로 말미암아 유업을 받을 자니라 그러나 너희가 그 때에는 하나님을 알지 못하여 본질상 하나님이 아닌 자들에게 종노릇하였더니 이제는 너희가 하나님을 알 뿐 아니라 더욱이 하나님이 아신 바 되었거늘 어찌하여 다시 약하고 천박한 초등학문으로 돌아가서 다시 그들에게 종노릇하려 하느냐 너희가 날과 달과 절기와 해를 삼가 지키니 내가 너희를 위하여 수고한 것이 헛될까 두려워하노라

13장
새로운 시대
새로운 신분

사랑하는 여러분, 어떤 면에서 믿음으로 말미암는 구원의 진리는 사람들이 흔히 생각하는 명제보다 훨씬 중요합니다. 우리가 예수를 자격이나 조건에 근거하지 않고 믿음으로, 은혜로 구원받기 때문에 그 결과로 교회가 생겼습니다. 우리가 사는 세상은 학벌, 직장, 재능, 외모, 가문 등 온갖 것을 가지고 서로를 차별합니다. 이런 세상 속에 교회가 있습니다. 교회는 자격 없는 우리가 하나님께 믿음으로 의롭다 함을 받은 줄 알기 때문에 모든 차이를 차별로 만들지 않고 연합하고 사랑하고 섬기고 봉사하는 사랑과 생명의 공동체입니다.

교회가 생명을 걸고 믿음으로 말미암는 진리를 사수하는 여러 목적 중 하나는 그 명제 자체가 진리이기 때문입니다. 하지만 동시에 진리와 관련된 많은 결과물이 함께 붙어 있습니다. 진리가 보호되지 않으면 교회를 교회답게 하는 생명은 없어집니다.

유업을 이을 자

믿음으로 인한 중요한 결과가 무엇입니까? 우리가 주님을 믿을 때, 우리가 연합하여 하나의 교회 공동체를 구성하는 것은 말할 것도 없습니다. 그리고 우리가 하나님의 자녀로 입양되고 하나님의 모든 유업을 상속받는 것이 자격 없는 우리에게 일어나는 중요한 일입니다. 1-2절을 봅시다.

> 내가 또 말하노니 유업을 이을 자가 모든 것의 주인이나 어렸을 동안에는 종과 다름이 없어서 그 아버지가 정한 때까지 후견인과 청지기 아래에 있나니

사람이 나이가 어리거나 어린아이 상태로 있으면 아무리 주인이라도 재물의 가치를 모릅니다. 어린 주인은 상황 판단을 정확하게 할 수 없기 때문에 누구에게나 속기 쉽습니다. 그래서 후견인과 청지기의 지도와 통제 아래 있어야 합니다. 다시 말해, 신분 자체는 주인이고 아들이지만 실제로 종과 똑같은 상태로 머물러 있는 것이 어린아이의 상태입니다. 여기서 후견인이 어린아이를 법적으로 보호하는 사람이라면, 청지기는 재산과 노예를 관리하는 사람입니다. 주인이지만 후견인이 필요하고 청지기가 필요한 것이 어린 주인의 모습입니다. 3절을 보겠습니다.

> 이와 같이 우리도 어렸을 때에 이 세상의 초등학문 아래에 있어서 종노릇 하였더니

"우리도 어렸을 때에"라는 말은 나이가 어렸다는 말이 아닙니다. 문맥상, "예수가 오셔서 성숙하고 충만할 때까지"라고 이해할 수 있습니다. 우리 개인적인 삶도 마찬가지입니다. 신자가 예수를 인격적으로 만나서 성숙하고 온전한 삶이 될 때까지 종노릇하는 상태에 있습니다. 우리 신분에 관계없이 본질 자체가 종노릇하는 자리에 있습니다. 이것이 세상에 예수 그리스도가 오시기 전까지 상태이고, 예수를 만나기 전에 모든 사람은 실제적으로 종노릇하며 삽니다. 자유롭게 사는 것 같지만 그렇지 않고 욕망과 욕심의 종이 되고, 죽음과 이 세상의 종이고, 죄와 자기 자신의 종이 되는 것이 사람들의 모습입니다. 이것이 실체입니다.

새로운 시대

그런데 예수께서 오시면 어떻게 됩니까? 어린 시절의 일은 끝납니다. 우리가 주님을 만나게 되면, 어린 시절의 종노릇하던 것을 멈춥니다. 온전히 새로운 시대를 맞이합니다. 본문 4절을 보겠습니다.

> 때가 차매 하나님이 그 아들을 보내사 여자에게서 나게 하시고 율법 아래에 나게 하신 것은

한글 성경에는 "그러나"가 빠져 있지만 원문에는 "그러나"가 있습니다. "그러나 때가 차매." 복음이 가져오는 시대의 전환 혹은 새로운 시대를 열 때마다 늘 "그러나"가 있습니다. 로마서를 보면 1장 중반부에서 3장 중반

부까지 죄 아래 있는 사람들의 삶의 모습이 기술되어 있습니다. 그러고 나서 3장 21절에 "그러나 이제는"이라고 나옵니다. 더 이상 이전처럼 죄 아래서 종노릇하지 않는 새로운 시대가 온 것입니다. "그러나" 하고 시대적인 전환이 일어나는 것입니다. 에베소서 2장 1절을 보면, "그는 허물과 죄로 죽었던 너희를 살리셨도다"라고 되어 있습니다. 그렇게 죽었던 우리를, 4-5절에서 "긍휼이 풍성하신 하나님이 우리를 사랑하신 그 큰 사랑을 인하여 허물로 죽은 우리를 그리스도와 함께 살리셨고 (너희는 은혜로 구원을 받은 것이라)"고 했습니다. 완전히 새로운 생명이 우리를 지배하고 통치하는 새로운 시대가 열리는 것입니다.

"그러나 때가 차매"라고 본문은 이야기합니다. 구주께서 세상에 오셔서 하신 첫 설교가 무엇이었습니까? "때가 찼고 하나님의 나라가 가까이 왔으니 회개하고 복음을 믿으라"(막 1:15)였습니다. "때가 찼다"는 것입니다. 더 이상 어린아이로서 종노릇하거나 후견인이나 청지기 아래 있지 않을 완전히 새로운 때가 찼습니다. 새로운 시대가 왔습니다. 때가 찼으니 이전과 똑같은 방식으로 살면 안 됩니다. 새로운 시대의 새로운 삶의 방식을 요구합니다. 주님은 언제나 그렇듯이 그분의 때가 차야 일을 하십니다. 모든 것이 완전하고 완벽할 때 일하십니다. 우리가 볼 때는 지금이 때인 것 같지만, 하나님의 모든 경륜이 완벽하게 맞는 때에 일하십니다.

그렇다면, 하나님이 이 세상에서 일을 행하신 그 때가 찬 모습은 어떻습니까? 유대인들의 율법이 거듭 실패하고 나라를 다 잃었습니다. 헬라인들의 철학이 탁월한 가르침 같았지만, 사람의 문제를 다루지 못했습니다. 로마의 법과 제도가 실패하고, 동양의 윤리와 도덕이 실패한 그 자리에 하나님의 때가 무르익었습니다. 로마가 세상을 정복해서 좋은 도로를 땅 끝까지 펼쳤습니다. 로마가 통치하던 시대는 언어를 헬라어 하나만 썼습니다. 거기다 로마는 치안을 안전하게 유지하고 있었기 때문에, 여행이 자유로웠습니다. 하나님의 때가 완전히 무르익었을 때 하나님이 일을 하십니다. 새로운 시대, 더 이상 종노릇하지 않아도 되는 시대가 된 것입니다. 주인이지만 어린아이이기에 종노릇하는 시대가 아닙니다. 새로운 시대가 왔을 때 주님이 두 가지 일을 하십니다. 4절을 다시 한 번 봅시다.

> 때가 차매 하나님이 그 아들을 보내사 여자에게서 나게 하시고 율법 아래에 나게 하신 것은

첫 번째, 그 아들을 보내 주셨습니다. 하나님이 여시는 새로운 시대는 그 아들이 오면서 열립니다. 오랫동안 약속했던 시대가 아들이 오면서 시작되는 것이죠. 그런데 아들만 온 것이 아닙니다. 6절을 봅시다.

> 너희가 아들이므로 하나님이 그 아들의 영을 우리 마음 가운데 보내사 아빠 아버지라 부르게 하셨느니라

두 번째, 아들의 영이신 성령을 보내 주셨습니다. 이것이 우리가 살아가는 새로운 시대의 중요한 특징입니다. 아들을 보내 주셨고, 아들의 영을 보내 주셨습니다.

아들, 예수 그리스도

먼저, 아들을 보내 주신 것을 봅시다. 새로운 시대를 열기 위해 하나님이 하늘에서 일꾼 중에 뽑고 뽑아서 가장 탁월한 일꾼을 보내 주신 것이 아닙니다. 천사 가운데 가장 우수한 최고 지도자 천사를 보낸 것이 아닙니다. 그런 것들은 얼마든지 대체 가능한 존재입니다. 하나님은 자신의 하나밖에 없는 아들을 이 땅에 보내 주십니다. 이것이 성경이 우리에게 가르치는 중요한 교훈입니다. 하나님은 아무도 대체할 수 없는 당신의 하나밖에 없는 아들을 이 땅에 보내십니다. 무엇 때문입니까? 하나님이 사람을 사랑하시기 때문입니다.

제가 목회자로서 성도들에게 성경을 가르칠 때, "하나님이 우리를 사랑하십니다"라는 말을 귀가 따갑도록 합니다. 그러나 제가 성도의 삶을 볼 때, 성도들은 하나님이 우리를 사랑한다는 말을 들으면 좋아하지만 믿지는 않는 것 같아요. 마음으로는 좋은데 잘 믿어지지 않는 거죠. 우리가 사는 환경이 어려워지거나 누군가에게 홀대를 받거나 할 때면, 하나님이 날 사랑한다는 말이 좋지만 믿어지지 않습니다. 하나님을 인정해야 하는 결정적인 순간에 하나님을 믿고 인정하기가 쉽지 않은 것 같습니다. 그러나 성경은 곳곳에서 우리에게 말합니다.

> 하나님이 세상을 이처럼 사랑하사 독생자를 주셨으니 이는 그를 믿는 자마다 멸망하지 않고 영생을 얻게 하려 하심이라(요 3:16)

> 하나님의 사랑이 우리에게 이렇게 나타난 바 되었으니 하나님이 자기의 독생자를 세상에 보내심은 그로 말미암아 우리를 살리려 하심이라 사랑은 여기 있으니 우리가 하나님을 사랑한 것이 아니요 하나님이 우리를 사랑하사 우리 죄를 속하기 위하여 화목제물로 그 아들을 보내셨음이라(요일 4:9-10)

하나님이 아들을 보내신 것은 우리를 사랑하시기 때문입니다. 그분은 다른 것으로 대체할 수 없는 하나밖에 없는 아들을 아끼지 않고 보내셨습니다. 아들이 이 땅에 오시면서 하나님의 마음 중심을 우리에게 이렇게 열어 보여 주신 것입니다.

사랑하는 여러분, 하나님이 우리를 사랑하셔서 아들을 보내셨습니다. 새로운 시대를 열기 위해 아들을 보내셨습니다. 어떤 모습으로 보냈습니까? 갈라디아서 4장 4절 하반절입니다.

> 그 아들을 보내사 여자에게서 나게 하시고 율법 아래에 나게 하신 것은

이게 무슨 뜻입니까? 하나님의 아들이 왔는데, 멋진 말과 마차를 거느리고 영광과 존영과 권능과 권세를 가지고 오지 않았습니다. 아들이 왔는데 여자의 배를 빌려서 사람으로 왔습니다. 하나님의 모든 아름다움과 찬란함과 복됨을 다 뒤로하고 여자의 배를 빌려서 우리와 똑같은 사람으로 이 땅에 왔습니다. 죄는 없지만 우리와 똑같은 사람으로 왔죠. 하나님의 아들이 왔다는 사실을 도무지 알 수 없을 만큼 우리와 똑같은 모습으

로 이 땅에 왔습니다. 하나님이 우리를 사랑하셔서 아들을 이 땅에 보내셨는데, 우리 모습 그대로 목수의 아들로 왔습니다. 이 사실이 믿어진다는 것은 기적과 같은 것입니다. 누가 이 사실을 믿겠습니까? 누가 이것을 지혜라고 말할 수 있겠습니까? 그런데도 성경은 지난 2천 년 동안 변함없이, 하나님이 우리를 사랑하셔서 아들을 보내셨고, 그 아들이 여자를 통해 죄는 없이 성령으로 잉태해서 우리와 똑같은 사람으로 이 땅에 왔다는 것을 말하고 있습니다.

그런데 하나님께서 그 아들을 우리와 같은 사람으로 보내실 때, 율법 아래 나게 하셨습니다. 율법은 우리에게 뭔가를 요구하고, 끊임없이 가르칩니다. 그 요구는 우리를 얽어맵니다. 요구를 따라 살지 못하면 정죄를 합니다. 그리고 우리를 저주하고 형벌 아래 머물도록 만드는 것이 율법입니다. 어머니의 모태로부터 태어난 모든 사람은 율법의 저주 아래 있습니다. 이미 갈라디아서 3장에서 다룬 주제입니다. 어머니의 모태에서 태어난 모든 사람의 실존은 율법의 정죄와 저주를 피할 길이 없습니다. 그런데 하나님이 아들을 보내셨습니다. 율법 아래로 보내셨습니다. 하나님의 아들이 할례를 받으십니다. 그가 정결 예식을 다 순종하고 받으십니다.

마태복음 17장을 보면, 한번은 예수께서 예루살렘에 베드로와 제자들을 데리고 올라가셨는데, 세(稅) 받는 자가 성전세를 내라고 말합니다. 주님이 베드로에게 반문합니다. "시몬아 네 생각은 어떠하냐 세상 임금들이 누구에게 관세와 국세를 받느냐 자기 아들에게냐 타인에게냐"(25절) 베드로가 대답합니다. "타인에게니이다"(26절). 예수께서 다시 말씀하십니다. "그렇다면 아들들은 세를 면하리라 그러나 우리가 그들이 실족하지 않게 하기 위하여 네가 바다에 가서 낚시를 던져 먼저 오르는 고기를 가져 입을 열면 돈 한 세겔을 얻을 것이니 가져다가 나와 너를 위하여 주라"(26-27절)고 하시어 성전세를 냅니다.

예수는 이 땅을 살아가면서 율법이 요구하는 것을 다 순응하고 살아가십니다. 어머니의 모태로부터 죄를 가지고 태어나서 율법을 제대로 수행하지 못했던 우리와 달리 예수는 율법을 완벽하게 이루시고 마지막으로 십자가 위에서 율법을 어긴 정죄와 형벌과 저주를 다 받고 돌아가셨습니다. 예수는 율법 아래에 오셨습니다. 무엇 때문에 그런 일이 필요했을까요? 본문 5절입니다.

> 율법 아래에 있는 자들을 속량하시고 우리로 아들의 명분을 얻게 하려 하심이라

하나님이 아들을 보냈습니다. 그런데 여자의 몸에, 율법 아래로 보낸 이유가 뭡니까? 우리가 첫 번째로 속량을 얻고, 두 번째로 입양되도록 하기 위해서입니다. 우리가 아들 되게 하기 위해서입니다. 하나님이 우리를 사랑하시기 때문에 하나밖에 없는 아들을 세상에 보내셔서, 첫째는 우리를 속량하시고, 둘째는 우리를 아들 삼도록 하셨습니다. 그래서 하나님께서 예수를 여자의 몸에, 율법 아래로 보내셔야 했습니다.

여러분, 속량이란 말이 뭡니까? '속량'이란 값을 지불한다는 뜻입니다. 예수께서 그런 모습으로 이 땅에 오신 이유는 우리를 위해 값을 치르기 위해서입니다. 무슨 값을 치러야 합니까? 종으로 팔려 종노릇하고 있는

우리를 자유케 하기 위해 값을 지불하셨습니다.

사랑하는 여러분, 예수는 아무 자격이나 조건이나 공로도 구비하지 못한 우리를 누구도 다시는 정죄하거나 요구하거나 명령할 수 없는 완전한 자유자로 삼기 위해 우리와 똑같은 몸을 입고 율법 아래 종처럼 사시고 죽으셨습니다. 우리가 살아야 할 삶에 대한 값을 완벽하게 지불하시고 우리를 자유케 하셨습니다. 우리를 속량하기 위한 것입니다.

우리가 예수를 믿어 자유케 되었습니다. 우리는 아무 공로 없이 주님이 완전히 값을 지불하셨습니다. 다시는 우리를 정죄 아래로 끌고 갈 자가 아무도 없다는 사실을 알아야 합니다. 우리의 양심도 그렇고, 마귀도 그렇고, 아무도 우리를 정죄하지 못합니다. 하나님도 우리를 정죄하지 않으십니다. 왜냐하면 예수 그리스도가 완전한 값을 지불하고 속량하셨기 때문입니다. 이것이 복음이 우리에게 전하는 메시지입니다. 자기를 붙들고 하나님 앞에 설 자가 아무도 없지만, 구주의 완전한 공로를 붙잡으면 어떤 죄인도 죄에 대한 정죄와 형벌에 대한 두려움 없이 하나님 앞에 담대히 설 수 있는 생명의 길이 새로운 시대와 함께 열린 것입니다.

그 다음은, 아들 됨입니다. 하나님이 아들을 보내시되 천사 중의 하나, 일꾼 중의 탁월한 일꾼 하나를 보내지 않으시고 우리를 위하여 아들을 보내서 아들의 귀한 생명으로 값을 지불하신 목적은 평생 종살이하던 우리에게 아들의 명분을 주시기 위한 것입니다.

'명분'이란 표현은 '이름만'이란 느낌이 있습니다. 성도들 중에도 '이름만 성도' 혹은 '이름만 아들'이란 느낌이 드는 분들이 있습니다. 과거에 제가 '아들 됨'에 대한 설교를 많이 하고 다녔습니다. 제가 아들 됨에 대한 설교를 할 때, "'아들'이라는 뜻이라기보다 '양자'라는 말이 더 맞습니다"라고 설교를 하면, 사람들의 얼굴에 안도의 한숨이 흐르는 걸 봤습니다. 아무리 생각해도 "아들"은 아닌 것 같았는데, "양자"라고 하니까 마음에 불편함이 덜해진 것이지요. 그러나 그런 우리 문화에서 느껴지는 "양자"라고 읽으면 안 돼요. 우리는 양자라고 하면 눈칫밥 먹고 서러움 받고 그런 것이 연상되죠. 우리 문화에서 "양자"라는 말은 부정적 이미지가 강합니다. 그래서 잘 밝히지 않습니다. 그런데 유럽이나 미국 사람들은 자기와 피부색이 다른 아이를 입양해 갑니다. 황인종, 흑인종을 입양하죠. 그러나 아무 문제가 되지 않습니다. 양자가 된다는 것은 이와 같이 아들의 명분을 얻는다는 의미입니다. 아들의 명분이라는 말은 아들이 아니었는데 아들의 이름과 호칭과 신분과 지위를 얻는다는 면에서 명분이지, 이름만 있고 내용은 없다는 뜻이 전혀 아닙니다. 우리 문화와는 완전히 다릅니다.

당시 로마 사회는 전쟁을 많이 치렀습니다. 전쟁을 치르면서 귀족들은 자녀를 많이 잃었습니다. 자녀를 잃으면 대가 끊어지기 때문에 귀족들은 노예 시장에 가서 노예들 중에 똘망똘망하고 괜찮은 노예를 사서 아들로 삼습니다. 입양하는 거죠. 그러면 그 순간부터 입양된 노예는 아버지의 모든 신분과 지위와 존영과 재산을 다 상속받게 됩니다. 우리 문화와는 다르죠. 양자라고 해서 친자식과 구별하지 않습니다. 양자라도 완벽한 신분을 상속받습니다. 노예 시장에 팔려 와서 평생 종살이하다가 죽게 될지, 아니면 검투장의 검투사로 팔려 짐승들과 검투하다가 죽게 될지 모르던 자리에서 주인의 사랑과 호의로 입양되면 그의 과거가 어떠했든지 간에 값을 완전하게 지불한 순간부터 아들의 존귀와 신분과 호칭과 유산과 모든 특권을 상속하는 것이 당시 사회였습니다.

하나님께서 아들을 보내셨는데, 율법 아래 보내십니다. 우리와 똑같은 몸을 가지고 우리처럼 율법 아래 종이 되어 고통하시고 십자가에 달려 저주를 받아 돌아가시면서 우리를 위한 완전한 값을 지불하십니다. 그뿐 아니라 우리의 죄가 덮이고 가려지고 씻겨집니다. 또한 예수의 완전한 공로로 우리가 의롭다 여겨집니다. 자유를 얻은 종, 평민이 아니라 아버지의 가문에 입양되어 아버지의 모든 영광과 존귀를 상속받는 하나님의 아들이 되는 것입니다. 그것이 기독교의 복음이 선포하는 핵심입니다.

우리는 죄 용서만 받은 사람이 아닙니다. 성경은 이제부터 제대로 살아보자고 가르치지 않습니다. 성경은 우리가 의로운 자로 여겨졌을 뿐 아니라 하나님의 아들로서 아버지 하나님의 모든 영광과 존영을 유산으로 상속받는 존귀한 신분의 변화가 우리 삶에 생겼다고 말합니다. 예수를 믿기 전에 어떤 사람이었든지 간에, 어떤 신분과 재능으로 인생을 살아왔든지 간에 주님을 만나는 순간부터 우리는 새로운 신분을 얻습니다.

이 사실이 그저 형식적인 논리에 그치는 것이 아니라 우리의 실존임을 아십니까? 고린도전서 3장 21-23절은 기가 막힌 사실을 우리에게 소개합니다.

> 그런즉 누구든지 사람을 자랑하지 말라 만물이 다 너희 것임이라 바울이나 아볼로나 게바나 세계나 생명이나 사망이나 지금 것이나 장래 것이나 다 너희의 것이요 너희는 그리스도의 것이요 그리스도는 하나님의 것이니라

기가 막힌 말입니다. 고린도 교회는 어린아이와 같아서 교회가 사분오열 되었습니다. 분열되는 그룹마다 주장을 합니다. "나는 게바를 따른다", "나는 바울이 좋다", "나는 아볼로가 좋다." 이러면서 교회가 분열되었습니다. 바울은 이런 교회를 향해 편지를 보냅니다.

> 그런즉 아볼로는 무엇이며 바울은 무엇이냐 그들은 주께서 각각 주신 대로 너희로 하여금 믿게 한 사역자들이니라(고전 3:5)

베드로나 아볼로 같은 유력 인사가 아니라 너희가 중심이고 핵심이라는 것입니다. 너희가 하나님의 아들이고, 하나님의 자녀라는 말입니다. 그들은 너희를 돕고 섬기는 종들일 뿐인데 어떻게 그 사람들을 중심으로 나뉘어 싸울 수가 있느냐는 것입니다. 누가 더 큰지 보라고 합니다. 아무리 위대한 인물, 유명한 목회자라도 여러분을 수종 드는 도구일 뿐입니다. 여러분은 하나님의 아들입니다. 이 모든 것은 여러분의 소유입니다. 아무리 탁월한 선지자, 모세, 다윗, 바울, 게바 등 위대한 믿음의 사람들도 다 여러분을 위해 존재하는 도구입니다. 물론 위대한 인물들도 하나님의 자녀입니다. 하지만 여러분이 더 큽니다. 목회자 밑에 머물러 있지 마십시오. 사람의 종이 되어서는 안 됩니다. 여러분은 하나님의 자녀입니다.

그러므로 힘을 다해 하나님 나라와 그분의 이름을 위해 사십시오. 구원을 얻기 위해서가 아니라 구원받은 감격을 가지고 하나님 나라를 위해 사십시오. 더 이상 돈이나 명예나 사람의 인정이나 세상의 보상을 바라고 살지 마십시오. 그리스도 안에 이미 우리 것이 되었습니다.

우리는 사람들의 인정이 필요한 사람이 아닙니다. 하늘 아버지의 완전한 인정을 이미 받은 사람들입니다. 그런데 거기에 무엇을 더 하려고 사람들의 인정에 목을 매겠습니까. 사람들을 사랑하고 그들의 유익을 위해서 우리가 섬기고 희생하는 것이 우리의 기쁨입니다. 언제든지 낮은 자리, 종 된 자리로 가십시오. 스스로 자신의 허물을 인정하지 않는 사회에서 여러분의 죄를 자주 고백하고 깨끗하고 정직하게 허물을 시인하십시오. 왜냐하면 우리는 아버지 하나님께서 나를 어떻게 대하시는지 알고, 아들 된 존영과 영광을 알기 때문입니다. 그래서 우리는 세상과 다르게 살아가는 것입니다.

우리 가운데 혹시 이런 질문을 할 사람이 있을까요?

"목사님, 제가 아들이라는 것을 어떻게 알 수 있습니까? 나는 너무 부족한 자입니다. 다른 사람이 아들이라고 하면 혹시 믿을지 모르겠지만, 저 같은 실패자, 부족한 자, 연약한 자가 어떻게 아들이 될 수 있습니까?"

오늘날 조국 교회가 길을 잃은 대목이 여기에 있습니다. 이 신령하고 복된 신앙을 전부 가시적으로, 물질적으로 바꾸어 놓았기 때문에 교회가 능력과 권능을 잃고 있는 것입니다. 우리 눈에 보이고, 체험적으로 뭔가 손에 만져져야 믿을 수 있는 것이 아닙니다.

아들의 영, 성령

그렇다면 아들이라는 것을 어떻게 알 수 있습니까? 갈라디아서 4장 6절이 말합니다.

> 너희가 아들이므로 하나님이 그 아들의 영을 우리 마음 가운데 보내사 아빠 아버지라 부르게 하셨느니라

하나님이 아들을 보내실 뿐 아니라 누구를 보내신다고 하십니까? 아들의 영을 보내십니다. 하나님께서 아들의 영, 성령을 보내신 목적이 무엇입니까? 우리가 아들인 줄 알게 하시려는 것입니다. 눈으로 뭘 봐야 아들인 줄 아는 게 아닙니다. 삶이 잘 풀리고, 남들이 보기에 그럴 듯해 보여서 우리가 아들일 거라고 믿어서는 안 됩니다. 그런 것은 아무런 보증이 안 됩니다. 우리의 삶에는 고난도 있고, 실패도 있습니다. 그동안 저는 목회를 하면서 신실하지만 아픔을 겪는 성도를 수없이 보았습니다. 우리의 신앙을 가시적인 것 때문에 변질시켜서는 안 됩니다. 우리에게 성령이 계십니다. 성령은 눈으로 보지 않아도 우리가 아들임을 믿고 경험하고 누리고 맛보는 신령한 복을 우리에게 가져다 주십니다. 손에 만져져야 믿어지는 것이 아닙니다. 성령이 우리 영혼을 열어서 우리가 아들인 것을 알도록 말씀해 주십니다. 성령이 우리에게 증거들을 주실 때, 세상이 다 일어나 우리를 대적해도 아들 된 것이 요동하지 않습니다.

본문 말씀이 성령을 "아들의 영"이라고 부릅니다. "아들의 영"이라는 이름은 성령의 주된 사역이 뭔지 잘 보여 줍니다. 성령이 오셔서 무슨 일을 하겠습니까? 두 가지 일을 주로 하십니다.

첫 번째로, 아들을 우리에게 드러내 보여 주십니다. 예수 그리스도가 하나님의 아들이심을 믿게 하는 거죠. 누가 믿겠습니까? 어떻게 사람의 지식으로 예수 그리스도가 하나님의 아들이라는 것을 믿을 수 있겠습니

까? 성령이 오셔서 예수 그리스도가 하나님의 아들이심을 믿도록 우리에게 열어서 보여 주시는 것입니다.

두 번째로, 예수를 믿을 때 우리같이 자격 없는 자들이 그분의 귀한 속량 때문에 아들의 신분을 상속 받는 영광이 있다는 사실을 성령이 입증해 주십니다. 그래서 "아들의 영"이라고 부릅니다.

성령이 우리에게 아들임을 가르쳐 주실 때, 우리는 어떻게 할 수 있습니까? "아빠 하나님"이라고 부를 수 있습니다. 이 "아빠"라는 이름은 굉장히 독특한 이름인데요. 예수께서 살던 당시에 유대 땅을 살던 대부분의 유대인은 자기들이 하나님의 아들이란 것을 믿었습니다. 선민의식(選民意識)을 가지고 자기들은 하나님의 특별한 아들이라고 믿었습니다. 그런데 유대인들은 한 번도 하나님을 향해 "아빠"라고 불러 본 적이 없었어요. 그런데 구주가 세상에 오셔서 우리에게 기도를 가르쳐 주시면서, "너희는 이렇게 기도하라 하늘에 계신 우리 아버지여"(마 6:9)라고 하시면서 하나님을 아버지라 부르게 하셨습니다. 그뿐 아니라 주님이 세상을 떠나시기 전에 겟세마네 동산에서 땀방울이 핏방울이 되도록 고통과 질고 속에 기도하십니다. "내 아버지여 만일 할 만하시거든"(마 26:39)이라고 하셨습니다. 여기서 주님이 하나님을 부르실 때 사용하신 호칭이 "아빠"입니다. 아무도 위로할 수 없는 고독한 자리에서 주님이 하나님을 "아빠"라고 불렀습니다.

성령이 우리가 아들 됨을 증거해 주실 때, 주님처럼 우리도 하나님을 "아빠"라고 부를 수 있습니다. 그 의미는 무엇입니까? 개중에는 영도 다리 밑에서 주워 온 아들마냥 늘 눈치코치만 보고 있는 아들이 있습니다. 진짜 아들, 내 배로 낳은 진짜 아들인데도 어쩜, 그렇게 눈치를 보는지요.

밥을 더 먹고 싶어도 "더 주세요"라는 말도 못하고 저 귀퉁이에서 앉아서 '나는 아들이긴 하지만 종보다 못해'라고 생각하는 아들이 있습니다. 그런데 '아빠 하나님'은 무엇을 상징합니까? 아버지와 아들이 누리는 친밀함을 상징합니다. 자녀들이 "아빠" 하고 달려올 때, 그 느낌이 어떻습니까? 아이가 '탁' 안기는 순간, 갈비뼈가 얼얼하도록 안깁니다. 두려움도 없이 말이죠. 확신 가운데 나의 아빠임을 알고 친밀함으로 안아 줍니다. 아빠를 부르고 달려갈 때, 나를 받아 주시고 기뻐하시고 즐거워하실 줄 알고 아무 염려 없이 마음껏 달려드는 자녀들의 확신과 견고함, 그 친밀함과 가까움이 "아빠"라는 이름 속에 다 묻어 있습니다. 성경은 우리가 아들의 영으로 하나님을 아빠 아버지라고 부르게 되었다고 말합니다.

우리의 예배를 한번 보십시오. 우리 예배는 잘 갖추어져 있습니다. 옷은 잘 입었지만, 시아버지, 시어머니 대하는 것처럼 예배를 드립니다. 아닌가요? 예절은 완벽하지만 가까움은 하나도 없는 것 같습니다. 예절은 충분히 지켰지만, 그 속에 아빠 하나님에 대한 깊은 신뢰가 담긴 예배를 드리냐는 말입니다. 아빠 하나님을 부르는 기쁨이 우리 안에 있기를 바랍니다.

우리는 어느 쪽을 뜯어봐도 부끄럽습니다. 목사인 저도 그렇습니다. 어디를 뜯어봐도 주님 앞에 죄송하고 성도에게 죄송합니다. 왜 그렇게 허물은 많은지 너무 죄송하고 마음 아플 때가 많습니다. 그러나 사랑하는 여러분, 그게 우리의 전부가 아닙니다. 구주가 여자에게서 나셨습니다. 율법 아래 오셨습니다. 우리같이 무익한 것들을 위해 값을 지불하고 우리를 아들로 삼으셨습니다.

사랑하는 여러분, 우리 모든 영혼이 이 자녀 된 영광과 부요를 성령의 도우심으로 마음껏 누려서, 존영과 영광을 아는 사람처럼 살면 좋겠습니다. 이 조국 교회가 자기 중심의 탐욕에 찌들어 사람들에게 외면당하는 것이 아니라, 우리 믿는 자들이 서로를 축복하고 하나님의 사랑을 흘려보내는 귀한 은혜가 우리 모두에게 흘러 넘치기를 바랍니다.

갈라디아서 4장 4-11절

때가 차매 하나님이 그 아들을 보내사 여자에게서 나게 하시고 율법 아래에 나게 하신 것은 율법 아래에 있는 자들을 속량하시고 우리로 아들의 명분을 얻게 하려 하심이라 너희가 아들이므로 하나님이 그 아들의 영을 우리 마음 가운데 보내사 아빠 아버지라 부르게 하셨느니라 그러므로 네가 이 후로는 종이 아니요 아들이니 아들이면 하나님으로 말미암아 유업을 받을 자니라 그러나 너희가 그 때에는 하나님을 알지 못하여 본질상 하나님이 아닌 자들에게 종노릇하였더니 이제는 너희가 하나님을 알 뿐 아니라 더욱이 하나님이 아신 바 되었거늘 어찌하여 다시 약하고 천박한 초등학문으로 돌아가서 다시 그들에게 종노릇하려 하느냐 너희가 날과 달과 절기와 해를 삼가 지키니 내가 너희를 위하여 수고한 것이 헛될까 두려워하노라

14장
우리의 과거와 현재

우리가 성도로서 세상을 살아갈 때, 세상 사람들과 많은 차이가 있습니다. 성도는 과거와 현재가 선명하게 구별된다는 점에서도 큰 차이가 납니다. 물론 모든 사람에게 과거와 현재가 있습니다. 하지만 성도는 과거와 현재가 뚜렷이 구별되는 차이가 있다는 점에서 세상 사람들과 다른 증거와 표를 갖고 세상을 삽니다. 우리가 정말 예수를 믿는 사람인가? 정말 바른 신앙 생활을 하는가? 이런 것들을 검증할 때, 우리를 검증하는 중요한 틀 하나가 나에게 "그때"라고 말할 과거와 "이제"라고 말할 현재가 있는가 하는 것입니다. "그때"와 "이제"를 분명히 구별할 수 있는지를 살펴보면 우리의 영적 상태를 정확하게 알 수 있습니다. 사랑하는 여러분, 모든 진실한 성도는 과거와 구별되는 현재를 가지고 세상을 살아갑니다. 성도의 과거는 어떻습니까?

성도의 과거, 무지함으로 인한 종노릇

본문 8절을 봅시다.

> 그러나 너희가 그 때에는 하나님을 알지 못하여 본질상 하나님이 아닌 자들에게 종노릇하였더니

과거, 즉 우리가 성도가 아니었을 때의 특징을 몇 가지로 요약할 수 있습니다. 첫 번째로, 주님을 알지 못하던 시대의 사람입니다. 그때 우리의 특징은 무지입니다. 하나님을 알지 못하는 것입니다. 이 '무지'라는 말은 학교에 가서 공부를 못하거나 기억이 나지 않거나 경쟁해서 좋은 대학을 가지 못하는 것을 의미하지 않습니다. 여기서 무지는 하나님이 살아 계신 것을 모르는 것입니다. 하나님은 영이십니다. 눈에 보이지 않습니다. 그래서 하나님이 계시지 않은 것처럼 생각하며 사는 것입니다. 우리는 영이신 하나님을 우리 방식으로 볼 수 없으므로 하나님을 알지 못하는 무지 가운데 살고 있습니다. 그러나 하나님을 알지 못하면 동시에 자기 자신도 모르게 됩니다. 사람은 몸으로만 구성되어 있지 않습니다. 성경이 '몸'이라고 할 때 지각, 생각, 정신, 정서 이런 것까지 다 포함한 것을 '몸'이라고 합니다. 사람은 몸으로만 구성된 것이 아니라 하나님을 지각하고 사귀고 교통할 수 있는 영을 가진 존재입니다.

창세기를 보면, 하나님이 사람을 지으실 때 사람을 흙으로 빚으시고 그 코에 생기를 불어넣으셨습니다. 생기를 불어넣으실 때 하나님의 형상을

따라 지었다고 했습니다. 하나님을 닮은 부분을 가지고 사람이 지어졌습니다. 그래서 사람은 하나님처럼 영적인 존재로 지어졌습니다. 그런데 사람은 죄 때문에 하나님을 모를 뿐 아니라 자기 자신도 잘 모릅니다.

하나님을 모르는 불신자들의 특징은 무지입니다. 눈에 보이는 세상과 자신의 경험, 만져지는 자신의 몸만 믿습니다. 비록 하나님은 눈에 보이지 않지만, 그분과 교통하는 영적인 부분이 있습니다. 그러나 불신자들은 자신에게 영적인 부분이 있다는 것을 모릅니다.

이 무지의 결과로 어떤 일이 벌어졌습니까? 8절은 "하나님이 아닌 자들에게 종노릇하였다"고 기록하고 있습니다. 무지함은 우리를 종살이하도록 만든다고 합니다. 하나님을 모르기 때문에 사람들은 끊임없이 다른 어떤 존재의 종이 된다는 것입니다. 제일 쉬운 것은 세상의 종이 되는 것입니다. 세상 사람들이 옳다는 대로 살고 싶어합니다. 세상의 가치관대로 세상을 살아갑니다. 세상의 종이지요. 자신의 몸밖에 없는 줄 아는 세상, 자기 몸의 정욕과 자신의 종입니다. 오늘날 현대인은 자신의 몸을 주인으로 섬기는 종입니다. 과거처럼 부모를 두려워하거나 이웃을 배려하는 것보다 자신이 제일 중요한 주인이 되었습니다. 이것은 사망의 종의 특징입니다. 누구도 죽음을 피할 수 없는 줄 알면서도 사람들은 죽음을 정면에서 바라보거나 생각하려고 하지 않습니다. 우리가 어지간히 나이가 들면 욕심도 줄고 주님 만날 준비도 하겠지라고 생각하지만, 주변에 계신 어르신들에게 한번 여쭤 보세요. 연세가 팔순이 되고 아흔이 된 분들께, "이제 주님 만날 준비 하고 계십니까?"라고 여쭙는다면 굉장히 섭섭해 하실 겁니다.

하나님과 우리 자신에 대한 무지는 필연적으로 우리를 종살이하는 자리로 데려갑니다. 그런데 본문은 재미있게도 이런 종살이만 아니라 또 다른 종살이로 데려간다고 말합니다. 9절입니다.

> 이제는 너희가 하나님을 알 뿐 아니라 더욱이 하나님이 아신 바 되었거늘 어찌하여 다시 약하고 천박한 초등학문으로 돌아가서 다시 그들에게 종 노릇하려 하느냐

9절은 앞에서 살펴보았던 갈라디아서 4장 3절과 짝이 되는 구절입니다. 3절을 보면, "이와 같이 우리도 어렸을 때에 이 세상의 초등학문 아래에 있어서 종노릇하였더니"라고 되어 있습니다. 주님을 만나기 전 사람의 상태가 무지가 만들어 내는 종살이라고 묘사하면서 이 종살이를 9절에서는 초등학문에 종살이한다고 표현하고 있습니다. "초등학문"이라는 것은 이 세상과 사람들의 문제에 대한 나름의 분석과 해석과 대안을 제시하는 세상 지식입니다. 교회나 성경만 이 세상과 사람들의 문제에 대안을 주고 있는 것이 아닙니다. 우리가 몸 담아 살고 있는 세상 역시 다양한 형태로 세상의 문제를 분석하고 그 문제에 대한 나름의 대안을 내놓고 있습니다. 사람들에게 가장 현실적이고 익숙한 대안 하나는 돈을 많이 벌고 높은 신분과 지위와 명예를 얻는 것입니다. 이런 대안을 인생에 대한 분석에 근거해서 내놓는가 하면, 어떤 사람들은 윤리와 도덕의 형태로 대안을 냅니다. 또한 적지 않은 사람들이 미신과 신화의 형태인 종교들을 가지고 사람의 문제를 해석하고 대안을 내놓습니다. 오늘날은 과학과 기술

로 사람들에게 끊임없이 인생의 문제를 분석하고 대안을 내놓습니다. 지식과 학문의 형태로 대안을 내는 것이죠. 이 모든 것을 한데 묶어 성경은 "초등학문"이라고 불렀습니다.

세상의 초등학문은 사람의 삶을 나름대로 틀을 가지고 분석하고 대안을 내고 있지만 이 학문은 "약하고 천박하다"고 합니다. "약하다"는 것은 힘을 공급해 주지 못한다는 것입니다. 이 세상에 있는 어지간한 과학, 기술, 지식, 철학, 윤리, 도덕 등은 전부 약하다고 합니다. 우리를 잘 살도록 돕는 힘이 없다는 것입니다. 도움이 되는 것 같지만, 결정적으로 우리를 도와줄 힘이 없는 약한 초등학문입니다.

또한 "천박하다"고 했습니다. "천박하다"는 것은 속이 텅 비어 있어서 우리를 존귀하고 영화롭고 부요롭게 할 수 없다는 뜻입니다. 세상의 초등학문은 우리에게 많은 대안과 조언을 주지만, 실제로 그 어떤 것도 우리를 존귀하게 해 주는 것이 없습니다. 세상의 초등학문은 그럴 힘과 능력이 없습니다.

실제로 많은 사람들이 명예와 신분을 부러워하며 이 땅에 살고 있습니다. 명예를 잘 보십시오. 사람들이 존경하고 아끼는 것 같지만 눈 앞에서만 존대할 뿐 돌아서면 마음에 시기가 생기고 허물을 찾아내고 싶어하는 본성이 우리 속에 있습니다. 그러니 명예라는 것이 귀하게 보이기도 하지만, 실제적으로 내용이 참 빈약하고 천박한 것입니다. 명예가 우리를 존귀하게 하고 영화롭게 하는 것이 아닙니다. 간혹 명예가 사람에게 존귀와 영광을 주는 것 같아도 그것들은 많은 사람의 눈물과 고통을 딛고 서 있는 것일 뿐입니다. 명예는 수많은 사람에게 멸시를 받고 피를 흘린 결과로 얻어 낸 존귀일 수 있습니다. 그러니까 세상이 말하는 영광과 존귀는 정말 천박한 것이고 우리를 바르고 영화롭게 하는 것은 아닙니다. 우리를 풍성하고 부요하게 하는 것이 아닙니다.

그러나 복음은 종이든 주인이든 그리스도 안에서 하나라고 가르칩니다. 남자와 여자가 많은 차이가 있는 것 같지만 차별과 차등이 있는 것이 아니라 하나라고 가르칩니다. 복음 안에 있는 사람들은 신분과 명예의 변화가 없이도 진정한 존엄과 영광이 뭔지를 압니다. 또한 그 존엄과 영광이 주는 부요함이 어떤 것인지를 알고 세상을 살아갑니다.

주 안에서 사랑하는 여러분, 이 세상에 있는 천박하고 연약한 초등학문에 종노릇하는 것이 우리 과거의 모습입니다. 무지 때문에 하나님을 모르는 삶은 종노릇하고 살 수밖에 없는 세상 사람의 보편적인 모습입니다. 아무리 돈을 많이 벌어 부자가 되고, 공부를 많이 해서 세계적인 석학이 되어도 종살이하는 것일 뿐입니다. 이것이 우리의 과거라고 성경은 말하고 있습니다.

바울이 말하는 종노릇의 의미

바울이 말하고 있는 종노릇은 어떤 의미를 담고 있습니까? 복음을 알았지만 어리석게도 하나님 자녀의 영광에 있지 못하고 율법의 교훈들을 따라서, "날과 달과 절기와 해를 삼가 지키"(10절)는 것처럼 하나님 앞에 의롭다 함을 받으려고 하는 갈라디아 지역 성도들에게 똑같은 이야기를 하고 있습니다. "너희가 어떻게 세상의 초등학문에 종노릇하려고 하느냐"라고 반문하고 있습니다. 하나님의 율법은 귀하고 선한 선물입니다. 그러나 그 율법을 잘못 사용하면 세상의 초등학문으로 전락시켜 거기에 종노릇 하도록 만들 수 있다는 겁니다. 우리가 진리를 바르게 알고 성령과 동행하는 것이 무엇인지 모르면, 신앙 생활이라고 하지만 똑같이 종살이 할 수밖에 없다는 겁니다. 초등학문 아래 있는 사람들처럼, 장성한 아들의 지위와 영광과 존영을 갖는 것이 아니라 똑같이 종노릇하는 위험에 처하는 것입니다.

하나님이 우리에게 율법을 주신 목적이 무엇입니까? 하나님께서 예수를 이 땅에 보내실 때, 우리가 은혜로 말미암아 의롭게 되는 생명의 길을 환영하고 믿도록 우리에게 율법을 주셨습니다. 그런데 우리는 이 율법을 바르게 사용하지 않고 세상의 초등학문에 익숙하게 종노릇하던 습관대로 이 율법에서 종노릇한 것입니다.

주 안에서 사랑하는 여러분, 우리가 성도가 되어 주님을 믿고 그분의 말씀을 들어 은혜를 깨달으면, 우리의 마음이 밝아지면서 과거에 죄라고 여기지 않았던 일들을 죄로 여기게 됩니다. 과거에 쉽게 지나갔던 일들이 마음에 걸립니다. 그럴 때 하나님이 우리에게 말씀을 주시고, 깨닫게 하십니다. 그것은 우리를 정죄 아래 가두기 위한 것이 아닙니다. 우리가 죄를 깨닫고 복음과 은혜가 얼마나 사실적인지를 알고 믿음의 자리로 더 나오게 하기 위함입니다. 그런데 사람들은 죄 때문에 정죄와 절망과 낙심 속에 빠져 허덕이고 넘어질 때가 많습니다.

이 세상을 살아가면서 우리의 죄악을 볼 때 절대로 낙심하고 넘어져서는 안 됩니다. 우리의 죄가 드러나면 그 위에 덮으시고 가리시고 씻으시고 새롭게 하시는 주님의 은혜 안으로 들어오라는 하나님의 초대인 줄 아셔야 합니다. 절대로 자기 연민에 빠지거나 자포자기하지 말아야 합니다. 우리는 성도로서 세상 사람들보다 훨씬 높은 도덕적인 기준을 가지고 삽니다. 그렇기 때문에 자주 낙심할 만한 위험에 처합니다. 저도 목회자로서 낙심할 때가 많습니다. 사람들 눈에는 안 보이지만, 제 자신을 보면서 목사로서 한심스러울 때가 많습니다.

사랑하는 여러분, 이 땅을 살아가는 동안 우리는 자신의 방식으로 하나님과 사람 앞에 떳떳하게 서지 못한다는 것을 알아야 합니다. 우리는 주님의 공로를 힘입어 하나님의 은혜로 설 수 있습니다. 하나님은 우리를 정죄 아래 가두어서 다시는 회복될 수 없는 사람인 것처럼 몰아가지 않습니다. 그렇기 때문에 자포자기하거나 낙심하는 자리에 머물지 마십시오.

성도의 현재, 아들이요 자유자

우리의 현재는 어떻습니까? 과거가 무지와 종살이의 연속이었다면, 현재의 모습은 어떻습니까? 9절을 다시 한 번 보겠습니다.

> 이제는 너희가 하나님을 알 뿐 아니라 더욱이 하나님이 아신 바 되었거늘 어찌하여 다시 약하고 천박한 초등학문으로 돌아가서 다시 그들에게 종노릇하려 하느냐

"그러나 이제는"입니다. 우리 과거의 특징이 "무지"였다면, 현재는 "지식,

바른 앎"이 특징입니다. 제가 목회를 하면서 제일 많이 듣는 이야기 중에 이런 것이 있습니다. "목사님, 성경을 공부하고 많이 알면 무슨 소용이 있나요? 말씀대로 살지도 않는데요." 저는 이 말에 동의하고 싶지 않습니다. 성경을 많이 아는데, 그렇게 살지 않는다는 이야기를 여러분은 어떻게 생각하십니까? 제가 볼 때, 오늘날 조국 교회의 문제는 성경을 너무 모르는 데 있습니다. 한번 생각해 보십시오. 우리가 예수 믿은 연수만큼 성경을 읽은 사람이 있나요? 얼마 없을 겁니다. 조국 교회가 보편적으로 성경을 거의 읽지 않습니다. 설교는 대체로 잘 듣는 편입니다. 또한 목회자의 설교는 성경 본문을 제대로 주해해서 사람의 마음을 경작하기보다는 사람의 마음을 따뜻하게 만드는 설교를 하는 경우가 많습니다. 그러니까 아는 것 같지만 사실은 아는 것이 아닙니다. 하나님 말씀이 가르치는 대로, 성경이 말하는 대로 하나님을 아는 것이 아니라 우리가 불신자일 때부터 생각했던 막연한 하나님에 대한 지식이 대부분입니다. 이것이 제가 생각하는 조국 교회 성도들의 치명적인 단점입니다.

예수께서 세상에 계실 때 이렇게 말씀하셨습니다. "영생은 곧 유일하신 참 하나님과 그가 보내신 자 예수 그리스도를 아는 것이니이다"(요 17:3). 하나님이 우리에게 주시는 영생은 하나님을 알고 예수를 아는 것입니다. 하나님을 알아야 눈이 열리고, 귀가 열려 영생을 누립니다. 무지함이 우리를 종살이하는 곳으로 데려간다면, 바른 지식과 앎은 우리로 하여금 자녀의 영광과 자유로 데려갑니다. 예레미야 9장 23-24절에서 주님은 우리에게 이렇게 말씀하셨습니다.

여호와께서 이와 같이 말씀하시되 지혜로운 자는 그의 지혜를 자랑하지 말라 용사는 그의 용맹을 자랑하지 말라 부자는 그의 부함을 자랑하지 말라 자랑하는 자는 이것으로 자랑할지니 곧 명철하여 나를 아는 것과 나 여호와는 사랑과 정의와 공의를 땅에 행하는 자인 줄 깨닫는 것이라

자랑하는 자는 하나님을 아는 것과 그분을 앎으로 말미암아 하나님이 어떤 성품을 가진 분인 줄 아는 것을 자랑하라고 합니다. 우리의 입술의 말, 마음의 생각과 도모를 한번 살펴봅시다. 우리의 과거와 우리의 현재가 얼마나 다른지 고민해 봅시다. 우리 마음과 생각의 자랑거리가 무엇입니까? 용맹한 것입니까, 돈이 많은 것입니까, 이 세상의 초등학문이 우리에게 가르쳤던 것들입니까? 아니면 자유한 자처럼 하나님을 아는 지식을 자랑하고 그분을 알아가면서 끊임없이 하나님의 성품이 어떤 것인지 알기 위해 그분을 즐거워하고 닮아가는 것이 자랑이었습니까? 그걸 보면 우리의 모습이 보입니다. 여기서 "안다"는 말은 책을 읽고 탐구해서 알게 되는 추상적이고 개념적인 지식이 아닙니다. 길을 가다가 몇 번 얼굴을 마주쳐서 그 사람이 어디에 사는지를 아는 단순한 지식을 말하는 것이 아닙니다. 머리로 아는 것이 아닙니다. 성경을 달달 외워서 답을 말하는 앎이 아닙니다. 만나서 함께 사귀고 교통하고, 인격적이고 개인적으로 친밀하게 아는 것입니다. 부부가 서로를 아는 것처럼 아는 것을 말합니다. 이것이 예수를 믿어서 오늘을 살아가는 성도의 과거와 구별되는 가장 중요한 특징이어야 합니다. 그것이 하나님을 아는 지식입니다.

하나님을 아는 지식을 얻는 방법

사랑하는 여러분, 우리가 어떻게 이와 같은 지식을 가질 수 있을까요? 이런 설교를 하면, 오늘날 한국 교회 성도들이, "목사님, 저는 평신도입니다. 저는 직장도 있고 바쁩니다"라고 말합니다. 제가 30년 가까이 청년 사역을 하면서 목이 메이도록 가르친 것이 있습니다. "얘들아, 시간밖에 없는 얘들아! 시간밖에 없을 때 제발 성경 좀 읽어라. 너희 앞으로 대학 문만 나서면 성경을 읽는 것 자체가 어려워질 때가 올텐데, 그 전에 죽자고 성경 좀 읽어라." 제가 그렇게 오랜 세월 청년들을 가르쳤지만, 청년들 중에 대학을 졸업하기 전에 한 해 동안 다섯 번 이상 성경을 읽는 청년을 찾기가 쉽지 않았습니다. 저는 최소 일 년에 열 번 정도 읽어서 졸업할 때 사십 번은 읽기를 바랐습니다. 그러나 그런 청년을 찾기가 쉽지 않았습니다.

사랑하는 여러분, 주님이 하신 말씀을 통해서 주님을 알아갑니다. 기록된 말씀을 읽고 듣고 할 때, 그 말씀이 문자로 그치지 않고 성령의 손에 붙들려 우리의 가슴속에 적용되고 경험됩니다. 성령의 도우심을 통해 하나님을 아는 것이 무엇인지 깨닫게 됩니다. 그것이 오늘을 사는 성도의 제일 중요한 자질과 특징입니다.

갈라디아 지역 성도들도 시작은 잘했습니다. 그런데 거짓 선생들이 일어나자 그들의 유혹에 빠져 율법을 지키는 쪽으로 넘어갔습니다. 왜냐하면 외적으로 볼 때 금식을 하고, 할례를 행하고, 율법을 지키는 것이 더 종교적으로 보이기 때문입니다. 날을 지키고, 달을 지킬 때 훨씬 신앙적인 것 같기 때문입니다. 그래야 왠지 모르게 제대로 믿고 있는 것 같은 생각이 듭니다. 신앙이 전부 외현화(外現化)된 것이죠. 신앙 전부를 외적인 것으로 바꿔 놓은 것입니다. 그 결과 갈라디아 성도들은 넘어졌습니다. 오늘날 조국 교회도 많이 넘어집니다. 많은 성도들이 신앙 생활이라고 하면서 자꾸 체험을 찾습니다. 물론 바른 신앙 안에는 반드시 영적 체험이 있습니다. 신비롭고 참되고 진실한 영적 체험 말입니다. 그런데 오늘날 조국 교회가 찾는 체험은 대부분 외적으로 드러나 보이는 것입니다. 병이 낫거나 방언을 하기 원합니다. 무엇인가 일어날 것 같기 때문이죠. 방언 기도를 하면 알아듣지 못하는 말을 하니까 사람들이 무슨 대단한 일이 일어난 것처럼 생각해 줍니다. 또한 삶이 형통해지는 약속의 표를 얻기 위해 기도하기도 합니다. 신앙이 이런 껍질을 찾기 때문에 본질을 놓치게 됩니다.

신앙의 본질이 무엇입니까? 우리 눈에 보이지 않지만 살아 계신 하나님을 만날 때, 우리 속에 새로운 생명이 생깁니다. 하나님께서 원래 우리를 지으셨던 모양 그대로 영과 몸으로 구성된 우리는 성령의 도우심으로 생명의 말씀 안에서 영이신 하나님을 경험하고 맛보고 알아갈 수 있습니다. 그런데 그 영광을 버리고 외적 은사와 체험, 혹은 윤리와 도덕을 가지고 우리를 평가하니 이렇게 교회가 약해지고 세상에 짓밟히는 것입니다. 하나님을 아는 지식은 성경에 기록된 말씀입니다. 그렇다면 그 지식이 책에 기록된 문자로 그치지 않고 성령의 손에 붙들려 우리에게 적용되어 주님을 알아가는 데 사용되고 있습니까? 2천 년 전에 기록된 생명의 말씀이 단지 역사 기록에 그치지 않고, 오늘날 우리에게 살아 계신 예수께서 성령을 통해 말씀하고 계시다고 생각합니까? 많은 사람들이 신앙의 본질을 잃어버리고 살고 있습니다. 그래서 자꾸 껍데기를 붙듭니다. 우리가 입고 다니는 옷, 타고 다니는 차, 우리를 향한 다른 사람의 평판에 우리는 연연합니다. 하나님은 우리가 그분을 알 뿐만 아니라 한 걸음 더 나아가서 하나님이 우리를 아신다고 본문을 통해 말씀해 주시고 있습니다. 성경은 오래 전부터 하나님이 우리를 아셨다고 합니다. 만세 전부터, 우리가 어머니의 모태 안에 있기 전부터 하나님은 우리를 마음에 품으시고 오랜 세월을 기다리셨습니다. 하나님은 우리가 예수 그리스도를 믿어 귀한 생명을 경험하고 맛볼 그날을 예비하셨습니다. 또한 하나님은 우리가 당신을 예배하고 찾는 생명의 길로 데리고 오셨습니다. 그런데 우리의 모습은 어떤가요? 하나님의 은혜를 깨닫고 난 후, 지금 우리의 모습은 어떻습니까?

오늘날 현대인들은 경쟁 사회에서 도태되는 이유가 자라온 성장 과정 때문이라고 분석하면서 부모에 대한 원망, 환경에 대한 원망 속에서 살아가고 있습니다. 그러나 성경은 그렇게 말하지 않습니다. 하나님은 우리를 오래전부터 알고 계십니다. 우리의 작은 것 하나 억지로 시키지 않으시고 성령과 함께 기다리십니다. 그리고 어느 날 우리가 마음을 열어 복종하고 순종하는 것을 천사의 노래보다 더 기뻐하실 것입니다. 그 때 참 자유가 옵니다. 무지가 만들어 낸 끝없는 종살이가 아니라 주님을 바르게 알고 주님이 우리를 아신다는 것을 알 때, 성도의 삶에 참 자유가 옵니다.

오늘날 조국 교회에 있는 성도들은 성령의 역사가 영적으로 충만한 사람들에게 임한다고 생각합니다. 어떤 사람들은 훈련 코스를 잘 마치고, 영적인 노력을 많이 한 사람들에게 수고와 땀의 보상으로 성령이 주어지는 것처럼 여깁니다. 그러나 성경은 뭐라고 말합니까? 자격 없는 우리에게 아들을 보내 주신 하나님이 우리에게 아들만 보내지 않고 성령도 보내 주셨다고 말합니다. 우리 눈에 보이는 어떤 일이 꼭 일어나야 하나님이 우리 편인 줄 아는 것이 아닙니다. 눈에 보이는 어떤 일이 꼭 일어나야 하나님의 도우심 안에 있다고 믿는 것도 아닙니다. 성령으로 우리 영혼에 말씀하시면, 온 세상이 다 일어나서 우리를 송사하고 정죄해도 우리는 괜찮습니다. 물론 마음이 아프지요, 고통이 없는 것도 아니지만 이길 수 있습니다. 왜냐하면 성령이 우리를 향한 하나님의 마음을 전달해 주실 때, 우리 영혼이 넉넉히 이기고도 남는 영광을 보기 때문입니다. 우리의 신앙이 그런 것입니다.

오늘날 사람들은 조국 교회를 기복주의 신앙이라고 비난합니다. 그러나 유독 자기만 기복주의가 아니라고 생각합니다. 그러면서도 신앙을 전부 외현화합니다. 마치 어리석은 갈라디아 성도들처럼 뭔가 외적으로 드러나야 신앙이 더 좋은 것처럼 자꾸 신앙을 외적으로 바꿉니다. 그러나 하나님은 성령을 통해 우리에게 말씀하시고 적용시켜 주십니다. 하나님은 우리 같은 자격 없는 자들에게 성령을 물 붓듯이 부어 주셔서 이 땅을 살아가는 동안 우리가 하나님 말씀의 적용을 받고 그분의 약속을 경험하여 복되고 영광스러운 하나님의 도우심을 통해 세상을 바르게 살 수 있도록 하십니다. 참된 복음의 영광이, 자유와 존영이 여기에 있습니다. 그런데 오늘날 신앙이 전부 껍질에 붙어 있어서 우리의 아픔과 상함은 더욱 심해지고 있습니다.

우리는 어떤 사람입니까? 과거나 현재가 선명하게 구별됩니까? 아직도 부족하고 연약하지만, 더 이상 우리의 마음과 자랑이 이 땅에 있지 않고 다른 곳에 있다는 것을 틀림없이 믿고 있습니까? 우리를 통해 이 척박한 땅에, 하나님께서 우리에게 주시는 존귀와 부요와 참 자유가 흘러가길 원합니다. 세상을 축복하고 영혼을 살려 내는 참된 복이 우리 모두에게 있기를 바랍니다.

갈라디아서 4장 12-20절

형제들아 내가 너희와 같이 되었은즉 너희도 나와 같이 되기를 구하노라 너희가 내게 해롭게 하지 아니하였느니라 내가 처음에 육체의 약함으로 말미암아 너희에게 복음을 전한 것을 너희가 아는 바라 너희를 시험하는 것이 내 육체에 있으되 이것을 너희가 업신여기지도 아니하며 버리지도 아니하고 오직 나를 하나님의 천사와 같이 또는 그리스도 예수와 같이 영접하였도다 너희의 복이 지금 어디 있느냐 내가 너희에게 증언하노니 너희가 할 수만 있었더라면 너희의 눈이라도 빼어 나에게 주었으리라 그런즉 내가 너희에게 참된 말을 하므로 원수가 되었느냐 그들이 너희에게 대하여 열심 내는 것은 좋은 뜻이 아니요 오직 너희를 이간시켜 너희로 그들에게 대하여 열심을 내게 하려 함이라 좋은 일에 대하여 열심으로 사모함을 받음은 내가 너희를 대하였을 때뿐 아니라 언제든지 좋으니라 나의 자녀들아 너희 속에 그리스도의 형상을 이루기까지 다시 너희를 위하여 해산하는 수고를 하노니 내가 이제라도 너희와 함께 있어 내 언성을 높이려 함은 너희에 대하여 의혹이 있음이라

15장

너희도 나와 같이 되라

우리가 하나님을 믿고, 그분께 예배 드리고, 그분께 기도하면 우리의 삶에 많은 변화가 일어납니다. 그럴 때 예배 자리에서 하나님께 예배드리고 골방에서 하나님께 기도드리는 것, 가정에서 가족을 대하고 일터에서 동료를 대하는 태도에서 일관성이 나타납니다. 우리가 올바른 기독교 신앙을 가지고 있으면, 신앙은 삶의 모든 자리에서 일관되게 흐른다는 것을 알게 됩니다. 결국, 일관된 삶을 살 수 있습니다. 그러나 우리가 이런 삶을 너무 가혹하게 밀어붙여서는 안 됩니다. 왜냐하면 우리는 죄인이기 때문입니다. 죄인에게 나타나는 현상 하나는 균형 상실입니다. 우리는 죄인이기 때문에 기본적으로 균형이 많이 깨져 있습니다. 그래서 우리의 삶이 전부 예배를 드리는 것처럼 일관된 삶을 살기가 어렵습니다. 예배를 드리는 삶은 가정에서나, 직장에서나 이웃을 대할 때의 모습과 하나님을 대할 때의 모습이 일관성 있게 드러나야 합니다. 그러나 우리는 깨어진 균형 때문에 일관성을 유지하지 못합니다. 그럼에도 성도는 삶의 모든 영역에서 삶을 지배하는 동일한 원리가 흘러야 한다는 것을 잊지 말아야 합니다. 그리고 계속 그런 방향으로 삶을 이끌어 가야 합니다.

우리가 예수를 믿고 삶의 일관성을 추구하게 되면 삶의 중요한 원리에 변화가 생깁니다. 바로 사람을 대하는 자세와 방식입니다. 이번 본문은 일관된 삶을 살아가는 성도가 사람을 대하는 자세를 종합 선물 세트같이 묶어 놓은 것과 같습니다. 믿는 자로서 사람을 어떻게 대하며 살아야 하는지를 잘 요약한 본문이라고 할 수 있습니다.

내가 너희와 같이 되는 것

성도가 사람들을 어떻게 대해야 합니까? 12절입니다.

> 형제들아 내가 너희와 같이 되었은즉 너희도 나와 같이 되기를 구하노라 너희가 내게 해롭게 하지 아니하였느니라

첫 번째로, 일관성을 가진 성도가 사람을 대하는 방법은 "내가 너희와 같이 되는 것"입니다. 내가 다른 사람과 같이 되는 것, 정말 중요합니다. 우리가 사는 사회는 모든 사람이 자신이 중심에 있고 남이 나에게 맞춰 주기 원합니다. 혹은 다른 사람들이 본받을 만한 좋은 예가 되는 것을 훌륭한 삶이라고 생각합니다. 특히 우리 사회는 아직 유교 전통이 남아 있습니다. 본이 되는 것을 제일 가치 있는 일 중에 하나라고 여깁니다.

그러나 좋은 뜻으로 하는 것이라도 그 속에는 이 세상을 지배하는 동일한 흐름이 담겨 있습니다. 내가 중심이 되어서 다른 사람들이 나를 본받고, 다른 사람들이 나를 인정하고 높이는 것이 성공이라고 생각하며 이 땅을 살아갑니다. 이 모습이 조국 사회 속에 이런저런 형태로 흐르고 있습니다. 그런데 성도는 이런 세상 방식을 따르지 않습니다. 하나님을 예배하고, 예배의 자리에서 주님을 만나고, 기도의 골방에서 그분을 경험하는 성도는 사람을 자기중심적으로 대하지 않습니다. 성도는 자신이 중심이 되지 않습니다. 다른 사람이 나에게 맞추고, 나를 본받아 따라 하게 하지 않습니다. 오히려 성도 자신이 다른 사람과 같이 됩니다. 이것이 성도가 세상을 살아가면서 사람들을 대하는 방식입니다.

우리 사회는 사람들에게 주관이 분명하고 고집스럽게 초지일관 뜻을 세워 밀어붙여야 성공한다고 말합니다. 그러나 성도인 우리는 이와 다른 방식으로 사는 것이지요. 마태복음 7장에서 우리 구주께서 전하신 주옥 같은 산상수훈을 보면, 황금률(Golden rule)이 나옵니다. "그러므로 무엇이든지 남에게 대접을 받고자 하는 대로 너희도 남을 대접하라 이것이 율법이요 선지자니라"(마 7:12). 다른 사람이 나에게 해 주기 바라는 일을 내가 먼저 타인에게 해 주라는 것입니다.

사도 바울은 유대인임에도 불구하고 갈라디아 지방에 들어갔을 때 유대인의 문화와 특정한 삶의 방식을 전혀 요구하지 않았습니다. 사도 바울은 당시 유대 사회에서 가장 탁월한 스승 밑에서 배운 탁월한 학자이지만, 선생으로서 위엄, 지위, 존경을 받으려고 생각하지 않았습니다. 바울은 전혀 알지 못하는 이방인들 속에 들어가서 그들과 똑같이 살았습니다. 바울은 오직 복음과, 이방인인 갈라디아 사람들이 누릴 영혼의 복지와 궁극적인 유익과 구원에만 초점을 맞추고 자신을 비워 다른 사람과 같은 삶을 살았습니다. 이것이 주님을 예비하는 성도가 세상을 살아가는 방식입니다.

사도 바울은 고린도전서 9장 19-23절에서 이렇게 말합니다.

> 내가 모든 사람에게서 자유로우나 스스로 모든 사람에게 종이 된 것은 더 많은 사람을 얻고자 함이라 유대인들에게 내가 유대인과 같이 된 것은 유대인들을 얻고자 함이요 율법 아래에 있는 자들에게는 내가 율법 아래에 있지 아니하나 율법 아래에 있는 자같이 된 것은 율법 아래에 있는 자들을 얻고자 함이요 …… 약한 자들에게 내가 약한 자와 같이 된 것은 약한 자들을 얻고자 함이요 내가 여러 사람에게 여러 모습이 된 것은 아무쪼록 몇 사람이라도 구원하고자 함이니 내가 복음을 위하여 모든 것을 행함은 복음에 참여하고자 함이라

바울은 정말 복음이 중요했습니다. 복음이 가져오는 구원과 복락을 알았기에 이웃에게 복음을 바르게 전하고 나누기 위해서 나머지 모든 것을 포기한 것입니다. 그들의 종이 되어 그들과 같은 모습으로 그들을 대했습니다. 가장 중요한 복음만이 드러나도록 하려는 것이었습니다. 그러면서 바울은 거짓 선생의 유혹에 넘어져 흔들리고 있는 갈라디아 성도들에게, "너희도 나와 같이 되기를 구하노라"(갈 4:12)고 권면합니다. "너희도 내가 전한 복음 때문에 모든 것을 상대화하면서 종노릇하고, 모든 사람에게 각

모양으로 나타난 나처럼 너희도 복음을 소중하게 여겨라. 절대로 유대인이 되기 위해 할례를 받아야 한다고 생각하지 말고, 복음 하나만 가장 소중한 것으로 여기면서 나를 본받고 나같이 되라"고 말하는 것입니다.

사랑하는 여러분, 우리가 가정을 이루어 살아가지만 남편과 아내, 부모와 자식은 하나님께서 주신 복락을 제대로 누리고 살지 못합니다. 왜냐하면 남편이 아내처럼 되지 않고, 아내가 남편처럼 되지 않고 철저히 자기 관점에서 상대방을 나처럼 만들려고 하기 때문입니다. 부모자식 간에도 마찬가지입니다. 하나님이 귀한 선물로 자녀를 주셨는데 부모가 자신의 눈으로만 자식을 바라보기 때문에 자식들이 힘든 것입니다. 또한 자식들도 자라면서 판단력이 생기기 시작하니까 부모를 자신의 눈으로 보면서 부모가 살아온 세월과 연륜을 폄하합니다. 참 어리석은 죄인의 모습입니다.

성경은 우리에게, "내가 너희와 같이 되었은즉 너희도 나와 같이 되기를 구하노라"(갈 4:12)고 말합니다. 성경은 내가 남과 같이 되는 것이 사람을 대하는 첫 번째 원리라고 가르치고 있습니다. 객관적 기준도 없이, 되는 대로 좋은 사람이 되라고 말하지 않습니다. 우리가 갈라디아서 초반부에서 보았지만 목에 칼이 들어와도, 하늘의 천사라 해도 절대 양보할 수 없고 타협할 수 없는 진리와 복음이 있습니다. 그 진리와 복음에 참여하는 방법은 하나님의 방법밖에 없습니다. 공로나 자격으로 일하는 것이 아니라 믿음으로 말미암아 은혜로 받는 구원에 참여하는 것입니다. 그것은 우리의 목에 칼이 들어와도 우리가 타협할 수 없는 생명의 진리입니다. 그러나 그 외의 모든 것에 대해서는 사람들의 유익을 위해, 복음을 위해 모든 사람에게 각 모양으로 나타나기를 주저하지 않는 것이 성도가 세상을 사는 방식입니다.

우리가 가정생활에서 이것을 배우지 못하면 다른 데서는 더욱 배우지 못합니다. 아내와 남편이 서로를 위해 자신을 꺾고, 부모와 자식이 서로의 모습이 되지 않으면 우리는 정말 성경이 우리에게 기대하는 대로 신앙 고백이 일관성 있게 묻어 나는 삶을 살지 못합니다.

하나님의 천사와 같이, 그리스도 예수와 같이

주 안에서 사랑하는 여러분, 성도가 사람을 대하는 두 번째 원리는 무엇입니까? 갈라디아 지역 성도들이 바울을 대했던 모습에서 드러납니다. 그들이 바울을 처음 만났을 때 어떻게 대했다고 말합니까? 12절 하반절부터 13절을 보십시오.

> 너희가 내게 해롭게 하지 아니하였느니라 내가 처음에 육체의 약함으로 말미암아 너희에게 복음을 전한 것을 너희가 아는 바라

사도 바울은 원래 갈라디아 지역에 가려고 한 것이 아닙니다. 바울은 전도 여행을 하다가 병이 들었습니다. 몸이 약해지고 아파서 갈라디아 지역에 머물게 된 것입니다. 그리고 갈라디아 지역에서 복음을 전했습니다. 그런데 어떤 일이 일어났나요? 14절을 보십시오.

> 너희를 시험하는 것이 내 육체에 있으되 이것을 너희가 업신여기지도 아니하며 버리지도 아니하고 오직 나를 하나님의 천사와 같이 또는 그리스도 예수와 같이 영접하였도다

"너희를 시험하는 것이 내 육체에 있으되"라고 합니다. 갈라디아 지역 성도들을 시험 들게 하는 것이 바울의 육체에 표가 나도록 있었다는 것입니다. 갈라디아 성도들을 시험할 만큼 바울의 육체에 표가 나도록 든 질병이 무엇일까요? 이 부분은 학자에 따라 많은 논의가 있습니다. 어떤 학자들은 갈라디아 지역 북쪽, 늪지가 많은 밤빌리아 지방에서 모기에게 물려 말라리아에 걸렸을 것이라고 봅니다. 어떤 학자는 15절에, "너희의 눈이라도 빼어 나에게 주었으리라"는 본문에 근거하여 바울이 안질에 걸려서 보기에 너무 안쓰러웠을 것이라고 보는 견해도 있습니다. 또 다른 학자는 본문 전체적인 뉘앙스로 보아 안질보다는 간질에 걸렸을 것이라고 주장하기도 합니다. 요즘은 "간질"이라는 용어가 사람들에게 선입견을 강하게 주기 때문에 "뇌전증"이라고 부른다고 합니다. 뇌에 흐르는 전류에 문제가 생긴 질병이라는 거죠. 바울이 뇌전증에 걸려서 복음을 전하다가 경련을 일으키는 모습을 사람들이 보았다고 생각해 보세요. 시험 들기 딱 좋았을 것입니다. 아무튼 여러 가능성이 있지만 확실히 무슨 병인지는 알 수 없습니다. 단지 분명한 것은 바울의 질병이 가시적으로 선명하게 보였다는 것과 그 질병이 드러났을 때 사람들이 복음과 바울 자체를 얼마든지 거절할 수 있는 상황이었다는 것입니다. 그러나 어떤 일이 일어났습니까? 14절을 보면, "너희가 업신여기지도 아니하며 버리지도 아니하"였다

고 합니다. 여기서 "버리다"라는 말은 문자 그대로 번역하면 "침을 뱉어 경멸하다"라는 뜻입니다. 바울이 어떤 병증을 보였을 때, 갈라디아 성도들은 바울을 업신여기거나 침을 뱉으며 경멸할 수 있는 상황이었음에도 불구하고 그렇게 하지 않았다는 말입니다. 오히려 하나님의 천사와 같이, 그리스도 예수와 같이 바울을 영접하고 환영했다고 합니다. 이것이 사람들을 대하는 성도의 두 번째 자세입니다.

여기서 하나님의 천사와 같이, 그리스도 예수와 같이 바울을 대했다는 말을 오해해서는 안 됩니다. 사도행전 14장을 보면, 바울 일행이 루스드라에 가서 복음을 전할 때, 나면서부터 앉은뱅이 된 자가 바울 일행에게 고침을 받습니다. 이 사건을 눈으로 본 많은 사람이 충격을 받았습니다. 그러면서 그들이 섬기던 제우스 혹은 제우스의 전령 헤르메스가 사람의 몸으로 나타났다면서 바울 일행을 추앙합니다. 이때 바울 일행은 옷을 찢으면서 그들을 말립니다. 성경은 사람을 신적인 존재로 높이고 추앙하고 제사 드리는 행동을 절대로 지지하지 않습니다. 성경이 바울을 그리스도처럼 대했다고 할 때, 그 말은 바울을 그리스도로 여기면서 예배하고 추앙했다는 말이 아닙니다. 바울을 업신여기고 침을 뱉으며 경멸할 만한 조건을 가지고 있는 상태였는데도 갈라디아 지역 성도들은 바울이 전한 복음을 듣고 예수 그리스도를 만난 것처럼 바울이 가진 모든 한계와 약함을 조금도 문제로 여기지 않았다는 것입니다. 그리고 주님의 이름으로, 주님 때문에 바울을 축복하고 사랑하고 아껴서 자신들의 소중한 눈이라도 뽑아서 바울에게 주려고 할 만큼 그를 사랑하고 소중히 여겼다는 것입니다. 이것이 사람을 대하는 성도들의 중요한 자세입니다.

성도는 사람들을 바라볼 때, 그가 가지고 있는 재능과 탁월함 때문에 그를 대접하는 사람들이 아닙니다. 대접받을 만한 사람을 대접하는 것은 세상 모든 사람이 다 하는 행동입니다. 성도가 사람을 대하는 방식은 다릅니다. 우리를 실족시킬 만한 것이 상대방에게 있어도 주님의 이름으로, 주를 대하는 것처럼, 주께 하듯이 존중하고 아낄 수 있어야 합니다. 가장 귀한 것을 주어서라도 상대방을 가치 있고, 존귀하게 대하는 사람들이 성도입니다.

오늘날 조국 교회는 너무 척박합니다. 세상은 더 말할 것도 없습니다. 왜냐하면 사람을 어떻게 대해야 하는지를 모르기 때문입니다. 하나님을 예배하고, 예배를 통해 하나님을 만나고, 기도의 골방에서 주님의 이름을 부르고 찾는 성도라면, 우리가 사람을 어떻게 대해야 하는지를 모르면 안 됩니다. 불신자들과 똑같은 눈으로 사람들을 대하면 안 됩니다. 훌륭하면 훌륭하다고 비난하고, 악하면 악하다고 정죄하고, 나쁜 말을 쉽게 쏟아붓는 것이 오늘날 조국 교회와 사회입니다. 우리는 다른 사람들을 그렇게 대하지 말아야 합니다. 우리는 복음과 예수 그리스도가 우리 인생에 제일 중요하다는 것과 그분이 우리에게 주신 부귀와 보화를 잘 알고 있습니다. 그러므로 흠 많고 한계 투성이인 사람들을 주를 대하듯 섬겨야 합니다.

담임 목사에게 실망해서 다른 교회로 가겠다는 말은 하지 않기 바랍니다. 교회를 옮기는 것은 언제든지 환영(anytime welcome)입니다. 혹시 여러분 중에 먼 곳으로 이사를 가시게 되면, 가능한 한 지역 교회로 옮기는 것이 좋습니다. 또한 부교역자가 교회 개척을 할 때 혼자 수고하도록 내버려 두지 마시고 같이 가십시오. 함께 교회를 세워 주세요. 그러나 이런 일 외에 목사나 중직자에게 실망해서 교회 옮기는 것은 절대로 안 됩니다. 그렇게 하지 마세요. 혹시 그럴 때가 찾아오거든 절대로 그렇게 하지 마세요. 혹시 목회자의 허물을 보면 불쌍히 여기고 덮어 주세요. 마치 갈라디아 성도들처럼 말이죠. 여러분을 시험하고 실족하게 만드는 것이 분명히 있다고 해도 주님 때문에, 주님의 귀한 복음 때문에 천사를 대하는 것처럼, 그리스도를 대하는 것처럼 대할 줄 아는 것이 성도의 삶입니다.

조국 교회를 보면 마음이 많이 아픕니다. 사람을 너무 쉽게 높이고, 너무 쉽게 무자비하게 짓밟습니다. 중직자들이 자신의 직분을 귀하게 여기고 사모해서 돈도 받지 않고 많은 시간과 수고를 하면서 교회와 성도를 섬기는데, 성도들은 그들의 모습이 자신들의 기대에 조금이라도 어긋나면 너무 쉽게 중직자들을 비난하는 경향이 있습니다. 목회자를 비난하는 것은 이제 거의 습관적입니다. 참으로 마음 아픈 시대가 되었습니다. 목사로서 이런 말씀을 드리는 것이 죄송합니다. 하지만 혹시나 제가 여러분을 실망시키거나 상처를 주면 절대로 욕하고 돌아서지 마십시오. 불쌍히 여겨 주십시오. 그리고 정말 미련한 자를 통해 하나님이 우리에게 말씀을 전하게 하신 줄 알고, 제가 말씀을 왜곡하지 않도록 그리고 여러분의 영혼이 닫히지 않도록 기도해 주십시오. 갈라디아 성도들처럼 덮고 가려서 하나님의 천사를 대하는 것처럼, 주께 대하는 것처럼 대해 주세요. 물론, 목회자의 자질이나 중직자의 훌륭함 때문이 아니라 주님 때문에 그분을 섬기는 연장선에서 하는 일인 줄 알고 허물을 덮어 주고 아껴 주십시오. 그것이 교회요, 성도가 사람을 대하는 방식입니다.

오늘날 우리가 사는 이 땅은 얼마나 차가운지 모릅니다. 교회 안과 밖이 너무 차갑고 날카롭습니다. 저는 여러분과 씨가 다르게 태어나서 목사가 된 것이 아닙니다. 실수로 대학 졸업 두 달 남겨 놓고, 하나님께서 "너도 한번 목회를 해 봐라"해서 목사가 되었을 뿐입니다. 목사가 되려고 소원한 적도 한 번도 없습니다. 지난 20년 동안 주님이 잘못 선택하셨다고 수도 없이 알려 드렸는데도 포기하지 않는 그분 때문에 어떤 면에서 억지로 이 길을 울면서 달려왔습니다. 그런데 사람들은 높은 수준을 요구합니다. 목사니까, 장로니까, 권사니까라고 말이죠. 그러나 완전한 목회자가 이 땅에 어디 있습니까? 이상적인 교회가 이 땅 어디에 있습니까? 그런 사람으로 빚어 가고, 그런 교회로 함께 수고하며 빚어 갈 뿐입니다. 그런데 사람들은 목사나 교회가 당연히 완전해야 한다고 여기면서 뭔가 거듭거듭 요구만 할 뿐입니다. 갈라디아 성도들도 초등학문으로 돌아가 복음을 만나니까 바울이 가진 수많은 허물을 보기 시작했습니다. 침을 뱉어 경멸하거나 멸시하지 않고 존중하고 아끼고 사랑하며 눈이라도 뽑아서 주고 싶어하던 성도들이 점점 사라집니다. 이 모습이 오늘날 우리가 사는 시대입니다. 목회자들을 깊이 존중해 주십시오. 그들의 자질 때문이 아니라 그들의 입술에서 나오는 말씀을 통해서 여러분의 영혼이 살찌기 때문입니다. 중직자의 수고와 땀을 당연한 것으로 여겨서는 안 됩니다. 그들도 일상적인 일을 가지고 있습니다. 그럼에도 애쓰고 수고하는 가운데 직분을 귀하게 여기고 수고하는 분들입니다. 그들의 허물이 드러날 때, 덮어 주십시오. 예수 그리스도를 대할 수 있는 절호의 기회인 줄 알고 비난이나 나쁜 말을 하지 않아야 합니다.

갈라디아 지역 성도들에게 문제가 생겼습니다. 15절입니다.

> 너희의 복이 지금 어디 있느냐 내가 너희에게 증언하노니 너희가 할 수만 있었더라면 너희의 눈이라도 빼어 나에게 주었으리라

"너희의 복이 지금 어디 있느냐." 여기서 "복"이라고 번역했지만, "기쁨"이라고 번역할 수도 있습니다. 그렇게 복음을 좋아하고 복음 때문에 바울이 가진 모든 허물을 덮어 주면서 눈이라도 뽑아 주고 싶어했던 그 기쁨, 복음이 가져온 그 축복이 어디 갔는지 묻는 것입니다. 다 사라졌습니다. 16절을 보면, "그런즉 내가 너희에게 참된 말을 하므로 원수가 되었느냐?"라고 할 정도로 상태가 원수같이 되었습니다. 어떻게 그런 일이 일어날 수 있습니까? 17절입니다.

> 그들이 너희에게 대하여 열심 내는 것은 좋은 뜻이 아니요 오직 너희를 이간시켜 너희로 그들에게 대하여 열심을 내게 하려 함이라

이간질하는 자들이 나왔기 때문입니다. 교회는 온갖 사람들이 모이는 공동체입니다. 영광스러운 초대 교회로부터 지금까지 교회 안에 이간질하는 무리가 있었습니다. 교회 밖은 말할 것도 없습니다. 교회 안에도 절대로 말을 좋게 하지 않는 악한 무리가 있습니다. 그리고 그 무리는 끊임없이 이간질을 하면서 바울을 비난합니다. "바울이 전한 복음은 반쪽짜리다, 바울이 사도 된 것은 의심 가는 대목이 너무 많다, 예수가 직접 뽑지

도 않았고 예수를 살아 생전에 만나지도 못했던 자이기에 바울은 사도가 아니다"라고 하면서 온갖 비난을 바울에게 퍼부으면서 이간질하는 것입니다.

저는 지난 30년 동안 목회를 하면서 수도 없이 경험했습니다. 말에는 장사가 없다는 것을 말이죠. 사람들이 이간질하는 말을 듣고 처음부터 요동하는 것이 아닙니다. 처음에는 버팁니다. 처음에는 믿어 줍니다. 그러나 이간질하는 말들이 뇌리에 남아 있다가 어느날 자기가 직접 어떤 사건을 경험합니다. 그러면서 확신합니다. 그때부터 그 이간질에 완전히 속아 넘어갑니다.

이간질하는 사람의 목적이 무엇입니까? 자기에게 열심을 내는 사람으로 만드는 데 있습니다. 복음과 하나님 나라에 초점을 맞추어 살도록 돕는 것이 아니라 자기에게 열심을 내어 사람들을 자기 편으로 끌어모으려고 합니다. 그런 사람들이 교회 안팎에 있어서 끊임없이 교회를 이간질하고 사람들의 영혼을 상하게 만듭니다. 그리고 사역자와 중직자를 공격하면서 이간질합니다. 특별히 오늘날에는 '신천지'가 기존 교회에 들어와서 신천지를 만들겠다고 이간질하고 있습니다. 성도와 성도를 이간질하고 목회자와 성도를 이간질합니다. 존경하고 사랑하고 눈이라도 빼어 주고 싶었던 사람들을 이간질해서 원수처럼 만듭니다.

해산하는 수고를 하노니

혹시 우리 가운데 이런 일이 일어난다면, 성도가 사람을 대하는 세 번째 원리를 생각하십시오. 19절입니다.

> 나의 자녀들아 너희 속에 그리스도의 형상을 이루기까지 다시 너희를 위하여 해산하는 수고를 하노니

이간질 당하는 일이 생기면 절대로 어느 한쪽에 속해서 편을 가르지 말아야 합니다. 믿었던 사람에게 상처를 받았다면 우리 속에 있는 억울함을 호소하지 말고 "해산하는 수고와 고난을 감당하기로" 결심하십시오.

사도 바울은 자기 배로 낳은 자식처럼 갈라디아 성도들을 진리의 말씀으로 낳았습니다. 그런데 이들이 어떤 자들의 이간에 걸려 넘어져 바울의 복음을 떠나고 그를 원수처럼 여기고 있습니다. 바울은 성도들을 "배은망덕한 것들"이라고 비난하면서 내치지 않았습니다. 이간하는 사람들을 비난하지 않고, 내가 "다시 너희를 위하여 해산하는 수고를" 아끼지 않겠다고 합니다. 또 다른 대가를 지불하고 수고를 감당하기로 다짐하는 것입니다. 이것이 교회입니다.

오늘날 조국 교회의 성도들은 좋은 교회, 좋은 목회자를 찾아다닙니다. 그리고 조금이라도 자신의 기대를 실망시키면 마음껏 비난하고 교회를 뛰쳐나갑니다. 전부 결과만 누리고 싶어합니다. 성경은 우리에게 절대 그렇게 가르치지 않습니다. 좋은 교회는 없습니다. 좋은 목사도 없습니다. 다 망가질 대로 망가지고 파손된 허물 많은 죄인들이 모여 있는 것이 교회입니다. 그렇지만 주님이 우리에게 보여 주신 생명의 말씀, 귀한 복음, 주님의 은혜를 붙들고, 미완성인 우리가 서로를 탓하거나 비난하거나 불

가능하다고 정죄하지 않아야 합니다. 한계를 가진 인생들이 모여서 힘을 다해서 대가를 지불하고 수고를 아끼지 않고 땀 흘려 해산하는 고통과 아픔을 감내하면서 교회를 세워 가야 합니다. 그래야 공동체가 빚어지고 더욱 성숙한 교회로 변화되는 것입니다. 이것이 성도의 삶입니다. 꼭 기억하십시오.

우리 교회는 그동안 좋은 교회라고 많은 인정을 받았고 복을 누렸습니다. 언제까지 우리가 이런 복을 계속 누리게 될지 모릅니다. 혹여나 어려운 시련의 때가 오거든 절대로 뿌리치고 나가서는 안 됩니다. 자리를 지키고 해산의 수고와 대가를 지불하고 눈물을 흘리고 씨를 뿌려야 합니다. 그래야 때가 되면 열매를 거두는 복이 있습니다. 그것이 교회입니다. 제발 어떤 사람을 비난하고 꼴보기 싫어서 교회를 떠나는 사람은 없어야 합니다. 교회는 다 그런 사람들이 모인 줄 알고 함께하는 곳입니다. 절대로 허탄한 기대를 사람에게 걸지 말아야 합니다. 그러나 동시에 어떤 일이 일어나도 해산의 수고를 아끼지 않고 지불하면서 서로 책임 있게 사랑하고 감당하는 공동체가 되어야 합니다. 언제까지요? 그 속에 그리스도의 형상이 만들어질 때까지요.

그리스도의 형상은 그리스도를 그리스도 되게 하는 본질입니다. 만물을 만물 되게 하는 본질이 그리스도의 형상입니다. 우리 속에 예수 그리스도의 모습이 만들어질 때까지. 우리는 신앙을 기독교라고 말하는 것으로 만족하는 사람이 아닙니다. 우리는 예수 믿는다고 말하는 것으로 만족하는 사람이 아닙니다. 내 속과 공동체 속에 주님의 모습과 흔적, 그리고 주님을 주님되게 하는 그 본질이 만들어지고 드러나기까지 만족하지 않는 사람들이 우리입니다. 모든 그리스도인이 어려운 때를 맞이하여 주님의 형상이 내 안에, 우리 공동체 안에 만들어지기까지 해산의 수고를 아끼지 않기로 다짐하고 결심하길 바랍니다. 그래서 척박한 조국 땅에 따뜻한 주님의 영광스러운 구원의 복락이 구석구석 흘러가도록 우리와 교회가 사용되기를 축복합니다.

갈라디아서 4장 21-31절

내게 말하라 율법 아래에 있고자 하는 자들아 율법을 듣지 못하였느냐 기록된 바 아브라함에게 두 아들이 있으니 하나는 여종에게서 하나는 자유 있는 여자에게서 났다 하였으며 여종에게서는 육체를 따라 났고 자유 있는 여자에게서는 약속으로 말미암았느니라 이것은 비유니 이 여자들은 두 언약이라 하나는 시내 산으로부터 종을 낳은 자니 곧 하갈이라 이 하갈은 아라비아에 있는 시내 산으로서 지금 있는 예루살렘과 같은 곳이니 그가 그 자녀들과 더불어 종노릇하고 오직 위에 있는 예루살렘은 자유자니 곧 우리 어머니라 기록된 바 잉태하지 못한 자여 즐거워하라 산고를 모르는 자여 소리 질러 외치라 이는 홀로 사는 자의 자녀가 남편 있는 자의 자녀보다 많음이라 하였으니 형제들아 너희는 이삭과 같이 약속의 자녀라 그러나 그 때에 육체를 따라 난 자가 성령을 따라 난 자를 박해한 것같이 이제도 그러하도다 그러나 성경이 무엇을 말하느냐 여종과 그 아들을 내쫓으라 여종의 아들이 자유 있는 여자의 아들과 더불어 유업을 얻지 못하리라 하였느니라 그런즉 형제들아 우리는 여종의 자녀가 아니요 자유 있는 여자의 자녀니라

16장
육체를 따라 난 자와 약속으로 난 자

이 본문은 갈라디아서 3장과 4장의 결론에 해당되는 부분입니다. 3장과 4장을 살펴보면서 사도 바울은 누가 참된 하나님 나라의 백성인가, 누가 참된 성도인가, 예수를 믿는 사람은 어떤 사람인가, 그리고 성도의 특성과 성격은 무언인가를 잘 요약해서 보여 주고 있습니다. '누가 성도인가'라는 주제를 다루고 있기 때문에, 굉장히 탐사적인 본문이라 할 수 있습니다. 신자인 우리를 돌아보게 하는 본문입니다. 우리가 성경이 말하는 바른 믿음에 서 있는지를 돌아보게 하는 어렵고도 중요한 본문입니다.

이 주제가 왜 이렇게 나왔을까요? 갈라디아 지역 교회가 가지고 있는 문제 때문입니다. 갈라디아 교회는 어떤 문제가 있었을까요? 21절을 보면, 사도 바울이 이렇게 표현하고 있습니다.

내게 말하라 율법 아래에 있고자 하는 자들아 율법을 듣지 못하였느냐 주님을 믿은 사람들 일부가 율법 아래 있으려고 합니다. 주님을 믿어 성도가 되었지만 성도가 되는 것이 무엇인지 잘 모르고, 예수를 믿는다는 핵심이 무엇인지 잘 모르면서 오히려 믿은 후에 율법 아래 머무르려는 어리석은 일을 도모하는 자가 나온 것입니다.

우리가 지금까지 갈라디아서 3, 4장을 살펴보았지만, 율법은 사람을 의롭게 할 수가 없습니다. 율법은 하나님과 우리가 바른 관계 안에 머물도록 할 수 없습니다. 그런데 갈라디아 지역 성도들은 예수의 공로로 하나님과 바른 관계에 들어간 후, 율법 아래 머물러서 하나님께 나아가고 그 관계를 유지하려는 어리석은 일을 하고 있는 것입니다. 혹시, 이 사건이 우리와 상관없는 것처럼 보이나요? 그러나 사실 우리도 이런 경향을 많이 가지고 있습니다. 갈라디아 성도들은 거짓 선생들의 유혹을 받아서 유대교의 월력을 따라 금식일을 지키고, 명절을 지키고, 각종 절기를 지키고, 할례를 받으면서 율법을 지키는 삶을 살려고 했습니다. 이와 마찬가지로, 우리도 신앙 생활을 하다 보면 한 번씩 하나님께 금식으로 기도할 때가 있습니다. 그럴 때 어떤 느낌이 들던가요? 왠지 금식을 하니까 하나님께서 우리의 기도를 들어주실 것 같지요. 예수의 공로를 가지고 기도하면 응답되는데 그것 말고 우리가 금식하고 있으면 더 잘 들어주실 것 같습니다. 우리가 주중에 평소보다 성경도 열심히 읽고, 기도도 많이 하면 주일에는 왠지 더 큰 은혜를 주실 것 같아요. 아니, 은혜를 주셔야 할 것 같지요. 은혜를 알고 난 뒤에도 우리는 자꾸만 끝없이 율법으로 돌아가려고 하고, 자격과 조건을 구비해서 하나님 마음을 움직이려는 시도를 합니다. 지성이면 감천이라는 식의 종교적 전통 혹은 종교성으로 자꾸 치우치려는 경향이 우리 속에 있습니다.

우리는 죄인으로 태어나기 전부터 신앙에 대한 욕구를 가지고 있습니다. 우리는 존재 자체가 하나님으로부터 지어졌기 때문에 하나님에 대한 그리움이 막연한 종교성으로 바뀌면서 왜곡된 종교성이 우리 속에 남았습니다. 진리를 바르게 알지 못하고, 살아 계신 하나님을 바르게 섬기지 못하고, 우리 속에 막연한 종교성을 충족시키면서 하나님이 아닌 어떤 것으로 스스로를 만족하려고 하는 경향이 우리 속에 들어 있는 것이죠. 그래서 진리로 잘 출발하다가 자주 길을 잃어버립니다. 이 모든 것이 갈라디아 성도들과 우리의 본성입니다.

두 아들

사랑하는 여러분, 바울은 이런 무리를 향해 뭐라고 말합니까? 율법 아래 있고 싶어하는 그들에게 21절 하반절에, "율법을 듣지 못하였느냐?"라고 반문하고 있습니다. 그리고 22절에 이렇게 말합니다.

> 기록된 바 아브라함에게 두 아들이 있으니 하나는 여종에게서 하나는 자유 있는 여자에게서 났다 하였으며

성경이 무슨 말을 하고 있습니까? 아브라함에게 두 아들이 있다는 것입니다. 둘 다 아브라함을 통해 이 땅에 태어났지만, 둘은 서로 다르고 구별되었습니다. 아브라함에게 났지만 전부 하나님 백성이 아니고, 성도가 아

닌 완전히 구별되는 아들이 있다는 말이지요. 이렇게 생각할 수 있습니다. 우리가 교회 안에 있다고 해서 다 성도가 아닙니다. 아브라함에게 완전히 구별되는 다른 두 아들이 있는 것처럼, 교회 안에 있지만 어떤 사람은 성도가 아닐 수 있다는 말입니다. 참 두려운 이야기지만 성경은 우리에게 분명히 이야기하고 있습니다.

두 아들은 어떻게 구별될 수 있습니까? 우리는 내 자신이 하나님 자녀, 그분의 언약 백성인지 어떻게 알 수 있습니까? 우선 22절을 다시 보면, 아버지는 아브라함입니다. 똑같이 아브라함의 자식이지만 어머니가 다릅니다. 하나는 여종 하갈에게서 났고, 하나는 자유가 있는 여자인 사라에게서 났습니다. 이 두 가지가 어떤 차이를 만들어 냅니까? 24절입니다.

> 이것은 비유니 이 여자들은 두 언약이라 하나는 시내 산으로부터 종을 낳은 자니 곧 하갈이라

하갈은 신분이 종입니다. 그녀는 아브라함의 아들인 이스마엘을 낳기는 했지만 신분 자체가 종입니다. 하갈이 자신의 자녀와 더불어 종노릇하고 있습니다. 이스마엘은 아브라함의 자식이지만 여종에게서 나서 종으로 태어났고, 종노릇하는 자입니다. 이것이 아브라함의 첫 번째 아들, 이스마엘의 모습입니다.

두 번째 아들은 자유 있는 여자인 사라에게서 난 이삭입니다. 이삭은 어떤 사람입니까? 26절을 봅시다.

> 오직 위에 있는 예루살렘은 자유자니 곧 우리 어머니라

두 번째 아들은 자유 있는 여자의 아들입니다. 종이 아니고 아들이죠. 삶의 방식은 자유입니다.

이렇게 두 아들이 아브라함에게 있지만, 하나는 종에게서 태어난 종살이하는 아들이고, 또 하나는 자유한 여인에게서 태어난 참 자유를 누리는 참 아들입니다. 똑같은 아들같이 보이지만 완전히 구별되는 신분과 삶을 사는 두 아들입니다.

우리 구주가 세상에 살아 계실 때, 주님의 오실 길을 예비했던 세례 요한이 유대인들을 향해 이렇게 권면했습니다.

> 속으로 아브라함이 우리 조상이라고 생각하지 말라 내가 너희에게 이르노니 하나님이 능히 이 돌들로도 아브라함의 자손이 되게 하시리라(마 3:9)

당시 유대인들의 큰 문제 중 하나는 자신들이 아브라함의 혈통을 이어받은 아브라함의 자손이라고 생각한 것입니다. 그런데 세례 요한은 "아니다"라고 말합니다. 아브라함에게는 두 아들이 있습니다. 그러나 아브라함에게서 났을지라도 어머니가 누구냐에 따라 종과 자유자로 나뉩니다.

같은 교회 안에 있어도, 교회 안에 있다는 사실 자체가 우리를 성도로 만들어 주는 것이 아닙니다. 우리가 교회를 다니고, 종교란에 '기독교'라고 쓴다고 해서 성도가 되는 것이 아닙니다. 성경은 두 아들이 있지만 하

나는 진짜 아들이고, 하나는 가짜이며 종일 뿐이라고 말하고 있습니다. 이는 하나는 성도이고, 하나는 조금 뒤처진 성도라고 말하는 것이 아닙니다. 하나는 참 성도이고, 하나는 성도가 아니라는 것입니다. 그게 성경이 가르치는 교훈입니다. 우리 구주께서도 성경을 가르치고 말씀을 가르치실 때, 유대인들은 귀 기울여 듣지 않았습니다. 그래서 주님께서 이렇게 말씀하셨습니다.

> 너희가 내 말에 거하면 참으로 내 제자가 되고 진리를 알지니 진리가 너희를 자유롭게 하리라(요 8:31-32)

주님의 말씀에 그들은 제대로 받아들이지 않고 이렇게 말했습니다.

> 우리가 아브라함의 자손이라 남의 종이 된 적이 없거늘 어찌하여 우리가 자유롭게 되리라 하느냐(요 8:33)

주님이 다시 말씀하셨습니다.

> 너희가 아브라함의 자손인 줄 아노라 그러나 내 말이 너희 안에 있을 곳이 없으므로 나를 죽이려 하는도다 …… 아브라함은 이렇게 하지 아니하였느니라(요 8:37-40)

똑같이 아브라함의 자식 같아 보이지만 전혀 아브라함과 다른 자들이 있다는 것입니다. 아브라함의 행실을 도무지 담아 내지 못하는 전혀 다른 자식이 있다는 것입니다. 스스로 아브라함의 자손이라고 주장하고 자랑하고 좋아했지만, 전혀 아브라함의 자손이 아니라 종일 뿐입니다. 아들이 아니고 성도가 아니라는 겁니다. 어떤 면에서는 두려운 말이지만 저는 모든 분에게 도전합니다. 교회를 수십 년을 다녔기 때문에, 좋은 교회에 있기 때문에, 좋은 목회자의 설교를 들었기 때문에 성도가 되는 것은 아닙니다.

오늘날 조국 교회 성도들은 자꾸 좋은 교회를 찾아다닙니다. 좋은 교회는 없습니다. 그런 건 다 신화와 같습니다. 사람들은 자신을 평가할 때, 자신이 어디에 속했느냐를 가지고 평가합니다. 우리가 정말 좋은 교회에 있어도 성도가 아닐 수 있습니다.

목회자가 성경을 가르치면, 성도는 목회자의 설교에 동의하기 때문에 자신이 그 수준인 것처럼 착각할 수 있습니다. 그러나 우리가 아무리 성경에 동의해도 그 수준이 아닐 수 있습니다. 이런 점에서 절대 속아서는 안 됩니다.

아브라함의 집에 두 아들이 있습니다. 그런데 하나는 참 아들이고 하나는 종입니다. 하나는 참 성도이고, 하나는 성도가 아닙니다. 교회 안에 오래 머물러 있었는지 모르지만 전혀 성도가 아닌 사람이 있다고 성경은 우리에게 말하고 있습니다. 이 점을 잊으셔서는 안 됩니다.

두 아들의 중요한 차이

교회를 오래 다닌 성도가 참 성도라고 성경은 절대 동의하지 않습니다. 우리는 자신의 영적 상태를 검증해야 합니다. 이 말을 본문은 좀 더 상세하게 설명하고 있습니다. 23절입니다.

> 여종에게서는 육체를 따라 났고 자유 있는 여자에게서는 약속으로 말미암았느니라

이스마엘의 특징은 육체를 따라 났다는 것입니다. 이 말은 자연적이고 생물학적으로 정상적인 출생 과정을 통해 태어났다는 겁니다. 어떤 별다른 것은 없습니다. 이스마엘의 출생은 지극히 자연적인 것입니다. 그냥 아브라함과 하갈 사이에서 아이가 태어난 것입니다. 그렇게 태어난 아이가 이스마엘입니다. 거기에는 어떤 기적도, 어떤 은혜도, 어떤 언약도 없습니다. 최선을 다하는 인간적인 노력과 육체적인 열심만 있을 뿐입니다.

하나님은 갈대아 우르에서 아브라함을 부르시면서 자녀에 대해 약속하셨습니다. 하늘의 별처럼 바다의 모래처럼 많은 자녀를 주겠다고 약속하셨지만, 정작 아브라함은 나이 팔십이 훨씬 넘었을 뿐 아니라 주님의 부르심을 받은 지 십 년이 넘었는데도 아이가 생기지 않았습니다. 기다려도 주님의 약속이 이루어지지 않자, 아브라함과 사라가 인간적인 대안을 내놓습니다. 당시 사회에서 보편적으로 이루어지던 방식대로 일을 처리합니다. 당시에는 주인의 아내가 아이를 낳지 못하면 종들 가운데 하나를 취

해서 아이를 낳아 대를 이었습니다. 아무도 아브라함이 하갈을 취한 것을 가지고 비난할 사람이 없습니다. 그러나 이런 행동은 언약 백성이 언약에 충성하지 않고 세속화된 것입니다. 당시에는 모든 사람이 받아들일 수 있는, 보편적이고 자연스러운 선택을 해서 여종 하갈을 취해 이스마엘을 낳았습니다만 결과적으로 그 아들은 육체를 따라 낳은 자녀입니다.

유대인은 자신들이 아브라함의 후손이고 유대인이라는 사실 때문에 하나님의 백성이라는 자부심이 엄청납니다. 그러나 성경은 아니라고 합니다. 그런 아들은 돌덩어리를 가지고도 만들 수 있다고 합니다. 아브라함의 아들이라고 하면서도 전혀 아브라함을 닮지 않은 가짜 아들이 분명히 있다는 겁니다. 교회 안에도 교회를 다니는 성도라는 이름을 가지고 있고 주일마다 성경을 가지고 예배를 드리러 교회에 오지만, 전혀 아들이 아니고 성도가 아닌 사람이 있을 수 있습니다. 우리는 정직하게 하나님 앞에서 자신을 보아야 합니다.

유대인들은 할례 받은 것을 붙들고 의지합니다. 몸에 표시가 있습니다. 태어나자마자 8일 만에 이스마엘도 할례를 받았습니다. 하지만 그는 종이고 아들이 아닙니다. 몸에 표시를 가지고 있지만, 그것이 성도라는 증거가 되지 않습니다. 주일마다 교회에 오는 것은 정말 고마운 일이고, 믿는 부모 밑에서 자란 자녀라는 것은 든든한 선물입니다. 그러나 그것이 성도라는 것을 증거하지 않습니다.

저는 1대 믿음이기 때문에 2대, 3대째 신앙인이 얼마나 부러운지 모릅니다. 믿는 부모 밑에서 그 부모의 믿음의 유산과 부요를 함께 누리는 자녀는 엄청난 복을 받은 것입니다. 복 중에 복입니다. 하지만 부모의 신앙이 좋으니 자식도 신앙 좋은 성도라는 말은 기독교에는 없습니다. 부모가 잘 믿는 성도면 자식도 저절로 성도가 되는 게 아닙니다. 부모가 만난 주님을 자녀도 만나야 하나님의 자녀가 됩니다. 그러고 나면 부모로부터 받은 모든 신앙의 유산이 얼마나 아름답고 가치 있는지를 볼 수 있습니다. 부모로부터 물려받은 신앙의 유산은 우리가 제대로 믿고 난 후부터 누리고 경험하는 것입니다.

우리는 육체로 났을 뿐입니다. 우리가 교회에서 중직을 맡아 장로가 되고 권사가 되고 안수 집사가 되고 심지어 목사가 되어도 그 직분이 우리가 성도라는 것을 증거해 주지 않습니다. 장로로 뽑힌 것이 믿음이 있다는 증거가 되지 않습니다. 목사가 된 걸 보니 믿음이 좋은 사람이라고 생각하면 안 됩니다. 기독교는 그런 종교가 아닙니다. 목회를 하면서 수없이 제 속을 봅니다. '목사보다 세상에 더 위험한 사람이 없구나'라고 말이죠.

이런 것들은 몸에 할례를 받은 것처럼 육체로 나타나는 것일 뿐이지 우리의 성도 됨을 증거하는 표가 되지 않습니다. 그런 것들을 붙들고 있다가는 같이 망하는 것입니다. 우리가 정말 하나님의 자녀이고 성도인 표는 어디에 있습니까? 23절 하반절을 보십시다.

> 자유 있는 여자에게서는 약속으로 말미암았느니라

약속으로 낳아야 진짜 아들입니다. 이 말이 무슨 뜻입니까? 23절의 내용을 29절은 이렇게 다시 우리에게 설명해 줍니다.

> 그러나 그 때에 육체를 따라 난 자가 성령을 따라 난 자를 박해한 것같이 이제도 그러하도다

23절에서 "육체를 따라 나는 것"과 "약속으로 나는 것"을 대조하고 있고, 29절에서는 "육체를 따라 난 자"와 "성령을 따라 난 자"를 대조하고 있습니다. 그러니까 "약속으로 말미암아 났다"는 말은 다르게 말하면, "육체를 따라 나지 않고 성령을 따라 났다"는 말입니다. 모든 진실한 성도는 성령으로 태어나야 성도가 됩니다. 그러므로 성도는 반드시 두 번의 출생을 가집니다. 어머니의 배로 한 번 태어나고, 다시 성령을 통해서 한 번 더 태어납니다. 그래야 성도입니다.

성도는 교회에 얼마나 다녔는지가 중요한 것이 아니고, 교회에 와서 말씀을 통해 성령으로 거듭났는지가 핵심입니다. 우리가 잘 아는 요한복음 3장에서 니고데모를 향해 주님이 말씀하십니다. "진실로 진실로 네게 이르노니 사람이 거듭나지 아니하면 하나님의 나라를 볼 수 없느니라"(요 3:3). 예수께서 이렇게 말씀하시자 니고데모는 깜짝 놀랐습니다. 니고데모는 이스라엘 백성에게 하나님의 율법을 가르치는 선생이었습니다. 그런데 한 번도 생각하지 못한 주제를 주님이 니고데모에게 말씀하신 거예요. "네가 한 번 더 태어나지 않으면 하나님 나라에 들어갈 수 없다." 이 충격적인 말을 들은 니고데모가 질문을 했습니다. "사람이 늙으면 어떻게 날 수 있사옵나이까 두 번째 모태에 들어갔다가 날 수 있사옵나이까"(요 3:4).

한번 생각해 보세요. 나이 많은 사람이 있습니다. 늙은 그를 주님 품으로 보냈습니다. 그런데 죽은 줄 알았던 그가 엄마 배 속에 다시 들어갔다

가 나왔어요. 그럼, 이게 뭐예요? 기적이죠. 세상에 이런 일이 어디 있어요. 이렇게 되면 교회는 미어터질 겁니다. 그러나 주님이 뭐라고 말씀하십니까?

> 사람이 물과 성령으로 나지 아니하면 하나님의 나라에 들어갈 수 없느니라 육으로 난 것은 육이요 영으로 난 것은 영이니 내가 네게 거듭나야 하겠다 하는 말을 놀랍게 여기지 말라(요 3:5-7)

사람이 나이가 많아서 죽게 되었는데, 엄마 배 속에 다시 들어갔다가 태어나 싱싱한 젊음을 다시 회복하면 기적 같을 텐데, 성경은 말하길 기적으로도 별 수 없다는 겁니다. 육으로 난 것은 육일 뿐이고, 영으로 나야 영입니다. 물과 성령으로 거듭나지 않으면 성도가 아닙니다. 그리고 성도가 아닌 그는 영이신 하나님께 형식적인 예배를 드릴 수 있을지는 모르지만, 예배를 통해 하나님을 높이는 것은 불가능합니다. 영으로 한 번 더 태어나지 않으면 아무리 신앙 생활을 오래 해도, 아무리 좋은 교회를 다녀도 그는 성도가 아니며 아들이 아닌 것입니다. 사람이 성령의 능력으로 한 번 더 태어나야 영이신 하나님을 만나고, 그분께 바른 예배를 드리고, 기도의 골방에서 하나님을 그리워하고 찾고 의지하는 것이 무엇인지를 압니다. 그저 주일에 한 번 예배 시간에 맞춰서 오는 것이 아니고, 기도 모임을 하니까, 좋은 강사가 오니까 모이는 것이 아닙니다. 살아난 영을 가지고 하나님을 찾고 부르고 만나지 않으면 견딜 수 없는 목마름과 배고픔이 있는 자가 성도입니다.

기독교는 성도가 교회에서 가르치는 것을 다 행해서 영생을 얻는다고 가르치지 않습니다. 기독교는 목사가 시키는 대로 다 따라해서 천국에 간다고 가르치지 않습니다. 성령으로 태어나지 않으면 교회에 아무리 오래 있어도 의미가 없습니다. 교회에서 아무리 중직을 잘 수행해도 성도라고 보증해 주지 않습니다. 이 땅을 살아가는 동안 성령을 의지하는 것이 무엇인지 알아야 참 성도입니다.

사랑하는 여러분, 이 땅에서 최선을 다해 살아가십니까? 인간적으로 할 수 있는 모든 노력을 다 기울여 살아가십니까? 이런 것은 신앙의 정수가 아닙니다. 불신자들도 얼마든지 도덕적, 윤리적으로 바른 기준을 따라 최선을 다해 살아갈 수 있습니다. 성도는 그 정도가 아닙니다. 성도는 육체를 따라 최선과 노력을 다해도 될 수 없는 일이 있는 줄 알고 하나님과 성령의 은혜와 간섭하심을 간구하면서 살아가는 자입니다. 그런 삶이 무엇입니까? 예배 시간을 맞추어서 찬양이 다 끝날 때쯤, 설교 시작하기 직전에 와서 자리에 앉아 예배드리고, 축도가 끝나기 전에 신속하게 도망가는 것은 신앙 생활이 아닙니다. 우리가 예배 10-20분 전에 예배당에 먼저 와서, 아무리 최선을 다한다 할지라도 살아 계신 하나님께 예배를 드릴 수 없다는 것을 잘 압니다. 우리는 주님이 도와주셔야만 예배 같은 예배를 드릴 수 있습니다. 그런 마음을 가지고 예배당에 와야 합니다. 기도의 골방에 앉아 있기만 한다고 기도하는 것이 아닙니다. 기도 제목을 달달 외우면 기도가 되는 것도 아닙니다. 우리를 기다리시는 하나님 앞에 성령의 도우심을 의지해서 교통과 사귐이 있는 기도를 해야 합니다. 성령으로 태어나지 않았다면, 성도가 아닙니다. 이 이야기를 성경 곳곳에서 하고 있습니다. 로마서 8장 14절을 봅시다.

> 무릇 하나님의 영으로 인도함을 받는 사람은 곧 하나님의 아들이라

하나님의 영이 없으면 성도가 아니라는 것입니다. 우리 속에 성령이 계시지 않으면 성도가 아닙니다.

> 육신을 따르는 자는 육신의 일을 영을 따르는 자는 영의 일을 생각하나니 육신의 생각은 사망이요 영의 생각은 생명과 평안이니라 육신의 생각은 하나님과 원수가 되나니 이는 하나님의 법에 굴복하지 아니할 뿐 아니라 할 수도 없음이라 육신에 있는 자들은 하나님을 기쁘시게 할 수 없느니라(롬 8:5-8)

육신에 있는 자들은 하나님을 기쁘시게 할 수가 없습니다. 하나님의 성령으로 다시 태어나서, 영에 있지 아니하면 하나님을 기쁘시게 하는 것은 불가능합니다. 우리가 아무리 기도하고 예배를 드려도 상달되지 않습니다. 아무리 선한 일을 하는 것 같아도 하나님을 기쁘시게 할 수 없다고 성경은 말합니다.

사랑하는 여러분, 성령 안에서 거듭나는 것이 무엇인지 알고 신앙 생활하고 있습니까? 약속을 통해 믿음으로 거듭나는 것입니다.

아브라함과 사라의 나이가 100세, 90세일 때였습니다. 이들이 약속을 받았는데 몸은 다 죽은 상태였습니다. 아브라함은 100세나 되어 몸이 죽

은 것 같았고, 사라는 태가 죽었습니다. 100세인 아브라함과 90세인 사라를 통해 아이가 출생하는 것은 불가능합니다. 어디를 봐도 이 부부가 아이를 낳는 것은 불가능합니다. 그런데 버팀목 하나가 있습니다. 하나님이 자녀를 주시겠다고 하신 약속입니다. 그들의 육체 어디를 뜯어 보아도 아이를 낳을 수 없다는 것을 알 수 있습니다. 그러나 그들은 하나님의 약속을 붙들고 성령의 도우심으로 아들 이삭을 얻었습니다. 그 아들이 참 아들이라고 성경은 말합니다. 우리에게 적용하면 어떻게 말할 수 있습니까? 우리 역시 어디를 뜯어 보아도 하나님 백성으로서의 자질이나 조건은 없습니다. 또한 우리가 하나님 백성이 되고 나서 교회와 하나님의 이름에 기여하고 영광을 돌리며 제대로 산 적이 없는 것 같습니다. 몸이 다 죽었습니다. 태가 다 말라 비틀어져서 우리를 통해 생명이 거듭나는 것은 불가능합니다. 우리 안에 있는 어떤 것을 가지고 하나님의 자녀가 되는 것은 불가능해 보입니다.

그런데 우리가 어떻게 하나님의 자녀가 됩니까? 그리스도 안에 있는 귀한 약속 때문에, 구주가 우리 몸을 가지고 이 땅에 오셔서 우리를 위해 해 놓으신 은혜와 공로 때문에 우리가 하나님의 자녀가 된 것입니다. 우리가 아무것도 한 것이 없지만 우리가 가진 육체에 근거하지 않고 오직 하나님의 약속에 근거해서, 그리고 우리가 그 약속을 믿을 때 거듭난 백성이 되고 하나님의 언약 백성이 됩니다.

사랑하는 여러분, 여러분은 무엇을 가지고 자신을 평가하십니까? 다른 사람들이 내린 평가로 자신을 평가하십니까? 아니면 자신의 성품을 가지고 평가를 하십니까? 아니면, 학문, 업적, 돈, 신분으로 평가를 하십니까? 사람들은 우리를 외적인 것들로 평가할 수 있습니다. 그러나 예수를 믿고 나면 우리가 평안을 얻습니다. 그리고 주님이 주시는 살아 있는 기쁨을 얻습니다. 그렇기 때문에 우리 얼굴에 상당한 광채가 있습니다. 그런 우리의 외모를 보고 사람들은 이러쿵저러쿵 평가할 수 있습니다. 그러나 우리는 압니다. 우리의 몸이 죽었고, 태가 다 말라 비틀어진 것을 압니다. 우리가 생명을 얻고 하나님의 자녀가 되고 유업의 상급을 다 이어 받게 된 것은 우리 안의 어떤 조건 때문에 일어난 일이 아닙니다. 하나님의 사랑과 예수 그리스도의 완전한 은혜 때문입니다. 우리같이 자격 없는 자들, 불가능한 자들이 하나님의 자녀로 태어나고 출생하는 영광을 경험하게 되었습니다. 바로 언약 때문입니다.

저는 조국 교회가 세상 사람들에게 짓밟히고 욕을 듣는 이유는 교회가 교회에 나오는 사람들에게 다 성도인 것처럼 가르쳤기 때문이라고 생각합니다. 이 말씀을 준비하면서 많이 괴롭고 힘들었습니다. 열심히 신앙 생활 잘했던 사람들을 흔들어도 되는 건지, 참 괴로웠습니다. 그러나 아직 우리는 언제든지 새롭게 출발할 수 있는 은혜의 때를 살고 있습니다. 이 귀한 은혜의 때에 우리가 하나님의 자녀이고 성도인지를 성경이 가르치는 기준을 가지고 잘 점검합시다. 우리 속에 참 생명의 부요가 견고해지고 흘러넘쳐서 이 척박한 조국 땅에 우리를 통해 흘러가는 은혜가 모든 사람에게 있기를 바랍니다.

갈라디아서 4장 21-31절

내게 말하라 율법 아래에 있고자 하는 자들아 율법을 듣지 못하였느냐 기록된 바 아브라함에게 두 아들이 있으니 하나는 여종에게서 하나는 자유 있는 여자에게서 났다 하였으며 여종에게서는 육체를 따라 났고 자유 있는 여자에게서는 약속으로 말미암았느니라 이것은 비유니 이 여자들은 두 언약이라 하나는 시내 산으로부터 종을 낳은 자니 곧 하갈이라 이 하갈은 아라비아에 있는 시내 산으로서 지금 있는 예루살렘과 같은 곳이니 그가 그 자녀들과 더불어 종노릇하고 오직 위에 있는 예루살렘은 자유자니 곧 우리 어머니라 기록된 바 잉태하지 못한 자여 즐거워하라 산고를 모르는 자여 소리 질러 외치라 이는 홀로 사는 자의 자녀가 남편 있는 자의 자녀보다 많음이라 하였으니 형제들아 너희는 이삭과 같이 약속의 자녀라 그러나 그 때에 육체를 따라 난 자가 성령을 따라 난 자를 박해한 것같이 이제도 그러하도다 그러나 성경이 무엇을 말하느냐 여종과 그 아들을 내쫓으라 여종의 아들이 자유 있는 여자의 아들과 더불어 유업을 얻지 못하리라 하였느니라 그런즉 형제들아 우리는 여종의 자녀가 아니요 자유 있는 여자의 자녀니라

17장
약속으로 난 자들에게 있는 핍박과 유업

우리는 지난 장에서 어려운 주제를 다루었습니다. 아브라함에게 두 자녀가 있는데, 그들이 다 아브라함의 자녀같이 보이지만 아니라고 했습니다. 하나는 종으로 태어나 평생 종노릇하는 자로, 아들 같지만 아들이 아닌 자입니다. 다른 하나는 자유 있는 여자에게서 자녀로 태어나 참 자유가 있는 아들입니다. 참 두려운 주제지요? 그러나 성경은 우리에게 분명하게 말합니다. 교회 안에 있다고 모두 성도가 아닙니다. 아브라함에게 두 아들이 있는데 어떤 자는 참 아들이고, 어떤 자는 종인 것처럼 말이죠.

두 언약

이번 장에 소개할 본문은 약간 다른 차원에서 심화시키고 있습니다. 24절을 봅시다.

> 이것은 비유니 이 여자들은 두 언약이라 하나는 시내 산으로부터 종을 낳은 자니 곧 하갈이라

"비유"라고 합니다. 더 깊은 영적인 의미가 있는데, 이 두 여자는 "두 언약"이라고 합니다. 하갈을 통해서 종이 났습니다. 그리고 자유 있는 사라를 통해서 아들이 났습니다. 하갈과 사라에 대한 이야기는 두 언약에 대한 이야기로 심화시킬 수 있습니다. 그런데 "두 언약"이 무엇입니까?

24절 하반부를 보면, "하나는 시내 산으로부터 종을 낳은 자니 곧 하갈이라" 한 언약은 시내 산으로부터 종을 낳은 언약입니다. 이 말이 무슨 뜻입니까? 시내 산은 모세가 십계명을 받은 곳입니다. 그리고 십계명으로 상징되는 율법을 언약으로 맺은 곳이 시내 산입니다. 그러니까 한 언약, 하갈로 상징되는 한 언약은 모세 율법의 언약입니다. 이 언약은 종으로서 종을 낳고 종노릇하게 만드는 언약이라는 것입니다. 사람에게 자유를 주고 자녀가 되게 하는 언약이 아니고, 자녀가 되게 하시는 구주가 오기 전까지 사람들을 죄 아래 묶어놓았다가 구주가 오실 때 그분이 가지고 오시는 언약으로 구원을 환영하고 받아들이게 하는 초등교사와 같은 역할을 하는 것입니다. 이것이 바로 시내 산 언약입니다. 25절에서 시내 산 언약을 이렇게 소개합니다.

> 이 하갈은 아라비아에 있는 시내 산으로서 지금 있는 예루살렘과 같은 곳이니 그가 그 자녀들과 더불어 종노릇하고

하갈은 "아라비아에 있는 시내 산"입니다. 지금 있는 예루살렘과 같은 곳이라고 합니다. 예루살렘에서 왔다고 주장할 뿐 아니라 율법을 지키고 할례를 받아야 한다고 말하면서 교회를 어지럽게 하는 사람들과 똑같다는 말입니다. 종 되게 하고 종살이하도록 만드는 그런 이야기를 하고 있습니다. 반대로 또 하나의 언약이 있습니다. 26절입니다.

> 오직 위에 있는 예루살렘은 자유자니 곧 우리 어머니라

자유 있는 여자, 사라는 무슨 언약을 상징하는 것입니까? 아브라함에게 주신 언약을 상징하는 것입니다. 아브라함에게 주신 언약은 예레미야서 31장 31절을 보면, "새 언약"이라고 불립니다. 누가복음 22장 20절을 보면, 예수께서 성찬식을 거행하시면서 "이 잔은 내 피로 세우는 새 언약이니"라고 말씀하셨습니다. 결국, 아브라함으로부터 예레미야와 예수까지 연결되는 새 언약, 다른 언약이 있는 것입니다. 이 언약은 자유 있는 여자로부터 아들을 낳고, 참 자유를 주는 두 번째 언약입니다.

사랑하는 여러분, 아브라함의 자손이라고 해서 다 믿는 성도가 아닙니다. 우리가 아무리 좋은 교회에 오래 다닌다고 해도 우리를 참 성도로 만들지 않습니다. 아무리 믿음 좋은 부모가 있는 가정에서 태어난다 해도 우리가 성도가 되는 것이 아닙니다. 그런 것은 전부 육신을 따라 나는 것입니다. 참 성도가 되는 것은 언약을 따라 나고 성령을 따라 나야 합니다. 그런 면에서 우리가 중요하게 봐야 할 본문이 있습니다. 28절입니다.

형제들아 너희는 이삭과 같이 약속의 자녀라

이스마엘은 육체를 따라 났습니다. 자연스러운 출생 과정을 따라 태어나고 혈통적으로 아브라함의 자손같이 보입니다. 그러나 종일 뿐입니다. 반면에 이삭은 엄마, 아빠가 육체를 따라 도무지 출산을 할 수 없을 때 약속을 통해서 성령의 능력으로 태어난 자녀입니다. 결국 신약 시대의 모든 신실한 성도들은 이삭처럼 약속의 자녀이고, 성령을 따라 난 자들이라는 말입니다. 아무리 교회에서 유력한 사람이라도 육체 외에는 아무것도 내세울 것이 없다면 우리는 아직 성도가 아닙니다. 언약을 믿는 믿음으로 성령이 주시는 새로운 생명을 얻어야 참 성도가 됩니다. 그들은 참으로 자유자이고, 자녀입니다. 우리가 이삭처럼 약속의 자녀일 때, 이삭에게 해당되는 것이 우리에게 똑같이 해당됩니다. 약속의 자녀인 이삭이 겪어야 했던 일은 두 가지입니다. 첫째는 "고난과 핍박"이고, 둘째는 "유업의 상급"입니다.

고난과 핍박

"고난과 핍박"은 약속의 자녀로서 겪는 일입니다. 이삭이 태어났을 때 이스마엘로부터 조롱, 멸시를 당하고 박해와 핍박을 받습니다. 그런데 그런 온갖 고난과 핍박이 언약의 자녀인 우리에게도 있습니다.

마태복음에서 요한계시록까지 신약 성경 어디를 뽑아 보아도 '고난'이라는 주제가 다루어지지 않은 곳이 없습니다. 신약 성경의 핵심적인 주제

하나는 성도의 고난입니다. 고난이 없는 성도의 삶은 없습니다. 성도에게는 반드시 고난이 있습니다. 우리는 신약 성경 모든 책마다 고난이 거듭 강조되고 있다는 것을 보게 될 것입니다. 그런데 우리가 이번 장에서 보고 있는 본문은 놀라운 소식을 전해 줍니다. 무엇일까요?

고난이 외부나 주님을 알지 못하는 불신자나 세상 권력에서만 오는 것이 아닙니다. 고난과 핍박은 교회 안에 있는 이복형제인 이스마엘에게서도 옵니다. 실제로, 고난과 핍박이 교회 안에 성도같이 보이는 자들로부터 온다고 성경은 말하고 있습니다. 우리는 교회 안에 다 예수 믿는 사람들만 모였으리라 생각하면 안 됩니다. 교회 안에 주님에 대해 전혀 모르는 생명이 없는 이들이 존재합니다. 성령으로 거듭나는 것이 무엇인지 모르고, 진리의 말씀과 언약을 모르는 자들이 있습니다. 그들은 거듭난 하나님의 백성을 핍박하고 박해하고 조롱하고 멸시하는 일을 교회 안에서 할 수 있습니다. 우리는 이 부분을 주의해서 듣고, 두렵지만 잘 기억해야 합니다.

오늘날 조국 교회에 몸담고 있는 많은 성도들이 신앙 생활을 쉽게 하고 싶어합니다. 어려움 없이 편하게 신앙 생활 하고 싶어합니다. 그러나 그건 불가능합니다. 기독교 본질 자체가 그런 신앙 생활을 가능하게 해 주지 않습니다. 오늘날 많은 사람들이 이렇게 쉽게 말합니다. "우리가 세상을 살아가는 것이 너무 힘들고 어려우니까 교회 가서 위로받았으면 좋겠다"고 말합니다. 만약 성도가 그런 마음으로 교회를 찾아오셨다면 잘못 찾아오셨습니다. 교회는 그런 곳이 아닙니다. 교회는 치열한 영적 전쟁터입니다. 신앙 선배들이 지상의 교회를 "전투하는 교회"(church the militant)라고 불렀습니다. 지상에 있는 교회는 완전하지 않습니다. 지상에 있는 교회는 영적 전쟁이 벌어지는 장소입니다. 그렇기 때문에 편안한 신앙 생활은 구조적으로 불가능합니다. 성경은 교회 바깥에서 핍박이 들어올 뿐 아니라 교회 안에서도 형식적이고 외형적인 성도, 생명이 없는 사람에게 핍박과 고난을 받을 수 있다고 말하고 있습니다. 우리는 정신을 바짝 차려야 합니다.

제가 철이 들고 교회를 나갈 때였습니다. 첫 번째 교회를 나가고, 두 번째 교회에 가던 날 어머니가 성경을 빼앗으면서 뺨을 때리셨어요. 제 어머니는 인격적으로 훌륭하고 귀한 분이셨어요. 그런데 제 뺨을 때리면서, "네가 교회에 미쳤구나"라고 말씀하셨어요. 그 전 주에 한 번 교회에 나가고, 이제 두 번째 가려고 나섰는데 어머니가 저보고 교회에 미쳤다고 하신 겁니다. 그러면서 또 어머니께서 말씀하셨어요. "네가 교회는 가더라도 미치면 안 된다"라고 말이죠.

그러나 여러분, 교회는 미쳐야 되는 곳입니다. 교회는 세상을 사는 우리에게 도움을 주는 공동체가 아닙니다. 교회는 생명을 걸고 모든 것을 아낌없이 다 드려도 포기할 수 없는 진리의 공동체입니다.

사랑하는 성도 여러분, 교회 안에 있는 무리로부터 핍박이 있을 수 있습니다. 그런 무리 때문에 우리가 신앙 생활 하는 데 걸려 넘어질 수 있다는 사실을 잊어서는 안 됩니다. 그렇기 때문에 실족하면 안 됩니다. 교회 안에서 실족하면 안 돼요.

우리 구주가 세상에 오셨을 때, 구주를 제일 많이 핍박하고 대적했던 무리가 누구입니까? 유대인들입니다. 로마 사람의 손을 빌어서 예수를 십자가에 못 박아 죽인 사람들은 신앙이 없는 사람들이 아니라, 유대 종교 지도자였습니다. 스스로 하나님의 백성이라고 믿었던 자들입니다. 메시아를 기다리고 주님 오시기를 기다린다고 자처하는 자들이 정작 구주가 오셨을 때, 그분을 십자가에 못 박아 죽였습니다. 바울과 초대 교회 사도들을 가장 많이 핍박했던 사람들 역시 유대인입니다.

종교 개혁 시대에 위대한 종교 개혁자들, 영국의 훌륭한 청교도들, 우리의 선배들인 장로교 개혁자들을 핍박했던 사람들이 누구입니까? 전부 가톨릭교회입니다. 교회 바깥에 있는 무리가 아닙니다. 교회 안에 같이 있으나 생명을 모르는 자들이 교회 안에 참 생명을 가진 자들을 핍박하고 조롱하고 멸시하는 것입니다. 살아 있는 하나님과의 관계는 전혀 알지 못하고 육신의 전통과 육체적인 선민적 배타주의만 가지고 있을 뿐입니다. 생명이 없는 자들이 참 생명을 가진 자들을 핍박하는 것, 이것이 성경 이야기이고, 교회 역사의 증언입니다.

우리는 신앙 생활을 할 때 주의해야 합니다. 교회마다 신천지 추수꾼들이 들어와 있을 거라고 생각합니다. 우리가 교회 안에서 말썽을 일으키는 어떤 무리를 보면서 그저 교회에 또 문제가 생겼구나 하고 지나가서는 안 됩니다. 중심이 어디에 있는지 분별해서 교회를 보호하고 영적으로 거룩하고 성결한 공동체가 되도록 지켜야 합니다. 어떤 극심한 사람들은 이렇게 주장합니다. 30절입니다.

> 그러나 성경이 무엇을 말하느냐 여종과 그 아들을 내쫓으라 여종의 아들이 자유 있는 여자의 아들과 더불어 유업을 얻지 못하리라 하였느니라

어떤 사람들은 그런 사람을 가려서 내쫓으려고 합니다. 그러나 우리는 절대로 그렇게 하면 안 됩니다. 이런 설교를 들으면서 "저 사람이 추수꾼인 거 같아요, 목사님!" 이러면 절대로 안 된다는 겁니다. 이런 것은 아주 나쁜 행동, 교회를 깨는 행동입니다. 우리 구주께서 비유를 드시면서 이런 말씀하셨습니다.

> 사람들이 잘 때에 그 원수가 와서 곡식 가운데 가라지를 덧뿌리고 갔더니 싹이 나고 결실할 때에 가라지도 보이거늘 집 주인의 종들이 와서 말하되 주여 밭에 좋은 씨를 뿌리지 아니하였나이까 그런데 가라지가 어디서 생겼나이까 주인이 이르되 원수가 이렇게 하였구나 종들이 말하되 그러면 우리가 가서 이것을 뽑기를 원하시나이까 주인이 이르되 가만 두라 가라지를 뽑다가 곡식까지 뽑을까 염려하노라 (마 13:25-29)

가라지는 언제 뽑습니까? 비유를 보면, 추수할 때에 뽑습니다. 추수할 그 날이 될 때까지, 우리는 교회 안에서 가라지같이 보이는 사람들을 뽑아 내쫓으려고 해서는 안 됩니다. 우리는 불완전한 판단자입니다. 우리는 절대로 다른 사람을 '생명 없는 자 같다'고 판단해서 적대시해서는 안 됩니다. 우리는 그럴 자격이 없습니다.

그러나 우리가 분명히 기억해야 할 것은 교회 안에 생명이 없는 자들이 있다는 점입니다. 그저 있기만 한 것이 아니라 그들이 성도를 핍박한다는 것입니다. 그럼에도 하나님은 우리에게 그들을 내쫓으라고 말하지 않았습니다.

그렇다면 본문에 나오는 여종 하갈과 그 아들을 내어 쫓으라는 말의 의미는 무엇입니까? 거짓된 선생들과 그들의 교훈과 영향력을 배제하라는 겁니다. 교회 공동체에는 신령한 속성이 있습니다. 성도를 핍박하고 조롱하는 어리석은 자들과 불신자들이 교회 안에 들어와 있을 수 있습니다. 그러나 그들을 뽑아내지 않습니다. 그러면서 우리에게 요구하는 것은 무엇입니까? 그들의 영향력과 거짓 교훈들을 분별하는 것입니다. 그러면서 영적으로 건강한 진리 공동체를 세워 가야 합니다. 그곳에 교회의 영광이 있습니다.

물론, 우리는 교회에서 잘못된 교훈을 공공연하게 가르치는 사람들이나 도덕적으로 악한 행실을 반복하는 사람들을 교리적으로 치리하고, 징계하고, 내보낼 수 있습니다. 하지만 교회가 절대로 이 땅에서 가짜 성도들을 골라내서 내쫓지는 않습니다. 오히려 교회는 그들의 거짓된 교훈을 분별하고 그들의 나쁜 영향력을 배제할 줄 아는 힘을 가진 신령한 공동체입니다.

사랑하는 여러분, 조국 교회를 이단 추수꾼들이 노략질한다는 게 얼마나 수치스럽고 마음 아픈 일인지요. 이것은 교회가 분별력이 없다는 증거입니다. 성도들이 분별하는 힘이 없는 겁니다. 교회는 하나님의 진리 안에서 성령의 인도함을 받아 계시의 말씀을 믿는 성도들이 분별력을 가지고 있는 공동체입니다. 교회는 신령한 공동체입니다. 교회의 영광이 일어나야 하는데 오늘날 조국 교회는 이런 부분에 너무 취약합니다.

만약 여러분 중에 바른 분별력을 갖지 않고 목사가 시키는 것만 열심히 하겠다고 하는 사람이 있다면 마음을 바꾸세요. 우리가 진리에 대한 분별력을 가지고 거짓과 왜곡과 악한 무리의 도모를 분별하면서 교회를 진리의 견고한 터 위에 세워 가는 일을 같이해야 합니다. 이 일은 목사만 하는 일이 아닙니다. 우리가 그런 분별력을 가진 성도로 자라고 드러나야 합니다.

유업의 상급

그렇다고 교회 안에 핍박만 있는 것은 아닙니다. 이삭인 우리, 언약의 자손인 우리에게 핍박과 고난만 있는 것이 아닙니다. "유업의 상급"이 있습니다. 성도인 우리가 이 땅을 살아가는 동안 고난만 있는 것이 아니라 유업의 상급이 부요하고 풍성하게 있습니다.

사랑하는 여러분, 성경은 우리의 삶에 고난이 면제되거나 배제된다고 절대로 말하지 않습니다. 정확하게 말하면, 고난이 있지만 고난이 없어지거나 빨리 해결되기를 원하는 것이 아니라 성도가 고난을 통과해 가는 동안 눈이 열려서 유업의 상급이 부요하다는 것을 발견하게 됩니다.

오늘날 조국 교회의 많은 성도들이 이 땅을 살아가면서 수많은 고난을 겪습니다. 그러나 하나님께서 열어 주시는 유업의 상급에 전혀 눈이 열리지 않고 있습니다. 많은 성도들이 편안한 삶, 어려움 없는 삶, 자식도 잘되고 남편도 잘되고 자기도 잘되는 삶을 기대합니다. 많은 성도들이 고난 없는 기독교가 가능한 줄로 생각합니다. 아닙니다. 고난이 없는 기독교는 없을 뿐 아니라 고난을 통과해야 영광이 기다리고 있습니다. 고난을 견디는 성도의 삶 속에서 하나님이 유업에 대한 상급을 보여 주십니다.

히브리서 12장 2절을 보면, "그는 그 앞에 있는 기쁨을 위하여 십자가를 참으사 부끄러움을 개의치 아니하시더니 하나님 보좌 우편에 앉으셨느니라"고 나옵니다. 이 말이 무슨 뜻입니까? 예수께서 고난받고 죽으심으로 구원받게 될 우리를 바라보고, 또 자신이 십자가에 달려 얻게 될 부활의 영광을 바라보면서 고난을 기꺼이 감당하셨다는 것입니다. 고난이 없기를 원하는 것이 성도의 삶은 아닙니다. 고난은 면할 수 없습니다. 고난을 통과하면 유업의 상급이 보입니다. 우리가 얻게 될 영광과 존귀와 기쁨이 보입니다. 문제가 해결되지 않아 그대로 있어도 유업의 상급에 대한 안목이 열리면서 고난 중에도 감격과 희락이 끊이지 않는 것이 성도의 삶의 경험이고 실존입니다.

우리 삶의 실존적인 모습은 무엇인가요? 성도의 삶 속에는 세상 사람들이 생각하는 것과 다른 역설적인 모습이 공존하고 있습니다. 한 편에는 핍박과 멸시와 조롱과 고난이 있고, 다른 한편에는 하나님으로 인한 유업의 상급, 영광과 특권이 있습니다. 이게 성도가 지상을 사는 동안의 실존입니다. 사도 바울은 고린도후서 6장 8절에서 성도의 삶에 대해 소상하게 밝혔습니다.

> 영광과 욕됨으로 그러했으며 악한 이름과 아름다운 이름으로 그러했느니라 우리는 속이는 자 같으나 참되고

영광과 욕됨으로 말미암은 자들이라고 했습니다. 우리에게 영광이 있습니다. 그런데 영광만 있는 것이 아닙니다. 욕됨이 있습니다. "악한 이름과

아름다운 이름으로 그러했"습니다. 우리에게 악한 이름이 있습니다. 오늘날 조국 교회 성도는 영향력 있는 사람이 되기를 원하지만 우리가 말씀을 따라 살 때, 우리는 악한 이름으로 불릴 때가 있습니다. 교회 안과 밖에서 악한 평을 받습니다. 그러나 아름다운 이름을 함께 가지고 있습니다. 악한 이름이 전부가 아닙니다. 하나님이 성경을 통해 우리에게 주시는 보증이 무엇인지 알고 있습니다. 우리는 악한 이름과 아름다운 이름이 있습니다. 또한 우리는 속이는 자 같으나 참됩니다. 이사야서 53장에서 선지자가 메시아가 오실 것을 800년 전에 예언하면서 이런 말을 했습니다.

> 우리가 전한 것을 누가 믿었느냐(사 53:1)

우리가 전하는 내용을 믿을 수가 없다는 것입니다. 도무지 받을 수가 없다는 것입니다. 왜냐하면 속이는 것 같기 때문입니다. 그러나 속이는 자 같으나 참됩니다.

> 무명한 자 같으나 유명한 자요 죽은 자 같으나 보라 우리가 살아 있고 징계를 받는 자 같으나 죽임을 당하지 아니하고 근심하는 자 같으나 항상 기뻐하고 가난한 자 같으나 많은 사람을 부요하게 하고 아무것도 없는 자 같으나 모든 것을 가진 자로다(고후 6:9-10)

이게 우리의 실존입니다. 지상을 살아가는 우리는 아름다운 이름과 악한 이름을 함께 가지고 삽니다. 교회 안에서 어떤 사람이 우리를 비난하고 욕할 수 있습니다. 그렇기 때문에 우리는 좋은 말만 듣지 말고 나쁜 말도 듣고 지나가야 합니다. 좋은 말만 듣고 오래 붙들지 말고, 좋은 말도 듣고 흘려보내고 나쁜 말도 듣고 흘려보내야 합니다. 예수께서 "모든 사람이 너희를 칭찬하면 화가 있도다 그들의 조상들이 거짓 선지자들에게 이와 같이 하였느니라"(눅 6:26)라고 말씀하셨습니다. 우리는 모든 사람에게 칭찬을 받을 수 있는 사람이 아닙니다. 우리는 욕을 들을 때가 있고, 영광을 받을 때가 있습니다. 우리는 아무것도 가지지 못한 자 같으나 모든 사람보다 더 부요합니다. 다른 사람들을 부요케 하는 복된 실존이 우리 안에 공존하고 있다는 것을 잊어서는 안 됩니다.

우리의 삶을 한번 돌아보십시오. 고난이 없는 삶을 기대하고 있습니까? 아무 문제가 없는 편안한 교회를 찾고 있습니까? 정말 건강하고 바른 교회는 치열한 영적 전쟁이 일어나고 있는 현장입니다. 그리고 그 현장에서 악한 말들을 분별하고 지키고 받고 담아 내는 것입니다. 또한 우리의 악하고 보잘것없는 모습을 얼마든지 인정하면서 우리의 실존을 알아야 바른 신앙 생활을 할 수 있습니다.

오늘날 조국 교회는 세상의 본이 되어야 세상이 복음에 귀를 기울인다고 생각합니다. 그러나 세상은 구주를 십자가에 못 박아 죽였습니다. 교회 안과 밖에 우리를 핍박하고 대적하는 사람이 있을 수 있다는 것을 잊어서는 안 됩니다. 그러나 절대로 그런 사람들을 가려서 뽑아내지 말고, 품고 추수 때까지 진리 위에 견고히 서야 합니다. 그래서 교회를 신령하고 거룩한 공동체로 세워 가야 합니다. 바로 그것이 교회입니다.

성도를 향한 주의 약속, 부요와 산 소망

사랑하는 여러분, 본문 말씀은 우리를 한 걸음 더 데려가고 있습니다. 안과 밖에 고난이 있고 질고가 있어 우리가 스스로 좌절하고 아픔을 겪으면서 살 때 유업의 상급이 있다고 할 뿐 아니라 분명한 하나님의 약속으로 우리를 데려가고 있습니다. 27절입니다.

> 기록된 바 잉태하지 못한 자여 즐거워하라 산고를 모르는 자여 소리 질러 외치라 이는 홀로 사는 자의 자녀가 남편 있는 자의 자녀보다 많음이라 하였으니

"잉태하지 못한 자여 즐거워하라"라고 말합니다. 누구입니까? 사라입니다. 사라의 아들입니다. 그런데 사라는 아이를 낳지 못합니다. 산고를 경험하지 못한 사라와 그의 아들에게 기뻐하고 크게 소리를 외치라는 것입니다. 놀랍게도 아이를 낳아서 기뻐하고 있는 하갈과 그의 아들 이스마엘보다 아이를 낳은 적 없는 사라와 그의 아들 이삭의 자녀가 더 많을 것이라고 말씀하고 있습니다. 이것이 이 땅을 사는 성도를 향한 주의 약속입니다.

우리는 이 땅을 살아가며 고난을 면할 수 없습니다. 그러나 고난을 통과하는 사이, 하나님은 우리의 눈을 열어서 유업의 상급을 주십니다. 부요와 산 소망을 열어 주십니다. 그뿐 아니라 하나님은 우리에게 하나님의 분명한 약속을 주십니다. 아이를 낳아 본 적이 없는 여자의 자녀가 더 많

을 것이라고.

사람들은 세상적인 방법으로 땀 흘려 노력해야 훨씬 많은 것을 이룰 것이라고 말합니다. 세상은 끝없이 우리에게 이런 미신을 따라 살도록 말합니다. 우리가 텔레비전을 봐도 결론은 똑같습니다. "꿈은 이루어진다", "You can do it." 우리가 최선을 다하고 애써 노력하면 우리의 인생은 정말 보람 있고 가치 있게 될 것이라고 세상은 끊임없이 말합니다. 그러나 성경은 무엇이라고 말합니까? 성경은 우리의 노력과 땀을 절대로 무시하지는 않습니다. 그럼에도 우리는 은혜가 더 풍성한 열매와 영광을 가져오는 줄 알기 때문에 최선을 다하는 것에 만족하지 않습니다. 우리는 최선을 다할 뿐 아니라 하나님을 의지하고 성령의 도우심을 간구하면서 육신이 아닌 하나님이 우리에게 주시는 영광스럽고 복된 인생의 열매를 믿고 살아갑니다.

우리의 과거와 한번 비교해 봅시다. 제가 한국사를 잘 아는 것은 아니지만, 오늘날처럼 우리 조국 사회가 영광스러운 날을 보낸 적은 없었던 것 같습니다. 현재 우리는 부요하고 영광스러운 때를 보냅니다. 그런데도 사랑하는 우리의 자녀들은 죽음으로 내몰리고 있습니다. 어린 십 대들이 도대체 무엇 때문에 절망과 좌절을 하면서 자신의 생명을 끊을까요?

세상은 이스마엘처럼 육신을 따라 난 자녀가 더 많을 것이라고 말합니다. 그러나 우리는 압니다. 은혜가 얼마나 더 큰 일을 하는지 잘 압니다. 그리고 하나님이 은혜로 우리같이 어리석고 악한 자들에게 유업의 상급을 주시는 것도 잘 압니다. 우리는 하나님이 우리에게 주시는 그 귀한 상급,

은혜 안에서 우리의 죄와 허물과 약함을 덮고 새로운 출발을 할 수 있도록 하신다는 것을 잘 알고 있습니다. 우리는 하나님의 아들이 되고 하나님의 가정에서 부요한 유산을 물려 받는 자라는 것을 아는 성도입니다.

오늘날 조국 사회는 정권을 바꾸고, 대통령을 바꾸고, 장관을 바꾸면 나라의 운명이 바뀐다고 생각합니다. 그러나 갈수록 양육강식과 적자생존의 현장으로 어린 자녀들까지 내모는 이 땅은 참된 부요가 뭔지를 알아야만 바뀔 수 있습니다. 하나님 안에서도 고난이 있지만 유업의 상급에 영광이 있다는 사실을 알고, 우리가 가는 길에 부요한 열매들이 있다는 것을 알아야 이 고통스러운 현실을 멈출 유일한 힘이 나올 것입니다. 그리고 이 힘이 교회로부터 나올 것이라고 저는 기대하고 있습니다. 꼭 그렇게 살아서 아픈 조국 땅의 사람들을 위로하고 살리는 복음의 영광이 우리에게 있기를 바랍니다.

3부 성령을 통한 성결

모양이냐 새 창조냐

갈라디아서 5장 1-12절

그리스도께서 우리를 자유롭게 하려고 자유를 주셨으니 그러므로 굳건하게 서서 다시는 종의 멍에를 메지 말라 보라 나 바울은 너희에게 말하노니 너희가 만일 할례를 받으면 그리스도께서 너희에게 아무 유익이 없으리라 내가 할례를 받는 각 사람에게 다시 증언하노니 그는 율법 전체를 행할 의무를 가진 자라 율법 안에서 의롭다 함을 얻으려 하는 너희는 그리스도에게서 끊어지고 은혜에서 떨어진 자로다 우리가 성령으로 믿음을 따라 의의 소망을 기다리노니 그리스도 예수 안에서는 할례나 무할례나 효력이 없으되 사랑으로써 역사하는 믿음뿐이니라 너희가 달음질을 잘 하더니 누가 너희를 막아 진리를 순종하지 못하게 하더냐 그 권면은 너희를 부르신 이에게서 난 것이 아니니라 적은 누룩이 온 덩이에 퍼지느니라 나는 너희가 아무 다른 마음을 품지 아니할 줄을 주 안에서 확신하노라 그러나 너희를 요동하게 하는 자는 누구든지 심판을 받으리라 형제들아 내가 지금까지 할례를 전한다면 어찌하여 지금까지 박해를 받으리요 그리하였으면 십자가의 걸림돌이 제거되었으리니 너희를 어지럽게 하는 자들은 스스로 베어 버리기를 원하노라

18장
바른 신앙, 거짓 신앙

이제 변론과 진리를 다루고 있는 갈라디아서가 거의 말미에 왔습니다. 이제 5장 12절까지 다루고 나면 지금까지 다룬 내용들을 가지고 5장 13절부터 6장까지 적용과 실천에 대한 권면을 볼 것입니다.

이번 본문에서 다시 한 번 어려운 주제를 다룹니다. 아브라함에게 두 아들이 있습니다. 그러나 그들이 모두 아브라함의 아들이 아니었습니다. 하나는 종이고 다른 하나는 아들이었습니다. 이처럼 우리 신앙 속에는 바른 신앙이 있는가 하면 성경이 가르치지 않는 그릇된 신앙이 있습니다. 물론 우리가 성경에서 나온 내용을 다 행하지 않으면 거짓 신앙을 가진 사람이라고 말하는 것은 아닙니다. 우리가 경험하는 것처럼 말씀대로 살지 못하는 순간들이 많습니다. 그러므로 우리가 성경이 가르치는 대로 살지 못하면 구원받지 못하고 참된 신앙을 하는 것이 아니라고 말하는 것은 결코 아닙니다. 하지만 성경은 우리가 교회 안에서 적당히 신앙 생활만 하면 다 신앙이라고 절대로 말하지 않습니다. 성경은 우리에게 어떤 사람은 생명이 있는 바른 신앙 생활을 하는 반면, 어떤 사람은 생명과 관련 없는 신앙 생활을 할 수 있다고 분명하게 경고하고 있습니다.

바른 신앙의 특징

사랑하는 여러분, 그렇다면 바른 신앙은 어떤 특징을 가지고 있습니까? 1절을 보십시오.

> 그리스도께서 우리를 자유롭게 하려고 자유를 주셨으니 그러므로 굳건하게 서서 다시는 종의 멍에를 메지 말라

바른 신앙 생활을 하는 사람들은 자유합니다. 여기서 말하는 자유는 다중적인 자유입니다. 가장 우선적으로 우리가 하나님의 호감을 사고, 하나님께 사랑을 받고, 하나님의 기대를 충족시키기 위해 무엇인가 업적과 공로를 쌓아야 한다는 율법의 압제로부터의 자유입니다. 하나님은 복음으로 우리를 부르실 때, 우리 스스로 어떤 노력이나 자격이나 공로를 가지고 하나님의 사랑을 얻고 호감을 얻는 것이 불가능함을 율법을 통해서 자주 가르치셨습니다. 사람은 어느 누구도 하나님을 만족시킬 수 없는 죄인입니다. 그러므로 이 자유는 우리의 노력이나 수고를 통해서 하나님을 만족시키려고 하는 모든 율법의 억압과 요구로부터 자유케 하는 것입니다. 은혜로 하나님 앞에 서는 것입니다. 예수의 공로를 믿음으로 하나님의

사랑을 확인하고 누리는 것입니다. 성경은 하나님께 호감을 얻기 위해 우리의 기여나 공로가 필요하다고 가르치지 않습니다.

사랑하는 여러분, 하나님 앞에서 참 자유를 얻으면 우리는 자기로부터 자유합니다. 자신을 더 나은 존재로 만들고 싶어하고, 자신을 하나님과 사람들에게 드러내려고 노력하던 것에서 자유를 얻습니다. 하나님의 은혜로, 예수의 공로로 우리를 얼마나 사랑하는지 스스로 깨닫기 때문에 자신을 가치 있게 만들려는 자기중심적 자아로부터 자유함을 얻습니다.

이런 자유를 얻으면 세상으로부터 자유를 얻습니다. 이 땅의 돈과 명예와 사람의 평판에서 자유를 얻습니다. 하나님이 나를 그리스도 안에서 이미 받으신 줄 알기 때문에 사람들의 평판으로부터 자유를 얻습니다. 성경은 사람들에게 명예를 얻는 것을 정죄하지 않습니다. 그러나 명예를 위해서 살지는 않습니다. 성경은 땀을 흘려서 돈을 버는 것을 절대로 정죄하지 않습니다. 그러나 돈을 벌기 위해서 살지는 않습니다. 하나님 안에서 얻은 자유가 이 땅에서 자유를 얻게 합니다.

우리가 예수를 믿을 때, 죄에서 자유를 얻습니다. 어머니의 모태로부터 가지고 태어난 죄는 우리에게서 떼어 내기가 너무 어렵습니다. 그러나 하나님께서 우리를 위해 예수의 공로에 근거해서 죄를 덮어 주시고 죄로 인한 모든 형벌에서 자유롭게 해 주셨습니다. 그래서 우리는 죄와 죄의 결과인 형벌, 우리의 원수였던 사망에서 자유를 얻습니다.

우리가 바른 신앙을 가지면 참된 자유를 누리게 됩니다. 그러므로 1절에 소개한 것처럼, 주님이 주신 귀한 자유에 "굳게 서서" 다시는 종의 멍에를 매지 말아야 합니다.

만약 우리의 신앙 생활이 기쁨이나 자발적인 것이 아니라 매여서 하거나 억지로 마지못해 하는 것이라면, 아직 바른 신앙에 서 있지 않을 가능성이 높습니다. 물론 우리가 신앙 생활을 하는 동안에도 신앙이 어리고 연조가 짧아서 자발적으로 할 수 없을 때에는 어쩔 수 없이 어린아이들이 교육을 받아야 하는 것처럼 훈련을 해야 합니다. 억지로라도 해야 하는 순간이 틀림없이 있습니다. 그러나 신앙의 연조가 있고, 예수를 분명히 믿는다고 생각하면서도 신앙 생활을 매여서 하거나 억지로 마지못해 한다면, 우리의 신앙은 큰 문제를 안고 있는 것입니다. 우리는 성경이 말하는 참된 진리가 아닐 가능성이 클 뿐만 아니라 위험한 자리에 있는 것입니다. 바른 신앙은 자유를 가져다주고, 그 자유는 우리가 자원함과 기쁨으로 하나님을 섬기고 예배와 기도와 봉사를 할 수 있도록 합니다. 우리가 이런 특징을 만들어야 합당한 것이죠.

거짓 신앙에 대한 경고

사랑하는 여러분, 이런 합당함에도 불구하고 이 갈라디아 지역 성도들을 향한 거짓 선생들의 공격 때문에 어려움이 생겼습니다. 2절을 보겠습니다.

> 보라 나 바울은 너희에게 말하노니 너희가 만일 할례를 받으면 그리스도께서 너희에게 아무 유익이 없으리라

신앙에 바르게 서서 자유를 누리며 살아가는 갈라디아 성도들에게 거짓 선생들이 나타나서 공격하고 있습니다. 어떻게 공격합니까? 할례를 받으라고 합니다. 예수를 믿는 것은 좋고, 은혜를 따라 구원받는 것도 좋은데 그게 전부가 아니고 할례를 받고, 율법을 지키고, 절기를 지키고, 금식을 행해야 온전한 구원에 이른다고 합니다. 믿음과 은혜로 충분한 것이 아니고, 거기에 율법을 지켜서 종교적인 열심을 내어야 온전한 구원에 들어가는 것처럼 가르친 것이죠.

이런 위험은 진리 안에 견고히 서 있지 못한 갈라디아 성도들뿐 아니라 오늘날도 많은 성도들이 동일하게 경험하는 것입니다. 믿음으로 구원받는 것, 은혜로 의롭다 함을 받는 것이 정말 귀합니다. 하지만 우리는 자기중심적인 외적이고 왜곡된 종교성을 가지고 있기 때문에 은혜만으로 충분하다고 여기지를 못합니다. 그래서 자꾸 뭔가를 붙들고 싶어합니다. 남들보다 조금 더 뭔가 안전하다고 여겨지는 외적인 표시를 붙잡고 싶어합니다. 그래서 믿음과 은혜 안에서 마음껏 자라지 못하고 자꾸 자기중심적인 왜곡된 종교성을 추구하는 것입니다. 그래서 율법주의적인 경향을 자꾸 더하는 것입니다. 왠지 모르게 남들이 하지 않는 것을 더 해야 안전한 신앙 생활인 것처럼 여기는 것이지요. 그래서 믿음으로, 은혜로 구원받으려고 하지 않고 어떤 율법적인 행위와 공로와 자격을 더하고 싶어합니다. 사람들은 하나님의 은혜와 구주의 공로가 얼마나 완전한지 믿지 못하고 나의 공로와 자격과 조건을 더하여 온전한 구원을 이루려는 오류를 자꾸 범합니다.

이런 외적인 것을 추구하는 모습의 본질이 무엇입니까? 아주 평범해 보이지만 무척 중요한 결과를 초래합니다. 2절을 다시 한 번 봅시다.

> 보라 나 바울은 너희에게 말하노니 너희가 만일 할례를 받으면 그리스도께서 너희에게 아무 유익이 없으리라

"만일 할례를 받으면", 즉 뭔가 더해야 온전할 것같이 여기면 "그리스도께서 너희에게 아무 유익이 없으리라"고 한 것입니다. 우리가 오직 예수를 믿는 믿음으로 의롭다 함을 받고 구원에 이른다고 그렇게 가르쳤는데 할례를 더하면 어떻게 되는 겁니까? 공적으로 말은 하지 않지만 구원을 행위로 이루겠다는 겁니다. 이 말은 예수의 공로가 구원을 이루는 데 충분하지 못하다고 여기는 것입니다. 뭔가를 더해야 온전하다고 생각하니까 예수의 영광이 구원에 충분하지 않은 것처럼 여기는 것이지요.

우리가 지금까지 갈라디아서를 보면서 율법을 행하고, 공로를 더하고, 자격을 쌓으면 어떻게 된다고 했습니까? 정죄 아래로 떨어진다고 했습니다. 율법은 결국 사람을 죄 아래로 데려가는 역할밖에 하지 못합니다. 그런데 율법을 더하면서 스스로 더 안전한 것처럼 여기는 어리석고 왜곡된 신앙 생활을 합니다.

그 결과는 무엇입니까? 우리가 생각한 것보다 훨씬 치명적입니다. 그리스도가 아무 유익을 끼치지 못할 수 있다고 합니다. 4절을 보겠습니다.

> 율법 안에서 의롭다 함을 얻으려 하는 너희는 그리스도에게서 끊어지고 은혜에서 떨어진 자로다

이런 방식으로 뭔가 더해서 하나님 앞에 온전하게 설 수 있다고 믿는 사람들은 그리스도에게서 끊어집니다. 그리스도와 아무 관계가 없고 그분을 잃게 됩니다. 예수를 믿는 것에다가 자신의 공로, 자격, 조건을 더하기 위해 애를 쓰고 수고해서 온전한 구원 안으로 들어가는 것처럼 여기는 사람들은 그리스도의 은혜에서 끊어지고 떨어집니다. 구원은 아무 자격 없는 우리에게 값없이 주시는 은혜입니다. 이것을 오해하면 안 됩니다. 율법을 행해서 뭔가 조금이라도 더 하기만 하면, 구원을 잃거나 은혜로부터 멀어진다는 말이 아니에요. 더할 수가 없는 것입니다. 뭔가를 더한다고 해서 더해지는 것이 아니라 오히려 우리를 더욱 종노릇하게 만들고 정죄 아래로 데려가기만 할 뿐입니다. 우리는 절대로 오해해서는 안 됩니다. 우리가 얼마든지 착한 일을 할 수 있습니다. 무엇이든 행위를 하면 구원이 안 되고 믿음으로만 구원받는다는 그런 말이 아닙니다. 우리의 작은 행위는 조금도 유익함을 더할 수 없다는 뜻입니다. 따라서 예수를 믿고 난 후에 뭔가를 더하려고 하면 은혜를 부정하는 것과 같습니다.

오늘날 많은 성도들의 신앙 생활이 얼마나 율법적인지 모릅니다. 성도들이 자격 없는 자신들을 값없이 구원하신 은혜를 아는 것이 아니라 율법주의적인 신앙 생활을 하는 것을 봅니다. 이것은 단순한 문제가 아닙니다. 율법주의적인 성향을 가진다는 것은 자기 의에 사로잡혀서 신앙 생활을 하는 것입니다. 율법주의적이고 공로주의적인 성향으로 신앙 생활을 하니까 끝없이 자기 의를 가지고 있습니다. 믿을 구석은 오로지 자기밖에 없습니다. 나는 다르다고 생각하고 자기를 의지하는 것이지요. 그 결과는 어떨까요? 누구와 연합해서 함께 일을 하지 못합니다. 이런 율법주의적인 종교적 경향 때문에 더불어 일하지 못하고 '내가 옳다'는 것을 끝없이 관철시키면서 혼자 살아갑니다. 이런 행동은 기독교 신앙이 아닙니다. 기독교 신앙은 복음을 통해 빚진 심령을 가지게 합니다. 그리고 모든 사람과 더불어 일하도록 우리를 이끌어 갑니다. 신앙의 기준이 완전히 다릅니다.

사랑하는 여러분, 율법주의적인 경향을 가지면 은혜로부터 멀어지는 위험을 안게 됩니다. 그렇게 계속 살면 생명이 없을 가능성이 많습니다. 왜곡되고 잘못된 신앙에 서 있다는 것이 사도 바울이 우리에게 하는 경고입니다. 귀담아들어야 합니다. 헛된 것을 붙들면 절대로 안 됩니다. 은혜로, 믿음으로 우리는 구원받는 것입니다.

성령으로 사는 것

이와 같은 것이 잘못된 신앙이라면 바른 신앙은 어떻게 사는 것입니까? 5절을 보겠습니다.

> 우리가 성령으로 믿음을 따라 의의 소망을 기다리노니

"우리가 성령으로 믿음을 따라 의의 소망을 기다"린다고 했습니다. 바른 신앙은 첫 번째로 성령으로 사는 것입니다. "성령으로"라고 하니까 대조가 잘 안 되죠? 거짓된 신앙을 주장하는 무리가 할례를 주장하고 있습니다. 자기 몸에 어떤 표식을 가지길 원하는 것이지요. 외적으로 드러나고 손에 잡히는 뭔가 의지하고 붙들 만한 것을 가지고 자기 신앙을 담보하고 싶

어합니다. 우리는 신앙이 얼마나 중요한지 잘 압니다. 그러니까 어떤 외적 조건을 붙들어 자기 신앙이 틀림없다는 것을 확인하고 싶어합니다. 그러나 신앙은 그런 것이 아닙니다. 우리 몸에 할례가 있는지, 눈에 보이는 어떤 증거를 붙들고 우리 스스로를 합리화하려고 해서는 절대로 안 돼요. 좋은 교회에 있는 것도 우리의 영적인 안전을 보장하지 않습니다. 이것 또한 외적인 것이고 육신에 속한 것입니다.

그렇다면, 진짜가 무엇입니까? 우리의 내면에 증거가 있습니다. 참된 신앙은 우리의 외면에 있는 것이 아니라 우리의 내면에 있습니다. 바로 성령의 감동과 인도와 도우심을 전심으로 의지하지 않으면 안 됩니다. 이것을 아는 자가 성도입니다.

율법주의적 신앙 생활은 이런 성령의 역사와 사역을 바깥의 다른 것으로 바꾸어 놓습니다. 여러 율법적인 행실을 가지고 교회를 섬기는 것은 성령을 의지하고 도우심을 간구하는 신앙의 핵심을 외적인 것으로 대체합니다. 은혜와 관계없는 자는 모든 것을 잃습니다. 우리 신앙, 삶의 방식을 다시 한 번 살펴보아야 합니다. 신앙 생활은 성령으로 사는 것입니다. 외적으로 보이는 증거를 갖지 않아도 우리의 내면 속에 성령이 주시는 증거들이 신앙 생활의 요체입니다. 사실, 할례는 바로 내면의 표시였습니다. 할례는 몸에 새긴 것이긴 했지만 외적으로 드러나는 표시가 아닙니다. 할례는 받은 자기 자신만 알 수 있는 표시였습니다. 그런데 어느새 할례가 모든 사람에게 외적으로 요구하는 조건으로 바뀌어 버린 것입니다. 신약에 와서 할례에 해당하는 성령의 역사는 사람을 거듭나게 하시는 능력으로 표현되었습니다. 성령이 아니면 진실한 믿음이 아닙니다. 만약 우리가 신앙 생활을 오래 했다고 스스로 생각하는데 성령을 의지하고 살 필요를 느끼지 못한다면, 우리는 영적으로 아주 위험한 자리에 있는 사람들입니다. 성도는 세월이 흐르고 말씀을 배울수록 하나님을 전심으로 의지하고 성령의 감동과 은혜가 아니면 안 된다는 것을 아는 자들입니다.

믿음을 통해 사는 것

바르게 신앙 생활하는 성도들의 두 번째 특징은 믿음을 통해서 사는 것입니다. 성령께서는 우리를 믿음이 아니면 살 수 없도록 데려가십니다. 우리가 "믿음"이라고 말할 때, 믿음은 "믿습니다"라고 말하는 믿음주의나 승리주의를 말하는 것이 아닙니다. 많은 신자들이 자기의 믿음을 의지하는데 이는 어리석은 일입니다. 자기 믿음의 힘을 붙드는 것은 어리석은 자들입니다. 그런 믿음주의는 바른 신앙이 아닙니다. 믿음주의가 아니라 믿음입니다. 믿음은 예수 그리스도의 대속 은혜를 전심으로 의지합니다. 그리스도를 통해 하나님이 보여 주신 그분의 사랑과 자비와 긍휼을 전심으로 의지합니다. 세상에는 무수한 가르침이 난무하지만 하나님의 약속의 말씀을 믿는 것입니다.

성도들이 이 땅을 살아가는 제일 중요한 표지는 믿음입니다. 믿음으로 사는 자가 성도입니다. 이 땅에서 자신의 노력으로 최선을 다해 좋은 결과를 얻기 원하는 사람들은 성도가 아닙니다. 성도는 믿음으로 살지 않으면 삶이 안 되는 줄 알고 있는 자입니다. 학교 생활은 성적을 위해 열심히 노력하고, 직장 생활은 세상 방법으로 최선을 다해서 다니고, 교회에 와서 신앙 생활만 믿음으로 하는 그런 사람은 정말 위험한 자리에 있는 자입니다. 신자는 학교 생활이나 직장 생활도 믿음으로 하는 것이 뭔지 알아야 합니다. 세상 사람의 방식으로 직장 상사에게 아첨하고 불신자와 사업의 길을 트기 위해 술을 먹고, 사업 번창을 위해 사람들의 신임을 얻으려고 수단을 가리지 않는 자는 영적으로 아주 위험한 자리에 있는 것입니다. 그런 사람들은 아직 신앙이 뭔지 모르는 것이지요. 믿음으로 살지 않는 것입니다. 육체를 따라 세상의 방법으로 사는 것입니다.

사랑하는 여러분, 교회 안에서 아무리 사람들에게 칭송을 들어도 아무 소용 없습니다. "목사님, 저 사람이 우리 교회 FM입니다"라고 해도 저는 안 믿습니다. 저는 사람들의 평판을 중요하게 여기지 않습니다. 제가 30년 동안 목회하면서 저를 좋아하는 사람을 많이 만난 만큼 미워하는 사람도 숱하게 만났습니다. 어지간히 미워하고 나쁜 말을 해도 저는 그냥 듣고 지나갑니다. 저는 사람을 뼈 속에 심어 놓고 묵상하면서 미워하는 일은 하지 않습니다. 사람이라는 게 별 수 없습니다. 인생이라는 게 어리석기 짝이 없습니다. 자기 감정대로 온갖 이야기를 마음대로 풀어놓는 게 인생입니다. 사람들의 평판을 붙들고 서면 우리는 망하는 겁니다. 하나님과 그분의 약속의 말씀을 믿고 예수를 의지하는 것이 진짜 신앙입니다. 우리가 교회 안에 있다는 것이 아무것도 보증하지 않는다고 숱하게 말했습니다.

의의 소망

사랑하는 여러분, 성령을 따라 믿으면 우리 속에 어떤 증거가 나타납니까? 의의 소망을 붙들고 살게 됩니다. 우리가 예수를 믿으면 이 땅에서 의롭다 여김을 받습니다. 하나님 앞에서나 사람 앞에서나 아무도 우리를 정죄할 자가 없고, 우리를 죄 아래 묶어 놓을 자가 없습니다. 그럼에도 세상을 사는 모든 신실한 성도가 경험하는 것은 무엇인가요? 우리는 주님이 우리를 의롭다 하셨지만 의가 우리에게 성취되었다는 사실을 충분히 누리지 못할 때가 많습니다. 의롭다 함을 받았지만 합당치 못한 한계와 모순을 우리는 경험합니다. 믿는 성도들 속에서도 의가 왕노릇하지 못하는 현장들이 나타납니다. 그러다 보니 성도들 속에 어떤 소망이 있습니까? 우리는 주님이 이 땅에 오셔서 의가 100퍼센트 성취되어 우리를 의롭다 여겨 주시는 것뿐 아니라 우리의 말과 행실로 의로운 자임이 드러나고 우리의 성품과 인격이 의로운 자에 합당하게 되는 그 날을 끊임없이 소망하는 것입니다. 우리는 의로운 자로 여겨져서 정죄 아래 들어가지는 않지만, 이 땅에 살면서 넘어질 때마다 하나님 앞에 간구해야 합니다. 성도들은 의가 완전히 성취될 날을 목마르게 사모하면서 이 땅을 살아가간다는 특징을 갖고 있습니다.

주 안에서 사랑하는 여러분, 이 땅에서 여러분이 바라는 것이 있습니까? 자식 잘되는 것, 건강하게 사는 것, 노후가 보장되는 것 말고 믿음의 성도로서 의를 향한 목마른 기대와 다가오는 하나님의 영광스러운 구원의 완성을 사모합니까? 그런 소망이 성도의 중요한 특징입니다.

사랑으로써 역사하는 믿음

더 중요한 것은 6절입니다.

> 그리스도 예수 안에서는 할례나 무할례나 효력이 없으되 사랑으로써 역사하는 믿음뿐이니라

6절도 여전히 믿음밖에 없다고 말합니다. 우리가 이 땅에서 바른 성도로 살기 위한 가장 중요한 표시는 믿음입니다. 할례나 무할례가 중요한 것이 아닙니다. 표시가 몸에 붙어 있는지, 육체적으로 어떤 교회에 속해 있는지, 얼마나 열심히 종교 생활을 하는지가 중요한 것이 아니라 우리 속에 성령이 주시는 진짜 증거, 산 믿음이 있는지가 중요합니다.

그렇다면, 우리에게 믿음이 있는 증거가 무엇인가요? 믿음은 반드시 사랑으로 역사합니다. 우리가 정말 하나님을 믿고 그분을 아는 바른 신앙 안에 바로 서 있다면, 사람을 사랑으로 대하게 됩니다. 여기에서 '사랑'은 세상이 말하는 그런 사랑이 아닙니다. 세상이 하는 사랑은 상황이 될 때 하는 사랑이고, 여유가 있을 때 하는 사랑이며, 하고 싶을 때 하는 사랑입니다. 세상이 하는 사랑은 대부분 베풀어 주는 겁니다. 남는 것을 가지고 일부를 주는 것입니다. 그러나 성경이 가르치는 사랑은 그런 것이 아닙니다. 자신의 실존과 존재를 드러내는 것은 성경이 가르치는 사랑이 아닙니다. 자기를 부정하고 자기를 희생하고 자기를 꺾는 것이 성경이 가르치는 사랑입니다. 본성적으로 할 수 없습니다. 자기 배로 낳은 자식에게 마

음이 기울어지는 사랑처럼 본성으로 할 수 있는 사랑을 성경은 사랑이라고 말하지 않습니다. 언제든지 본성이 작동하지 않으면 사랑하지 않는 것을 성경은 사랑이라고 하지 않습니다. 존귀하신 삼위 가운데 풍성한 사랑으로 부족함이 없는 성자 하나님께서 하늘 보좌와 영광을 뒤로하고 십자가에 못 박히시고 우리를 향해 보여 주신 행함이 사랑의 핵심입니다.

진정한 사랑에는 자기 부정과 자기 희생과 자기 죽임이 들어 있습니다. 믿음은 사랑으로 역사하면서 표가 나타납니다. 성경이 가르치는 사랑이야말로 우리가 바른 신앙을 하고 있는지 확인하는 핵심 증거입니다.

사랑하는 여러분, 원수를 사랑해 보신 적 있습니까? 혹시 함께하고 싶지 않은 사람을 주님 때문에 사랑해 보신 적 있습니까? 오늘날에는 사랑에 대한 많은 설교가 있습니다. 많은 성도들이 자식을 좋아하고, 마음에 드는 사람 좋아하는 것을 사랑이라고 생각하면서, 자신이 바른 믿음에 서 있는지를 돌아보지 않고 사랑에 대한 설교를 가볍게 듣고 지나갑니다. 주님은 불신자들도 하는 자기 사람을 사랑하는 것으로 우리의 사랑을 검증하지 않으셨습니다. 원수를 사랑하는지, 용서할 수 없는 사람을 진심으로 사랑하는지를 물으셨습니다.

사랑의 사도로 불린 요한은 우리에게 이렇게 말했습니다.

> 누구든지 하나님을 사랑하노라 하고 그 형제를 미워하면 이는 거짓말하는 자니 보는 바 그 형제를 사랑하지 아니하는 자는 보지 못하는 바 하나님을 사랑할 수 없느니라 (요일 4:20)

눈에 보이는 옆 사람도 사랑하지 못하면서 하나님을 믿는다거나 사랑한다는 말은 거짓말이라는 겁니다. 이 말씀을 주의해서 들어야 합니다. 형식적으로 듣고 지나가서는 안 됩니다. 우리 속에 성령의 도우심을 따라 용서할 수 없는 이웃들을 용서하며 사랑하는 것이 중요합니다. 내 힘과 육체의 능력으로 사랑하는 것이 아니라 말씀에 순종해서 믿음으로 성령의 도우심을 받아 누군가를 사랑하는 것이야말로 진짜 사랑입니다.

우리는 얼마나 사람들을 바꾸고 싶어합니까? 자식이라도 마음에 안 들면 의절을 해서라도 자식을 바꾸려고 합니다. 그러나 나를 바꾸려고 하지는 않습니다. 사랑은 자기를 바꾸는 것입니다. 사랑은 자기를 죽이는 것입니다. 사랑은 자기를 부정하고 깨뜨리는 것입니다. 그런 사랑이 성도가 바른 믿음을 가지고 사는 데 중요한 표요, 증거입니다.

사랑은 율법의 완성입니다. 율법주의자들이 할례, 율법, 절기를 지키는 것으로 도달하고 싶어하는 절정은 사랑입니다. 그러나 율법을 지켜서 사랑에 이르고, 구원에 이르는 것이 아닙니다. 율법의 꽃이며 완성인 사랑에 이르는 길은 믿음으로, 빚진 심령을 가지고, 은혜를 아는 진실한 성도들만이 이르게 됩니다. 선을 행할 수 있고 덕을 쌓을 수 있는데 믿음으로만 구원받는다고 가르치는 것이 아닙니다. 믿음으로 가야만 하나님이 받으시는 선과 덕과 바른 사랑을 할 수 있습니다.

사랑하는 여러분, 사랑은 성령의 열매입니다. 사랑은 성령을 따라 살아가는 성도의 삶에 핵심입니다. 왜냐하면 성령의 인도와 감동은 언제나 사랑으로 열매를 맺기 때문입니다. 우리 가운데 오랫동안 신앙 생활을 하면서도 어리석은 율법의 종 된 자리로 돌아가는 자가 한 사람도 없고, 모두가 주님이 주신 참된 자유를 가지고 성령의 도우심을 따라 사람을 사랑하는 성도가 되길 바랍니다. 사랑으로 역사하는 믿음을 가진 자로서 생명의 참된 부요를 경험하는 참된 성도가 되길 축복하고 권면합니다.

갈라디아서 5장 6-15절

그리스도 예수 안에서는 할례나 무할례나 효력이 없으되 사랑으로써 역사하는 믿음뿐이니라 너희가 달음질을 잘 하더니 누가 너희를 막아 진리를 순종하지 못하게 하더냐 그 권면은 너희를 부르신 이에게서 난 것이 아니니라 적은 누룩이 온 덩이에 퍼지느니라 나는 너희가 아무 다른 마음을 품지 아니할 줄을 주 안에서 확신하노라 그러나 너희를 요동하게 하는 자는 누구든지 심판을 받으리라 형제들아 내가 지금까지 할례를 전한다면 어찌하여 지금까지 박해를 받으리요 그리하였으면 십자가의 걸림돌이 제거되었으리니 너희를 어지럽게 하는 자들은 스스로 베어 버리기를 원하노라 형제들아 너희가 자유를 위하여 부르심을 입었으나 그러나 그 자유로 육체의 기회를 삼지 말고 오직 사랑으로 서로 종노릇하라 온 율법은 네 이웃 사랑하기를 네 자신같이 하라 하신 한 말씀에서 이루어졌나니 만일 서로 물고 먹으면 피차 멸망할까 조심하라

19장
바른 교훈, 거짓 교훈

우리가 신앙 생활을 어떻게 표현할 수 있을까요? 신앙 생활은 여러 형태로 표현할 수 있습니다. 사도 바울이 즐겨 사용한 표현은 "달음질" 혹은 "경주"였습니다. 이 단어들은 빌립보서와 디모데전후서에도 여러 번에 걸쳐서 나옵니다.

달음질, 신앙 생활

이번 본문에서도 바울은 신앙을 "달음질"에 비유하고 있습니다. 7절을 보겠습니다.

> 너희가 달음질을 잘 하더니 누가 너희를 막아 진리를 순종하지 못하게 하더냐

갈라디아 지역 성도들은 복음을 잘 받아들였습니다. 그리고 복음을 붙들고 믿음의 길을 잘 달음질했습니다. 향방 없는 어떤 사람들처럼 막연하게 뛰지 않고 부르심 받은 자처럼 방향을 가지고 믿음의 경주를 잘했습니다. 그런데 예기치 않았던 불상사가 생겼습니다. 어떤 사람들이 경주장으로 뛰어 들어와서 잘 달리고 있는 자들의 경주를 가로막고 다른 쪽으로 뛰도록 한 것입니다. 거짓 교훈이 갈라디아 지역 교회 속으로 들어온 것입니다. 갈라디아 지역 교회 안에 들어온 거짓 선생들은 성도들에게 더 온전하고 좋은 신앙 생활을 하게 한다고 말했지만, 이들의 교훈은 오히려 진리를 순종하지 못하게 방해했습니다. 하나님의 귀한 진리를 따라 잘 달려가고 있던 성도들을 방해하고, 진리의 길이 아닌 다른 길을 가도록 만들었습니다.

우리가 지난 여러 장에 걸쳐 참 어려운 주제를 다루었습니다. 아브라함의 자손이라고 해서 전부 아들이 아니고, 어떤 자는 종이었다는 것을 살펴보았지요. 오늘날로 적용하면 교회에 다니는 자가 다 거듭난 성도가 아니라고 했습니다. 교회 안에 있어도 어떤 사람은 여전히 믿음이 없을 수 있습니다. 또한 앞 장에서는 성경이 가르치는 바른 신앙과 거짓 신앙에 대해 살펴보았습니다.

바른 신앙의 특징은 무엇입니까? '자유와 사랑'이었습니다. 바른 신앙은 무엇을 하더라도 마음에서 우러나와 기쁨으로 일을 해야 합니다. 이것이 자유함입니다. 불이익을 받을까 두려워서 마지못해 하는 것이 아니라 자원해서 기쁨으로 하는 것이 바른 신앙의 중요한 특징이라고 했습니다. 그리고 그 신앙은 반드시 사랑으로 자신의 모습을 드러냅니다. 사랑을 통해서 역사하는 믿음(신앙)입니다. 그런 믿음이야말로 성경이 가르치는 참된 믿음(신앙)입니다.

이번에도 신앙과 똑같이 우리에게 또 하나의 중요한 문제를 제기합니다. 교회 안에서 나누는 가르침이라고 해서 다 옳은 것이 아니라는 것입니다. 바른 가르침이 있고, 잘못된 가르침이 있습니다. 심지어 목회자가 가르치는 것조차도 실수가 있을 수 있습니다. 저도 잘못할 수 있습니다.

사랑하는 여러분, 교회를 구성하고 있는 성도가 신앙 생활을 하려면, 진리에 대한 바른 분별력을 가지고 있어야 합니다. 목사가 시키는 것만 잘하면 신앙 생활을 잘하는 것이 아닙니다. 어떤 가르침은 성도가 분별해야 합니다. 교회에서 가르치는 것이 전부 옳은 것이 아닙니다.

하나님으로부터 온 것인지 분별하라

그렇다면, 무엇을 가지고 분별할 수 있습니까? 몇 가지 기준을 살펴보겠습니다. 8절을 보십시다.

> 그 권면은 너희를 부르신 이에게서 난 것이 아니니라

잘못된 교훈의 속성 중에 첫 번째는 그 권면이 "너희를 부르신 이에게서 난 것이 아니"라는 점입니다. 권면이 바른지 아닌지를 뭘 가지고 점검합니까? 하나님으로부터 났는지 아닌지를 점검하라고 합니다. 하나님으로부터 왔는지 어떻게 알 수 있습니까? 하나님의 성품이 묻어 있는지 보

면 됩니다. 우리가 몸담아 사는 세상은 전부 자격, 조건, 공로, 경쟁 속에 있습니다. 그런데 죄가 지배하고 통치하는 세상에 하나님이 당신의 성품을 따라 전혀 다른 질서를 세웁니다. 그것은 바로 은혜입니다. 우리의 자격, 조건에 근거하지 않고 하나님의 넘치는 사랑이 만들어 내는 복된 선물인 은혜로 질서를 세웁니다. 교훈 속에 은혜가 있는지 없는지 보면 분별을 할 수 있습니다. 끝없이 우리 자신이 뭔가를 해서 하나님의 사랑과 선물을 타 내야 한다고 생각한다면 그것은 잘못된 가르침입니다. 하나님은 자격 없는 우리에게 은혜로 선물을 주셨습니다.

저는 '타다 남은 막대기'라는 표현을 제일 좋아합니다. 인생을 되돌아보면, 타다 남은 막대기 같고, 먼지 같고, 재 같은 인생들을 하나님의 넘치는 사랑과 부요함으로 가치 있게 만드셨습니다. 주님은 그 귀한 은혜를 당신 자신의 희생을 근거로 우리 같은 자격 없는 자에게 주셨습니다. 세상은 전부 힘을 가지고 경쟁에서 이겨 자신을 기쁘게 하거나, 자기를 더욱 좋게 만들고 싶어합니다. 그런데 우리 하나님은 우리에게 은혜를 베풀기 위해 하나밖에 없는 아들을 희생하셨습니다. 당신이 고생하고 희생해서 우리에게 좋은 것을 주셨습니다.

바른 교훈은 내가 좋아하는 것을 다 가지고 내 힘으로, 내 마음대로, 내 공로로, 내 능력으로 살아가면서 얻는 것이 아닙니다. 우리가 희생해서 아버지의 성품이 묻어나야 바른 교훈을 얻습니다.

주님은 우리를 자유케 하십니다. 그저 우리가 하나님의 비위를 맞추고, 그분께 좋은 평가를 받아서 자유를 얻는 것이 아닙니다. 하나님께 매 맞을까 두려워서 하는 것이 아닙니다. 하나님은 우리가 중심을 담아서 하나님을 사랑하는 마음으로 그분을 예배하는 자유자의 자리에 서길 원하십니다. 바른 교훈은 주께로부터 오는 것입니다. 이 세상과 구별되는 다른 교훈입니다.

거짓 교훈의 속성

두 번째로 보아야 할 거짓된 교훈의 속성은 무엇입니까? 9절입니다.

> 적은 누룩이 온 덩이에 퍼지느니라

참 어려운 부분 중에 하나입니다. 오늘날 조국 교회는 상당히 규모가 커졌기 때문에 거짓된 교훈이 교회를 흔들지 못한다고 생각하는 듯합니다. 그러나 잘못된 누룩은 온 덩어리를 다 왜곡시킬 수 있습니다. 악한 영향력, 왜곡된 교훈이지만 아주 광범위하게 영향을 미칠 수 있습니다.

많은 사람들이 말한다고 해서 그것이 반드시 맞는 말은 아닙니다. 초대 교회 때, 아리우스와 아타나시우스라는 두 교부가 논쟁을 합니다. 아타나시우스는 평신도에 불과하고 아주 평범한 집사였습니다. 반면에 아리우스는 당시 세계가 인정하는 석학이었습니다. 불가능할 것 같은데 놀랍게도 교회 회의에서 아타나시우스의 입장을 채택하면서 아리우스가 이단으로 정죄를 받았습니다. 다수가 아리우스를 지지했는데도 소수의 지지를 받은 아타나시우스의 교리가 결국 이겼습니다. 짧은 시간으로 볼 때, 진리가 지는 것 같은 순간이 있을 수 있다는 것을 잊어서는 안 됩니다.

종교 개혁 당시, 마르틴 루터가 보름스 지역에 있는 국회에 소환되었습니다. 그런데 루터를 지지하고 도울 만한 사람들은 거의 없었습니다. 수천 명이 모여 있는 자리에서 그는 혼자 외롭게 싸워야 했습니다. 그때 루터는 이렇게 이야기했습니다. "보름스 국회를 뒤덮고 있는 수많은 기왓장이 대적들이라 할지라도, 나는 이 진리를 말할 수밖에 없다." 우리는 다수가 말하기 때문에 '진리'라고 생각하지 않습니다. 주께로부터 나오고 주의 성품이 담겨 있어야 성경이 가르치는 바른 진리입니다. 아무리 다수가 원해도 틀릴 수 있습니다. 진리와 거짓은 그 규모에 달려 있지 않습니다.

성경은 거짓된 교훈을 누룩이라고 표현하고 있습니다. 우리 주님도 "바리새인과 사두개인들의 누룩을 주의하라"(마 16:6)고 말씀하셨습니다. 누룩은 악한 영향력을 가진 잘못된 교훈을 말합니다. 진리에서 벗어나게 하는 잘못된 교훈은 누룩과 같이 공동체 전체를 상하게 합니다.

그런데 누룩만큼 나쁜 것이 있습니다. "그릇된 행실"입니다. 고린도전서 5장 1절을 보겠습니다.

> 너희 중에 심지어 음행이 있다 함을 들으니 그런 음행은 이방인 중에서도 없는 것이라 누가 그 아버지의 아내를 취하였다 하는도다

잘못된 행실, 음행도 누룩이라고 표현하고 있습니다. 이 잘못된 교훈과 공적으로 드러난 잘못된 행실에 대해 교회는 거룩과 성결을 지키기 위해 치리를 합니다. 치리는 장로교 정치 제도의 제일 중요한 원리입니다.

교회가 아무 어려움이 없고 평화로울 때 우리는 귀담아들어야 합니다. 교회는 거룩과 성결을 지키기 위해 때로는 치리를 해야 할 때가 있습니다. 치리를 할 때는 반드시 두 가지 기준이 있습니다.

첫째, 그릇된 교훈을 가르칠 때 치리를 합니다. 교회는 성경이 지지하지 않는 왜곡된 교훈을 가르치는지 판단해야 합니다. 성경이 지지하지 않는 왜곡된 교훈을 가르칠 때는 교회가 치리를 해야 합니다. 사랑으로 덮어 두면 안 됩니다. 우리 인생의 약함 때문에 반복되는 오류들은 우리가 덮어 주어야 합니다. 그러나 왜곡된 교훈은 교회 공동체를 해코지하기 때문에 분별해서 치리해야 합니다.

둘째, 잘못된 행실을 할 때 치리를 합니다. 개인적으로 하는 행실까지 전부 다루지는 않지만, 잘못된 행실이 교회 공동체에 드러나고 해를 끼치게 되면 그것이 어떤 이유든지 간에 행악자를 불러 반드시 치리하고 다루어야 합니다.

물론 치리는 목사가 하는 것은 아니고, 당회가 합니다. 그래서 당회를 "치리회"라고도 부릅니다. 물론 당회 전체가 하는 것이 아니라 치리회를 구성해서 합니다. 교회 내에서 치리하는 일이 없기를 바라지만 혹여나 교회 안에 그릇된 교훈을 가르치거나 잘못된 행실이 있을 때는 반드시 치리를 해야 합니다.

'교회가 사랑 없이 왜 사람을 치리할까?'라고 생각하면 안 됩니다. 거짓된 교훈을 가르치거나 행실이 악한 자들은 치리하고 다스려서 교회를 진리와 성결한 공동체로 세워 가는 것이 교회의 중요한 기능 중 하나입니다. 그러나 맘에 안 드는 사람을 봐 놓았다가 혼내기 위해 하는 치리는 잘못된 행함입니다. 그것은 치리를 오용하는 것입니다. 그러나 하나님의 진리와 교회의 거룩을 위해 교회는 치리를 해야 하는 순간이 있습니다.

장로교 선배들은 교회 안에 들어온 여왕도 치리했어요. 그것도 절대 군주 시대의 여왕이었습니다. 그래서 교회가 온갖 고초를 겪기도 했지만, 교회를 진리의 반석 위에 선 성결한 공동체로 지키기 위해 장로교 선배들은 애를 썼습니다. 그런 공동체가 바로 우리가 속해 있는 장로교 교회 공동체입니다. 교회 안에 치리하는 일이 없는 것이 좋지만, 치리를 할 수밖에 없을 때 거룩과 진리를 잘 지킬 수 있도록 교회를 세워 가야 합니다.

이런 두려움을 가지고 있지만 그럼에도 사도는 확신을 가지고 있습니다. 10절을 보십시오.

> 나는 너희가 아무 다른 마음을 품지 아니할 줄을 주 안에서 확신하노라 그러나 너희를 요동하게 하는 자는 누구든지 심판을 받으리라

우리말 성경은 10절이 두 개의 문장으로 구분된 것같이 나옵니다. 하지만 원문을 보면 두 문장이 똑같이 "나는 확신하노라"의 내용이 되는 것을 알 수 있습니다. 바울이 무엇을 확신하지요? 첫 번째는 너희가 다른 어떤 생각도 안 할 것을 확신한다고 합니다. 거짓 교훈을 가르치는 자들이 와서 요동하고 혼란스럽게 하지만, 결국은 진리에 곧게 서서 바른 선택을 할 줄 확신합니다. 두 번째는 너희를 요동하는 자가 심판을 받을 줄 확신한다고 합니다.

사도 바울은 갈라디아 성도들을 향한 깊은 두려움이 있습니다. 그 두려

움은 '성도들이 진리를 떠나면 어쩌나?' 하는 두려움입니다. 그러나 동시에 이들을 믿고 있습니다. 바울이 이렇게 갈라디아 성도들을 신뢰하고 확신하는 근거가 무엇입니까? 상황을 찬찬히 살펴보니 절대로 불리하지 않을 것 같다고 확신한 것이 아닙니다. 갈라디아 성도들을 잘 알아서 틀림없이 바울 자신을 실망시키지 않을 것을 알기에 믿는 것도 아닙니다. 주 안에서 확신합니다. 이 부분이 정말 중요합니다.

성도들이 자식 문제를 가지고 저를 찾아올 때, 저는 부모들에게 이렇게 이야기합니다. "자식을 그냥 믿어 줘요." 그러면 부모들이 이렇게 얘기를 합니다. "목사님, 이렇게 뻔히 눈에 보이는데 어떻게 믿어 줍니까?" 제가 자식의 자질을 믿어 주라는 게 아니에요. 자식의 어떤 가능성을 믿어 주라는 게 아닙니다. 자꾸 우리는 어리석게 적용합니다. 자식을 믿어 주라고 하면, 자식이 잘될 거라고 믿습니다. 물론 그렇습니다. 그러나 그렇게 믿어 주라는 게 아니라 주님 때문에 믿으라는 것입니다. 이 자녀의 주인이 그 분이시기 때문에 믿으라는 겁니다. 나를 선대하셨던 것같이 그분이 내 자녀를 선대할 것이라고 믿기 때문에 믿어 주는 것입니다. 대부분의 부모는 자기 자녀가 천재라고 생각합니다. 막상 초등학교에 들어가면 실상을 볼 수 있는데 말이죠. 그런데 믿어 주라고 하면 자꾸 그 어릴 때 보았던 천재적 자질을 믿으려고 합니다. 그게 아닙니다.

또 나이가 오십, 육십이 넘은 분들이, "목사님, 우리 애를 믿었는데 너무 실망스러워요"라고 말한다면, 정말 나쁜 사람입니다. 50년, 60년 동안 자신을 그렇게 보고 실망했으면 됐지, 또 누구를 믿었다가 실망이라고 하는 겁니까. 그것은 30대 때 다 떼는 것입니다. 인생을 살면서 자신의 모습에서 수많은 사람의 모습을 읽습니다. 그러면서 사람은 믿을 대상이 아니라는 것을 철저히 알지 않았습니까. 사람은 아끼고 사랑하고 힘을 다해서 붙들어 줘야 합니다. 그리고 주님 때문에 인내하고, 기다려 주고, 믿어 주는 것입니다. 그 사람 속에 남다른 도덕성과 훌륭함이 있을 거라 믿고 상처받는 일을 왜 50, 60세가 넘어서까지 합니까. 살아온 수많은 연륜만큼 그럴 수도 있다고 생각해야 합니다. "괜찮다, 나도 다 그렇게 살았다, 사람이 다 그렇다" 해야 어른입니다. 우리는 사람을 보고 믿었다가 실망하는 일은 하지 않습니다. 우리가 사람을 믿는 것은 주님 때문에 믿는 것입니다. 신실하신 하나님이 우리 자녀들을 우리 이상으로 책임 있게 살게 해 주실 줄 믿는 것이죠. 우리 안에 있는 어떤 자질이 우리의 미래를 담보합니까? 우리 자녀들의 어떤 탁월함이 그 아이들의 미래를 담보할 수 있습니까? 공부를 잘하면 도덕성이 담보됩니까? 아이가 공부 잘하고 재능이 특출나면 미래가 담보됩니까? 우리가 살면서 아무것도 담보하지 못한다는 것을 다 봤습니다. 하나님이야말로, 아이의 미래에 대한 참된 담보입니다. 주 안에서 확신하는 것이죠.

또 하나의 중요한 확신은 무엇입니까? 거짓된 선생들에게 심판이 있다는 것입니다. 이 땅의 많은 사람이 하나님의 심판과 진노를 믿으려 하지 않습니다. 요즘 사람들은 하나님의 심판과 진노를 믿는 것은 사람이 미개하고 과학이 덜 발달되었을 때 신적인 존재에 대한 막연한 두려움이 만들어 낸 신화인 것처럼 생각합니다. 서구의 많은 신학자들은 지옥이 있다고 믿지 않습니다. 사랑이 많으신 하나님이 사람을 지옥에 보낼 리가 없다는 거지요. 그러나 성경은 그렇게 말하지 않습니다. 성경은 악한 자들을 향한 심판이 반드시 있다고 말합니다. 심판이 더디 온다고 심판이 없는 것은 아닙니다. 반드시 심판이 있습니다. 우리의 악하고 거짓된 교훈과 행실에 대한 심판을 반드시 하나님께서 하십니다. 구주의 보혈로 씻기지 않은 모든 죄는 하나님의 성품과 충돌하고 부딪칩니다. 사람들이 밝혀 내어 죄라고 말하지 않기 때문에 죄가 아닌 것은 아닙니다. 하나님의 심판대 앞에 설 때까지 다루어지지 않은 죄는 반드시 심판을 가져 옵니다. 성경은 우리에게 이렇게 권면합니다.

> 내 형제들아 너희는 선생 된 우리가 더 큰 심판을 받을 줄 알고 선생이 많이 되지 말라(약 3:1)

심판은 반드시 있습니다. 우리의 말과 행위에 대한 심판이 반드시 있습니다. 심지어 주님은 우리에게 이렇게까지 권면하셨습니다.

> 누구든지 나를 믿는 이 작은 자 중 하나를 실족하게 하면 차라리 연자 맷돌이 그 목에 달려서 깊은 바다에 빠뜨려지는 것이 나으니라(마 18:6)

연자 맷돌을 목에 달아 바다에 빠뜨리면 숨이 막혀서 죽습니다. 정말 고통스러운 죽음입니다. 그렇게 죽는 것이 차라리 주님의 심판대 앞에 서는 것보다 더 낫다는 겁니다. 요한계시록 6장 15-16절에도 심판에 대한 두려움을 표현한 구절이 나옵니다.

> 땅의 임금들과 왕족들과 장군들과 부자들과 강한 자들과 모든 종과 자유인이 굴과 산들의 바위 틈에 숨어 산들과 바위에게 말하되 우리 위에 떨어져 보좌에 앉으신 이의 얼굴에서와 그 어린양의 진노에서 우리를 가리라

어린양의 심판대 앞에 서서 어린양의 심판을 받는 것보다 차라리 동굴과 바위가 자기 위에 무너져서 죽는 것이 훨씬 낫겠다고 말합니다. 그만큼 심판이 두려워 피하고 싶은 것입니다.

하나님의 심판이 있습니다. 세상의 사법 제도는 공의를 다 세울 수 없습니다. 그러나 하나님의 재판정은 반드시 있습니다. 그 재판은 정확하고 불의함이 없습니다. 성경에서는 바른 교훈이 절대로 죄를 그냥 지나가는 법이 없다고 가르칩니다. 죄는 반드시 심판을 부릅니다. 구주께서 십자가에 달려 돌아가신 그 대속의 은혜가 덮고 가리지 않으면 죄는 심판을 면하지 못합니다. 합리화하고 퉁쳐 댈 수 없습니다. 거짓 교훈은 우리가 심판을 직면하지 못하게 합니다. 그러나 성경은 언제나 우리에게 하나님의 공의롭고 준엄한 심판이 있다고 이야기합니다.

바른 교훈의 속성

사랑하는 여러분, 거짓된 교훈이 교회를 어지럽게 하고 힘들게 할 수 있는 오늘날, 참된 교훈의 중요한 속성은 무엇일까요? 거짓된 교훈이 심판의 사실성을 부정하고 드러내어 가르치지 않는 반면, 진리는 늘 심판을

목전에 놓고 살도록 가르칩니다. 그것 못지않게 중요한 속성이 있습니다. 본문 11절입니다.

> 형제들아 내가 지금까지 할례를 전한다면 어찌하여 지금까지 박해를 받으리요 그리하였으면 십자가의 걸림돌이 제거되었으리니

바른 진리는 할례를 전하지 않습니다. 신앙의 증거를 외부의 어떤 표시나 어떤 형식과 절차를 가지고 찾으려 하지 않습니다. 바른 진리는 언제나 복음과 십자가를 전합니다. 이 복음과 십자가는 걸림돌을 가지고 있습니다. 사람을 걸려서 넘어지게 하는 요소를 가지고 있다는 말입니다. 성경은 복음 안에 하나님 안에서 거듭나지 않은 이성과 새롭게 되지 못한 본성이 계속 충돌하고 거스르는 요소가 있다고 말합니다. 성경은 복음을 모든 사람에게 선포하고 가르치지만 놀랍게도 복음은 모든 사람의 것이 아닙니다. 어떤 사람은 복음에 걸려 넘어지고 복음 속으로 들어오지 못합니다. 왜냐하면 복음이 우리의 본성과 정면 충돌하면서 우리의 영혼을 고단하게 하고, 우리의 기대를 충족시키기보다 실망시키기 때문입니다. 우리는 십자가와 복음이 사람의 본성이나 거듭나지 않은 이성과 정면 충돌하는 요소를 가지고 있다는 사실을 잊어서는 안 됩니다.

지난 30년 동안 저는 조국 교회가 길을 잃어버린 이유가 이것이라고 생각합니다. 그동안 조국 교회는 사람들이 원하는 것, 좋아하는 것을 복음이라는 이름으로 가르치고 싶어했습니다. 예수를 믿어서 돈 벌고, 병 낫고, 명성이 높아지고, 만사가 형통할 것이라고 말하고 싶어했습니다. 우리

본성에 거슬리는 것이 하나도 없습니다. 그러나 복음에는 우리의 본성을 정면으로 거스르는 요소가 반드시 있습니다. 성경은 우리에게 "모든 사람이 너희를 칭찬하면 화가 있도다"(눅 6:26)라고 말합니다. 거듭나지 않고 주님을 바르게 만난 적이 없는 사람들에게 복음은 환영받지 않습니다. 복음은 거치고 반대하고 거슬리고 성가신 요소를 가지고 있습니다.

사랑하는 여러분, 혹시 남편이나 아내 때문에 억지로 예배 자리에 와 있는 분 계십니까? 부모 때문에 교회에 나오는 분들 계십니까? 혹시 믿을 때가 되면 믿겠지만, 지금은 믿고 싶지 않다고 생각하는 분이 계시나요? 안 믿는게 아닙니다. 못 믿는 것입니다. 복음 자체가 우리를 정면에서 걸고 넘어뜨리고 있습니다. 복음은 우리가 원하는 요소를 말해 주지 않습니다. 복음은 우리에게 아첨하지 않습니다. 우리를 적나라하게 드러내어 걸려 넘어지게 만들기 때문에 진리 안에 못 들어오는 것이지 우리가 안 들어오는 것이 아닙니다. 믿는 것은 기적과 같습니다.

우리는 한 나라를 대표하고도 남는 "국가 대표급 죄인"입니다. 혹시 "국가 대표급"이라는 표현이 좀 너무한 것 같다고 생각하시는지요? 저는 이 말에 한 걸음도 물러서고 싶지 않습니다. 우리는 한 나라를 대표하고도 남을 만큼 나쁜 사람들입니다. 아무리 웃고 표정 관리를 해도 절대로 속일 수 없습니다. 우리가 진리 안에 설수록 우리 본성의 부패와 악함을 보게 될 것입니다. 나라를 대표하고도 남습니다. 신앙의 연조가 더해 갈수록 그것을 인정하는 순간이 올 것입니다.

사랑하는 여러분, 복음은 사람의 기대에 절대로 아첨하지 않습니다. 사람들은 자신을 치장합니다. 좋은 옷을 입고, 좋은 이야기를 합니다. 긍정적이고 생산적인 이야기를 하고 싶어합니다. 하지만 성경은 우리 속을 적나라하게 뒤집어서 우리 본성의 부패와 악함을 한 치의 타협도 없이 드러냅니다. 한꺼번에 다 열면 우리가 기절하고 도망가니까, 우리의 수준과 상황에 맞춰 다양한 모습으로 조금씩 열어서 보여 줍니다. 그래서 우리는 복음을 거스르는 것입니다. 복음을 환영하지 못하고 걸려 넘어지는 것입니다. 내 잘못에 대해 동의할 용의는 있지만, 나쁜 죄인이라는 것에 절대로 동의하고 싶지 않은 것이죠. 복음이 우리 속을 뒤집어 놓습니다.

그렇다면, 우리는 죄의 문제를 어떻게 해결합니까? 우리가 열심히 노력하고 최선을 다하면 아픔을 극복하고 스스로의 힘으로 문제를 해결할 수 있을까요? 물론, 그러면 좋지요. 그런데 성경은 그것이 불가능하고 우리 말고 대속자가 오셔야 한다고 가르칩니다. 사람들은, "꿈은 이루어지고, 우리는 성취할 수 있다"는 말을 가장 좋아합니다. 그런데 복음은 절대로 우리에게 그렇게 말하지 않습니다. 우리는 우리의 문제를 스스로 해결할 수가 없는 존재입니다.

여러분, 반(半) 펠라기우스주의(semi-Pelagianism)에 대해 들어 본 적 있습니까? 이들은 타협안을 제시했습니다. "좋다. 우리 힘으로 구원받을 수 없는 것은 인정하겠다. 그러나 하나님이 60이나 70퍼센트, 우리가 40이나 30퍼센트로 하면 어떠냐?" 이렇게 뭔가 절충해서 구원에 들어가는 것처럼 가르쳤습니다. 그러나 우리가 속해 있는 칼뱅주의, 개혁주의는 절대로 그런 절충을 받아들이지 않습니다. 100퍼센트 하나님의 은혜로 구원받는 것이고, 거기에 우리가 조금이라도 더하고 뺄 수 없다고 말합니다. 부패한 죄성과 악함밖에 없는 우리는 하나님의 전적인 은혜가 아니면 구원받을 수 없습니다. 우리의 작은 기여도 구원을 이룰 수 없습니다. 그러니까 나름대로 최선을 다하고 사는 사람들은 걸려 넘어지는 것이죠. 복음이 불편한 것입니다. 득도를 하고, 열반의 세계에 들어가고, 많은 선을 행하여 다른 사람과 구별되게 살아야 천국 간다고 하면 우리 본성이 정말 좋아할 텐데, 복음은 그렇게 하지 않습니다. 우리와 정면으로 충돌합니다. 작은 것 하나도 우리가 기여할 부분이 없고, 오직 은혜로만 구원받아 하나님 백성으로 변화된 다음에야 하나님이 정말 원하는 선을 행할 수 있다고 하니 본성이 걸려 넘어집니다.

그뿐 아니라 우리의 문제를 해결하기 위해 오신 구세주도 문제입니다. 권세와 능력과 지혜와 지식이 누가 보아도 한 눈에 알아볼 만한 모습으로 오신 것이 아니었습니다. 가장 약한 모습, 어린아이로 말구유에서 태어나시고, 십자가에 달려 자기 목숨 하나도 제대로 보존 못하는 사람처럼 보이는 메시아가 왔으니 우리 본성과 정면으로 부딪치고 받아들이지 못합니다. 우리가 원하는 형태가 아니라 전혀 다른 모습으로 구원이 주어진 것이 우리는 불편한 것이지요.

자존심 강한 사람 입장에서 자신의 죄를 남이 죽어서 용서받는다는 것이 쉽게 받아들여지겠습니까? 또한 평범하다 못해 부족해 보이는 구주 앞에 고개를 숙여야 구원받을 수 있다는 말에 선뜻 나설 사람이 누가 있겠습니까? 우리보다 훌륭한 존재라면 얼마든지 고개를 숙일 준비가 되어 있을 것입니다. 그러나 그런 모습조차 보이지 않고, 오히려 죄인 중에 하나로 여겨졌던 예수가 구주라는 사실이 사람들에게 받아들여질 수 있겠습니까?

사랑하는 여러분, 복음은 우리가 걸려 넘어지게 하는 요소를 가지고 있으나, 성령께서 진리의 말씀을 우리 영혼에 접목시켜 주시면 놀랍게도 그 복음이 믿어지기 시작합니다. 우리가 믿는 것이 아니라 믿어지는 것이지요. 우리의 개인적인 결단으로 믿는 것이 아닙니다. 하나님의 성령으로 귀한 선물을 자격 없는 우리에게 값없이 부어 주실 때, 그 진리가 믿어지는 것입니다. 해석되지 않고 이해되지 않는 귀한 진리가 믿어지면서 놀라운 생명의 영광 속으로 들어갑니다.

아내나 남편, 부모를 따라 교회에 나오는 것을 오히려 자랑스럽게 생각하고 살아서는 안 됩니다. 혹시, 아내나 남편, 부모에게 끌려서 교회에 다니지만 예수 믿는 사람들을 보면 안 믿는 게 나은 것 같아 끝까지 안 믿겠다는 분들 있으신지요? 그런 불신을 심어 드려 죄송합니다. 그렇기 때문에 안 믿는 것이 아니라 그렇기 때문에 제대로 믿어야 합니다. 그래서 진리가 뭔지를 알고, 예수를 믿는 게 뭔지를 알아야 합니다. 아브라함이 우리 아버지이기 때문에 모두 아들이 아니라 진짜 아들이 뭔지를 알고 제대로 믿어야 다른 것이 눈에 들어옵니다. 선 밖에 서서 하나님의 심판이 코 앞에 와 있는데도 전혀 인식하지 못하고 스스로 합리화하는 것은 어리석은 것입니다. 기존에 교회를 다니는 사람들이 잘 못하기 때문에 생명이 없는 자리에 그대로 머물러 있다고요? 그것이 무엇을 보장합니까? 은혜가 허락될 때, 믿음 속으로 들어와야 합니다. 믿어지는 것은 기적과 같은 것입니다. 안 믿는 게 지식을 따라 사는 것이 아닙니다. 믿는 것이 주님의 참된 영광을 아는 지혜가 열리는 길입니다. 믿는 것은 기적같은 어려운 일이 우리 삶에 일어나는 것입니다. 안 믿는 것은 우리 본성을 그대로 두는 것입니다. 우리가 지식이 충만해서 안 믿는 것이 아닙니다. 본성대로 살기 때문에 안 믿는 것일 뿐입니다. 믿음의 기회가 있을 때 들어와야 합니다.

저는 교회 안에 영적인 아이들이 잉태하고 출생하는 울음소리가 그치지 않기를 소원합니다. 수십 년 동안 교회를 다녔지만, 출생과 관계없이 신앙 생활을 하는 것이 아니라 참 생명을 가지고 출생을 경험하는 울음소리가 교회마다 들렸으면 합니다. 그것이 저의 소원이고 기대입니다. 조국 교회마다 이런 출생의 울음소리가 가득하고 복된 영광이 있기를 바랍니다.

갈라디아서 5장 13-18절

형제들아 너희가 자유를 위하여 부르심을 입었으나 그러나 그 자유로 육체의 기회를 삼지 말고 오직 사랑으로 서로 종노릇하라 온 율법은 네 이웃 사랑하기를 네 자신같이 하라 하신 한 말씀에서 이루어졌나니 만일 서로 물고 먹으면 피차 멸망할까 조심하라 내가 이르노니 너희는 성령을 따라 행하라 그리하면 육체의 욕심을 이루지 아니하리라 육체의 소욕은 성령을 거스르고 성령은 육체를 거스르나니 이 둘이 서로 대적함으로 너희가 원하는 것을 하지 못하게 하려 함이니라 너희가 만일 성령의 인도하시는 바가 되면 율법 아래에 있지 아니하리라

20장

사랑으로
서로 종노릇하라

갈라디아서 4장과 5장 전체에 흐르는 중요한 사상 중에 하나는 자유입니다. 사람들이 예수를 믿으면 자유를 얻습니다. 이 자유는 복음이 우리에게 가져다주는 가장 놀라운 선물입니다. 자유는 하나님께서 우리를 불러 구원하신 중요한 목적이기도 합니다. 우리가 주님을 믿으면, 모든 죄와 죄가 가지고 오는 징벌과 정죄로부터 자유를 얻습니다. 우리는 주님을 믿을 때, 사망에서 자유를 얻습니다. 이 세상 사람들의 가장 큰 질고인 사망에서 벗어납니다. 우리는 이 땅을 사는 동안 세상과 우리 자신에 대한 자유를 얻습니다. 특별히 성경이 우리에게 말하고 있는 자유는 하나님의 은총을 얻기 위해 공로, 행위, 자격을 구비하지 않아도 하나님의 보좌에 담대히 들어갈 수 있다는 점입니다. '주님이 우리를 혹시나 외면하실까, 우리를 거절하실까'하는 두려움 없이 하나님의 은혜의 보좌에 믿음으로 담대히 들어가는 참된 자유를 하나님은 우리에게 주셨습니다. 모든 진실한 성도에게는 그리스도의 공로로 말미암아 하나님의 완전한 사랑과 자유가 주어졌습니다.

우리는 갈라디아서 5장 1절에서 자유를 포기하고 다시 종이 되어서는 안 된다는 사도 바울의 권면을 살펴보았습니다. 이번 장에서는 이 귀한 자유를 오해하거나 왜곡해서는 안 된다고 권면하고 있습니다.

자유를 육체의 탐닉으로 삼지 말라

평범하고 보잘것없는 것은 모조품이 없습니다. 값이 많이 나가고 가치가 있는 것이 모조품이 나오죠. '자유'는 주요하고 가치 있는 것입니다. 그래서 모조품 자유가 있습니다. 사람들은 성경이 말하는 진정한 자유를 누리지 못하고 알지도 못합니다. 모조품처럼 왜곡된 형태로 자유를 생각하고 말합니다. 본문 13절을 봅시다.

> 형제들아 너희가 자유를 위하여 부르심을 입었으나 그러나 그 자유로 육체의 기회를 삼지 말고 오직 사랑으로 서로 종노릇하라

분명 자유가 주어졌는데, 그 자유를 왜곡하여 사용할 수 있습니다. 어떻게요? 육체의 기회를 위하여 왜곡된 형태로 자유를 사용할 수 있습니다. 여기서 "육체"는 외모만 가리키는 것이 아니라 몸 안에 들어 있는 경향성을 가리킵니다. 우리는 어머니의 모태에서부터 죄를 가지고 태어났습니다. 그렇기 때문에 우리 안에 죄의 경향성을 가지고 있습니다. 그 죄의

경향성을 하나로 묶어 말할 때, "육체"라고 부릅니다. 다시 말해, 우리 몸만 가리키는 것이 아니라 죄의 경향성까지 합쳐서 "육체"라고 부릅니다.

그렇다면, 죄의 경향성을 어떻게 보면 될까요? 모든 좋은 것은 전부 내 주변에 다 모아서 내가 소유하고 싶어하는 자기중심성, 자기중심적 욕망 혹은 경향성. 이것들이 육체입니다. 온갖 좋은 것은 다 내가 하고 싶어하는 것이죠. 그뿐 아닙니다. 우리가 어머니의 모태로부터 태어나는 순간 우리는 각색 정욕과 타락, 쾌락에 대한 마음을 가지고 있습니다. 그런 것들도 다 육체에 속합니다. 이 세상에서 성적으로 윤리적으로 방종하고, 방탕하고, 쾌락을 따라 살려고 하는 것 전부 다 육체에 속해 있습니다. 죄의 경향성입니다.

우리는 이런 경향성을 가지고 마음대로 자유를 추구하는 기회 혹은 도약판으로 삼지 않습니까? 자유를 육체가 원하는 것을 추구하는 디딤판으로 만들지 않도록 조심해야 합니다. 하나님이 우리에게 귀한 자유를 주셨습니다. 이 자유는 인격의 핵심이라 할 수 있습니다. 하나님께서 우리에게 인격의 핵심으로 주신 자유를 모조품으로 만들어서는 안 됩니다.

성경적 자유는 이 세상의 육체적 소욕을 마음껏 추구해서 모든 제약과 통제에서 자유로운 무정부 상태, 혹은 자기가 원하는 것을 무엇이든지 할 수 있다고 생각하는 그런 자유가 아닙니다. 우리가 자유를 오해하면 자유를 모조품으로 왜곡시킬 수 있습니다.

사랑을 위한 자유

그렇다면, 자유를 어떻게 쓰라고 말하고 있습니까? 사람을 사랑하기 위한 기회로 선용하라는 것입니다. 자유는 주님이 우리에게 주신 구원의 중요한 목적 중 하나입니다. 우리가 인생을 살아가는 동안 굉장히 가치 있고 귀한 것을 얻으면, 그것을 아무렇게나 쓰지 않습니다. 그 가치와 귀중함에 걸맞게 잘 쓰고 싶어합니다. 귀중한 자유를 자신의 육체가 원하는 것, 자기 고집대로 자신이 좋아하는 것을 마음대로 할 수 있는 핑곗거리로 변질시키지 말고, 사람을 사랑할 수 있는 기회로 삼아야 합니다.

우리가 사는 사회는 사람보다 업적이나 성취, 자격이나 공로가 더 중요한 것처럼 가르칩니다. 그래서 옆에 있는 한 사람을 소중히 여기기보다 일을 잘하는 것을 더 소중히 여깁니다. 세상은 두고두고 사람들에게 회자되는 위대한 업적을 세우는 것을 가치인 것으로 생각하게 합니다. 하지만 그런 일보다 사람이 훨씬 더 크고 가치 있습니다. 우리 구주가 세상에 계실 때, 한 영혼이 천하보다 귀하다고 말씀하셨습니다. 하늘과 땅보다 더 귀한 것이 사람입니다. 이 말은 형식적인 표현이 아니라 성경적 세계관이고 가치입니다. 우리 하나님께서 천지와 만물을 지으실 때 말씀 한 마디로 지으셨습니다. "하늘이 있으라, 땅이 있으라" 하면, 그 말씀 한 마디에 순종해서 천지 만물이 지어졌습니다. 그러나 사람은 다릅니다. 사람은 하나님께서 흙으로 빚어서 지으시되 하나님의 형상을 따라 사람을 만드셨습니다. 그리고 그 코에 생기를 불어서 생령이 되게 하셨습니다. 영적인 존재가 되도록 하셨습니다. 사람은 그저 천지와 만물을 위한 도구가 아니라 천지와 만물보다 더 중요하게 만드셨습니다. 한 사람이 세상에 있는 어떤 것보다 더 가치가 있습니다. 왜냐하면 하나님의 형상이 그 속에 들어 있기 때문입니다.

사랑하는 여러분, 여러분의 자유를 그 귀한 사람을 위해 쓰십시오. 사람을 사랑하고 아끼고 존중하기 위해서 자유를 사용하십시오. 세상 사람들은 하나같이 자신이 가장 중요한 것처럼 생각하고 살아갑니다. 말은 안 하죠. 바깥으로 드러내지 않습니다. 그런데 전부 자신이 가장 중요한 것처럼 여기면서 다른 사람을 희생시켜도 되는 것처럼 생각합니다.

제가 어릴 때, 아주 인상적인 위인의 명언집을 봤습니다. 큰 수레를 굴리는 사람은 수레 바퀴에 치여 죽는 개구리를 고려하지 않다는 이야기가 있었습니다. 어린 나이에 그 이야기가 그럴듯하게 들려서 좋아하며 외웠어요. 그래서 저는 큰 바퀴를 굴릴 거니까 개구리 정도는 치여 죽어도 신경 안 써야지 하고 살았어요. 세상 사람들은 다 그렇잖아요. 자기가 가장 중요하고 가치 있기 때문에 주변 사람들이 희생 당하고, 아프고, 고통 당해도 괜찮은 것처럼 생각하고 삽니다. 사람에게 무관심하고 방관하며 사는 것이 오늘날 이 땅에 가득합니다. 그런데 성경은 우리에게 주어질 자유를 사람 사랑하는 것에 사용하라고 말씀하십니다.

이 땅에 사랑보다 더 필요한 것이 뭐가 있겠습니까? 우리가 이 땅을 살아가면서 누군가를 인격적으로 바르게 사랑하고, 누군가로부터 인격적으로 바른 사랑을 받으면, 그것보다 우리를 행복하게 만드는 것이 세상에 아무것도 없다는 것을 알 것입니다. 사랑이 제일 중요합니다. 만물보다 귀한 사람과 그 사람을 사랑하는 일에 자유를 사용하십시오. 육체의 정욕으로 자기가 원하는 것을 추구하는 데 자유를 왜곡하지 말고, 그 자유를 천하보다도 귀한 사람과 그 사람에게 필요한 사랑을 하는 기회로 선용하세요.

그렇다면, "사람을 사랑한다"는 말이 무엇입니까? 너무 많은 사람들이 사랑을 통해 남을 소유하려고 합니다. '사랑'이라는 이름으로 자기의 악한 정욕을 합리화합니다. 우리 사회는 성적인 타락을 권하는 사회입니다. 우리 사회보다 성적인 타락이 심각한 사회를 저는 거의 못 봤습니다. 저는 우리 사회가 아마 제일 성적인 타락이 심한 사회일 거라고 생각합니다. 우리 사회는 성적인 문란함을 중하게 생각하지 않고 오히려 그럴 수 있는 일처럼 생각합니다. 심지어 남자들 가운데 나이도 어지간하고, 사회적 성취나 신분과 지위가 있고, 공부 꽤 한 사람들이 모이는 곳에서 나누는 대화가 음담패설이 섞여 있을 때가 있습니다. 그런 이야기를 자랑스럽게 할 수 있는 이 사회적 구조가 얼마나 마음이 아프고 안타까운지 모르겠습니다. 여성들은 눈을 좀 잘 뜨고 정신을 바짝 차려야 해요. 여러분의 남편과 가족이 그야말로 지뢰밭에 사는 겁니다. 발 하나만 잘못 디디면 쉽게 타락할 수 있고, 그 타락이 합리화되는 사회에 살고 있습니다. 텔레비전을 보면 전부 사랑이라는 이름으로 합리화하지, 불의함과 악함이라고 정직하게 말하는 대목은 거의 없습니다. 누구든지 하나님이 맺어 주신 짝에 만족하고, 평생을 신실하게 서로 책임 있는 사랑으로 대해야 합니다. 사랑이란 이름으로 다른 사람의 가슴에 피멍 들게 하는 일을 너무 쉽게 생각하는 경향이 있습니다. 이런 것들은 다 사랑이 아니라 모조품입니다. 그런 것들은 사랑도 아니고 자유도 아닙니다.

사랑은 종노릇하는 것

그렇다면, 참된 자유가 가져다 주는 사랑의 내용이 무엇입니까? 본문에 나오는 것처럼, 사랑은 종노릇하는 것입니다. 역설적입니다. 복음은 우리에게 참 자유를 가져다주었습니다. 복음은 우리가 더 이상 자기의 육체에 매이지 않고, 세상을 두려워하지 않고, 이 땅을 전부인 것처럼 생각하지 않도록 우리에게 자유를 주었습니다. 모든 죄와 정욕에서 우리를 자유케 해 주었습니다. 그 자유를 자기 육체를 위한 기회로 사용하지 않고, 사랑으로 종노릇하는 기회로 선용하라고 합니다. 이것이 성경이 보여 주는 세상 속에 살아가는 성도들의 자유한 모습입니다. 사랑은 그저 일부를 떼어 주는 것이 아니라 종노릇하는 것입니다. 상대방을 이용하려 들고 나의 행복을 위해 다른 사람들의 상처를 상대적으로 가볍게 생각하는 세상 속에서 참된 자유를 누리는 성도들은 사람을 사랑하고, 사람을 존중하고 아끼고, 그의 삶을 배려합니다. 사람들의 삶이 얼마나 가치 있는지 알기 때문에, 나에게 강요하거나 명령하는 이가 없는데도 사랑 때문에 기꺼이 종노릇하는 자들이 성도입니다.

사랑은 사랑이란 이름으로 남들에게 명령하고, 사랑이란 이름으로 소유해서 우리의 탐욕을 정당화하지 않습니다. 사랑은 가치와 존중이 필요한 사람을 위해 나의 자유조차도 깨뜨려서 종이 되어 섬겨 상대방을 더 존귀하게 하는 것입니다. 이것이 성경이 가르치는 사랑의 핵심입니다.

사람을 사랑하는 것은 그저 내가 할 수 있는 작은 것들을 떼어 주면 할 수 있는 게 아닙니다. 사랑은 전부를 요구하고, 그 전부를 주기 위해 자기를 꺾고 희생하고 깨뜨리고 부정하고 죽이지 않으면 할 수 없습니다. 그 사랑은 가정을 통해서 배울 수 있습니다. 부부가 되어 자녀를 키울 때, 우리는 사랑을 배웁니다. 자녀 양육은 자기 부정과 희생 없이는 절대로 할 수 없습니다. 자기 자신을 꺾고 포기하고 희생하지 않으면, 한 인격을 사랑할 수 없다는 것을 자녀를 키우면서 배우게 됩니다. 우리의 자녀와 배우자를 사랑하는 것처럼, 더 큰 가정인 교회의 지체들을 사랑하는 것입니다. 돈, 시간, 관심 등을 쏟으며, 서로를 아끼고 나누는 희생적인 사랑을 더 큰 가정인 교회를 위해 하는 것입니다.

하나님께서 우리에게 가족을 주신 이유는 그런 뜨거움과 깊이와 온전함을 가지고 옆에 있는 이웃과 교우를 사랑하고 아끼라고 주신 것입니다. 교회가 클수록 교우들과의 만남과 관계가 피상적일 수 있습니다. 그런 피상적인 만남과 관계는 전혀 행복을 주지 않습니다. 저는 교회에 와서 예배만 드리고 신속하게 집으로 가는 성도들이 많은 교회를 목회하고 싶지 않습니다. 교회에 모이는 성도 수가 중요한 것이 아니라, 그 교회가 서로에게 무엇을 나누어도 아깝지 않은 공동체가 되기를 원합니다.

제가 교회에 처음 부임해 왔는데, 장로님들이 자기 부인들을 소개시켜 주지 않으시는 거예요. 누가 누구하고 짝인지 알고 싶은데 소개해 주지 않으시는 겁니다. 그래서 제가 좀 보자고 했습니다. 어떤 장로님은 제가 성격이 급하다고 했는데, 맞습니다. 저는 성격이 급합니다. 지금은 제가 심방을 거의 하지 않지만, 심방 가면 별나게 합니다. 저는 예배만 드리고 가는 심방은 절대하지 않습니다. 저는 심방 가면 방 구석구석 다 들어가 볼 겁니다. 특히 책장에 무슨 책이 꽂혀 있는지 볼 겁니다. 책장 정리는 잘해 놓으셔야 합니다. 제가 최근에 어느 집에 심방을 갔는데요. 대학을 다 졸업한 딸이 있는 집에 심방을 갔습니다. 딸들 방에 들어가서 책장을 봤는데, 전집이 쫙 깔려 있었어요. 《슬램덩크》 전집이. 한쪽에는 일어판 전집, 다른 쪽은 한국어판 전집. 《슬램덩크》 팬이었던 거죠. 이를 보고 제가 그랬습니다. "야, 이놈들아, 너희들 나이 정도면 헤르만 바빙크의 《하나님의 큰일》, 장 칼뱅의 《기독교 강요》, 존 스토트의 《그리스도의 십자가》, 제임스 패커의 《하나님을 아는 지식》 정도는 있어야지! 그리고 담임 목사 화종부의 스승인 마틴 로이드 존스의 강해 설교집이 쫙 깔려 있어야지. 《슬램덩크》가 뭐냐?"

주 안에서 사랑하는 여러분, 피상적으로 만나지 않고 정말 자식을 사랑하는 것처럼, 배우자를 아끼고 소중하게 여기는 것처럼 여러분의 몸된 공동체에 있는 지체들을 삶의 중심으로 받아들여야 합니다. 그렇게 하지 않으면, 신앙 생활의 영광을 누릴 수가 없습니다.

가정이나 공동체 안에는 우리를 정말 힘들게 하는 사람들이 꼭 있습니다. 우리가 인생을 살다보면 반드시 성가시게 하는 이웃이 옆에 붙어 있을 것입니다. 그럴 때 그런 이웃을 밀어내고, 적당히 거리를 두고, 잘 피해 다닌다면 사랑이 종노릇하는 영광스러움을 하나도 볼 수가 없습니다. 누군가를 위해 종이 되고 희생하는 사랑은 어렵고, 까탈스럽고, 가까이 두고 싶지 않은 사람을 만날 때 일어납니다. 성경이 말하는 사랑인지를 볼 수 있는 중요한 현장입니다.

우리의 부패한 본성은 마음에 드는 사람을 좋아하고, 가까이 하고 싶은 사람을 가까이 해서 공동체 안에서도 끼리끼리 모이기를 좋아합니다.

그러나 하나님은 우리를 한 몸으로 부르시고 우리가 선택하지 않은 사람들과 함께 한 몸(공동체)을 구성하게 하심으로 우리가 힘써 서로를 책임 있게 사랑하도록 하셨습니다. 걸림돌이 되는 사람조차 한 몸으로 같이 묶어서 사랑하고 아낄 때, 우리는 비로소 성경이 가르치는 참 사랑을 배울 수 있습니다. 자식을 사랑하듯이 똑같은 깊이를 가지고 성가신 지체를 깊이 사랑하는 것, 이것이 주님이 우리에게 기대하는 성도의 종노릇하는 사랑입니다. 누가 우리에게 강제하는 것이 아닙니다. 그렇게 해야 하나님의 은총을 받는 것도 아닙니다. 참 자유자는 자격 없는 우리를 위해 하늘 영광과 보좌를 다 내려놓고 고난과 멸시, 질고를 대신 받은 주님의 사랑을 알기 때문에 스스로 종노릇하며 사람을 사랑하는 자입니다.

세상에서는 자기가 모르는 이웃을 사랑하는 법은 없습니다. 우리는 주님 때문에 원수 같고 가시 같은 이웃들을 포기하지 않습니다. 주님 때문에 우리는 자신을 희생하고 종노릇하면서 사람을 사랑하고 아끼는 것입니다. 주님 때문에 주님이 우리에게 주신 그 귀한 자유를 내려놓고 사는 것이지요. 바로 이런 형태의 삶을 주님은 우리에게 다양한 형태로 권면하셨습니다.

> 너희 중에 누구든지 크고자 하는 자는 너희를 섬기는 자가 되고 너희 중에 누구든지 으뜸이 되고자 하는 자는 모든 사람의 종이 되어야 하리라 인자가 온 것은 섬김을 받으려 함이 아니라 도리어 섬기려 하고 자기 목숨을 많은 사람의 대속물로 주려 함이니라 (막 10:43-45)

누군가를 사랑한다는 것은 누군가를 섬기는 것이고, 종이 되는 것과 같은 것입니다. 요한복음 12장 24-25절에, "내가 진실로 진실로 너희에게 이르노니 한 알의 밀이 땅에 떨어져 죽지 아니하면 한 알 그대로 있고 죽으면 많은 열매를 맺느니라 자기의 생명을 사랑하는 자는 잃어버릴 것이요 이 세상에서 자기의 생명을 미워하는 자는 영생하도록 보전하리라"고 했습니다. 육체가 이끄는 대로, 이 세상이 원하는 방식대로 자기를 사랑하는 자는 잃을 것입니다. 그러나 사랑하기 때문에 종노릇하고 자기를 잃으려고 결심하는 자는 놀라운 하나님의 은혜를 경험한다는 것입니다.

율법을 완성하는 자유

주 안에서 사랑하는 여러분, 우리가 자유한 자로서 종이 되는 사랑을 할 때 어떤 일이 일어날까요? 14-15절입니다.

> 온 율법은 네 이웃 사랑하기를 네 자신같이 하라 하신 한 말씀에서 이루어졌나니 만일 서로 물고 먹으면 피차 멸망할까 조심하라

세상은 자기를 희생해서 사랑하는 것을 가르치지 않고, 경쟁에서 살아남는 자가 결국 이긴다고 가르칩니다. 세상 사람들은 끊임없이 서로 물고 먹습니다. 약점이 드러나면 그것을 딱 물고 놓아주지 않습니다. 약점을 어떤 형태로든지 확장시켜서 자기가 원할 때 끄집어내서 써 먹을 수 있도록 보관해 둡니다. 그리고 그 약점을 붙들어 상대를 없애고 자기가 살아남으

려고 합니다. 그런데 이렇게 서로 물고 먹으면 어떻게 된다고요? 피차 망합니다. 경쟁에서 이기면 내가 살아남은 것 같지만, 결국 자기도 죽게 돼요. 그것은 생명의 길이 아닙니다. 세상은 끝없이 경쟁에서 이겨야 생명을 얻고 살아남는다고 말합니다. 그렇게 물고 뜯으면 둘 다 망하게 되어 있습니다. 반드시 같이 망하게 됩니다.

성경이 우리에게 가르치는 것처럼, 자유를 선용해서 이웃을 사랑하기 위해 종노릇하면 어떤 일이 일어납니까? 율법이 완성되고 이로부터 오는 참된 만족과 행복이 우리 삶에 있게 됩니다.

세상은 끝없이 경쟁해서 이기고 살아남는 마지막 1인이 되어야 행복하고 만족할 것이라고 가르칩니다. 하지만 이 가르침이 얼마나 어리석은지, 그것으로 만족하는 것이 아니라 기쁨은 잠시이고 다시금 또 다른 욕구가 생깁니다. 우리 육체가 가지고 있는 욕망은 한번 충족되는 것으로 끝나지 않고 또 다른 욕망을 발동해서 우리로 하여금 더 큰 욕망을 충족시키지 않으면 행복하지 않을 자리로 데려갈 뿐입니다. 끝없이 경쟁해서 살아남아 최후의 1인이 되면 좋을 것 같지만, 다 죽고 나도 죽습니다. 그러나 사랑하는 것 때문에 종살이를 하고, 자기를 희생하고 부정하면 성경이 하고 싶어하는 가장 궁극적인 모습을 이루게 됩니다.

율법은 하나님이 사람을 지으셨고 사람은 마땅히 이렇게 살아야 사람다워진다고 기록된 하나님의 마음입니다. 우리는 하나님의 형상을 따라 지어졌기에, 하나님이 우리를 향해 가지고 계신 것이 충족될 때 참된 기쁨과 만족을 가질 수 있습니다. 율법을 지킨다는 것은 할례를 받고 여러 조항을 행하는 것에 있지 않습니다. 자기를 깨뜨리고 종노릇하면서 누군가를 사랑하는 바로 그 자리에 율법의 온전한 회복과 완성이 있습니다. 바로 그 자리에 인생이 행복하고 만족할 수 있는 문이 열려 있습니다.

이 땅의 사람들은 자기가 원하는 것이 이루어지면 행복할 거라 생각하며 살아갑니다. 직장, 배우자, 지위를 가지면 행복할 거라 여기지만, 우리가 알듯이 그렇게 행복하고 만족한 인생은 없습니다. 왜냐하면 그 조건들이 행복을 위한 길이 아니기 때문입니다. 돈을 많이 벌어도 그보다 돈을 더 많이 가진 사람이 나오게 마련입니다. 또 돈을 많이 벌면 돈을 잃을까 염려하게 됩니다. 더불어 신분과 지위도 영원하지 않습니다. 5-10년이면 다 바뀝니다. 그런 것들은 인생에 행복을 주지 않습니다.

구원과 새 생명을 통해 얻은 이 자유를 가지고 나를 위해 마음껏 쓰는 것이 행복에 이르는 길이 아닙니다. 행복은 사랑하고, 존중하고, 자신의 모든 것을 누군가를 위해 쏟는 종이 되어 본 사람만이 누릴 수 있습니다.

우리는 종이 되어도 좋고 자유를 희생해도 기쁜 진짜 사랑을 하고 있습니까? 옆에 있는 한 사람 한 사람을 주님이 귀한 값을 지불하고 사신 하나님의 사람인 것을 알고 대하십니까?

우리 모두가 참된 사랑을 통해 조국 땅에 참된 주님의 은혜와 사랑을 전하는 귀한 도구가 되기를 바랍니다.

갈라디아서 5장 16-26절

내가 이르노니 너희는 성령을 따라 행하라 그리하면 육체의 욕심을 이루지 아니하리라 육체의 소욕은 성령을 거스르고 성령은 육체를 거스르나니 이 둘이 서로 대적함으로 너희가 원하는 것을 하지 못하게 하려 함이니라 너희가 만일 성령의 인도하시는 바가 되면 율법 아래에 있지 아니하리라 육체의 일은 분명하니 곧 음행과 더러운 것과 호색과 우상 숭배와 주술과 원수 맺는 것과 분쟁과 시기와 분냄과 당 짓는 것과 분열함과 이단과 투기와 술 취함과 방탕함과 또 그와 같은 것들이라 전에 너희에게 경계한 것같이 경계하노니 이런 일을 하는 자들은 하나님의 나라를 유업으로 받지 못할 것이요 오직 성령의 열매는 사랑과 희락과 화평과 오래 참음과 자비와 양선과 충성과 온유와 절제니 이같은 것을 금지할 법이 없느니라 그리스도 예수의 사람들은 육체와 함께 그 정욕과 탐심을 십자가에 못 박았느니라 만일 우리가 성령으로 살면 또한 성령으로 행할지니 헛된 영광을 구하여 서로 노엽게 하거나 서로 투기하지 말지니라

21장
성령을 따라 행하라 I

　우리는 앞 장에서 그리스도께서 주신 자유를 육체의 기회로 삼지 말고 사랑으로 종노릇하라는 말씀을 살펴보았습니다. 우리가 이 말씀을 마음으로 동의하고 그렇게 살아야겠다고 생각하더라도 막상 현실에 부딪히면 자기중심적인 우리가 남을 위해 사랑으로 종이 된다는 것은 쉽지 않다는 것을 발견합니다. 최근 조국 교회가 세상 사람들에게, "신앙과 삶이 다르다, 신앙고백과 삶의 모습이 다르다"는 비난을 많이 받습니다. 이럴 때일수록 이 본문이 참 중요합니다.

　사람이 어떻게 사랑으로 다른 사람의 종이 되는 것이 가능할까요? 어머니의 모태로부터 가지고 태어난 우리 본성은 끊임없이 자기를 중심 자리에 두고, 자신을 위해 살고, 자신을 기쁘게 하고, 자신이 경쟁에서 남들보다 앞서 나가기 원합니다. 그런 우리가 어떻게 남을 위하여 종이 되고, 다른 사람을 위해 사랑으로 종노릇하는 것이 가능할까요?

성령을 따라 행하라

이번 본문은 우리에게 길이 있다고 말하고 있습니다. 유일하고 참된 길이 있다고 합니다. 16절을 보겠습니다.

> 내가 이르노니 너희는 성령을 따라 행하라 그리하면 육체의 욕심을 이루지 아니하리라

모든 사람은 육체의 욕심을 가지고 있습니다. 어머니 모태에서부터 죄를 가지고 태어났기 때문에 우리의 몸 속에 자기중심성이 그대로 남아 있습니다. 그리고 본성적인 부패와 악함이 우리 속에 그대로 있습니다. 그런 우리가 육체의 욕심을 따라 살지 않고 사랑으로 종노릇할 수 있는 길은 성령을 좇아 사는 것입니다. 하나님의 성령을 좇아 사는 것은 우리가 이 땅을 살면서 사랑으로 종노릇하는 유일한 길입니다.

사랑하는 여러분, 세상 사람들은 이 땅에서 도덕, 윤리를 추구하고 여러 형태의 종교를 가지고 삽니다. 심지어 율법까지도 따라 살고 있습니다. 그러나 율법을 가지고 살면 더욱더 믿음으로 사는 것 같지만 그렇지 않습니다. 율법이나 도덕, 윤리는 사람을 일정한 정도로 죄를 짓지 않도록 억제하는 역할을 할 뿐입니다. 억제 역할 외에 사람이 죄를 사랑하는 본성을 바꿀 수는 없습니다. 그렇기 때문에 오히려 죄를 눌러 두었다가 더 크게 터지게 하는 것이 율법, 도덕, 윤리의 한계입니다.

여전히 우리 속에 죄의 나쁜 습관이나 본성, 자기중심성을 그대로 가지

고 있는데 우리가 어떻게 말씀을 따라 살고 사랑으로 사람들의 종노릇을 하며 살 수 있습니까? 가족이나 부부라도 갈라지고 이혼하고 미워하고 끝없이 다툼과 한계가 가득한 이 땅에 피 한 방울 섞이지 않은 이웃을 위해 사랑으로 종노릇하는 것이 어떻게 가능할까요?

성경은 우리가 예수를 영접하는 순간에 선물로 주신 귀한 성령을 받으면 가능하다고 합니다. 성령은 예수 믿을 때 한번 사용되고 끝나는 것이 아니라 우리 속에 들어와 사십니다. 우리 속에 성령이 임재하시면 우리는 육신의 욕심 앞에 굴복하지 않고, 육신의 소욕이 이끄는 대로 살아가지 않고, 우리가 예수의 성품을 닮아서 사랑으로 종노릇할 수 있습니다.

성령으로 거듭나야 성도입니다. 교회를 오래 다닌다고 해서 성도가 되는 것이 아니라 성령으로 거듭나야 성도가 됩니다. 이렇게 거듭난 성도들은 하나같이 성령을 따라 살아가는 자들입니다. 성령을 따라 살 때, 육체의 욕심을 따라 살지 않고 하나님이 기대하시는 성도다운 삶이 가능합니다. 우리가 이 땅을 사는 동안 우리의 삶과 신앙 고백이 일치되는 영광과 복을 누리게 됩니다.

우리가 속해 있는 복음적인 교단 혹은 개혁주의 교단의 중요한 교리 중 하나는 성화론입니다. 칼뱅의 교훈에서 제일 큰 장점은 성도가 이 땅에 사는 동안 주님의 성품을 닮는 일들이 어떤 방식으로 일어나는지 잘 분석하고 가르친다는 점입니다. 그러나 이런 장점에도 불구하고 상대적으로 약한 부분이 있는데, 그 부분이 성령에 대한 관점입니다.

오늘날 주변에서 성령에 대한 이야기를 하는 교회나 교단을 보면 강조점이 늘 일정한 지점에 있습니다. 방언을 한다든지, 은사를 체험한다든지,

기적을 경험한다든지, 병이 낫는다든지 이런 일들을 늘 강조합니다. 그렇기 때문에 우리 같은 복음적인 교단들은 성령이라는 주제 자체를 다루지 않으려고 하는 오류를 범합니다. 그러면 절대로 안 됩니다. 그만큼 중요한 진리이기 때문에 진리가 왜곡되기도 쉽고 모조품이 많이 나올 수 있습니다. 그래서 거짓들을 잘 분별해 내면서 성경이 가르치는 성령에 대해 바르게 아는 것이 중요합니다.

성령은 우리에게 은사를 주시기도 하지만 이름 그대로 거룩한 영이십니다. 성령은 우리가 육체의 욕심을 따라 살아가려는 본성에 굴복하지 않고, 하늘의 거룩과 신령한 성품을 닮아가도록 선물로 우리에게 부어진 거룩한 영입니다. 또한 우리가 귀한 성령을 따라 살 때 우리 속에 세상을 거스르며 거룩하고 성결한 열매를 맺는 성화의 삶을 살도록 돕습니다.

주 안에서 사랑하는 여러분, 성령은 우리의 눈을 열어 죄가 얼마나 악하고 추한 것인지를 보여 주고, 거룩과 성결과 말씀을 따라 사는 것이 얼마나 지혜로운 열매 맺는 길인지 보여 주십니다. 그럴 때 우리를 도우시는 성령을 통해 예수 믿는 표와 증거가 우리의 삶에 드러나게 됩니다.

성령은 우리를 강제로 다루지 않습니다. 우리가 정말 위급한 상황일 때, 성령은 강제로 다루기도 하시지만 대부분의 경우 우리를 강제로 다루지 않으세요. 성령은 말씀으로 우리의 눈을 열어 주십니다. 그래서 우리의 마음속에 거룩한 삶에 대한 소원을 주십니다. 죄를 떠나고 육신의 욕망을 따라 살지 않도록 거룩한 소원을 주십니다. 우리가 성령을 따라 성도로 살도록 그런 사모함이 반복적으로 일어납니다.

영과 육의 치열한 싸움

사랑하는 여러분, 성령을 따라 사는 삶이 성도의 삶에 제일 중요한 특징입니다. 성령을 따라 살면 우리의 삶에 치열한 싸움이 일어납니다. 우리 삶에 평화로운 일들이 생기는 것이 아니라 아주 치열한 싸움이 일어납니다. 본문 17절을 보세요.

> 육체의 소욕은 성령을 거스르고 성령은 육체를 거스르나니 이 둘이 서로 대적함으로 너희가 원하는 것을 하지 못하게 하려 함이니라

우리가 성령을 따라 살지 아니할 때는 아무 일도 일어나지 않아요. 그런데 성령을 따라 살고 말씀에 순종하려고 하면 우리 안에 치열한 싸움이 일어납니다. 육체와 성령이 치열한 싸움을 합니다. 육체는 우리가 태어날 때부터 가지고 있던 것이어서 우리에게 익숙합니다. 자신을 위한 것은 나이가 어리건 많건 상관없이 모두가 추구하는 삶의 방식입니다. 자신을 제일 중시하고 자신을 기쁘게 하는 자기중심성은 모든 육체의 공통점입니다. 그렇기 때문에 성령을 따라 살려고 하면 육체가 불편해합니다. 소리를 지릅니다. 더 이상 그렇게 못살겠다고 끝없이 소리를 칩니다.

제가 볼 때, 우리 한국 교회가 전 세계 교회에 기여한 것 중 하나는 새벽 기도입니다. 새벽 기도만큼 개인 경건을 잘 유지할 수 있는 좋은 도구가 또 있을까 싶을 정도입니다. 새벽 기도는 온 세계를 섬길 수 있는 조국 교회의 중요한 도구입니다. 그런데 새벽 기도는 정말 어렵습니다. 와서 눈

도장 찍고 가는 건 가능해도 새벽에 와서 제대로 기도하기는 여간 어려운 게 아닙니다. 몸이 말을 안 듣습니다. 새벽 기도를 하려면 일찍 자야 하는데 연속극 때문에 일찍 잠을 잘 수가 없습니다. 왜 그렇게 재미난 연속극들은 9시 넘어서 하는지요. 연속극 다 보고 늦게 잠자리에 드니 새벽에 일어나는 것이 힘듭니다. 억지로 알람 시계를 맞춰 놓고 자도 요란한 소리에 잠시 뒤척이다가 툭 건드려 끄면 다시 잠에 푹 빠집니다. 경건하게 살고 성령이 기뻐하는 삶을 추구하려고 하면 도무지 몸이 말을 듣지 않습니다. 온 육체가 소리치며 거부 반응을 나타냅니다. 주일부터 평일까지 매일 늦도록 수고했는데 새벽잠까지 포기하면 몸에 큰일 난다는 소리에 금방이라도 "아멘" 하면서 그냥 잠을 잡니다. 육체가 못 견딥니다. 거기다 마귀까지 동조합니다. 마귀는 수천 년 동안 하나님을 거스르고 대적하는 일을 본업으로 삼아 온 자들입니다. 할 수만 있으면 우리를 사용해서 하나님을 거스르고 대적하는 일에 쓰려고 애쓰는 자들입니다. 우리가 육체를 따라 살 때, 마귀는 우리에게 절대로 손대지 않습니다. 그런데 성령에 순종하려고 하면 마귀가 내버려 두지 않습니다. 신앙의 담력을 잃을 만한 수많은 문젯거리를 던집니다. 마귀는 우리를 걸려 넘어지게 하는 사람들과 수많은 상황을 우리에게 보여 주면서 성령을 따라 살지 못하도록 대적하고 거스릅니다.

사랑하는 여러분, 우리가 성령을 따라 살 때, 때로는 가지 말아야 할 곳을 갈 때가 있습니다. 오늘날 많은 남성들은 술집 같은 곳에 갈 상황이 많습니다. 동창회에 가지 않으면 사람들과 사귈 수 없다고 생각합니다. 또한 여러 동호회에 가입해서 교제를 합니다. 그런 곳에서 술자리를 함께하지 않으면 사회생활을 할 수 없다고 생각합니다. 사업을 하면서 사업처와 함께 거래를 하기 위해 일정한 술자리를 가질 수밖에 없다고 생각하는 거죠. 접대용 골프를 하지 않을 수 없다고 끝없는 합리화를 하면서 가지 말아야 할 자리에 갑니다. 그러면 성령이 그 속에 끝없이 불편함을 만듭니다. 무뎌져 있는 양심을 날카롭게 만들어서 마음을 불편하게 만듭니다. 성령은 우리가 그동안 들었던 말씀을 기억하게 하면서 말씀대로 살지 못한 자신을 돌아보게 하고 마음을 아프게 합니다. 때로는 성령이 직접 우리의 마음속에 '절대로 이런 일을 해서는 안 된다'고 자책과 깊은 생채기를 만들기도 합니다.

사랑하는 여러분, 육체와 성령이 끝없이 맞부닥뜨리는 것이 우리 삶의 실존입니다. 그런 갈등 없는 편안한 삶을 기대하지 마십시오. 세상 사람들이 원하는 것처럼 마음껏 우리 욕구대로 살다가 교회에 오면 면죄부를 찍어 주는 그런 복음은 없습니다. 기독교는 그런 종교가 아닙니다. 여러분의 마음과 영혼 속에 일정한 정도의 싸움이 늘 있고 그 치열한 싸움의 아픔과 수고가 성도의 삶 속에 있다는 것을 잊어서는 안 됩니다. 우리는 그저 편안한 인생을 기대하면서 예수를 믿는 게 아니라 하나밖에 없는 생명의 길을 걸어가는 자들입니다. 구주께서 이렇게 말씀하셨습니다.

> 좁은 문으로 들어가라 멸망으로 인도하는 문은 크고 그 길이 넓어 그리로 들어가는 자가 많고 생명으로 인도하는 문은 좁고 길이 협착하여 찾는 자가 적음이라(마 7:13-14)

육체가 원하는 대로, 세상이 이끄는 대로 가면 좋을 것 같지만 죽음밖에 없습니다. 주님께서 알려 주신 길을 절대로 타협하지 말고 수고가 따르더라도 영적으로 치열한 싸움을 하면서 달려가야 합니다.

그러나 사랑하는 여러분, 절대로 이 싸움이 지루하게 반복되기만 한다고 생각해서는 안 됩니다. 하나님이 우리에게 승리를 주실 것을 믿고 성령을 따라 살아야 합니다. 하나님께서 우리에게 선물로 주신 성령은 어떤 분입니까? 예수를 죽은 자 가운데서 다시 일으킨 분이십니다. 에베소서 1장 17-22절을 봅시다.

> 우리 주 예수 그리스도의 하나님 영광의 아버지께서 지혜와 계시의 영을 너희에게 주사 하나님을 알게 하시고 너희 마음의 눈을 밝히사 그의 부르심의 소망이 무엇이며 성도 안에서 그 기업의 영광의 풍성함이 무엇이며 그의 힘의 위력으로 역사하심을 따라 믿는 우리에게 베푸신 능력의 지극히 크심이 어떠한 것을 너희로 알게 하시기를 구하노라 그의 능력이 그리스도 안에서 역사하사 죽은 자들 가운데서 다시 살리시고 하늘에서 자기의 오른편에 앉히사 모든 통치와 권세와 능력과 주권과 이 세상뿐 아니라 오는 세상에 일컫는 모든 이름 위에 뛰어나게 하시고 또 만물을 그의 발 아래 복종하게 하시고 그를 만물 위에 교회의 머리로 삼으셨느니라

사도는 예수를 믿는 우리 안에 어떤 힘이 역사하는지 우리가 알기를 원한다고 합니다. 육체의 욕심만 있는 것이 아니라 예수를 사망의 권세로부터 무덤을 찢고 일으키신 성령이 계신 줄 알고 그분의 역사하는 능력을 따라

이 땅을 살아갈 때 우리의 삶에 진정한 승리가 있는 줄 알아야 합니다.

저는 조국 교회에 구석구석 짙은 패배주의, 냉소주의 같은 것들이 깔려 있는 것을 봅니다. 믿어도 별 수 없고, 성경대로 해도 안 된다는 생각이 퍼져 있습니다. 예수를 믿는 것은 그저 교회에 와서 이 세상을 열심히 살 수 있도록 위로나 격려를 해 주는 정도라고 생각합니다. 이 땅에서 치열하게 믿음으로 살아도 소용없다는 패배감과 냉소가 조국 교회 구석구석에 흐르는 것을 봅니다.

주 안에서 사랑하는 여러분, 그게 아닙니다. 성령이 우리 안에 계시면 승리가 약속되어 있습니다. 사망 권세를 깨뜨리고 예수를 부활케 하신 그분이 우리 속에 거하시면 우리의 육체에 남아 있는 수많은 욕심과 욕망 앞에 굴복하지 않을 수 있습니다. 우리 속에 계시는 성령은 우리를 세상 사람들과 구별된 거룩하고 성결하고 삶으로 데려 가십니다. 하나님이 우리를 거룩하고 성결한 삶을 살게 하기 위한 중요한 도우미로 성령을 선물로 주신 것입니다.

육체에 속한 삶의 결과

사랑하는 여러분, 우리가 성도로서 이 땅을 살아가면서 성령을 따라가고 있는지 아니면 육체의 소욕을 따라 사는지 어떻게 알 수 있을까요? 본문 19-21절을 보겠습니다.

육체의 일은 분명하니 곧 음행과 더러운 것과 호색과 우상 숭배와 주술과 원수 맺는 것과 분쟁과 시기와 분냄과 당 짓는 것과 분열함과 이단과 투기와 술 취함과 방탕함과 또 그와 같은 것들이라 전에 너희에게 경계한 것같이 경계하노니 이런 일을 하는 자들은 하나님의 나라를 유업으로 받지 못할 것이요

한글 성경에는 "육체의 일"이라고 했지만 원문에는 "육체의 일들"이라고 복수로 되어 있습니다. 육체의 일들은 분명합니다. 육체를 따라 살고 있는지 척 보면 알 수 있습니다. 누가 봐도 명백하게 알 수 있도록 드러납니다.

어떻게 알 수 있지요? 열다섯 가지 항목이 등장합니다. 이런 많은 항목이 등장할 때는 묶음으로 보면 선명하게 볼 수 있습니다. 크게 세 가지로 묶을 수 있습니다.

성적 타락

첫 번째로, 성적 타락입니다. 19절에 나오는 "음행과 더러운 것과 호색"입니다. 우리가 육체를 따라 사는지 성령을 따라 살고 있는지 분별하는 중요한 잣대는 마음속에 뭐가 가득한지 보면 됩니다. 본문에서는 성적인 타락과 문란함이 가득하다고 지적합니다. 여기서 "음행"이라는 것은 "포르노"라는 말의 어근에 해당하는 단어입니다. 부부 관계를 벗어난 성적인 관계를 "음행"이라고 합니다. 성경은 남편과 아내가 서로를 마음껏 누리라고 합니다. 성경은 부부 관계를 벗어난 모든 성적인 관계를 죄라고 합니다. 육체를 따르는 일일 뿐입니다. 그러나 우리가 사는 사회는 이런 것

을 절대로 죄라고 말하지 않습니다. 그런 것을 사랑이라는 이름으로 다시 아름답게 그려냅니다. 그래서 세상은 남편과 아내가 서로를 사랑하지 않으면 다른 사람과 사랑을 나눌 수 있다고 합리화하여 심지어 육체적으로도 허용되는 것처럼 가르칩니다. 우리가 아무리 합리화한다고 해도 우리의 삶을 하나님께서 판단하실 것입니다. 재판관은 우리 자신이나 이웃이 아닙니다. 재판관은 이 세상이 아닙니다. 우리를 재판하실 하나님께서 부부 관계가 아닌 다른 성관계를 절대로 지지하지 않으십니다. 동성애처럼 왜곡된 성적 관계가 보편화된 이 세상 속에 성경은 그런 것들을 죄요, 악한 것이라고 합니다.

음행은 구체적인 행위만을 말하는 것이 아닙니다. 음란한 서적을 보거나 영상을 보는 것까지 다 포함하고 있습니다. 우리 사회는 이런 음행이 관영(貫盈)하고 있습니다. 인터넷에 널려 있는 음란한 자료들이 수많은 청소년과 청년에게 노출되어 있습니다. 더구나 많은 음행에 노출되어 가정이 무너지는 것을 예삿일처럼 여기는 것이 우리가 사는 사회입니다.

이런 음행을 하다 보면 어떻게 될까요? 음행은 반드시 도덕적인 타락으로 추한 행실을 동반합니다. 바로, 음행 다음에 나오는 "더러움"이라는 단어입니다. 성적, 윤리적으로 추함을 포함하는 것이 "더러움"입니다. 이런 음행과 더러움이 반복되면 "호색"이 생기는 것입니다. 호색은 드러내 놓고 거리낌 없이 성적인 범죄를 저지르는 것입니다. 노골적이고 과도한 성적 탐닉을 하면서도 수치심을 느끼지 않는 것이 호색입니다. 공적인 자리에서 사람들이 보고 있는데도 조금도 두려워하지 않고 무례하고 뻔뻔스럽게 행동하는 것이죠. 다른 사람의 인권을 무시하고 아무렇게나 자기 욕구를 발산하는 것이 호색입니다.

 사랑하는 여러분, 육체를 따라 사는 삶의 첫 번째 특징은 성적인 방종과 타락입니다. 성령을 따라 살지 않고 육체를 따라 사는 증거이자, 말세에 나타나는 현상 중에 하나가 성적인 타락입니다. 이것은 나이 고하(高下)가 없습니다. 나이가 많으면 성적 욕구가 사라지는 것이 아닙니다. 죽을 때까지 인생들은 성적 욕구를 가지고 삽니다. 성령을 좇아 살지 않으면 넘어지는 겁니다. 아무도 예외가 없습니다.

자기중심성

 두 번째 묶음은 20절 앞에 나오는 "우상 숭배와 주술", 21절에 나오는 "술 취함과 방탕함"입니다. 이들은 약간 다르게 보이지만 함께 묶을 수 있습니다.

 사람은 어머니의 모태로부터 자기중심성을 갖고 태어났습니다. 그렇기 때문에 자신에게 집착을 합니다. 자신을 좋아하고, 자신을 높이고, 자신이 제일 행복할 권리를 가지고 있다고 생각합니다. 이런 인생들은 어리석습니다. 분별력을 잃어서 지성을 바르게 사용할 줄 모르고 자신만을 위하다가 어려운 상황이나 환경을 겪으면 반대로 자기를 놓아 버립니다. 이런 삶의 방식은 종교적, 도덕적으로 자기를 포기하는 행위입니다. 그런 면에서 이들은 함께 묶을 수 있습니다.

 먼저, 종교적으로 자기를 포기하는 것입니다. 하나님의 이름으로 우상을 섬깁니다. 사람들이 왜 우상을 만들고 섬길까요? 하나님은 우리에게 말씀하시는 분입니다. 하나님은 우리에게 성령을 주시고 우리의 삶을 간섭하십니다. 그런데 우상은 어떤가요? 말을 할 줄 모릅니다. 간섭할 줄 모릅니다. 그렇지만 사람들은 우상에 하나님의 이름을 붙여 놓았습니다. 하나님을 위하는 것 같지만 우상을 세워 자기 탐욕을 마음껏 추구하는 것입니다. 우상 숭배는 자기중심성의 가장 대표적인 현상입니다. 그래서 하나님이 우상을 미워하시는 겁니다. 자기중심성을 종교적으로 변질시켜 놓은 대표적인 모습이 우상입니다. 우상에 하나님의 이름을 붙인다고 하나님이 되는 것은 아니지요. 자신이 만들어서 자기 좋은 대로 하는 것을 허용해 주는 자신만의 신일 뿐입니다. 기독교도 "기독교"라는 이름으로 우상을 만들 수 있습니다. 조국 교회가 이렇게 약해지는 것은 성경이 가르치는 대로 믿는 것이 아니라 자기 방식대로 기독교를 우상화했기 때문입니다.

사랑하는 여러분, 주술은 무엇입니까? 자신을 위해 악한 세력을 교묘하게 이용하는 것입니다. 악한 줄 아는데도 교묘하게 주술을 의지해서 자신의 욕구를 추구하고 사는 것입니다. 이사를 가는데 왜 날짜가 좋아야 하는지 모르겠어요. 그냥 일기 예보를 듣고 비 안 오는 날 이사하면 되지요. 결혼 날짜를 잡는데 왜 무당에게 가는지 모르겠어요. 심지어 교회를 다니는 사람도 그런다고 합니다. 어리석고 미련한 행동입니다. 하나님이 주신 지각(知覺) 쓰기를 포기하는 것입니다.

다음으로, 술 취함과 방탕은 책임 있는 삶을 살지 않고 자기를 포기하는 전형적인 모습입니다. 세상을 살면서 생기는 문제가 술을 먹으면 해결됩니까? 어떤 시련과 어려움이 와도 술은 아무 도움이 되지 않습니다. 몸과 영혼도 상하고, 돈도 없어지고, 시간도 헛되게 흘러갈 뿐입니다. 술을 먹으면 문제를 잠시 잊을 수 있을 뿐입니다. 맨정신으로 문제를 직시해야 하는데 술을 마셔서 문제를 모호하게 만드는 것은 아무 도움도 안 됩니다. 술을 먹으면서 스스로 합리화하고 자기의 삶을 포기하는 것이지요.

텔레비전 드라마에는 연인에게 실연을 당하고 비를 맞으면서 헤매다가 포장마차 같은 데서 술을 먹는 장면이 자주 나옵니다. 그런 거 보고 따라 하면 어리석은 것입니다. 저는 청년들이 잘 자라서 건강한 드라마를 많이 썼으면 좋겠습니다. 한국 드라마에는 왜 그렇게 술 먹는 장면이 많이 나오는지 모르겠어요. 술에 취하는 것은 아무 도움이 되지 않습니다. 오히려 자기를 포기하는 방법일 뿐입니다.

관계의 깨어짐

세 번째는, "관계의 깨어짐"입니다. 이 부분이 육체의 결과 중에 중요한 부분입니다. 육체를 따라 산다고 하면 강도나 살인이나 허랑방탕함이나 술 취함이나 마약을 하는 것이나 성적인 문란 같은 것들만 생각할 수 있습니다. 그러나 열다섯 가지 항목 중에 절반이 넘는 여덟 가지는 도덕적으로 비난받을 행위들에만 국한되지 않았다는 것을 염두에 두어야 합니다. 놀랍게도 관계의 깨어짐이 육체의 결과로 나오고 있습니다.

부부와의 관계, 가족과의 관계, 직장 동료들과의 관계, 이웃과의 관계들을 보라는 것입니다. 친한 사람이 있는지 확인하라는 것이 아닙니다. 아껴 주는 사람이 있는지를 보라는 것이 아닙니다. 우리가 일상에서 만나는 사람들을 보라는 겁니다. 이혼을 밥 먹듯이 하는 사회에서 우리 부부는 어떤 관계를 맺고 있는지 살펴보면, 육체를 따라 사는지, 성령을 따라 사는지 분별이 가능합니다. 가정에서 자식들과 사는 모습을 보라는 말이죠. 친지들과, 이웃들과, 직장 동료들과 어떤 관계를 맺고 사는지 한번 보십시오. 그 속에서 정상적이고 바른 관계를 맺는지 살펴볼 필요가 있습니다. 그런 면에서 여덟 가지 항목을 관계라는 이름으로 다 묶을 수 있습니다.

먼저, 원수 맺는 것입니다. 원수 맺는 것은 사람들과의 관계에서 해결되지 않는 갈등을 강한 적의로 바꾸는 것입니다. 우리가 사람들과 만나 보면 때때로 관계가 어그러질 수밖에 없는 상황이 생깁니다. 사람들과의 관계라는 것이 본의 아니게 상처를 주고받아야 하는 상황이 생기죠. 그런데 그런 갈등 관계를 해소시키려고 하지 않고 갈등 상황을 마음속에 담아 놓아 적의로 바뀌는 경우가 있습니다. 마음속에서 나쁜 마음과 원한으로 바뀌는 것입니다. 이것이 원수 맺는 것입니다. 이렇게 되면 필히 분쟁이 일어납니다. 싸우게 됩니다. 삐딱한 마음을 품었으니 환경만 조성되면 싸우게 되는 것이죠. 싸우면 분을 터트립니다. 분노를 쏟아냅니다. 한국 사람들은 영혼에게 분노를 쏟아 내는 것이 얼마나 두려운 일인지 잘 모르는 것 같습니다. 특히, 자식이나 어린 청소년의 영혼에 터트리는 분노는 오랫동안 생채기를 만들어 냅니다. 한국 사회는 분을 내는 것을 당연하게 생각하는 사회입니다. 또한 분을 내는 것으로 만족하지 못하니 당을 짓게 됩니다. 당 짓는 것은 성경이 자주 다루고 있는 죄입니다. 사람이 자기 속에 있는 분노와 억울함을 스스로 풀지 않으면 자기를 지지해 줄 수 있는 사람을 끌어모읍니다. 당 짓는 것이죠. 자기의 욕구를 지지해 줄 수 있는 사람들을 끌어 모아서 당을 짓는 것입니다. 하나님이 제일 미워하는 죄 중에 하나입니다. 강도나 살인 이상으로 나쁜 죄입니다. 당을 지으면 당연히 분열하게 됩니다. 분열하면 본류(本流)로부터 끊어지면서 이단이 되는 것입니다.

사랑하는 여러분, 이 모든 관계의 어그러진 뿌리는 바로 육체를 따라 살기 때문입니다. 본문은 이 뿌리를 두 가지로 표현했습니다. "시기와 투기"입니다. 시기와 투기는 거의 비슷한 것입니다. 시기는 남들이 자신보다 잘되는 것을 못 견뎌하는 것입니다. 다른 사람이 나보다 훌륭하고 잘되는 것을 못 견뎌하는 것이죠. 투기는 다른 사람이 이루어 놓은 것을 내가 갖고 싶어하는 마음입니다. 거의 비슷합니다. 남들이 훌륭하게 살아가는 것을 보고 기뻐하고 즐거워하고 인정해 주고 높여 주지 않고 흠을 자꾸 만들어 냅니다. 시기심이 끝없이 사람들의 흠과 한계를 만들어 냅니다. 사람이 얼마나 불안정합니까. 그런데 허물 한두 개 가지고 아름다움 전부를 헐뜯어 내려는 어리석음이 바로 시기와 투기입니다.

사랑하는 여러분, 우리는 이렇게 살다가 마쳤을 겁니다. 우리는 음란하고 허랑방탕한 삶을 살면서, 남들이 보기에 도덕적이고 윤리적인 것 같지만 속은 모든 부패와 악함으로 가득해서 술에 취하거나 마약에 취하거나 종교에 취해서 온갖 방법으로 자기만을 생각하다가 관계가 다 깨어진 상태로 고독과 상함과 아픔이 가득한 채로 살았을 것입니다. 그러나 하나님께서 우리에게 성령을 통해 새 생명을 주셨습니다. 우리 내면에 진실한 변화가 일어나기 시작한 것입니다. 완전히 새롭게 된 것은 아니지만 우리 속에 새 생명의 씨앗이 심긴 후로 육체의 욕심과 성령의 역사가 충돌하면서 우리가 성령을 좇아 사는 승리를 경험하기 시작합니다.

자신을 위해 남을 원수로 삼고, 자기를 위해 당을 짓고, 자기를 위해 분열하고 싸우고 미워하는 것이 우리의 본성입니다. 그러나 성령이 우리 속에 오셔서 그분을 따라 살 때 사랑으로 종노릇하는 고귀한 삶이 우리에게 만들어집니다.

우리 자신의 자질로 되는 것이 아닙니다. 우리는 다 악한 자들입니다. 부패해서 우리 속에 어떤 선함도 없는 악한 자들입니다. 그러나 성령을 따라 살 때, 하나님께서는 자기를 깨뜨리고 사랑으로 종노릇하는 복된 자유로 우리를 초대합니다. 우리가 의의 병기로, 하나님의 은혜의 통로와 도구로 부름을 받습니다. 이것이 거룩과 성결로 부르시는 성령의 음성이고 우리를 향한 하나님의 기대입니다.

이와 같은 삶을 살아서 우리 모두가 이 아픔 많은 시대에 하나님께 영광이 되고 주변 사람들에게 성도의 참된 본분을 보여 주시기를 바랍니다.

갈라디아서 5장 16-26절

내가 이르노니 너희는 성령을 따라 행하라 그리하면 육체의 욕심을 이루지 아니하리라 육체의 소욕은 성령을 거스르고 성령은 육체를 거스르나니 이 둘이 서로 대적함으로 너희가 원하는 것을 하지 못하게 하려 함이니라 너희가 만일 성령의 인도하시는 바가 되면 율법 아래에 있지 아니하리라 육체의 일은 분명하니 곧 음행과 더러운 것과 호색과 우상 숭배와 주술과 원수 맺는 것과 분쟁과 시기와 분냄과 당 짓는 것과 분열함과 이단과 투기와 술 취함과 방탕함과 또 그와 같은 것들이라 전에 너희에게 경계한 것같이 경계하노니 이런 일을 하는 자들은 하나님의 나라를 유업으로 받지 못할 것이요 오직 성령의 열매는 사랑과 희락과 화평과 오래 참음과 자비와 양선과 충성과 온유와 절제니 이같은 것을 금지할 법이 없느니라 그리스도 예수의 사람들은 육체와 함께 그 정욕과 탐심을 십자가에 못 박았느니라 만일 우리가 성령으로 살면 또한 성령으로 행할지니 헛된 영광을 구하여 서로 노엽게 하거나 서로 투기하지 말지니라

22장
성령을 따라 행하라 Ⅱ

 우리 구주께서 십자가에 달려 돌아가심으로 우리에게 참 자유를 주셨습니다. 새 생명을 주시고, 죄를 용서해 주셔서 이 땅에서 사는 동안 참된 자유를 우리에게 주셨습니다. 주신 자유를 육체를 위한 기회로 삼지 말고 다른 사람을 사랑함으로 종노릇하라고 하셨습니다.

 우리는 성도가 되었어도 완전한 존재가 아닙니다. 그런 우리가 어떻게 누군가를 사랑해서 종노릇을 할 수 있겠습니까? 우리는 늘 왕노릇하기를 좋아하지요. 그런데 우리에게 그 자유를 육체의 기회로 삼지 말고 사랑으로 종노릇하면서 살라고 합니다. 사실, 우리는 자신이 선택한 배우자도 바르게 사랑하기가 쉽지 않습니다. 그런데 우리가 어떻게 이웃까지 사랑하면서 종노릇할 수 있습니까? 그렇기 때문에 성경은 육체를 따라 살면 그 일이 불가능하고, 성령을 따르고 그분을 의지해서 도우심을 입으면 우리가 사랑으로 종노릇할 수 있다고 말씀하십니다. 그러나 많은 사람이 성령을 따라 사랑으로 종노릇하며 살기보다 육체를 따라 사는 것을 더 좋아합니다. 우리가 육체를 따라 살면 육체의 일들이 삶 속에 현저하게 드러납니다. 성적으로 문란하고 타락하게 됩니다. 외적으로 볼 때는 멀쩡하게 보여도 속은 아주 부패한 성적 문란과 타락이 남녀노소 할 것 없이 많이 있습니다. 이렇게 자기중심적으로 살아가면서도 어리석게도 자기를 포기하고 미신과 주술과 술 취함과 방탕의 자리로 나아갑니다. 심각한 것은 관계가 깨진다는 것입니다. 부부 관계도 깨지고, 가족 관계도 깨어지고, 이웃과의 관계도 깨어져 원수로 변합니다.

성령의 열매

그러나 성령을 따라 살면 어떤 일이 일어날까요? 22-23절입니다.

> 오직 성령의 열매는 사랑과 희락과 화평과 오래 참음과 자비와 양선과 충성과 온유와 절제니 이같은 것을 금지할 법이 없느니라

성령의 아홉 가지 열매가 등장합니다. 우리가 주의 깊게 보아야 할 것이 있습니다. 19절에서는 "육체의 일은 분명하니"(원문에는 "육체의 일들" 복수로 되어 있음)라고 한 반면, 22절에서는 "성령의 열매는"이라고 시작합니다. "성령의 일들"이라고 하지 않습니다. 육체는 "일들"로 나오고, 성령을 따라 살 때는 "열매"로 나옵니다. 또한 육체의 일들은 복수이고, 성령을 따라 살 때 맺는 열매는 단수입니다.

사랑하는 여러분, 육체를 따라 사는 일은 복잡하고 혼란이 많고 부조화스럽습니다. 우리가 육체의 일들을 크게 세 가지로 나누었습니다. 그러나 육체의 일들은 그렇게 일관되고 통일성 있는 것이 아니라 조화롭지 못하고 혼란스러운 일들입니다. 그런데 성령의 열매는 하나입니다. 일관성과 통일성이 있습니다. 성령을 따라 사는 삶에는 언제나 아홉 가지 성령의 열매가 나타납니다. 열매의 양태는 다를지라도 하나로 일관된 것이 흐르는 것이죠. 우리 삶의 단면을 잘라봐도 그 삶을 지배하는 일관적 흐름이 성도의 삶 속에 나와야 합니다. 가정 생활, 직장 생활, 교회 생활 어느 단면을 잘라도 우리의 삶에 일관성과 통일성이 있는 것이 성령을 따라 사는 사람들의 특징입니다.

성령의 열매는 성령으로부터 나는 열매입니다. 우리의 노력과 땀으로 얻을 수 있는 결과물이 아닙니다. 그러나 우리의 수고가 절대로 필요없는 것은 아닙니다. 성경은 우리가 아무것도 하지 않아도 된다고 말하지 않습니다. 우리의 수고와 결단과 노력이 꼭 필요하지만 노력으로 맺을 수 있는 것이 아닙니다. 성령으로 열매를 맺습니다.

열매는 무엇입니까? 열매는 우리에게 풍성함을 줍니다. 풍성함은 땀 흘려서 일하는 데 있지 않습니다. 이 세상은 땀 흘려서 일하고 돈을 벌고 신분과 지위를 획득하면 풍성한 삶이 있는 것같이 말하지만 풍성함은 성령을 따라 살 때 가능한 것입니다. 열매가 맺히고, 그 열매의 부요함과 넉넉함과 풍성함을 경험하며 성령을 따라 살 때 사람들이 경험하는 것이 성령의 열매입니다.

열매라는 말을 또 다르게 표현할 수 있습니다. 맛과 향과 아름다움이라고 말할 수 있습니다. 열매가 주렁주렁 붙어 있는 실과 나무를 보는 것은 더할 나위 없는 기쁨입니다. 그런 열매는 맛깔스럽습니다. 성령을 따라 살 때, 사람들의 삶은 참된 맛깔스러움이 있습니다.

우리가 사람을 처음 볼 때는 다 외모를 봅니다. 그러나 외모는 금방 의미를 잃습니다. 진심으로 사람을 가까이 하며 함께 더불어 시간을 보내고 싶게 만드는 것은 속에서 나오는 향기이며, 맛입니다. 그냥 사람을 볼 때는 외모와 재능이 두드러지나 성령을 따라 사는 열매가 있을 때 사람들은 맛깔스러워집니다. 맛이 있고, 향이 있고, 귀함이 있습니다.

저는 모든 세대가 모여서 함께 예배 드리는 교회를 꿈꿉니다. 세월이 흐를수록 웃어른의 신앙 연륜에서 맺힌 귀한 성령의 열매를 통해 서로가 맛있고 향이 나는 성도들이 함께 교회를 이루는 꿈을 꿉니다. 재능이 많은 사람 말고, 능력이 특출한 사람 말고, 성령의 열매가 있어서 맛있고 향이 있고 가까이 하고 싶은 사람, 바로 그들이 성령을 따라 사는 성도입니다. 그들과 함께하는 교회를 꿈꿉니다.

하나님과 관계

사랑하는 여러분, 성령의 열매를 아홉 가지로 말하고 있습니다. 이 열매도 세 가지로 크게 분류할 수 있습니다. 첫 번째는 하나님을 알 때 생기는 열매로, 세 가지가 있습니다.

제일 먼저 나오는 열매는 "사랑"입니다. 세상은 이성 간의 사랑을 사랑이라고 합니다. 혹은 부모가 자녀를 사랑하는 것을 사랑이라고 합니다.

사실 배우자끼리 사랑하고, 이성 간에 사랑하고, 부모가 자식을 사랑하는 것은 성경적인 개념에서 말하는 사랑이라기보다는 모조품일 때가 많습니다. 자기중심적 사랑, 자기를 더 소중하게 여기는 조건부 사랑일 경우가 많습니다. 부모와 자식 간의 사랑도 그럴 경우가 있습니다. 하물며 이성 간의 사랑은 말할 것도 없겠지요. 그렇다면, 참 사랑은 언제 알 수 있을까요? 사람은 하나님을 만날 때 사랑을 알게 됩니다. 조건에 근거하지 않고, 자기애에 근거하지 않고, 사람의 공로에 근거하지 않는 하나님 자신의 성품과 은혜를 통한 사랑만이 우리를 참 사랑으로 인도합니다. 이 사랑을 위해 자기를 희생하시고 하나밖에 없는 아들을 세상에 보내신 하나님의 사랑을 알아야 사랑 때문에 종노릇할 줄 아는 참 사랑이 무엇인지를 알게 됩니다.

주 안에서 사랑하는 여러분, 이 세상은 사랑에 목마르고 배고픈 세상입니다. 그런데 사람들은 자기를 희생하는 무조건적인 사랑을 여전히 잘 모릅니다. 그렇기 때문에 이 세상이 이렇게 아프고 고통스러운 것입니다.

하나님의 사랑을 알면, 삶에 "희락"이 있습니다. 기쁨이 있습니다. 물론 세상에도 희락이 있습니다. 그러나 세상의 희락은 무엇입니까? 코미디를 보면서 느끼는 내용 없는 기쁨일 때가 많습니다. 내용 없는 기쁨, 죄된 기쁨일 때가 많습니다. 다른 사람들의 마음에 상처를 주면서 자기를 기쁘게 하는 것입니다. 제일 대표적인 것이 성적인 문란입니다. 얼마나 많은 사람들이 영혼에 상처를 내면서 자기를 기쁘게 하는지요. 세상이 말하는 기쁨은 남을 불행하게 만들고 자기만 좋게 만드는 쾌락이고 죄악일 때가 많습니다. 혹은 그 기쁨도 인스턴트식입니다. 사람들은 일시적으로 느끼는 기쁨을 기쁨이라고 생각하지만 하나님 사랑을 알면 참된 기쁨이 무엇인지 알게 됩니다. 우리의 공로나 자질에 근거하지 않고 하나님의 무조건적인 사랑을 알 때, 사람은 사랑받는 사람이 느끼는 참 기쁨을 누립니다.

우리는 세상을 살아가면서 기쁨의 작은 그림자만 느꼈습니다. 우리가 배우자를 만나 서로를 사랑할 때 얼마나 기쁨이 넘쳤는지 다 기억할 겁니다. 정말 누군가가 나를 진실하게 사랑하는 순간에 우리 영혼이 얼마나 기쁜지 경험해 보았지요.

하나님이 우리를 사랑하는 것을 알 때, 사람은 참된 기쁨을 누립니다. 순전한 기쁨입니다. 죄가 있어 남을 아프게 하는 기쁨이 아닙니다. 내가 기쁠 때 남도 기쁘게 만드는 순전한 기쁨입니다. 내용이 있습니다. 잠시 코미디 프로그램을 보고 웃는 것과 다릅니다. 내용이 있고 열매를 만들어 내는 기쁨이 있습니다. 잠깐 동안 기쁜 것이 아니라 질고와 고난 안에서도 빼앗기지 않는 기쁨을 누립니다. 성령을 따라 사는 성도의 삶에만 있는 기쁨입니다.

우리는 세상을 다른 것으로 뒤집지 못합니다. 우리가 성령을 따라 살면서 하나님의 사랑을 알고 그 사랑이 가지고 오는 기쁨이 뭔지 알아야 세상을 바꾸는 힘을 갖는 것입니다. 사람의 능력이 아무리 탁월해도 그것 가지고는 세상을 바꿀 수 없습니다. 우리 속에 하나님만이 주시는 기쁨을 가져야 세상을 이길 힘을 얻습니다.

이렇게 하나님의 사랑을 알면 우리에게 무엇이 생깁니까? 참된 "화평"

이 생깁니다. 세상은 전부 자기를 더 나은 존재로 만들기 위해 치열하게 경쟁합니다. 다 자기를 훌륭한 사람으로 만들다 보니 얼마나 경쟁이 치열하겠어요. 학교, 사회, 직장 어디를 가도 전쟁터 같습니다. 그러나 하나님의 무조건적인 사랑을 알면, 영혼 속에 자기를 더 이상 업그레이드하지 않아도 되는 안식을 누리게 됩니다. 하나님께서 나를 어떻게 사랑하는지 아는 데서 오는 평화와 자유와 안식이 생깁니다. 성령을 따라 사는 성도들의 영혼 속에 맺히는 열매 때문입니다. 사랑과 희락과 화평입니다.

이웃과의 관계

이 세 가지(사랑, 희락, 화평)를 아는 사람들은 다른 사람을 다르게 대합니다. 주님을 모르고 성령을 따르지 않고 육체를 따라 살면 관계가 다 깨어집니다. 그러나 성령을 따라 살고 하나님이 주시는 귀한 복이 무엇인지 알면 사람을 대하는 자세가 달라집니다.

어떻게 달라질까요? "오래 참습니다." 해코지하고 나쁜 짓을 하고 끝없이 분노를 쏟아 보복하려고 하는 사람들의 잘못에 대해 오랫동안 견디고 참아 냅니다. 사람을 절대로 쉽게 포기하지 않습니다. 내 잣대와 기준을 가지고 사람을 재단하지 않습니다. 오래 참는 것은 신앙의 정수와 같은 요소입니다. 왜냐하면 하나님의 때와 방법이 있는 줄 알기 때문입니다. 내가 원하는 시간표와 방법대로 일이 일어나지 않아도 하나님을 신뢰함으로 오래 기다립니다. 오래 참고 믿어 주고 기다리는 일을 끝까지 합니다.

사랑하는 여러분, 관계가 얼마나 중요한 열매인지 잊지 말아야 합니다. 하나님과 바른 관계를 맺으면 반드시 이웃과 바른 관계를 맺게 됩니다. 그저 좋은 관계를 맺는다는 것이 아닙니다. 사람을 오래 참고 포기하지 않는 것을 배웁니다. 긍휼이 가득한 눈으로 사람을 바라봅니다. 세상 사람들 중 어지간히 훌륭해 보이는 사람도 모두 허물과 약함이 있습니다. 한계가 드러납니다. 그런 약함과 한계와 허물을 따뜻한 눈을 가지고 바라봅니다. 그것이 "자비"입니다.

조국 사회를 보십시오. 정치판을 보나 언론을 보나 자르고, 베고, 미워하고, 판단하는 이야기들을 얼마나 쉽게 내놓는지요. 옳고, 그르고, 다르다는 이유 때문에 쉽게 자르고 벱니다. 성령을 따라 사는 성도들은 눈이 다릅니다. 자비와 긍휼이 가득한 눈으로 사람의 약함과 한계와 허물과 실패를 바라봅니다. 그 힘이 성령을 따라 사는 성도들의 삶 속에 맺히는 열매입니다.

저도 젊은 20, 30대 때는 사람들을 많이 베었습니다. 투사처럼 살았습니다. 마음에 드는 사람이 없을 정도였습니다. 어지간히 잘해도 마음에 드는 사람이 없었어요. 젊었을 때는 다른 사람들을 베고, 자르고, 물고, 먹으면서 살았습니다. 정치가뿐 아니라 목회자도 양에 차는 사람이 없었어요. 그러나 나이가 서른이 넘고, 마흔이 되고, 오십이 되니까 제 안에 수많은 허물을 보게 되었습니다. 그리고 사람들 속에 있는 약함과 허물과 한계들을 보았습니다. 인생이 질그릇 조각 같다는 생각이 어느 순간 마음에 와 닿았습니다. 그러고는 사람들의 허물과 한계를 따뜻한 눈으로 보기 시작했습니다. 과거에는 제가 설교를 하면 친구들이 말했습니다. "내용은 다 동의하는데 눈에 힘 좀 빼라!" 정말 사람 잡아먹을 듯이 설교를 했습니다. 제가 섬겼던 청년들도 저 때문에 불평도 하고 아파했습니다. 제가 마음에 들지 않으면 베고 자르고 판단하고 미워하기를 좋아했기 때문입니다.

주 안에서 사랑하는 여러분, 혹시 어느 정도 나이를 먹었는데도 눈에 따스함이 없는 분들이 계십니까? 나이를 먹고도 20, 30대처럼 옳은 이야기라며 따박따박 말만 하고 있다면 정말 어리석은 자입니다. 눈을 바꾸십시오. 그렇게 살면 수많은 사람을 다치게 하는 어리석은 일을 저지르는 것입니다. 성령을 따라 살고 주를 믿는 신앙의 연조가 더할수록 인생의 약함과 허물을 향한 깊은 자비의 눈, 따뜻함을 담아 사람들을 바라볼 줄 아는 눈이 만들어져야 합니다. 그래야 젊은 세대들이 할 수 없는 일들을 나이 먹은 어른들이 할 수 있습니다. 따뜻함이 교회 안으로 흐르는 복이 됩니다. 나이를 어지간히 먹었는데도 눈이 날카로우면 어른으로서의 직무를 어기는 것입니다. 바른 이야기는 20, 30대가 하는 것이고, 세월의 무게와 인생의 질고와 아픔을 아는 어른들은 긍휼이 가득한 따사로움을 담아서 영혼을 바라보는 눈을 가져야 합니다.

자비가 있으면 무엇이 따라올까요? "양선"이 따라옵니다. 양선이라는 것은 한마디로 선행입니다. 사람들의 한계와 약함을 이해하는 눈으로 바라보고 긍휼히 여기면 자기 것으로 다른 사람들의 필요를 채우고 싶어집니다. 자기를 희생해서, 자기의 돈과 시간을 들여서 이웃에게 필요를 공급하는 것이 양선, 곧 선행입니다.

저는 교회를 목회하면서 꿈을 가지고 있습니다. 교회에 모인 지체들이 사랑하는 이웃의 한계와 약함과 아픔과 실패를 바라보면서 따뜻한 눈으로 그들을 받을 수 있기를 원합니다. 할 수만 있다면 자기의 물질과 시간을 써서 이웃의 아픔을 만지고 헤아려서 양선, 즉 선행을 하는 그런 귀한 공동체가 되기를 꿈꾸고 있습니다.

교회 규모가 크고 작은 것은 문제가 되지 않습니다. 교회의 크기 때문에 못하는 것이 아니라 교회가 교회 같지 않기 때문에 못하는 것입니다. 저는 이 꿈을 한 치도 양보할 수 없습니다. 받아먹는 사람들만 있는 교회가 아니고, 목회자들만 생각하고 일하는 교회가 아니라 모든 성도가 하나같이 영혼을 돌보고 이웃의 필요를 공급하고 따뜻한 눈으로 사람들을 바라보는 공동체가 되길 바랍니다. 내 시간과 물질, 에너지를 사람들을 위해서 쓰는 양선 공동체로 살아야 합니다. 하나님의 성령을 따라 사는 성도들이 그렇게 살 수 있습니다. 그렇게 살 때 우리 삶에 풍요로움과 부요가 있는 거예요. 내 것을 남을 위해 써 봐야 참 부요가 무엇인지 보입니다.

전 교인의 간부화가 제 슬로건입니다. 전 교우, 성도들이 하나같이 선교사나 목회자처럼 살도록 만드는 것입니다. 한 사람도 수동적으로 신앙 생활 하지 않기를 바랍니다. "아무도 나를 돌봐 주지 않는다", "누군가 나의 필요를 채워 주지 않는다"라고 말하는 사람이 없이 모두 자기가 감당할 수 있는 영혼들을 돌보고 사람들의 영적인 필요를 공급하는 그런 공동체를 세우는 것이 주님의 마음일 거라고 저는 생각합니다.

자신과의 관계

하나님으로부터 오는 사랑과 화평과 기쁨이 무엇인지 아는 사람이 다른 사람을 오래 참고 자비와 양선으로 대하는 다른 눈을 갖기 시작하면 자기 속에도 귀한 열매가 만들어집니다. 성령을 따라 살며 이웃에게 잘 베푸는 성도의 삶에는 인격의 열매가 맺힙니다. 그것이 바로 "충성"입니다.

우리 주변에 재능 있는 사람은 많습니다. 그러나 충성스러운 사람은 많지 않습니다. 우리의 신분이나 부나 재능 때문에 와서 배우려는 사람들은 있습니다. 그러나 정말 하나님 앞에 마음이 드려진 충성스럽고 신뢰할 만한 사람들은 만나기 쉽지 않습니다.

제가 13년 동안 대학부를 섬길 때, 그 공동체에서 그런 사람을 몇 명 봤습니다. 눈에 넣어도 아프지 않은 그 귀한 영혼들을 몇 명 데리고 교회를 해 봤으면 좋겠다고 생각할 정도였습니다. 그들은 하나같이 허물투성이인 저를 많이 아끼고 사랑해 주었습니다. 그런데 제가 동생들을 만날 때마다 늘 느끼는 것이 있었습니다. '이 아이들은 나에게 속한 자가 아니다. 내 명령을 받고 나에게 속해서, 나에게 영향을 받는 사람들이 아니다'라고 느꼈어요. 주께 속해 있고, 중심이 주님께 드린 바 되고 하나님 앞에 서서 충성스럽고 변함없이 진실하게 사는 그런 사람들이었습니다. 조국 교회에 그런 사람 하나가 얼마나 보석같이 소중한지 우리는 다 느낍니다. 이웃들을 소중하게 여기면 우리 속에 충성스러움이 만들어집니다. 그리고 온유함이 만들어집니다.

"온유"는 무슨 뜻입니까? 저는 온유가 성경에 나오는 성품 가운데 꽃이라고 생각합니다. 이 온유는 겸손과 부드러움과 강함이 다 붙어 있는 성품입니다. 우리가 주변에서 보는 사람 중에 성격 좋고, 겸손하고, 부드러우면 어떻습니까? 물러 터졌지요. "아니오"라고 해야 할 순간을 잘 모릅니다. 온유는 그런 것이 아닙니다. 겸손해서 언제나 남을 먼저 헤아립니다. 절대로 말로 사람을 베지 않습니다. 부드럽고 정말 따뜻합니다. 그렇지만 강인합니다. 진리에 서서 타협해야 할 순간인가 아닌가를 분별합니다. 그러나 거칠지 않습니다. 그것이 온유입니다. 정말 귀한 성품이지요.

"절제"는 치우치지 않습니다. 자기를 다스려서 무엇이든지 지나치게 하지 않습니다. 이런 아홉 가지 성품, 성령이 만들어 내는 귀한 열매는 금지할 법이 없습니다. 성령을 따라 살면 누구나 다 맺는다는 것입니다. 하나님을 알고 성령을 따라 살아가는 모든 진실한 사람들은 재능과 능력의 다소와 아무 상관 없이 전부 맺을 수 있습니다.

성령의 열매는 모든 법이 기뻐하고 즐거워합니다. 이런 열매를 싫어할 법이 세상에 어디 있겠습니까? 이런 열매는 모든 법의 최절정이며, 소원이고, 목표이지요. 성령의 열매야말로 하나님의 법을 지킬 수 있는 최상의 방법입니다. 율법을 따라 할례를 받아야 하는 것이 아니고, 종교적으로 외적인 형식을 따라야 하는 것이 아닙니다. 성령을 따라 살 때 하나님의 법을 가장 완벽하게 지키고 이룰 수 있습니다.

성령으로 행하라

그러므로 오늘날 우리는 어떻게 해야 합니까? 24, 25절을 같이 보겠습니다.

> 그리스도 예수의 사람들은 육체와 함께 그 정욕과 탐심을 십자가에 못 박았느니라 만일 우리가 성령으로 살면 또한 성령으로 행할지니

25절에 "우리가 성령으로 살면"이라고 되어 있습니다. "만일 우리가 성령으로 살면"이라는 조건이 아닙니다. 이것은 "우리가 성령으로 거듭났기 때문에"라고 번역하는 것이 훨씬 좋습니다. "우리가 성령으로 생명을 얻었고 성령으로 하나님의 자녀가 되었고 성령으로 거듭났기 때문에 성령으로 행할지니라."

성령을 따라 사는 것이 성도의 삶에 제일 중요한 핵심입니다. 개혁주의 최고의 꽃은 성화입니다. 이 땅을 사는 거듭난 성도들은 주님의 인품을 닮아가는 것을 성화라고 합니다. 그런데 우리가 느끼는 것처럼 조국 교회는 성화의 삶에 실패하기 때문에 세상으로부터 손가락질을 당하고 외면 당하고 비난을 받는 아픔을 겪고 있습니다.

왜 그렇지요? 많은 사람들이 성화에 대해 오해하기 때문입니다. 우리가 거듭나서 성도가 되면 우리의 결심만으로 바른 삶을 살 수 있는 것이 아닙니다. 우리가 설교를 듣고 아무리 마음으로 다짐해도 뜻한 대로 살지 못하는 연약함과 죄성을 가지고 있습니다. 우리가 아무리 결심하고 노력

해도 안 되는 영역이 있습니다.

그럼에도 오해하지 말아야 할 것이 있습니다. 많은 사람들이 성화에 실패하는 이유를, 내 힘으로 무엇을 하려고 하니까 실패하는 것이라고 말하면서 하나님께 맡기라고 합니다. 하나님께 맡기면 성화도 되고 삶도 제대로 살게 된다고 가르치는 이상한 무리가 있습니다. 성경은 그런 성화론을 가르치지 않습니다. 생명을 얻어 진실한 성도가 되면, 하나님을 믿고 성령을 의지하기만 하면 되기 때문에 다른 것은 특별히 하지 않아도 된다고 성경은 절대로 말하지 않아요. 성경은 성화를 저절로 되는 것이라고 가르치지 않습니다. 24절을 다시 읽어 봅시다.

> 그리스도 예수의 사람들은 육체와 함께 그 정욕과 탐심을 십자가에 못 박았느니라

갈라디아서 2장 20절에도 "내가 그리스도와 함께 십자가에 못 박혔나니"라고 했습니다. 우리가 예수를 믿는 순간에 예수와 함께 십자가에 못 박혀 죽었습니다. 하나님이 그리스도 안에서 우리를 예수와 함께 죽은 자로 틀림없이 여겨 주십니다. 그러나 동시에 우리가 십자가에 못 박혀 죽은 그대로 우리도 믿음으로 우리를 못 박으며 살아야 합니다.

모든 성도는 하나님이 우리를 거듭나게 하는 순간에 우리가 십자가에 못 박혔기 때문에 그것으로 끝난 것이 아니라 그 순간부터 우리도 우리 자신을 못 박으며 살아가야 한다는 것을 기억해야 합니다. 우리의 정욕과 탐심을 십자가에 믿음으로 못 박으며 살아가야 합니다.

성도는 아무것도 하지 않고 하나님이 다 해 주시는 그런 성화는 그릇된 성화입니다. 성경은 그렇게 가르치지 않습니다. 우리가 손과 발을 움직여야 하기 때문에 구원받은 것이 아니라 구원받았기 때문에 손과 발이 움직이기 시작합니다. 그러나 우리는 손과 발을 움직여야 하는데 너무 고장이 났습니다. 그렇기 때문에 성령의 도우심을 의지해야 합니다. 하나님께서 성령을 선물로 주셔서 우리 속에 거하게 하심으로, 고장난 손과 발을 움직여서 성결한 성도의 삶을 살아가는 성화의 영광을 이 땅에서 누리며 살도록 부르셨습니다.

세상에 있는 모든 학문과 윤리와 도덕과 율법은 죄를 억누를 뿐입니다. 죄를 해결해 주거나, 해소시켜 주거나, 이기게 하는 것이 아니라 죄를 억누릅니다. 형벌과 해코지, 여러 가지 협박으로 사람들이 죄를 짓지 않도록 억누르고 억제하는 것이 윤리와 도덕과 율법의 역할이라면, 하나님의 성령과 생명의 법은 그런 것이 아닙니다. 우리를 새롭게 하시고 새 생명을 주시는 성령이 우리의 고장난 몸, 육체의 욕심에 너무 익숙하게 반응하는 몸을 고치고 새롭게 빚어서 하나님을 섬기는 의의 병기와 도구로 바꿔 가십니다. 우리의 전인격이 바뀌는 것이 성화입니다.

우리는 몸의 한 부분, 우리 삶의 한 영역도 하나님의 통치 바깥에 남겨 두기를 원하지 않습니다. 성령은 절대로 우리를 강제하지 않습니다만, 결코 지치지 않고 우리를 설득하고 격려해서 우리가 스스로 소원하고, 결단하고, 결심하고, 선택하여 죄를 미워하고 하나님을 순종할 수 있게 합니다. 성령은 우리가 성령의 도우심을 전심으로 의지하면서 우리 속에 자라나는 거룩을 가지고 성도로서 이 땅을 살아가기를 기대하고 있습니다.

주 안에서 사랑하는 여러분, 한 사람도 빠짐없이 성령을 좇아 행함으로 실패가 줄을 잇는 연약한 조국 사회에서 성령을 따라 이기는 삶이 무엇인지 알기 원합니다. 또한 성화의 거룩하고 아름다운 삶이 우리 모두에게 나타나고 은혜가 넘치길 소원합니다.

갈라디아서 5장 26절-6장 10절

헛된 영광을 구하여 서로 노엽게 하거나 서로 투기하지 말지니라 형제들아 사람이 만일 무슨 범죄한 일이 드러나거든 신령한 너희는 온유한 심령으로 그러한 자를 바로잡고 너 자신을 살펴보아 너도 시험을 받을까 두려워하라 너희가 짐을 서로 지라 그리하여 그리스도의 법을 성취하라 만일 누가 아무 것도 되지 못하고 된 줄로 생각하면 스스로 속임이라 각각 자기의 일을 살피라 그리하면 자랑할 것이 자기에게는 있어도 남에게는 있지 아니하리니 각각 자기의 짐을 질 것이라 가르침을 받는 자는 말씀을 가르치는 자와 모든 좋은 것을 함께하라 스스로 속이지 말라 하나님은 업신여김을 받지 아니하시나니 사람이 무엇으로 심든지 그대로 거두리라 자기의 육체를 위하여 심는 자는 육체로부터 썩어질 것을 거두고 성령을 위하여 심는 자는 성령으로부터 영생을 거두리라 우리가 선을 행하되 낙심하지 말지니 포기하지 아니하면 때가 이르매 거두리라 그러므로 우리는 기회 있는 대로 모든 이에게 착한 일을 하되 더욱 믿음의 가정들에게 할지니라

23장
너희가 짐을 서로 지라

우리가 읽은 이 본문은 어떤 면에서 조국 교회에 중요한 말씀이라고 할 수 있습니다. 이 본문의 주제를 한마디로 정리하면, "성령을 따라 산다는 것이 교회의 현실 안에서 구체적으로 어떤 모습일까?"입니다. 우리가 성령을 따라 사는 것이 성도의 바른 신앙 생활이라고 했습니다. 육체를 따라 살면 온갖 어그러지고 아픈 일들이 생기는 반면, 성령을 따라 살면 귀한 열매를 맺는다는 것을 살펴보았습니다. 이 귀한 진리를 교회의 현실 속에 구체적으로 적용하면 성령을 따라 산다는 것이 도대체 어떤 형태의 표현이 될까요?

"성령을 따라 산다"는 것은 우리에게 익숙한 표현으로 바꾸면, "신령하게 산다"는 말입니다. 그렇다면 어떤 것이 신령한 삶일까요? 이런 주제를 얘기하면, 많은 성도들이 개인적으로 경험하는 특별한 신비 체험이나 은사 체험을 생각하는 경향이 있습니다. 기독교 신앙 안에는 하나님이 성령을 통해 은사를 주시고 신비한 체험도 주셔서 하나님과 나만이 아는 비밀을 가지고 살게 하십니다. 이런 일은 바른 신앙인들 속에 일어납니다. 그러나 성경이 말하는 "신령하다" 혹은 "신앙이 잘 자라고 있다"는 것은 개인적인 은사 체험이나 신비 체험으로 확인되는 것이 아닙니다. 사람들과의 관계를 어떻게 맺는가에 의해 판별되고 드러납니다. 성령을 따라 사는 성도의 표시는 신비로운 체험을 하며 신앙 생활 하는지가 아니라 다른 사람과 어떤 관계를 맺으며 사는지를 보면 틀림없습니다.

우리가 앞 장에서 육체의 일을 따라 살 때, 열다섯 가지의 결과물이 나오는 것을 보았습니다. 그 중 절반 이상, 여덟 가지가 어그러진 관계와 관련된 것이었습니다. 반대로 성령을 따라 살면 관계가 회복됩니다. 성령의 아홉 가지 열매는 크게 세 부류로 나누어 하나님과의 관계, 이웃과의 관계, 자기 자신과의 관계가 회복되는 것으로 확인할 수 있었습니다.

그런 것처럼 우리가 하나님의 성령을 따라 살고 성경이 말하는 방식으로 신앙 생활을 하면, 관계에 변화가 옵니다. 바른 관계를 맺는다는 말은 '사교성 있고, 인사성이 좋고, 사람들을 잘 사귄다'는 말이 아닙니다. 기질에 따라 사교성이 모자랄지라도 바른 관계를 맺을 수 있습니다. 하나님과 이웃과 관계를 바르게 맺을 수 있습니다. 그런 관계 회복이야말로 성령을 따라 살아가는 삶의 가장 중요한 핵심입니다. 이것이 신령한 성도에게 발견되는 신앙 생활의 모습입니다.

바른 관계 속에서 성령을 따라 사는 사람의 모습은 구체적으로 어떻게 드러날까요? 이 본문에서는 부정적인 모습과 긍정적인 모습이 각각 하나씩 나옵니다.

서로 금해야 할 일

먼저, 부정적인 모습입니다. 26절입니다.

> 헛된 영광을 구하여 서로 노엽게 하거나 서로 투기하지 말지니라

여기서 "헛된 영광을 구하여"라고 할 때, 그 앞에 단어 하나만 추가하면 뜻이 분명해집니다. "자기의" 헛된 영광입니다. 성령을 따라 살아갈 때, 자신을 위한 헛된 영광을 구하지 않습니다. 여기서 "헛된 영광"이란 자기 자신의 능력이나 중요성을 과하게 평가하는 것입니다. 그래서 사람들은 실제 자기 수준보다 많이 인정받고 칭찬받고 싶어합니다. 이것이 헛된 영광을 구하는 것입니다. 사람들은 끝없이 자기를 실제보다 더 높이 평가하려는 경향을 가지고 있습니다. 특히 남자들은 보통 자기에 대한 평가가 아주 높습니다. 실제보다 훨씬 높습니다. 아내가 적당히 조절해 주지 않으면 자신에 대한 큰 신뢰를 가질 수 있습니다. 그러나 앞서 말했듯이 사람들은 자신의 능력을 실제와 상관없이 높이 인정받으려는 경향이 있습니다. 자기의 헛된 영광을 추구하면 필연적으로 두 가지 결과가 나옵니다.

하나는 서로 노엽게 만듭니다. "노엽게 하거나"라는 말은 결투를 신청한다는 말입니다. 문자 그대로 하면 자신의 우월성을 믿고 상대방에게 결투를 신청해서 입증하려는 태도입니다. 자기를 상대적으로 높이 평가해서 타인에게 자신의 우월성을 입증하려다 상대방을 노엽게 만듭니다.

그 다음으로, 상대적으로 자신이 부족하다고 여기면 투기하고 질투를

합니다. 상대가 가지고 있는 귀한 것들이 자신의 영혼을 상하게 하고 분하고 억울하게 만들기 때문입니다. 그래서 끝없이 질투합니다. 남들이 나보다 못한 것처럼 보이기 때문에 그것들을 입증하고 드러내고 싶어하는 경향은 성령을 따라 살아가는 사람들의 모습이 아닙니다. 교회 안에서 성도들이 성령을 따라 살 때는 각자 자기보다 남을 낫게 여깁니다. 그리고 자기보다 더 귀한 이웃을 위해 끝없이 섬기는 것이 기쁨이며, 즐거움이며, 특권이라고 여깁니다. 진정한 성도의 삶은 비교나 경쟁을 하지 않습니다. 다른 사람을 나보다 더 낫게 여기면서, 섬기고, 봉사하고, 희생하는 것이 성령을 따라 관계를 맺는 중요한 증거입니다.

제가 목회를 하면서 조국 교회 성도들이 어리석다고 느끼는 순간이 있습니다. 성도끼리 비교하면서 자기 자신이 더 잘 믿는 사람인 것처럼 여기는 것입니다. 그것은 세상의 정신입니다. 육체적입니다. 성도는 각각 자기보다 남을 낫게 여기고, 그들을 섬기는 것을 기뻐하고 즐거워해야 합니다. 교회가 세속화된다고 할 때, 세속화는 교회의 외적인 면으로 드러나는 것이 아니라 교회의 내면에 세상적인 기준이 들어와 있는가를 말합니다. 그래서 관계가 세상적인 방법으로 맺어지면 위험하다는 것을 알고 조심해야 합니다.

짐을 서로 지라

그렇다면, 성령을 따라 사는 성도들이 교회 안에서 긍정적으로 힘쓰고 애써야 할 것은 무엇일까요? 2절을 보겠습니다.

> 너희가 짐을 서로 지라 그리하여 그리스도의 법을 성취하라

성도들은 관계를 맺으면서 서로 짐을 져 줍니다. 다른 사람이 지고 있는 무거운 짐을 볼 때 그냥 그 사람이 지도록 내버려 두지 않습니다. 함께 짐을 나눠 집니다. 내가 짐을 지다가 너무 힘들면, 다른 사람의 도움을 받는 것을 두려워하지 않고 짐을 서로 지는 공동체가 교회입니다.

사랑하는 여러분, 교회에서 "신앙이 잘 자랐다, 믿음이 잘 자랐다, 성령이 충만하고 성령이 인도하는 대로 사는 사람이다"라고 할 때 그 증거가 무엇입니까? 로마서 15장 1절을 봅시다.

> 믿음이 강한 우리는 마땅히 믿음이 약한 자의 약점을 담당하고 자기를 기쁘게 하지 아니할 것이라

믿음이 잘 자라서 강한 믿음을 갖고 있는 사람은 연약한 자의 약점을 감당하고 자기를 기쁘게 하지 않는다는 겁니다. 세상은 조금이라도 더 나은 것을 붙듭니다. 그리고 늘 남을 무시하고 자기를 드러내고 헛된 자랑을 붙들려고 합니다. 그러나 성령의 인도를 따라 사는 성도와 교회는 절대로 그렇게 하지 않습니다. 약한 자의 약점을 내가 감당합니다. 짐을 져 주고 절대로 다른 사람의 약한 것으로 나를 기쁘게 하지 않습니다. 이게 교회 공동체이고 생명 공동체의 특징입니다.

성도가 이렇게 살면, 그리스도의 법이 이루어집니다. 그리스도의 법은 무엇입니까? 예수께서 세상에 오셔서 율법의 모든 요구를 다 이루셨습니

다. 율법의 요구를 다 이루신 예수께서 우리에게 한 법을 주셨습니다.

> 새 계명을 너희에게 주노니 서로 사랑하라 내가 너희를 사랑한 것같이 너희도 서로 사랑하라 너희가 서로 사랑하면 이로써 모든 사람이 너희가 내 제자인 줄 알리라(요 13:34-35)

사랑하는 것은 종노릇하는 것입니다. 사랑은 베풀어 주는 것이 아닙니다. 사랑은 종이 되지 않으면 할 수가 없는 것입니다. 우리 구주께서 하늘의 모든 영광을 버리고 우리와 똑같은 몸으로 이 땅에 오셨습니다. 그리고 우리의 죄 짐을 대신 지시고 십자가에 달려 돌아가신 것은 사랑이 만들어 내는 종노릇입니다.

사랑은 누군가의 종이 되지 않으면 절대로 할 수 없습니다. 그렇다면 어떻게 하는 것이 종노릇일까요? 짐을 지는 것입니다. 짐은 누가 지는 것입니까? 짐은 종이 지는 것입니다. 주인은 짐을 지지 않지요. "너희가 짐을 서로 지라"라고 할 때, 그 짐을 지라는 건 한 마디로 사랑 때문에 종노릇하라는 것입니다. 공동체 안에서 연약한 자들을 볼 때, 그 짐을 함께 나눠 지는 것입니다.

교회는 완성된 사람들이 모여서 사랑을 나누는 공동체가 아닙니다. 우리가 다 아는 것처럼, 우리는 허물과 실패와 한계가 있습니다. 제 나이가 이제 오십이 넘었습니다. 아마 육십이 넘고, 칠십이 되어도 이런 설교를 또 할 거라고 생각이 듭니다. 예수 그리스도를 믿은 연조가 더해져도 주님을 닮아 가는 일은 참 더디다는 고백을 할 수밖에 없다는 것이 우리 모두의 경험일 것입니다. 교회는 완성된 사람들이 모여 마음껏 서로를 사랑하는 공동체가 아닙니다. 교회에는 허물과 약함과 실패와 한계를 여전히 가지고 있는 사람들이 모여 있습니다. 그러나 교회는 예수께서 하신 말씀을 순종하면서 성령의 도움과 인도를 따라서 자신을 부정하고 사랑으로 종노릇하고 짐을 나눠 지는 특징을 가지고 있습니다.

기독교는 사람들이 예수를 잘 믿으면 도(道)를 깨달아서 신선처럼 살 수 있다고 가르치지 않습니다. 우리가 아무리 탁월한 성도라도 여전히 연약한 인생이고 한계와 모순을 가지고 있습니다. 예수를 잘 믿어도 다른 지체들의 도움 없이는 스스로 설 수가 없는 것이 우리의 인생입니다. 예수를 잘 믿어서 다른 사람들 없이도 잘 사는 사람은 기독교인이 아닙니다. 그런 기독교는 없습니다.

주 안에 사랑하는 여러분, 모든 진실한 성도는 다른 사람의 짐을 져 줄 뿐 아니라, 자기 홀로 존재할 수 없고 다른 지체들과 함께 수고해서 존재한다는 것을 인식하고 아는 자들입니다. 이것이 성령을 따라 사는 성도의 중요한 특징입니다.

어떤 사람은 다른 사람에게 짐을 지우는 것, 자기의 짐을 남에게 지게 하는 것이 타인을 괴롭게 하는 것이라고 마음 아파합니다. 귀한 마음입니다. 그러나 우리가 인생을 살다 보면, 스스로 질 수 없는 짐이 있습니다. 우리가 감당하지 못할 아프고 어려운 순간을 만납니다. 그럴 때 자신의 약함을 지체들과 함께 나눌 줄 모르는 사람은 여전히 자기중심적인 어리석은 삶을 살아가고 있다는 또 다른 육체 표현입니다. 외적으로, 윤리적으로, 도덕적으로 별로 지탄을 받지 않을지는 몰라도 신앙적으로는 합당하지 않습니다. 우리가 잘 분별해야 합니다. 우리가 남들에게 폐를 끼치지 않고 책임 있게 살려고 하는 자세는 중요합니다. 그러나 짐을 나눠 지고 함께 더불어 살 수 없는 길을 가고 있다면 성령으로 신앙 생활 하는 것이 아닙니다.

홀로 서려고 하는 태도는 자기중심성의 또 다른 발로입니다. 어떤 면에서 공동체를 깨뜨리는 것이고, 눈에 보이지 않는 또 다른 잘못을 하는 사람들입니다. 더불어 살고 함께 짐을 나눠 지지 않으려고 하는 사람들의 경향 속에 자기중심성으로 나타나는 문제들이 그대로 들어 있습니다. 교회는 그런 공동체가 아닙니다. 교회는 짐을 서로 지지 않으면 갈 수 없는 길을 가는 사람들의 공동체입니다. 짐을 함께 나누어 지고 더불어 길을 가는 사람들이 교회 공동체의 핵심입니다.

어떤 이들은 이렇게 말합니다. "나는 하나님께 다 맡기고 그분을 의지하기 때문에 다른 사람들의 도움이 필요없어요"라고 말이죠. 정말 신령하고 신앙적인 것 같지만 절대 아닙니다. 이 말을 오해하면 안 됩니다. 아직도 신앙의 정수를 모르는 사람들이 하는 어리석은 말입니다.

물론, 하나님을 찾아야 할 때 사람을 찾고 의지해서는 안 됩니다. 신앙의 중추는 사람이나 세상을 의지하는 것이 아니라 하나님을 의지하는 것이기 때문에 하나님만 의지하고 찾아야 합니다. 그러나 우리가 하나님을 찾고 구할 때, 하나님은 사람을 통해 우리의 필요를 공급하십니다. 그러므로 우리는 우리의 약함을 늘 인정하면서 다른 지체를 통해 도움을 받고 보완하기를 두려워하거나 주저해서는 안 됩니다.

자신의 한계와 약함을 빨리 인정하고 짐을 나눠 지고 더불어 살며 함께 자라는 공동체가 교회입니다. 신앙 생활을 더불어 하지 않고 짐을 나눠 지지 않고 혼자 알아서 다 하려는 사람은 신앙의 핵심과 중추가 뭔지 전혀 모르는 사람이라고 생각하면 틀림없습니다. 자기가 경험한 종교적인 체험을 붙들고 다른 사람을 아무렇게나 대하는 사람은 성경이 말하는 신령한 사람이 아닙니다. 성경이 말하는 신령한 성도란 짐을 나눠 지고 서로의 도움을 필요로 하는 자신을 잘 알고 인정하는 사람입니다.

온유한 심령으로 바로잡으라

본문 속에서 우리는 짐을 나눠 지는 구체적인 두 가지 사례를 봅니다. 첫 번째로 우리는 공동체 안에서 어떤 짐을 나눠 집니까? 1절을 봅시다.

> 형제들아 사람이 만일 무슨 범죄한 일이 드러나거든 신령한 너희는 온유한 심령으로 그러한 자를 바로잡고 너 자신을 살펴보아 너도 시험을 받을까 두려워하라

우리를 "신령한 너희는"이라고 부르고 있습니다. 우리가 신령하다는 것은 어떤 단계를 넘어선 성도를 가리키는 것이 아닙니다. 앞에서 계속 나온, 성령의 인도를 따라 살아가는 성도들을 가리키는 말입니다.

신령한 너희는 어떻게 하라고 합니까? 공동체 안에 죄를 지은 사람이 드러날 때 두 가지 잘못된 반응을 하지 말라고 합니다. 우선, '사람이 어떻게 그런 죄를 지을 수 있나?'라고 하면서 비난하고 정죄하고 판단하고

내치지 말라는 겁니다. 사람들은 믿었던 사람들에게서 죄를 발견하면 실망하고 분노하고 비판하고 정죄합니다. 사람을 신뢰하다가 실망할 수 있다고 표현하지만 그 이면에 '나는 그렇지 않다'는 자기 자랑 혹은 헛된 자기주장이 그 안에 들어 있기 때문에 특정한 사람의 허물을 지나치게 비판합니다.

조국 교회는 유명한 사람들이 실수하거나 허물이 드러나면 기다렸다는 듯이 벌 떼같이 일어나서 그 사람의 명성과 아름다움을 한순간에 다 짓밟아 버려요. 조국 사회도 마찬가지죠. 다시 재기하지 못하도록 비난하고 비판해서 그 사람이 가지고 있는 훌륭하고 아름다운 부분까지 전부 몰살시킵니다. 이것은 정말 우리 사회가 가지고 있는 얄팍함과 어리석음입니다. 성도는 절대로 비난하고 비판하고 정죄하여 내치지 않습니다.

또 하나의 극단이 있습니다. 죄가 드러나면 자꾸 덮어 주고 지나가려는 극단입니다. 죄가 밝혀질 때 생기는 많은 문제와 골치 아픈 일들을 두려워하여 덮고 지나가려 합니다. "죄 짓지 않는 사람이 누가 있나" 하면서 그냥요. 그러나 이 또한 성경적인 자세가 아닙니다.

본문 말씀은 우리에게 어떻게 짐을 나눠 지라고 하나요? "무슨 범죄한 일이 드러나거든 신령한 너희는 온유한 심령으로 그러한 자를 바로잡고 너 자신을 살펴보아 너도 시험을 받을까 두려워하라"고 했습니다. 신령한 너희가 온유한 심령으로 바로잡으라고 합니다. 여기서 "온유하다"라고 할 때, 이 "온유"는 우리가 앞에서 본 것처럼 성령의 열매 중 하나입니다. 온유는 부드럽고 겸손하고 강인합니다. 죄 때문에 넘어져 있는 영혼을 비판하는 것이 아니라 겸손하고 부드럽게, 그러나 분명하게 죄라고 말하고 바로잡으라고 합니다. 회복하도록 만들어 주라는 것입니다. 죄 지은 자를 정죄해서 우리와 분리시켜 우리를 거룩하게 보존하는 것은 기독교의 정신이 아닙니다. 그건 율법입니다. 율법은 죄를 드러내어 정죄하고 우리와 분리시킵니다. 죄를 지은 사람들을 분리시켜서 우리를 거룩하게 보전하려는 것이 율법이라면 복음은 그런 것이 아닙니다.

　죄가 가득한 세상에 주님이 오셔서 당신이 대가를 지불하여 짐을 나눠 지시고 우리를 회복하셨습니다. 그것이 복음입니다. 우리도 그렇게 해야 합니다. 어떤 사람의 죄가 드러나서 공동체를 심각하게 상하게 하고 영혼에 분명한 장애가 되면 반드시 그 죄를 죄로 인식하도록 분명하게 드러내야 합니다. 한 걸음 더 나아가서 그가 회복될 수 있도록 짐을 나눠 지는 것입니다.

　주 안에서 사랑하는 여러분, 교회는 언제든지 사람들이 죄를 지을 수 있다는 사실을 인식하고 있는 공동체입니다. 그러므로 죄 지은 사람들에 대해 분노하고 실망하는 마음으로 비난해서는 안 됩니다. 온유한 심령으로 죄 지은 사람을 회복시키기 위해 죄가 얼마나 나쁘고 중한 것인지 분명하게 말하고 죄로부터 돌이켜 회복하도록 만들어야 합니다. 그런 공동체가 바로 교회입니다.

　교회 안에서 반드시 이런 일이 일어나야 합니다. 교회는 사람이 죄를 지을 때 비난하고 비판하거나 혹은 사람이 죄를 지을 때 덮어 주고 그냥 지나치거나 하지 않고 바르게 권면하고 바르게 징계해야 합니다. 그렇게 해서 공동체를 수많은 불미스러운 일들로부터 보호하고 교회의 덕을 세우고 하나님께 영광을 돌리는 것입니다.

조국 교회의 많은 사람들은 자신이 좋아하는 사람이 죄를 지으면 그 죄를 보고도 말을 하지 못합니다. 그러면 안 됩니다. 아무리 관계에 문제가 생길 위험이 있을지라도 분명한 죄가 드러나고 그 영혼에 해가 되는 죄가 있으면 말해야 합니다. 말해서 바로잡아야 합니다. 짐을 함께 진다고 할 때, 죄를 개인에게만 떠맡기는 것이 아니라 우리 공동체 전체에 죄가 미치는 줄 알고 죄를 드러내고 반드시 회복하도록, 죄 지은 영혼이 회복하도록 권면하고 바로잡아야 합니다.

모든 좋은 것을 함께하라

두 번째로 짐을 나눠 지는 방법이 있습니다. 6절을 보겠습니다.

> 가르침을 받는 자는 말씀을 가르치는 자와 모든 좋은 것을 함께하라

성도들이 설교를 하고, 성경을 가르치는 일에 전념하는 자들의 짐을 함께 져 주라는 것입니다. 모든 좋은 것을 함께 나누고 짐을 지라는 것입니다. 말씀을 가르치고, 성경을 연구하는 일에 전념하는 자들이 자신의 부름받은 일에 전념할 수 있도록 아낌없이 그들을 격려하고, 필요할 때 후원하고 지원함으로 함께 짐을 지라는 것입니다. 그들이 다른 짐을 지지 않도록 짐을 지라는 이야기입니다.

목사로서 이런 말씀을 전하는 것이 부담이 됩니다. 그러나 조국 교회를 바라볼 때, 권위와 질서가 무너지고 있기 때문에 어렵지만 이런 말씀을

전해야겠습니다. 말씀을 연구하고 성경을 가르치는 일에 전념하는 목회자들은 성도의 영적인 복락에 결정적인 존재입니다. 성도의 영적인 모든 유익과 복락은 목회자들의 입을 통해서 선포되는 말씀에 의해 이루어집니다. 성도가 마음을 다해 아낌없이 목회자를 격려하고 지원해 주고, 귀하게 섬기는 것은 중요한 일입니다. 목회자가 말씀을 묵상하고, 연구하고, 가르치고, 선포하는 일에 전념할 수 있도록 성도들이 짐을 져 주어야 합니다. 목회자들이 져야 할 짐을 함께 나누어서 대신 져 주라고 성경은 가르치고 있습니다.

앞으로 교회에 젊고 어린 사역자들이 올 것입니다. 사역자보다 성도가 나이가 많을 때, 사역자 연소함을 업신여기거나 그들이 가진 경험과 경륜의 부족함 때문에 아무렇게나 대하지 않아야 합니다. 함께 짐을 져 주고 여러분의 마음을 기울여서 존중하고 아끼고 섬기고 후원하기를 그치지 않아야 해요. 이런 일이 교회 공동체 안에 반드시 있었으면 합니다.

더불어 제가 성도들에게만 이런 부탁을 하는 것은 절대로 아닙니다. 저는 동역자들과 회의할 때 좀처럼 칭찬을 하지 않습니다. 혼을 내는 경우는 많이 있습니다. 성도들에게 요구하고 가르치는 것만큼 사역자들에게도 분명하게 요구하고 가르칠 겁니다.

사랑하는 여러분, 절대로 사역자의 연소함을 업신여기거나 그들의 경륜과 경험의 부족함을 비난하거나 무시하거나 얕봐서는 안 됩니다. 그들이 위임받은 말씀을 연구하고, 가르치고, 선포하는 귀한 직분을 잘 감당할 수 있도록 성도가 짐을 지고 함께 수고해 주십시오. 사역자들이 할 수 있는 형태의 수고는 아니지만 성도가 할 수 있는 수고를 하여 짐을 서로

져 주셔야 합니다. 목회자를 무시하고 아무렇게 대하는 것은 성도의 영혼을 망가뜨리는 일입니다. 목회자가 성도에게 업신여긴다는 느낌을 받거나 인격적인 모독을 당한다는 느낌을 받지 않도록 교회 공동체 안에서 짐을 잘 져 주시길 부탁드립니다.

자신을 잘 살피라

우리가 교회 안에서 자기에 대한 헛된 자랑을 붙들고 살지 않고, 짐을 서로 잘 지려는 것의 핵심은 무엇입니까? 3, 4절을 보십시오.

> 만일 누가 아무것도 되지 못하고 된 줄로 생각하면 스스로 속임이라 각각 자기의 일을 살피라 그리하면 자랑할 것이 자기에게는 있어도 남에게는 있지 아니하리니

핵심은 사람이 자신을 잘 살피는 것입니다. 제가 사역을 하면서 어려웠던 점은 성도들이 자신을 살피는 일을 실패한다는 것이었습니다. 다른 사람 살피는 일은 잘하는데 자기 자신을 살피는 일에는 실패합니다.

그렇다면 어떻게 하는 것이 자신을 잘 살피는 것일까요? 남과 나를 비교하면 자신을 살피는 것이 아닙니다. 자신에게 있는 부나 재능이나 능력이나 학벌이나 신분을 가지고 남과 나를 비교하면 자신을 잘 살피는 것이 아닙니다. 하나님은 각 사람을 다르게 부르십니다. 자기를 잘 살피는 제일 중요한 방법은 하나님 앞에서 자기를 보는 것입니다. 다른 사람들이

나를 어떻게 대할지를 살피는 것이 아닙니다. 하나님이 나에게 맡기신 역할과 부름과 은사에 적절하게 반응하고 있는지로 자기를 보는 것입니다. 이 사회는 사람을 신분이나 지위나 학벌이나 재능이나 부나 능력을 가지고 비교하지만, 하나님은 절대로 그렇게 하지 않으십니다. 우리 각자에게 하나님이 주신 분깃과 부름과 은사가 다릅니다. 하나님의 부르심에 합당한 반응을 하고 있는지로 자기를 평가하는 것이 중요합니다.

많은 사람이 자기를 보는 일에 실패합니다. 자신의 실체를 건강하게 못 보기 때문에 끝없이 헛된 자랑을 붙들거나 자신을 속입니다. 그렇기 때문에 노여워하거나 질투를 하면서 공동체를 상하게 하는 일이 일어납니다. 그리고 서로의 짐을 지지 않으려고 합니다. 왜냐하면 짐은 종이 지는 것이기 때문입니다. 자기를 정직하게 못 보면 세상적인 방법으로 자기의 처신과 행위를 결정하면서 교회를 세속화하게 됩니다.

주 안에서 사랑하는 여러분, 우리 자신을 잘 보고 하나님의 부름 앞에 제대로 섰는지 돌아보아야 합니다. 자신을 바르게 볼 때 어떤 일이 일어날까요? 하나님이 자기 자신에게 주신 은혜가 얼마나 크고 많은지 보게 됩니다. 그 귀한 은혜가 나같이 부족한 사람에게 있다는 것을 알고 깊은 감사와 자랑이 생깁니다. 그러나 이것을 다른 사람들에게 주장하거나 내세울 수는 없습니다. 모든 것이 하나님의 은혜이고 선물일 뿐이지, 다른 사람들이 나를 어떻게 대할지로 하나님의 복을 결정해서는 안 됩니다. 자랑할 것이 자기에게는 있더라도 남들에게까지 자랑과 감사의 제목인 줄 알고 자기를 주장해서는 안 됩니다.

5절에 나오는 것처럼, "각각 자신의 짐을 질 것이라"는 것입니다. 자기를 잘 돌아보고 자기에게 맡겨진 짐을 잘 지라는 것입니다. 2절에서 "짐을 서로 지라"고 해 놓고 5절에 "각각 자기의 짐을 질 것이라"고 하니까 대조되는 것 같습니다. 그러나 우리말 성경에서 "짐"이라고 똑같이 나온 단어가 원어 성경에서는 다릅니다. 두 개가 구별됩니다. 5절에 나오는 "짐"은 '포르티온'이라고 되어 있습니다. 이 단어는 우리가 잘 아는 포터블(portable)이라고 생각하면 됩니다. 포터블이란 이동할 때 쉽게 들고 나를 수 있는 짐입니다. 한 사람이 가볍게 들 수 있는 짐이라는 거죠. 자기 몫의 가벼운 허물과 짐은 스스로 잘 감당하고 짊어지고, 다른 지체들이 홀로 질 수 없는 무거운 짐을 지고 있으면 함께 나누어서 서로 짐을 져 주라고 권면하고 있습니다.

이렇게 나눈 말씀을 이 책을 덮으면서 다 잊어버리셔도 됩니다. 제가 용서해 드리겠습니다. 그러나 한 가지는 절대로 잊어서는 안 됩니다. 이번 장에서 여러 번 반복하는 한 단어가 있습니다. 그게 무엇입니까? "서로"입니다. 이것은 교회의 생명과 같은 단어입니다. 성도에게 결정적으로 중요한 단어입니다.

교회는 서로 싸움을 걸거나 질투하지 않고 서로 짐을 져 주고 서로를 책임 있게 대하는 공동체입니다. 교회는 절대로 홀로 안전하지 않습니다. '더불어'가 아니면 살아갈 수 없는 사람들의 공동체가 교회입니다. 서로입니다. 서로 짐을 지고, 더불어 함께 자라 가고, 더불어가 아니면 절대로 존립이 불가능한 것이 성도이고 교회입니다.

창세기 3장과 4장은 교회와 세상의 결정적인 차이를 보여 주는 전형적인 대표 장입니다. 창세기 3장을 보면, 죄가 사람의 삶 속에 들어옵니다. 그러고 나서 4장을 보면 어떤 결과가 생겼습니까? 죄가 들어온 사람의 삶에 어떤 일이 생겼습니까? 가인이 아벨을 죽입니다. 아벨을 죽인 가인에게 하나님이 오셔서 "네 아우 아벨이 어디 있느냐"(창 4:9)라고 물으십니다. 가인은 아무도 없는 들판에서 아벨을 죽였지만 하나님은 다 보셨지요. 하나님은 바로 그곳에 계셨습니다. 하나님은 다 보시고 아셨지만 가인을 찾아가셔서 물으셨습니다. 그때 가인이 하나님께 어떻게 대답했습니까? "내가 알지 못하나이다 내가 내 아우를 지키는 자니이까"(창 4:9)라고 말했습니다. 이것이 바로 세상입니다.

죄가 편만한 이 세상의 삶의 방식은 하나님이 다 아시는데도 그분을 향해 고개를 빳빳하게 들고 대답합니다. "내가 내 아우를 지키는 자니이까"라고 말이죠. 자기가 죽여 놓고, 하나님 앞에서도 온갖 방법으로 합리화합니다. 관계가 일그러지고 다 깨졌는데도 그냥 지나가려고 하는 것이 세상입니다.

교회는 어떤 곳입니까? 성령의 인도를 따라 살아가는 성도는 어떻게 신앙 생활을 하고 어떻게 서로를 대합니까? 피 한 방울 섞인 것이 없고 어떤 이해 관계도 없지만, "하나님, 제가 아벨을 지키는 자입니다"라고 반응하는 것이 교회입니다. 우리를 이 땅에 남겨 놓으시고 함께 신앙 생활을 하는 이 공동체를 우리에게 허락하신 이유는 주님이 우리에게 하신 것과 똑같이 짐을 나누고 책임 있게 서로에 대하여 힘을 다해 섬기라고 하신 것입니다. 우리 한 사람이 얼마나 훌륭하게 잘 성화되어서 탁월한 인격으로 드러나는가가 목적이 아닙니다.

우리가 도덕적으로 특출해서 세상을 섬길 수 있는 것이 아닙니다. 우리가 이 세상에서 신분과 지위가 높아야 세상이 우리를 주목하는 것이 아닙니다. 세상이 보편적으로 살아가는 것과 다른 눈, 다른 방식으로 사는 생명 공동체가 되어야 합니다. 아무런 관계가 없어도 주님 때문에 서로를 피붙이처럼 책임지고, 짐을 나눠 지면서 다른 사람의 유익을 위해 복되게 더불어 가는 교회로 성장하길 바랍니다. 또한 우리 모두가 교회를 사랑하고 성령의 인도를 따라 바르게 섬겨서 조국 교회가 함께 강건함을 입는 귀한 복을 누리길 바랍니다.

갈라디아서 6장 7-16절

스스로 속이지 말라 하나님은 업신여김을 받지 아니하시나니 사람이 무엇으로 심든지 그대로 거두리라 자기의 육체를 위하여 심는 자는 육체로부터 썩어질 것을 거두고 성령을 위하여 심는 자는 성령으로부터 영생을 거두리라 우리가 선을 행하되 낙심하지 말지니 포기하지 아니하면 때가 이르매 거두리라 그러므로 우리는 기회 있는 대로 모든 이에게 착한 일을 하되 더욱 믿음의 가정들에게 할지니라 내 손으로 너희에게 이렇게 큰 글자로 쓴 것을 보라 무릇 육체의 모양을 내려 하는 자들이 억지로 너희에게 할례를 받게 함은 그들이 그리스도의 십자가로 말미암아 박해를 면하려 함뿐이라 할례를 받은 그들이라도 스스로 율법은 지키지 아니하고 너희에게 할례를 받게 하려 하는 것은 그들이 너희의 육체로 자랑하려 함이라 그러나 내게는 우리 주 예수 그리스도의 십자가 외에 결코 자랑할 것이 없으니 그리스도로 말미암아 세상이 나를 대하여 십자가에 못 박히고 내가 또한 세상을 대하여 그러하니라 할례나 무할례가 아무것도 아니로되 오직 새로 지으심을 받는 것만이 중요하니라 무릇 이 규례를 행하는 자에게와 하나님의 이스라엘에게 평강과 긍휼이 있을지어다

24장
성령을 위하여 심으라

우리가 세상을 살아가는 동안 설명이 필요 없는 자명한 원리가 몇 가지 있습니다. 그중에 하나는 '심는 것'과 '거두는 것'입니다. 이 둘이 서로 긴밀하게 연관되어 있다는 것은 다른 설명이 필요 없을 만큼 선명합니다. 만약 가을에 추수를 기대한다면 적절한 때에 씨를 뿌리고 식물을 심어야 합니다. 그리고 우리가 거두기를 원하는 작물을 심거나 씨를 뿌려야 합니다. 많은 양을 수확하고 싶으면 많은 양의 씨를 뿌리거나 많은 양의 식물을 심으면 됩니다. 좋은 품질을 수확하고 싶으면 양질의 씨앗을 심어야 합니다. 우리가 심은 것을 거두리라는 것은 설명이 필요없는 당연한 진리입니다.

우리도 인생을 살다가 어느 때에는 반드시 하나님 앞에서 우리 인생에 대한 추수와 평가를 받는 순간이 올 것입니다. 성경은 우리가 살고 죽으면 끝이라고 말하지 않습니다. 반드시 죽음 후에 심판이 있다고 합니다. 재판관이신 하나님이 우리의 삶에 대한 평가와 판단을 하실 것입니다.

심은 대로 거두리라

지금 우리가 살아 있는 한, 이 때는 뿌리고 심는 시기라고 할 수 있습니다. 제대로 뿌려야 우리가 원하는 것을 거둘 수 있습니다. 이런 자명한 진리에도 불구하고 사람들은 어리석은 행동을 합니다. 7절을 보겠습니다.

> 스스로 속이지 말라 하나님은 업신여김을 받지 아니하시나니 사람이 무엇으로 심든지 그대로 거두리라

사람들은 어리석게도 스스로를 속이려고 합니다. 하나님은 우리의 삶 속에서 우리를 교훈하십니다. 심는 대로 거둔다는 것은 틀림없잖아요. 콩을 심으면 콩을 얻습니다. 콩을 심고 팥을 기대하는 사람은 없습니다. 사과나무에서 사과를 기대하지 배를 기대하지 않습니다. 그런데 사람들은 어리석게도 스스로를 속입니다. 스스로를 속이는 것은 죄를 지은 인생의 불행한 모습입니다.

어떻게 스스로를 속일까요? 심지도 않고 '어떻게 되겠지'라고 하면서 속입니다. 이 땅에서 허덕이며 살면서 '어떻게 되겠지'라고 생각합니다. 그러나 죽음은 '어떻게 되겠지'가 통하지 않습니다. 죽음은 자명한 진리입니다. 우리가 이 땅을 사는 동안 모든 것은 가변적입니다. 그러나 죽음은 절대로 가변적이지 않습니다. 반드시 우리가 직면합니다. 우리가 반드시 하나님 앞에서 우리의 삶을 평가받는다고 성경은 말합니다. '어떻게 되겠지'가 아닙니다.

어떤 사람들은 이 땅에서 맹목적으로 되는 대로 삽니다. 구주께서는 죄값을 지불하시고 우리를 사셨습니다. 그래서 우리 인생은 귀합니다. 한 번밖에 없는 귀한 인생입니다. 되는 대로 살아서는 안 됩니다. 반드시 우리가 거둘 추수 때가 올 것입니다. 하나님 앞에서 우리 인생을 검증받을 때가 있다는 것을 알고 살아야 합니다.

어떤 성도들은 은혜로 말미암는 구원을 오해합니다. 우리는 아무 자격이나 공로나 조건을 가지지 않고 은혜로 값없이 구원을 받습니다. 사람들은 이 말을 내가 아무렇게 살아도 구원받는 것처럼 해석합니다. 내가 어떤 행동을 해도 구원에는 지장이 없을 것처럼 생각합니다. 그런데 그렇지 않습니다. 기독교의 구원은 그런 체계를 가지고 있지 않습니다. 사람들은 절대자를 어느 정도 인정하고 살아갑니다. 그래서 끝없이 스스로의 힘과 노력으로 하나님을 설득해서 복을 얻으려고 합니다. 혹은 하나님이 우리를 해코지하거나 우리에게 불이익을 줄 것 같아 그분께 무엇을 드리는 형태의 종교로 세상을 삽니다. 왜곡된 종교죠. 하나님은 이런 인생들을 향해서 당신의 인격을 따라 우리에게 값없는 귀한 구원을 선물로 주셨습니다. 하나님의 목적은 우리가 마음 중심으로 구원을 깨달아 하나님을 사랑하고 이웃을 사랑하는 하나님의 백성이 되는 것입니다. 그런데 사람들이 은혜라는 말을 잘못 이해해서 어떤 방식으로 살아도 구원에는 지장이 없는 것처럼 생각하고 한 번밖에 없는 귀한 삶을 자꾸 왜곡시키고 있습니다. 이렇듯 사람은 참 어리석은 존재입니다. 남을 속이기도 하고 자기 자신을 속이기도 해요.

성령을 위하여 심으라

　세상에는 사법 제도가 있습니다. 그러나 세상의 사법 제도는 우리가 원하는 만큼 충분한 공의를 세우지 못합니다. 죄인인 사람들이 만들어서 죄인인 사람들이 운영하기 때문에 그 제도 안에 많은 한계와 모순이 있습니다. 그러나 하나님은 사법 제도에 속지도 않으시고, 사법 제도처럼 한계와 모순을 갖고 계신 분도 아닙니다. 하나님은 바르고 참된 재판관이십니다. 우리를 가장 바르게 판단하고 재판하십니다.

　우리는 자기를 합리화하거나 자기를 기만하거나 그저 되는 대로 삽니다. 그러고 나서 판단은 받지 않으려고 합니다. 하나님은 우리의 마음과 그 마음에서 나오는 생각, 말, 행실이 연합하여 삶의 가치를 드러내는 우리의 전 인격을 가지고 평가하십니다. 그러므로 하나님은 만홀히 여김을 받지 않으시고 업신여김을 받지 않으십니다. 그래서 하나님은 우리가 어떻게 살아야 한다고 가르칩니까? 8절입니다.

> 자기의 육체를 위하여 심는 자는 육체로부터 썩어질 것을 거두고 성령을 위하여 심는 자는 성령으로부터 영생을 거두리라

　하나님의 심판대 앞에 섰을 때, 어떤 사람은 다 썩어서 냄새나는 것밖에 없습니다. 또 다른 사람은 세월이 아무리 흘러도 쇠하지 않는 참된 생명과 그 생명이 주는 아름다움을 가지고 하나님 앞에 드러납니다. 무엇 때문에 이렇게 달라지는 것일까요? 바르게 믿었기 때문입니다. 믿음으로

구원받고 바르게 믿는다면, 우리가 육체를 위하여 심지 않고 성령을 위하여 심는 삶을 살게 됩니다. 우리가 이 땅을 사는 동안 죽음이 있는 줄 알고, 주님을 알면 우리의 지각이 열립니다. 또한 우리가 하나님 나라를 알면, 한 번밖에 없는 인생을 육체를 위한 기회로 쓰지 않고 성령을 위하여 쓰게 됩니다.

어떻게 사는 것이 육체를 위해 심지 않고 성령을 위해 심는 삶이 됩니까? 우리는 갈라디아서 5장을 다루면서 육체에 대한 이야기를 이미 살펴보았습니다. 육체가 무엇입니까? 우리는 어머니의 모태로부터 죄를 가지고 태어났습니다. 그래서 죄에 익숙한 본성을 가지고 있습니다. 그래서 우리는 끝없이 허랑방탕합니다. 부지런히 땀 흘려 일하기보다 편하게 놀고 먹는 것을 좋아하는 옛 본성을 가지고 있습니다.

그런데 이런 육체 안에 뭐가 있습니까? 자기중심성이 있습니다. 모든 죄인의 특징은 자기중심성을 가지고 있다는 것입니다. 그렇다면, 8절을 우리가 어떻게 해석할 수 있습니까? 나를 위하여 심지 말고, 하나님 이름과 이웃의 유익을 위하여 심으라는 것입니다. 그것이 성경이 가르치는, 성령을 따라 사는 삶입니다.

나에게 심는 것

주 안에서 사랑하는 여러분, 세상은 끝없이 "나, 나, 나"를 외치고 삽니다. 그것도 모자라서 "내 자식, 내 자식, 내 자식" 이러면서 살죠. 전부 "나" 아니면 "내 자식"을 위해 삽니다. 이것이 육체를 위하여 심는 것입니다. 물론, 마땅히 지켜야 할 부모의 도리를 하지 말라는 것이 아닙니다. 부모의 당연한 도리를 하며 살아야 하지만 부모의 도리조차도 자신을 위한 것이 아니라 하나님의 영광과 이웃의 유익을 위해서 사용해야 합니다. 평생을 '나'만 위하며 살다가 그게 그칠 때쯤 '내 자식'을 외치며 사는 인생살이에서, 나를 위해 살지 않고 이웃을 돌보고 섬기고, 서로 짐을 나누어 지고, 사랑으로 서로 종노릇하고 연합하는 삶을 살아야 합니다. 이것이 성경이 말하는, 성령을 위해 심는 삶입니다.

사랑하는 여러분, 우리가 사는 이 사회를 한번 보십시오. 이 사회는 자신의 소유를 자랑합니다. 돈, 신분, 재능, 지위, 명예를 자랑합니다. 이 모든 것을 누가 준 것입니까? 전부 하나님이 주신 거예요. 그러므로 하나님이 우리를 평가하실 때, 그분은 우리가 가진 것으로 우리를 평가하지 않으십니다. 하나님은 자신이 주신 것을 가지고 우리가 하나님과 이웃을 위해 어떻게 섬겼는지로 우리를 평가하십니다. 이것이 마태복음 25장에 나오는 "양과 염소의 비유"의 핵심 내용입니다.

하나님이 우리에게 주신 모든 것, 즉 생명, 시간, 재능, 능력, 신분, 지위, 부 등을 가지고 무엇을 했는지를 보면 우리가 어떤 삶을 살았는지 알 수 있습니다. 하나님이 주신 모든 것으로 나만을 위해 사용했다면 그분 앞에 가서 썩어질 것을 얻게 되고 냄새밖에 날 것이 없겠지요. 사실, 하나님이 주신 모든 것을 나를 위해 사용하지 않아도 이미 그리스도 예수께서 십자가 위에 이루신 모든 일이 나를 위한 것임을 알 수 있습니다. 그렇기 때문에 우리는 하나님과 이웃을 위해 살아야 합니다.

사랑하는 여러분, 우리가 예수를 믿는다는 말은 주님 안에서 이미 우리의 삶이 끝났다는 말입니다. 우리는 그리스도의 공로로 부요와 존영을 값없이 상속 받았습니다. 그러므로 더 이상 우리를 위하여 에너지를 소모하지 않아도 됩니다. 하나님이 주신 한 번밖에 없는 시간과 귀한 재능, 부와 지위 등 모든 것을 가지고 하나님을 드러내고 이웃을 섬기는 일에 사용해야 합니다.

하나님은 우리의 소유로 우리를 평가하지 않습니다. 하나님이 우리에게 허락하신 것을 어떻게 사용했느냐에 따라 평가하십니다. 이 세대는 자신이 가진 것으로 자신을 평가합니다. 그래서 자신이 가지고 있는 것을 마음껏 쓰고, 노후를 보장하고, 자식에게 물려 주기 위해 애를 씁니다. 이런 모습은 우리가 주변에서 흔히 볼 수 있습니다. 주님은 우리에게 귀한 것을 주시면서 그것으로 하나님을 드러내고 이웃을 유익하게 하기 위해 나누고 섬기라고 합니다.

이웃에게 심는 것

두 번째로, 육체를 위하여 심는 것과 성령을 위해 심는다는 것은 무엇일까요? 우리의 부패한 본성을 위해 심으면 부패한 것을 거두게 될 것입니다. 갈라디아서 5장을 살필 때 보았던 것처럼 성적인 문란과 타락이 나타납니다. 또한 사람 사이에서 일어난 억울한 사건을 마음속에 담았다가 어느 순간 싸우고 미워하고 다투다가 관계가 깨어집니다. 술 취하고 방탕한 삶에 자신을 내어 줍니다. 이런 모든 것이 육체의 일입니다. 우리는 육체의 일을 위해 심지 않습니다. 하나님이 주신 지각을 잘 사용해서 지금이 어느 때인지 바르게 분별해야 합니다.

우리가 사는 사회는 성적인 문란을 조장하는 사회입니다. 이런 사회에서 젊은이들이 육체를 위하여 심지 않고 아내와 남편의 품을 만족하여 하나님이 주신 귀한 가정을 소중하게 여겼으면 좋겠습니다. 하나님이 허락하실 배우자를 위해 거룩과 성결을 지키고 보존하는 삶을 살았으면 합니다. 성적으로 문란한 사회 속에서 자신을 내어 주지 않고 거룩한 삶을 산다는 것은 성령을 위해 심는 것입니다. 우리 속에 성적인 욕구가 없기 때문이 아니라 성적인 욕구는 있지만 주님이 원하시기 때문에 욕구대로 살지 않는 것입니다. 이것이 성령을 위하여 심는 삶입니다. 자기를 깨뜨려서 성령을 위하여 심는 것입니다.

모든 사람은 죄인으로 태어났습니다. 죄인으로 태어났기 때문에 끝없이 자기중심적으로 살고 자기중심적으로 해석합니다. 그래서 사람과의 관계가 어그러지는 순간이 오면 마음속에 담아 둡니다. 사람과의 관계는 어그러질 수 있다고 받아들이고 용서하고 살아야 하는데 그렇지 못하는 것이죠. 절대로 표정으로 나타내지는 않습니다. 마음속에 깨알 같은 글씨로 적어 놓습니다. '언제 어디서 아무개가 뭐라 했다, 잊지 말자'라고 말이죠. 그렇게 호시탐탐 때를 노리다가 어느 순간 상대방의 허물이 드러나면 자신의 모든 분노를 발산합니다. 그래서 관계가 깨어집니다.

관계는 중요합니다. 주님이 보혈로 우리를 한 몸으로 부르셨습니다. 우리는 힘을 다해 이웃을 아끼고 소중히 여기려면 자신을 죽이고 종노릇하며 하나가 되기 위해 애써야 합니다. 관계를 회복하는 피스메이킹(peacemaking)을 해야 합니다. 산상수훈을 보면, "화평하게 하는 자는 복이 있나니 그들이 하나님의 아들이라 일컬음을 받을 것"(마 5:9)이라 했습니다. 하나님의 자녀의 중요한 특징 중에 하나는 자기 자신도 화평할 뿐 아니라 불화가 있는 사람들을 화목하게 한다는 것입니다.

주 안에서 사랑하는 여러분, 깨어진 관계 속에 머물지 않고 관계를 회복하기 위해서는 내가 종이 되어야 합니다. 짐을 나누어 져야 합니다. 힘을 다해 자기를 부정하고 깨뜨려야 합니다. 상대를 이해해야 합니다. "understand"라는 영어 단어처럼 누군가를 진실하게 이해하려면 그 사람 밑에 있지 않으면 절대로 이해할 수가 없습니다. 그 사람의 종이 되어야 합니다. 사랑하고 아끼고 관계를 회복해야 합니다. 사교성을 길러야 한다는 말이 아닙니다. 믿어지지 않겠지만, 저는 부끄러움을 많이 타는 편입니다. 큰 소리로 인사하는 것도 정말 힘들어합니다. 이런 기질은 잘 바뀌지 않습니다. 여기서 말하는 것은 이런 기질을 바꾸라는 말이 아닙니다. 우리 속에 관계를 깨뜨리는 성향을 멈추고, 하나님이 맺어 주신 소중한 관계들을 아끼고 사랑하라는 것입니다.

하나님 나라에 심는 것

세 번째로, 우리가 육체를 위해 심지 않고 성령을 위해 심는 것은 하나님과 앞으로 올 그분의 나라에 심는 것입니다. 사람들은 지금이 전부인 것처럼 삽니다. 아무리 길게 느껴져도 이 시간은 금방 지나갑니다. 우리의 인생은 잠깐만에 끝납니다. 그러니 인생이 이게 전부라면 그보다 허망한 것이 없겠지요. 그러나 이것이 전부가 아닙니다. 앞으로 올 나라가 있습니다. 구주께서 세상에 계실 때 우리에게 말씀하셨습니다.

> 너희를 위하여 보물을 땅에 쌓아 두지 말라(마 6:19)

땅에 쌓지 말라고 하십니다. 오고 있는 나라, 좀과 동록이 해하지 못하고, 도둑도 없는 그곳에 쌓으라고 성경은 가르치고 있습니다. 이 땅에 마음을 빼앗기고 지금만 생각하고 살면 안 된다고 성경은 우리에게 자주 말합니다.

사랑하는 여러분, 현재만 보도록 만드는 세상의 문화를 한번 보세요. 세상의 문화 중에 죽음을 바르게 준비하도록 가르치는 것이 무엇이 있습니까? 세상은 돈을 충분히 쓰고, 건강하게 살면서 젊은이처럼 탱탱하게 사는 것이 인생인 것처럼 말합니다. 그러나 인생이 그렇게 살아지던가요? 그것은 어리석은 신화에 불과합니다. 누구나 나이를 먹으면 쭈글쭈글해집니다. 그리고 허리도 굽어집니다. 때가 되면 우리는 주님을 만날 준비를 해야 합니다. 평생을 땀 흘리며 무엇을 쌓아 올리며 사는 것이 아니라 우리를 사랑하시고 기다리신 주님을 만나는 날을 사모하고 소원하는 마음으로 살아야 합니다.

제가 청년 사역을 할 때 보면, 청년들이 장례식장에 잘 오지 않습니다. 저는 교회 성도들이 돌아가신 장례식장에 청년들이 왔으면 좋겠습니다. 청년들이 와서 어르신이 어떻게 살다가 돌아가셨는지 듣고 배우기를 원합니다. 세상에 목을 매고 보장 없는 미래 때문에 두려워하는 청년들이 시집 장가 가고 직장을 얻는 것에 전전긍긍하며 살지만 말고, 돌아가신 어르신을 통해 그 모든 것보다 주님 품으로 가는 것이 더 영광스럽다는 것을 배우기를 원합니다.

젊은이들이 어느 정도 질병 속에서 인생의 약함도 충분히 느끼면서 반드시 하나님 앞에 설 날을 맞아야 한다는 사실을 알았으면 합니다. 그리고 주님을 맞이한다는 사실이 얼마나 큰 기쁨이며 행복인지 가르치는 신앙의 어르신들이 많이 계시면 좋겠습니다. 저는 교회 어르신들이 젊게 살기를 원치 않습니다. 나이에 맞는 일을 하면서 주님 앞에 설 준비를 했으면 좋겠습니다. 그러면서 신앙의 후배들을 잘 섬기고 살리는 일을 했으면 좋겠습니다.

아버지 하나님께 심기

마지막으로, 현재가 전부가 아니고 앞으로 오는 나라가 더 영광스럽고 참되다는 것을 누가 가르칠 수 있습니까? 주님께서 산상수훈을 하실 때 사람들에게 보이기 위해 선을 행하고 경건한 삶을 사는 무리를 향해 "그들은 자기 상을 이미 받았느니라"(마 6:2)고 말씀하셨습니다. 왜냐하면 그들은 사람들에게 받는 평판이 목적이었기 때문입니다. 사람들이 자신을 어떻게 평가하는가가 궁극적인 목표이기 때문에 이미 상을 받은 것입니다. 사람들이 이미 평가를 했기 때문에 끝났습니다. 그러므로 주님은 어떻게 하라고 하십니까? "오른손이 하는 것을 왼손이 모르게 하여"라고 말씀하셨습니다.

이 땅에서 사람들에게 평가받기 원하는 것이 육체에 심는 것이라면, 성령을 위해 심는 것은 아버지 하나님 앞에 심는 것입니다. 하나님은 정의로운 판단자이십니다. 그분 앞에 심고 뿌리는 것이 성령을 위해 심는 것입니다. 때로는 사람들에게 오해 받아 욕을 들어도 두려워하지 마십시오. 이 세상은 구주 예수를 십자가에 못 박아 죽인 세상입니다. 구주를 십자가에 못 박아 죽였는데 조롱하고 오해하고 판단하는 일을 이 세상이 멈추겠습니까? 우리가 이 땅에서 애매하게 고난 당하고 욕을 들을 때도 안타까워하지 말고 우리를 아시고 인정하시는 하나님을 믿고 살기를 원합니다. 우리의 마음을 싸매어 주시는 하나님 앞에 신실한 믿음으로 사는 것이 성령을 위해 심는 것입니다.

낙심하지 말고 선을 행하라

하나님께 심는 삶을 사는 우리에게는 많은 어려움이 찾아옵니다. 왜냐하면 세상은 성령을 위해 심지 않기 때문입니다. 세상은 지금 당장 눈 앞에 보이는 결과를 가지고 우리를 평가합니다. 공산품이 찍혀 나오는 것처럼 아주 짧은 시간에 삶을 평가하고 가치를 결정합니다. 이런 세상을 살아간다는 건 쉬운 일이 아닙니다. 그렇다면 이런 세상에서 무엇이 필요할까요? 9절입니다.

> 우리가 선을 행하되 낙심하지 말지니 포기하지 아니하면 때가 이르매 거두리라

우리가 성령을 위해 심을 때, 꼭 기억해야 할 것은 낙심하지 않고 오래 참으며 뿌리는 것입니다. 추수의 주인 되시는 하나님이 우리의 삶을 추수하실 날도 반드시 올 줄 믿고 지금 일어나는 여러 과정에 좌지우지되거나 절망하지 않고 인내하며 꾸준히 뿌리는 것이 중요합니다.

실제로 심고 거두는 일에는 상당한 시간이 걸립니다. 그래서 심고 거두는 동안 기다려야 합니다. 씨를 뿌렸는데 싹이 보이지 않습니다. 싹은 났는데 잎이 피어나지 않습니다. 잎은 피었는데 비바람이 치고 창수가 일어나서 열매를 낼 자신이 없습니다. 이렇게 우리가 씨를 뿌리면 오랜 인내와 기다림이 필요하다는 사실을 잊어서는 안 됩니다. 그래서 성도의 성품을 가리키는 첫 번째는 언제나 "인내"입니다. "사랑은 오래 참고"(고전 13:4), "환난은 인내를 인내는 연단을"(롬 5:3-4)이라고 인내에 대한 권면이 성경에 많이 나옵니다.

오늘날 조국 교회를 향한 탄식과 비난과 냉소가 참 많습니다. 많은 성도들이 목회자와 중직자에게 상처를 받고 교회를 떠납니다. 그리고 떠돌아 다닙니다. 믿을 만한 목사를 찾아서. 그러나 믿을 만한 목사는 없습니다. 세상에 믿을 만한 목사, 중직자, 괜찮은 교회는 없습니다. 그런데 사람들은 믿을 만한 교회를 찾아 떠돌아 다닙니다. 수틀리면 떠나고 또 떠납니다. 성도들의 마음속에 냉소와 패배 의식이 가득합니다.

목회자를 존중하는 것도 잊어버렸습니다. 교회를 아끼고 사랑하고 희생하려고 하지 않습니다. 손해를 안 보려고 교회 공동체 안으로 들어오지 않고 바깥에서 계속 맴돕니다. 교회 언저리에서 계속 맴돌면서, '들어가면 손해 보지 않을까?', '상처받지 않을까?', '또 실망하지 않을까?'라고 하면서 두려워하는 성도들이 많습니다. 그러나 우리는 이렇게 신앙 생활을 해서는 안 됩니다. 우리는 오늘날 일어나고 있는 여러 교회 현실을 바라보면서 비난하거나 조롱하거나 냉소하거나 낙심해서는 안 됩니다. 우리는 지금까지 앞선 세대의 수고를 누려 왔습니다. 우리가 뿌리고 심은 것이 아니고 앞선 세대가 수고하고 땀 흘려 맺은 열매들을 누리고 기뻐하며 오늘날까지 왔습니다. 이제는 우리가 뿌려야 할 때입니다. 우리가 오늘날 일어나고 있는 일을 보면서 교회를 조롱하고 목회자들을 비판하고 냉소에 빠지기에는 아직 심은 것이 부족합니다. 지금은 심어야 할 때입니다. 때로는 결과가 보이지 않아 눈물이 나고 힘들어도 시편 기자의 말처럼, "울며 씨를 뿌리러 나가는 자는 반드시 기쁨으로 그 곡식 단을 가지고 돌아"(시 126:6)올 것입니다. 우리가 우는 이유는 결과가 보이지 않기 때문입니다. 그러나 울며 씨를 뿌리면, 반드시 기쁨으로 거두는 날이 옵니다.

조국 교회도 마찬가지입니다. 저는 목사로서 사람들의 비난과 속상한 일들에 대해 죄송하다는 말밖에 할 수가 없습니다. 그러나 우리의 자녀들을 한번 보세요. 전혀 다른 세대가 자라고 있습니다. 저는 지난 30년 동안 젊은 세대를 섬겼습니다. 요즘 20대는 전혀 다른 세대입니다.

저는 6년 반 동안 영국에서 유학을 했습니다. 그러나 누가 저보고 영어로 설교하라고 하면 정말 스트레스가 많이 쌓입니다. 우리말로 설교하라고 하면 1시간이 늘 짧습니다. 그런데 영어로 설교하라고 하면 10-15분이면 충분합니다. 마음에 있는 것을 담아낼 재간이 없습니다. 몇 년 전 터키에 있는 WEC 선교사님들이 저를 부흥회 강사로 초청했습니다. 영어로 설교를 해야 한다는 생각에 머리가 지끈지끈 아프더라구요. 다행히 가지 못했습니다만. 그런데 요즘 어린 세대는 어렸을 때부터 영어에 익숙해서 원어민처럼 영어를 합니다. 또한 외국인 체형에 맞는 운동에서도 금메달을 따는 경우가 요즘 젊은 세대입니다. 김연아, 박태환을 보세요.

저는 이 젊은 세대를 보면서 이런 생각을 했습니다. '능력 있는 젊은 세대들이 예수를 믿는 것이 얼마나 좋은지, 그분께 생명을 드리는 것도 아깝지 않았으면……' 이런 젊은 세대만 길러 낸다면 기성 세대가 그동안 못했던 일들을 이들이 넉넉히 해낼 것이라고 생각했습니다. 이 젊은 세대가 예수 믿는 것보다 더 좋은 것이 세상에 없다는 것을 깨닫게 하면 우리 세대가 할 수 없었던 일을 넉넉하게 감당하는 세대가 될 것입니다.

주 안에 사랑하는 여러분, 열방과 민족이 조국 교회를 부르고 있습니다. 하지만 우리는 할 수 없습니다. 언어와 문화의 장벽 때문에 할 수 없습니다. 우리는 한계가 너무 많습니다. 우리 다음 세대는 완전히 다른 세대입니다. 그렇기 때문에 지금은 냉소하고 낙심하고 절망하고 비판하고 비난하고 끝나야 할 때가 아닙니다. 지금은 뿌리고 심어야 할 때입니다. 우리가 눈물을 흘리며, 절대 포기하지 않고 하나님의 신실하심을 붙들고 그분이 주시는 열매가 있는 줄 믿고 다가올 자녀의 시대를 위해 뿌려야 합니다. 이들을 통해 열방과 민족을 섬기는 영광을 보게 될 것입니다.

기회가 있을 때 선을 행하라

그러므로 어떻게 하라고 말합니까? 10절을 보겠습니다.

> 그러므로 우리는 기회 있는 대로 모든 이에게 착한 일을 하되 더욱 믿음의 가정들에게 할지니라

"기회 있는 대로"라는 말은, 우리가 일상을 살다가 어쩌다 주어지는 기회라는 뜻이 아닙니다. 때는 정해져 있습니다. 모든 것은 해야 할 때 해야 합니다. 선을 행하는 것은 언제나 가능한 것이 아닙니다. 하나님이 우리에게 허락하실 때 할 수 있는 것입니다. 이럴 때 이런저런 핑계를 대며 뒤쪽으로 밀어놓지 말고 기회를 얻는 대로 선을 행해야 합니다.

어느 날 40대 중년들과 교제를 나눌 기회가 있었습니다. 40대 사람들이 저에게 이렇게 말했습니다. "목사님, 우리는 직장에서 살아남기 너무 힘들어요. 자식들 길러서 대학 보내기가 너무 힘드네요. 그러니 목사님, 교회 일은 가능하면 열심 많은 60대 어르신들께 맡기는 게 어떻습니까?"

아마 이 말을 들은 60대들은 "헐" 했을 겁니다. 여러분이 60, 70대가 한 번 되어 보세요. 그때는 원해도 몸이 말을 안 듣는 순간이 옵니다. 어리석게도 사람들은 자신의 특수한 상황을 가지고 남들을 설득하려고 합니다. 그렇게 하지 말라는 겁니다. 하나님이 기회를 주실 때 모든 사람에게 선을 베풀라고 합니다. 기회가 또 올 거라는 생각하지 말고, 지금 하나님이 주신 기회를 반드시 붙잡고 모든 사람에게 선을 행하되 특별히 믿음의 가정들에게 하세요.

우리의 시각을 좁혀서 이기적이고 협소하게 성도들에게만 잘하라는 뜻이 아닙니다. 우리의 마음과 가슴은 늘 세계를 품고 민족을 붙들고 열방을 섬기고 북녘에 있는 동포들을 헤아려야 합니다.

그런데 어디서부터 시작하란 말입니까? 바로 우리 옆에 있는 믿음의 가정들, 일주일에 몇 번씩 꼭 만나는 믿음의 가정들에게 선을 시작하는 것입니다. 우리는 가까운 이웃에게 돈 한 푼 쓰는 것보다 지구 저편 아프리카에 있는 굶주린 아이들을 위해 돈을 쓰는 것이 더 쉬운 존재입니다. 죄인으로 죄된 습관이 만들어 내는 죄된 사치에 속아서는 안 됩니다. 우리는 아프리카의 기아 선상에 있는 아이들을 위해 돈을 보내는 것은 할 수 있습니다. 그러나 바로 옆에 있는 사람들의 눈물을 훔쳐 주고, 그들에게 작은 물질을 사용하는 것에는 인색한 본성을 가지고 있습니다. 우리 옆에 있는 믿음의 가족부터 시작해서 아프리카까지 사람들을 섬기고 도우라는 것입니다. 가장 가까운 이웃은 상하게 방치하고, 멀리 있는 사람들만 섬기는 어리석은 자들이 아니라 내 이웃부터 땅끝까지 선을 행하고 섬기고 사랑하라는 것입니다.

주 안에 사랑하는 여러분, 오늘날 조국 교회는 결정적인 시간에 서 있습니다. 교회가 망하면 교회만 망하는 것이 아닙니다. 우리도 함께 망합니다. 누구보다도 성령을 위하여 뿌리는 사람들이 많이 나와야 할 때입니다. 우리가 성령을 위해 뿌리고 심어서 이 땅에 사는 동안과 구주가 오실 때, 우리의 삶에 생명 있는 참 열매가 풍성하게 맺히기를 축복하고 조국 교회가 그렇게 드러나기를 바랍니다.

갈라디아서 6장 11-18절

내 손으로 너희에게 이렇게 큰 글자로 쓴 것을 보라 무릇 육체의 모양을 내려 하는 자들이 억지로 너희에게 할례를 받게 함은 그들이 그리스도의 십자가로 말미암아 박해를 면하려 함뿐이라 할례를 받은 그들이라도 스스로 율법은 지키지 아니하고 너희에게 할례를 받게 하려 하는 것은 그들이 너희의 육체로 자랑하려 함이라 그러나 내게는 우리 주 예수 그리스도의 십자가 외에 결코 자랑할 것이 없으니 그리스도로 말미암아 세상이 나를 대하여 십자가에 못 박히고 내가 또한 세상을 대하여 그러하니라 할례나 무할례가 아무 것도 아니로되 오직 새로 지으심을 받는 것만이 중요하니라 무릇 이 규례를 행하는 자에게와 하나님의 이스라엘에게 평강과 긍휼이 있을지어다 이 후로는 누구든지 나를 괴롭게 하지 말라 내가 내 몸에 예수의 흔적을 지니고 있노라 형제들아 우리 주 예수 그리스도의 은혜가 너희 심령에 있을지어다 아멘

25장
단 하나의 복음

이제 갈라디아서 마지막 부분까지 왔습니다. 앞으로 두 번 더 살펴보면 갈라디아서를 마무리할 것 같습니다. 학자들은 갈라디아서 결론 부분을 다른 책의 결론보다 더 중요하게 생각합니다. 왜냐하면 지금까지 본론에서 다뤘던 주제들을 요약하고 있고, 또 결론으로 잘 마무리하고 있어서 본문 전체를 해석하는 중요한 열쇠가 된다고 보기 때문입니다.

손으로 쓴 큰 글자

결론에서 사도 바울은 교회가 생명처럼 여기는 진리가 무엇인지 정리하는데 그에 앞서 이렇게 강조하는 말을 합니다. 11절을 한 번 보십시오.

내 손으로 너희에게 이렇게 큰 글자로 쓴 것을 보라

바울이 이 편지를 마무리하면서 "큰 글자로 쓴 것을 보라"고 말했습니다. 이 표현은 바울이 일반적으로 서신서를 마무리할 때 사용하는 비슷한 양식입니다. 왜냐하면 서신서 전체는 대부분 대필자가 기록한 것이기 때문입니다. 바울이 직접 쓴 것이 아니라 바울이 말하면 옆에서 받아 적는 사람이 따로 있었습니다. 그러고는 바울 자신이 쓴 것이나 다름없다는 사실을 확인시키기 위해 편지 끝에 자필로 서명을 했습니다. 요즘이야 자필 서명이 보편화되었지만 그 당시에는 서명이 흔하지 않았습니다. 자필로 몇 자를 써서 자기가 쓴 편지가 분명하다는 사실을 보증했던 것입니다. 또한 서신의 진정성을 보증하기 위해 바울은 종종 서신 말미를 이런 식으로 마무리했습니다.

그런데 다른 서신과 달리 여기서는 "큰 글씨로 썼다"고 합니다. 어떤 학자들은 바울이 특별히 눈이 좋지 않았다고 해석합니다. 그런데 그런 것 같지는 않습니다. 시력이 좋지 않아서 크게 썼다기보다, 이 편지의 긴 본문을 지금까지 성도들이 잘 읽었지만 이 결론은 특별히 중요하기 때문에 "주목해서 잘 읽어야 한다"는 당부를 하고 있는 것입니다. 다시 말해, 큰 글씨로 강조하면서 쓰고 있으니 눈여겨 잘 읽으라는 강조로 보면 되겠습니다.

사랑하는 여러분, 바울이 진리를 세 가지로 우리에게 요약해 주고 있습니다. 우리가 그 내용을 살펴보기 전에 다음과 같이 생각해야 합니다. 오늘날 조국 교회 안에 있는 사람들이 문제 없고 편안한 교회를 좋아합니다. 그런데 사실 교회라는 구조 자체는 문제가 없을 수 없습니다. 모든 시대의 교회들이 다 고향처럼 그리워하는 초대 교회도 문제가 있었습니다. 그리고 모든 시대의 교회가 아픔과 어려움을 겪으면서도 건강하게 자랐습니다. 그런데 교회에 왜 문제가 있지요? 교회는 죄인들의 공동체이기 때문입니다. 성도가 아무리 거듭나도 우리의 죄는 한순간에 극복되지 않습니다. 그래서 교회는 늘 일정한 정도의 어려움이 있었습니다. 그 어려움 속에서 교회는 말씀에 근거해서 건강하게 자라도록 구조를 세웠습니다.

성령을 통한 성결

갈라디아 지역 교회에는 어떤 문제가 있었습니까? 거짓 선생들이 자신들을 예루살렘에서 파송했다고 주장하면서 거짓 교훈을 가르쳤습니다. 내용이 무엇입니까? 할례를 받고 율법을 행해야 한다는 주장이었습니다. 이런 거짓된 주장이 왜 갈라디아 지역 교회에 먹혔을까요? 성경에 기록되어 있기 때문입니다. 구약을 보면, 할례를 행하라는 기록이 있습니다. 구약 성경의 내용을 끄집어 내어 주장하는 것입니다. 더구나 교회의 모태라고 할 수 있는 예루살렘 교회가 파송했다고 주장하니 갈라디아 지역의 많은 성도들이 거짓 교훈에 흔들렸습니다. 오늘날 우리가 사는 이 시대에도 거짓 교훈을 가르치는 이단과 왜곡된 사람들이 성경을 인용하면서 우리를 공격합니다. 그럴 때, 우리는 주의 깊게 살펴 분별하면서 진리를 견고하게 세워야 합니다. 먼저, 신앙의 제일 중요한 본질이 어디에 있는지 살피는 것입니다. 신앙의 본질은 어디 있습니까? 기독교 신앙의 본질은 우리의 영적 내면에 있습니다. 신앙은 우리의 외면과 형식에 있지 않습니다.

우리 내면의 중심과 영적인 것에 기독교의 사활이 있습니다. 이 말은 우리가 내용만 분명하면, 내적으로 동기와 자세와 중심만 분명하면 어떻게 살아도 된다는 말이 아닙니다. 기독교는 본질, 내용과 영에 속한 것을 가장 우선시하지만, 이것들이 바른 그릇에 담겨서 드러나는 것까지 신경을 써야 합니다. 내면만 잘 갖춰지면 바깥으로 어떻게 나타나도 되는 것이 절대 아닙니다. 그러나 우리의 내면 중심에서부터 나오지 않고 외적, 형식적으로 나타나는 것, 신앙의 핵심이 아닌 것을 우리는 주의해서 보아야 합니다. 바울이 할례를 주장하는 무리를 어떻게 부르고 있습니까? 12절을 봅시다.

> 무릇 육체의 모양을 내려 하는 자들이 억지로 너희에게 할례를 받게 함은 그들이 그리스도의 십자가로 말미암아 박해를 면하려 함뿐이라

거짓된 사람들을 "무릇 육체의 모양을 내려 하는 자들"이라고 부릅니다. 이 말을 조금 알기 쉽게 바꾸면, 외적으로 좋은 인상을 주려고 하는 사람들이라는 말입니다. 사람들에게 "저 사람 참 괜찮다, 저 사람 참 마음에 든다, 저 사람 참 좋다"라는 평판을 들으려는 사람들입니다. 이런 사람들은 정말 좋은 사람들이 아닙니다. 하나님 앞에서 바르고 좋다는 평가를 받는 것이 아닙니다. 그저 인상에 호소합니다. 거짓 선생들은 외적인 모양에 마음을 빼앗겨 삽니다.

바울은 왜 거짓 선생들을 이렇게 불렀습니까? 12절 후반부를 보면, "육체의 모양을 내려 하는 자들이 억지로 너희에게 할례를 받게 함은 그들

이 그리스도의 십자가로 말미암아 박해를 면하려 함뿐이라"라고 했습니다. 우리가 십자가를 전할 때, 반드시 걸림돌이 있습니다. 진리를 따라 가는 길에 걸림돌과 아픔과 고난이 있는데 그것을 면하고 싶어한다는 것입니다. 본질적인 변화로 고난의 길을 가는 것이 아니라 외적으로 보이는 인상을 잘 다듬어서 고난과 핍박을 면하고 싶어하는 거죠. 특별히 13절을 보세요.

> 할례를 받은 그들이라도 스스로 율법은 지키지 아니하고 너희에게 할례를 받게 하려 하는 것은 그들이 너희의 육체로 자랑하려 함이라

바울은 할례와 율법을 주장하는 그들이 정작 율법을 지키지는 않는다고 합니다. 할례와 율법을 주장하는데 실제로 그들의 내면은 율법을 사랑하지도 지키지도 않는다는 말입니다. 그러면서도 할례와 율법의 특정한 영역을 주장하면서 율법을 사랑하고 좋아하는 사람인 것처럼 외적인 인상을 끼치는 것에 모든 에너지를 쏟고 있다는 겁니다.

이 상황을 우리와 동떨어진 것같이 생각하면 안 됩니다. 우리와 똑같습니다. 우리 역시 어리석게도 이와 같은 방식으로 신앙 생활을 하고 싶어하는 경향이 있습니다. 우리는 죄인입니다. 그래서 우리의 본질이 무엇이며, 하나님 앞에 어떤 사람인지, 우리의 내면이 어떤지 확인해야 합니다. 우리는 사람들에게 어떤 평가를 받는지에 많은 관심을 갖는 어리석은 자들입니다. 다른 건 말할 것도 없고 신앙 생활도 그렇게 합니다.

사랑하는 여러분, 신앙의 핵심은 우리가 마음을 기울여서 하나님을 사

랑하는 데 있습니다. 주님은 우리에게 말씀하시기를, "네 마음을 다하고 목숨을 다하고 뜻을 다하여 주 너의 하나님을 사랑하라"(마 22:37)고 하셨습니다. 신앙은 하나님을 사랑하는 겁니다. 하나님을 사랑하기 때문에 하나님의 말씀을 듣고, 사랑하고, 순종하는 것입니다. 하나님을 사랑하기 때문에 말씀을 순종하는데, 그 과정에 너무나 많은 어려움과 대가 지불이 있습니다. 하지만 말씀을 순종하기 위해 고난과 시련을 아낌없이 겪으면서 주님을 따라가는 사람들이 성도입니다. 그런데 거짓 선생들은 율법을 지키려고 하지도 않고, 율법에 관심도 없습니다. 그런데도 할례를 주장하고 율법을 주장합니다. 신앙의 껍질만 남아 있는 거지요. 본질과 핵심은 다 떠났습니다.

이사야서를 보면, 하나님이 이사야를 통해 탄식하고 아파하십니다.

> 이 백성이 입으로는 나를 가까이 하며 입술로는 나를 공경하나 그들의 마음은 내게서 멀리 떠났나니 그들이 나를 경외함은 사람의 계명으로 가르침을 받았을 뿐이라(사 29:13)

주 안에 사랑하는 여러분, 입술은 하나님을 믿는다고 말하는데, 중심은 떠나 있습니다. 이런 것은 기독교가 아닙니다. 우리가 아무리 입술로, "나, 예수를 믿어요"라고 고백해도 중심에 진정성이 없는 것은 기독교가 아닙니다. 그건 신앙이 아닙니다. 우리의 내면과 본질이 바뀌어서 그 변화가 입술과 함께 행함으로 드러나야 진짜입니다.

조국 교회의 많은 사람들이, 특히 일부 선교 단체에서 "입으로 시인하여 구원에 이른다"는 로마서 10장 10절 말씀을 붙들고 구원에 대해 가르쳤습니다. 그러나 기독교는 입으로 말하면 구원받고, 입으로 말하지 않으면 구원받지 못하는 그런 종교가 아닙니다. 기독교의 핵심은 15절을 통해 확인할 수 있습니다.

> 할례나 무할례가 아무것도 아니로되 오직 새로 지으심을 받는 것만이 중요하니라

핵심은 새로 지으심을 받는 것, 다시 말해 거듭나는 것입니다. 신앙은 우리가 외적으로 할례를 받고 율법을 행하는가 아닌가의 문제가 아닙니다. 신앙의 핵심은 우리의 내면이 다시 태어났는지에 달려 있습니다. 우리는 어머니의 모태에서부터 죄를 가지고 죄인으로 태어났습니다. 모든 죄인은 하나님을 미워하는 특징을 가지고 있습니다. 그렇기 때문에 종교적인 외피(外皮)를 아무리 입고 있어도 하나님에 대한 깊은 원망과 미움을 갖고 있는 것이 사람들의 특성이라고 할 수 있습니다. 그래서 로마서 5장 10절은 "우리가 원수 되었을 때에"라고 표현합니다. 사람들이 외적으로 종교적인 옷을 입고 있을지는 몰라도, 주님을 바르게 만나기 전에는 하나님을 원수처럼 생각합니다. 적극적으로 드러내지는 않지만 그렇게 사는 것이 사람들의 본성입니다.

이런 우리가 어떻게 하나님을 사랑할 수 있습니까? 성령이 오셔서 우리가 거듭나고 우리 중심이 새롭게 되면 하나님을 사랑할 수 있습니다. 그 새로워진 마음으로 율법과 말씀을 들을 때 형식적으로 듣지 않고 순종하

고자 하는 마음으로 듣게 됩니다. 그렇기 때문에 값을 지불하고서라도 하나님이 가르치는 길을 가야 합니다. 그것이 신앙의 핵심입니다.

그런데 사람들은 얼마나 어리석은지 신앙을 전부 껍질로 바꿀 수 있다고 생각합니다. '할례를 받았는가, 받지 않았는가', '교회를 오는가, 오지 않는가', '종교란에 기독교라고 쓰는가, 쓰지 않는가'로 신앙의 본질을 바꾸려 합니다. 사실 이런 것은 아무것도 보장하지 않습니다. 신앙은 절대로 이런 것이 아닙니다.

신앙의 핵심은 성령께서 우리 마음속을 새롭게 태어나도록 하셔서 내면에 진실한 변화가 일어나는 것입니다. 성령께서 우리 속에 오셔서 우리의 내면을 살렸기 때문에 영적인 인지 능력이 생겨서 하나님께 예배하고 그분의 말씀을 듣고 깨닫는 일이 신앙의 중추요, 핵심입니다.

오늘날 조국 교회는 "메마르고 생기 없는 신앙"이라는 평가를 듣고 있습니다. 성령께서 주신 생명은 생기가 없는 신앙일 수 없습니다. 저는 조국 교회가 이렇게 약해진 까닭이 다른 어떤 이유보다 중생의 새로움이 없는데도 거듭난 성도처럼 잘못된 교훈을 가르쳤기 때문이라고 생각합니다. 교회를 수십 년을 다녀도 거듭나지 않으면 성도가 아닙니다. 우리 속에 내적인 본질, 영적인 변화가 일어나지 않으면 우리는 구원과 아무 관계가 없습니다. 교회를 오래 다녔으니까, 교회에서 중직을 맡았으니까 거듭났다고 잘못 인정해 주었기 때문에 오늘날 메마르고 생기없는 신앙이 조국 교회 안에 있는 것입니다. 영적인 변화가 없으면 구원과 아무 상관 없는 줄 알아야 합니다.

영국 런던에 가면, "마담 투소"라는 유명한 관광지가 있습니다. 세계 유명 인물들을 전부 밀랍 인형으로 만들어 놓은 곳입니다. 정말 똑같이 생겼습니다. 실물처럼 키도 똑같고, 외모가 똑같은 건 말할 것도 없고, 실존 인물이 즐겨 입던 옷과 장식이 다 똑같습니다. 그런데 생명이 없습니다.

주 안에 사랑하는 여러분, 기독교 신앙은 마담 투소에 있는 밀랍 인형 같은 것이 아닙니다. 감쪽같이 외적으로 똑같이 생긴 것이 핵심이 아니고 그 속에 참 생명이 있느냐가 핵심입니다. 주님을 만나 거듭나야지, 교회 안에 수십 년 있었다는 것으로 참 생명이 보장되는 것이 아닙니다. 그런 면에서 기독교는 세상 종교와 완전히 다릅니다. 정성을 많이 들이면 어느 날 득도하는 것이 아닙니다. 거듭나서 본질과 내면에 참된 변화가 일어나지 않으면 아무리 오래 있어도 신앙의 정수를 맛볼 수 없습니다.

복음과 구원에 관한 문제

갈라디아서에서 바울이 우리에게 들려주는 두 번째 기독교 핵심 진리는 무엇인가요? 우리에게는 할례가 멀게 느껴질 수 있습니다. 하지만 할례 문제는 우리에게도 그대로 적용할 수 있습니다. 할례는 신앙을 외적으로 표현하려는 시도입니다. 혹은 육체에 신앙을 표시하려는 시도입니다. 더 본질적인 내용도 있습니다. 거짓 선생들이 할례를 받고 율법을 지켜야 한다고 주장하는 내용의 핵심이 무엇입니까? 하나님 앞에 나아갈 때 사람의 노력, 자격, 수고, 공로, 조건을 구비해서 나아가는가, 아니면 하나님이 우리를 위해 해 주신 것을 믿음으로 의지하고 붙들고 나아가는가의 핵심적인 구별점이 바로 할례와 율법입니다.

사랑하는 여러분, 기독교 신앙은 우리가 하나님 앞에 떳떳하게 설 수 있도록, 하나님이 우리에게 많은 은총을 베풀어 주시도록 우리가 덕을 쌓고 선을 행하고 하나님이 감동할 만한 일을 많이 해서 복을 얻어 내는 구원 체계가 아닙니다. 이런 구원은 세상 모든 종교와 윤리와 도덕에나 있는 체계입니다. 세상의 모든 종교는 신에게 복을 받고 은혜를 얻기 위해 우리가 자격을 갖추어야 한다고 말합니다. 일정한 정도의 행위를 하고 덕을 세우고 선을 쌓는 것이죠. 거짓 선생들의 가르침뿐 아니라 모든 세상 종교와 도덕이 똑같은 구조를 갖고 있습니다. 우리 속에도 이런 본성이 있습니다. 하나님 앞에 설 때 떳떳하게 면을 세우고 싶어하는 본성이 죄인들 속에 있습니다.

그러나 기독교는 세상 종교와는 철저하게 다른 구원 체계를 가지고 있습니다. 기독교는 사람 편에서 하나님을 감동시킬 만한 선이나 덕을 세울 수가 없다고 봅니다. 윤리와 도덕을 가르치는 사람들은 학교에서 교육을 잘 시키고 도덕을 가르치면 사람들이 할 수 있을 것같이 생각합니다. 그러나 성경은 전제가 다릅니다. 사람이 선을 행하거나 덕을 행하여 하나님을 감동시키는 것은 불가능합니다. 하나님은 죄인들을 향한 완전한 사랑을 가지고 만세 전부터 우리를 향한 계획과 생각을 품고 계셨습니다. 인간이 어떤 자격이나 조건이나 공로를 구비하기 전에 말이지요. 그리고 하나님은 만세 전부터 가지고 있던 당신의 계획을 예수를 통해 우리에게 밝히 보이셨습니다. 예수께서 우리를 위해 사시고, 죽으시면서 이뤄 놓은 구원의 온전한 공로를 통해, 우리는 믿음으로 아무 공로 없이 하나님의 용서와 모든 복과 은총을 값없이 선물로 받았습니다. 세상의 구원 체계에 있는 죄인에게 나타나는 특징이 무엇입니까? 자랑하는 것입니다. 13절을 보십시오.

> 할례를 받은 그들이라도 스스로 율법은 지키지 아니하고 너희에게 할례를 받게 하려 하는 것은 그들이 너희의 육체로 자랑하려 함이라

모든 도덕이나 윤리나 세상의 종교들은 끝없이 자기 자랑을 합니다. 하나님도 자기 행위로 감동시킬 수 있다고 생각하기 때문입니다. 하나님이 감동하여 우리에게 복 주고 은총을 준다고 여기니 얼마나 자랑하고 드러내고 싶겠습니까. 그래서 이런 구원 체계를 따라 살아가는 모든 사람의 삶의 방식은 자랑입니다.

물론, 사람들이 내놓고 자랑하지 않습니다. 교양과 품위를 의식하느라 내놓고 자랑은 하지 못합니다. 말은 하지 않지만 다른 사람이 알아주기라도 하면 마음속에 기쁨이 밀려옵니다. 그러나 이런 것은 복음을 모르는 사람들이 하는 행동입니다. 우리나라 사람들이 생각하는 겸손은 너무 유교적입니다. 우리는 "나는 정말 훌륭한 사람이다"라고 절대로 자신의 입으로 말하지 않습니다. 옆에서 알아주면 좋아할 뿐입니다. 그러나 이렇게 사는 것이 성도의 방식은 아닙니다.

성도들은 자랑할 것이 없습니다. 왜냐하면 은혜로 값없이 받았기 때문입니다. 우리가 값을 지불하고 받은 것이 아닙니다. 하나님의 완전한 사랑과 구주의 대속의 은혜로 값없이 받았습니다. 이것이 중요한 특징입니다. 사도 바울을 보십시오. 그는 인간적으로 누구 못지않게 자랑할 것이 많

았습니다. 그러나 바울은 모든 것을 배설물과 해(害)로 여긴다고 합니다. 하나님을 드러내기보다 자기 육체적인 면이 드러날 것을 두려워하여 오히려 자랑거리가 아니라 해코지하는 것이라고 여겼습니다.

고린도전서 15장에서 바울은 열두 사도와 자신을 비교하면서, "나는 사도 중에 가장 작은 자라"(고전 15:9)고 말했습니다. 그 다음 에베소서 3장 8절에서도 "모든 성도 중에 지극히 작은 자보다 더 작은 나"라고까지 비교했습니다. 그러다가 바울의 생애 말에 쓴 디모데전서 1장 15절에서는 "죄인 중에 내가 괴수니라"라고 고백합니다.

조국 교회는 이런 본문을 쉽게 인용하면서 바울이 얼마나 겸손했는지를 말합니다. 한국 교회가 생각하는 겸손은 스스로 훌륭하다고 여기면서도 다른 사람들에게 교만하게 보이면 안 되기 때문에 짐짓 스스로를 낮추는 행동입니다. 그러나 바울은 그런 겸손을 하고 있는 것이 아닙니다. 바울은 진심으로 자신의 이야기를 하고 있습니다. 세월이 흘러 복음을 아는 연조가 더해지면 하나님의 은혜 외에 자기 편에서 말할 것이 없습니다. 내 안에서 죄와 악과 부패한 본성을 발견하면 발견할수록 주님의 은혜 외에 아무것도 없는 것입니다. 세상 사람들이 위대한 사도라고 칭송할지라도 스스로는 죄인 중의 괴수인 것이 보일 뿐입니다.

사랑하는 여러분, 기독교 신앙은 우리의 공로로 하나님을 설득시키고 그분이 우리에게 복을 주시지 않으면 안 되게끔 덕과 선을 행하는 것이 아닙니다. 죄인 중의 괴수에 불과한 우리를 하나님이 만세 전부터 계획하시고 우리를 위해 완전한 대속의 은혜를 값없이 주셨기 때문에 자랑할 것이 없는 것입니다.

로마서 3장에서 사도 바울은 복음을 잘 설명한 다음, "그런즉 자랑할 데가 어디냐 있을 수가 없느니라 무슨 법으로냐 행위로냐 아니라 오직 믿음의 법으로니라"(롬 3:27)고 합니다. 또한 에베소서 1장에서 복음의 영광을 이야기한 다음, 2장 8-9절에서 "너희는 그 은혜에 의하여 믿음으로 말미암아 구원을 받았으니 이것은 너희에게서 난 것이 아니요 하나님의 선물이라 행위에서 난 것이 아니니 이는 누구든지 자랑하지 못하게 함이라"고 했습니다.

우리가 진리에 서 있는지 무엇으로 알 수 있습니까? 마음에 자기에 대한 신뢰와 자랑이 있는지 없는지를 보면 우리가 믿음이 있는지 알 수 있다는 겁니다.

권위에 대한 문제

기독교의 핵심 진리 세 번째를 살펴봅시다. 우리가 하나님의 말씀을 따라 내면과 영에 속한 것을 중요하게 생각하고 성령을 따라 산다는 말이 절대로 주관적으로 산다는 것을 의미하지 않습니다. 모든 성도는 자신의 삶을 검증할 수 있는 객관적인 규범과 기준이 있습니다. 16절을 살펴보겠습니다.

> 무릇 이 규례를 행하는 자에게와 하나님의 이스라엘에게 평강과 긍휼이 있을지어다

평강과 긍휼이 누구에게 있다고요? 이 규례를 행하는 자에게 있다고 합니다. 앞에서 율법과 할례를 이야기했습니다. 그런데 그와 다른 규례를 이야기하면서 우리에게 무엇을 말하고 있습니까? 객관적인 기준을 따르는 성도와 하나님의 이스라엘에게 평강과 긍휼이 있다고 합니다.

신앙 생활은 '다른 사람들이 나를 보고 뭐라 하든지 나는 이 길을 간다'는 주관적인 확신을 말하는 것이 아닙니다. 신앙 생활에는 객관적인 기준이 있습니다. 그것이 무엇입니까? 바울이 말한 결론을 요약하면, 우리가 하나님을 위하여 하는 일이 아니라 하나님이 우리를 위해 해 주신 은혜가 기준입니다. 사도 바울이 갈라디아서 1장 3절에 "우리 하나님 아버지와 주 예수 그리스도로부터 은혜와 평강이 있기를 원하노라"고 했습니다. 그리고 갈라디아서를 마치면서 마지막 절에, "형제들아 우리 주 예수 그리스도의 은혜가 너희 심령에 있을지어다 아멘"(갈 6:18)이라고 합니다. 껍질이나 외모 말고 삶과 인격의 중심인 심령에 은혜가 있기를 구합니다. 하나님 앞에 우리 스스로를 세우는 것이 아니라 하나님의 은혜가 우리를 세우고 하나님이 우리를 위해 해 주신 귀한 일이 은혜라는 것을 아는 감각, 이런 것들이 규례입니다.

사랑하는 여러분, 우리 속에도 우리를 스스로의 힘으로 떳떳하게 세우고 싶어하는 율법주의적인 경향이 끝없이 있습니다. 그러나 넘어지지 않고 정확한 진리의 기준, 복음과 주님이 우리에게 가르쳐 주신 그 기준을 따라 사는 자들에게 평강과 긍휼이 있다고 말씀합니다.

이 본문의 규례를 조금만 더 확산시키면 갈라디아서 전체가 전하는 복음을 알 수 있습니다. 성경 전문가, 신학자 들이 제일 좋아하는 표현으로 말하면, "사도적 전승의 복음"입니다.

우리 삶의 중요한 기준은 사도들이 전해 준 진리와 복음입니다. 꼭 기억해야 합니다. 어느 날 갑자기 조국 교회에 한 번도 듣도 보도 못한 가르침이 난데없이 생겨서 기독교의 이름으로 사람들에게 성경을 가르친다고 하면 주의해야 합니다. 아브라함과 수많은 믿음의 사람들로부터 우리에게 변함없이 전해져 온 사도적 진리와 전승이 있음에도 불구하고, 새로운 가르침을 전하는 자들은 자신들이 보고 깨달았다고 주장하면서 수많은 영혼을 노략질하려 들 것입니다. 그러나 그것은 우리의 기준이 아닙니다. 우리의 기준은 초대 교회와 종교 개혁과 17, 18세기 위대한 부흥의 시대와 오늘날 우리에게 변함없이 동일한 사도적 전승의 진리입니다. 기존 교회를 부정하면서 자신들만 진리를 가르치는 것처럼 말하는 사람들을 만나면 신속하게 달아나십시오. 교회는 오래전부터 진실한 믿음의 공동체였습니다.

사도 바울은 예루살렘 교회의 권위를 붙들고 온 거짓 선생들에게 무엇으로 자신의 가르침이 참된 권위를 갖는다고 주장했습니까? 17절을 봅시다.

> 이 후로는 누구든지 나를 괴롭게 하지 말라 내가 내 몸에 예수의 흔적을 지니고 있노라

사도 바울은 아픔 많은 갈라디아 지역 교회에 자기의 글이 "사도적 전승"이고 "하나님께로 온 진실"이라는 것을 무엇으로 주장하고 있습니까? 자기 몸에 있는 있는 예수의 흔적입니다. "흔적"이라는 말은 헬라어로 "스

티그마타"입니다. 이 말은 과거에 주인이 노예나 짐승에게 자신의 소유권을 표시하기 위해 찍은 도장을 뜻합니다. 사도 바울은 자신의 소유권이 예수께 있고, 그분이 자기 주인임을 보장하는 도장이 찍혀 있다고 합니다.

그렇다면 사도의 몸에 있는 도장이 무엇일까요? 거짓 선생들이 예루살렘 교회의 권위를 붙들고 주장하는 할례가 아닙니다. 사도가 말하는 예수의 흔적은 고난입니다. 예수 때문에 수없이 맞았던 매의 흔적, 사십에 감한 매를 다섯 번이나 맞고, 태장으로 맞고, 수없이 맞으면서 몸에 남은 그 고난의 흔적 말입니다.

고린도후서 11장 21-30절을 보면, 무려 아홉 절이나 되는 긴 구절에서 자기가 진짜 사도라는 것을 고난으로 증거합니다. 얼마나 많은 고난을 예수 때문에 당했는지 이야기합니다.

> 나는 우리가 약한 것같이 욕되게 말하노라 그러나 누가 무슨 일에 담대하면 어리석은 말이나마 나도 담대하리라 그들이 히브리인이냐 나도 그러하며 그들이 이스라엘인이냐 나도 그러하며 그들이 아브라함의 후손이냐 나도 그러하며 그들이 그리스도의 일꾼이냐 정신 없는 말을 하거니와 나는 더욱 그러하도다 내가 수고를 넘치도록 하고 옥에 갇히기도 더 많이 하고 매도 수없이 맞고 여러 번 죽을 뻔하였으니 유대인들에게 사십에서 하나 감한 매를 다섯 번 맞았으며 세 번 태장으로 맞고 한 번 돌로 맞고 세 번 파선하고 일 주야를 깊은 바다에서 지냈으며 여러 번 여행하면서 강의 위험과 강도의 위험과 동족의 위험과 이방인의 위험과 시내의 위험과 광야의 위험과 바다의 위험과 거짓 형제 중의 위험을 당하고 또 수고

하며 애쓰고 여러 번 자지 못하고 주리며 목마르고 여러 번 굶고 춥고 헐 벗었노라 이 외의 일은 고사하고 아직도 날마다 내 속에 눌리는 일이 있으니 곧 모든 교회를 위하여 염려하는 것이라 누가 약하면 내가 약하지 아니하며 누가 실족하게 되면 내가 애타지 아니하더냐 내가 부득불 자랑할진대 내가 약한 것을 자랑하리라

우리는 예수 믿는 표를 무엇으로 찾고 있습니까? 예수 믿어서 잘되고, 형통하고, 편안한 것에서 신앙을 찾고 있지 않은지요. 사도 바울의 이야기를 한번 들어보십시오. "이 진리는 정말 믿어도 된다. 왜냐하면 내가 하나님의 사도이기 때문이다. 내가 하나님의 사도인 증거는 내 몸에 표시가 있다. 주님 때문에 맞았던 수많은 매, 핍박과 고난, 수고와 아픔이 그 증거다." 이렇게 말하고 있는 것입니다.

사랑하는 여러분, 조국 교회가 보편적으로 "예수 믿으면 복 받습니다"라고 가르칩니다. 정말 복을 받습니다. 복이 없다는 말이 아닙니다. 복은 없고, 고난만 있고, 매 맞는 일만 있고, 핍박만 있다는 것은 절대로 아닙니다. 그러나 우리에게 하나님이 주신 형통과 평안과 안식이 있지만, 성도가 자랑하고 기뻐하는 것은 그런 복이 아닙니다. 우리는 구주가 고난의 길을 가셨던 이 땅을 살면서, 주님이 영광을 받으실 그 날이 올 때까지 예수의 사람으로서의 표시를 자랑하며 살아갑니다. 모든 시대의 믿음의 사람들은 공통적으로 주님과 함께하는 고난의 길을 기뻐하고, 고난이 그분을 따라 사는 백성의 흔적이라고 생각하고 자랑하며 사는 것이었습니다.

나라를 위해 수족이 잘리고 몸이 상했던 조국 사회의 수많은 선배들의 삶 자체는 아픔이고 질고였습니다. 그러나 그 삶이 얼마나 영예로운가요? 하물며 주님 나라, 주를 위하여 흔적을 가지고 사는 것이 얼마나 영예로울까요?

오늘날 우리는 가장 중요한 신앙의 중추를 잃어버리고 살아가고 있습니다. 신앙의 핵심은 그저 세상과 똑같이 육체를 좋아하면서 몸이 편하고 형통한 것이 아닙니다. 만약 그렇게 교회가 꾸려진다면 진리를 송두리째 잃어버리고, 조국 사회의 조롱거리로 전락하고 말 것입니다.

우리에게 복이 없다는 말이 아닙니다. 하나님이 많은 복을 주시지만 성도는 주님이 영광을 받으시기 전에 내가 영광 받는 것을 기뻐하지 않고, 주님의 흔적이 내 몸에 나타나는 것을 기뻐하고 즐거워하고 자랑하는 것입니다.

사랑하는 여러분, 우리에게 이런 흔적과 간증이 풍성했으면 좋겠습니다. 그리고 많은 아픔을 겪고 있는 조국 땅을 치료하고 새롭게 하는 귀한 은혜가 흘러넘치길 바랍니다.

갈라디아서 6장 13-14절

할례를 받은 그들이라도 스스로 율법은 지키지 아니하고 너희에게 할례를 받게 하려 하는 것은 그들이 너희의 육체로 자랑하려 함이라 그러나 내게는 우리 주 예수 그리스도의 십자가 외에 결코 자랑할 것이 없으니 그리스도로 말미암아 세상이 나를 대하여 십자가에 못 박히고 내가 또한 세상을 대하여 그러하니라

26장
십자가 외에 결코 자랑할 것이 없으니

갈라디아서는 로마서와 함께 복음을 잘 소개하는 대표적인 책입니다. 지난 장에서 우리는 갈라디아서 결론 부분을 요약했습니다. 그리고 이 결론을 더 요약한 것이 14절입니다.

> 그러나 내게는 우리 주 예수 그리스도의 십자가 외에 결코 자랑할 것이 없으니 그리스도로 말미암아 세상이 나를 대하여 십자가에 못 박히고 내가 또한 세상을 대하여 그러하니라

성도의 자랑, 십자가

복음이 무엇인지 한마디로 말하면, "십자가"입니다. 성도들의 삶의 도리는 십자가를 자랑하는 것입니다. 우리가 이 땅을 살아가는 동안 많은 자

랑거리가 있습니다. 특히 한국 부모들은 자식 자랑을 많이 합니다. 아무도 관심을 갖지 않는데 본인만 좋아서 자식 자랑을 합니다. 조금만 하면 들어줄 수 있습니다. 그러나 끝없이 자랑을 하죠. 세상에 얼마나 자랑할 것이 많습니까. 수많은 자랑 가운데 한 가지만 고집하며 자랑하는 건 어리석은 행동입니다.

구주께서 못 박혀 돌아가신 십자가는 성도의 자랑거리이고 신앙 생활의 핵심이라고 할 수 있습니다. 우리가 자랑하며 가슴 뿌듯하게 여기는 것이 무엇인가에 따라 우리 신앙의 현주소를 알 수 있습니다. 성도는 이 땅을 살아가면서 수많은 자랑거리를 가지고 있습니다. 자신이 이룬 것, 자녀나 가족 중에 자랑거리가 있을 수 있습니다. 그러나 이런 모든 자랑거리를 하나님께 선물로 받은 줄 알기 때문에 자랑하지 않습니다. 하나님과 구주의 십자가만 자랑합니다. 사도 바울은 자랑거리를 가지고 분쟁하던 고린도 교회를 향해 이렇게 말했습니다.

> 누가 너를 남달리 구별하였느냐 네게 있는 것 중에 받지 아니한 것이 무엇이냐 네가 받았은즉 어찌하여 받지 아니한 것같이 자랑하느냐(고전 4:7)

성도는 모든 것을 하나님이 은혜의 선물로 주신 줄 알기 때문에 세상 사람처럼 자기 자신이나 이룬 업적, 지식을 자랑하지 않습니다. 제가 이런 설교를 하면 성도들이 제 앞에서는 자랑을 하지 않습니다. 그런데 마음에는 여전히 자랑이 가득합니다. 기회가 주어지지 않아서 말을 못하고 있을 뿐입니다. 우리 마음에 지금 무엇을 붙들고 자랑하고 있는지 봐야 합니다. 때와 장소를 가리지 않고 행복한 자랑거리가 무엇인지 알면 우리의 영적인 상황과 형편이 어떤지 정확하게 드러납니다.

우리는 십자가를 자랑하는 사람들입니다. 주님과 그분이 달려 돌아가신 십자가를 힘을 다해 자랑하는 사람들입니다. 초대 교회 당시에 성도들이 주님의 십자가를 자랑할 때 사람들은 어떤 반응을 보였을까요? 전혀 이해할 수 없었을 겁니다. 헬라인들의 관점에서 보면, 십자가는 자기 생명도 구원하지 못하는 존재가 온 세상의 메시아라고 전하는 것이니 어리석고 미련해 보였을 것입니다. 유대인의 관점에서 보면, 십자가는 유대인들이 꺼리는 것입니다. 왜냐하면 십자가에 달려 죽은 예수는 하나님의 저주를 받은 것이기 때문입니다. 그런데 십자가에 못 박혀 돌아가신 예수가 메시아라고 선포하니 유대인들은 마음에 큰 걸림돌이 생기는 것입니다. 하지만 베드로나 바울이나 모든 성도가 하나같이 주의 십자가를 자랑하고 있습니다. 어떤 대가를 지불하더라도, 심지어 목숨을 바쳐 순교하기까지 주님의 십자가를 자랑합니다. 이처럼 십자가를 자기 인생의 전부로 여기는 믿음의 사람들이 있었습니다. 또한 이것이 성경이 가르치는 성도의 삶의 방식입니다.

주 안에 사랑하는 여러분, 이 세상은 주님의 귀한 본과 탁월한 교훈을 말하면 언제든지 받아들일 준비가 되어 있습니다. 하지만 교회는 주님의 교훈이나 본을 가르치기 전에 우선적으로 주님의 십자가를 전하고 자랑하고 즐거워하고 사랑해야 합니다. 사도 바울은 수많은 자랑거리를 가지고 살았습니다. 좋은 가문과 혈통을 가지고 탁월한 선생, 세계적인 석학 밑에서 배워 학벌도 출중했습니다. 거기다가 하나님을 향한 열정과 열심을 가진 신실한 사람이었습니다. 그런 수많은 자랑거리를 가지고 살다가 주님을 만난 후, 그 모든 것을 해(害)나 배설물처럼 여겼습니다. 사도는 모든 자랑거리를 다 내려놓고, "내가 너희 중에서 예수 그리스도와 그가 십자가에 못 박히신 것 외에는 아무것도 알지 아니하기로 작정하였음이라"(고전 2:2)고 했습니다. 수많은 자랑거리를 가지고 살았던 바울이 주님을 다메섹 도상에서 만나고 난 후, 세상의 자랑거리를 내려놓고 십자가와 그분 외에는 알기를 원치 않는다고 고백하고 있습니다. 주님도 세상에 살아 계실 때, 끝없이 십자가 자랑하기를 제자들에게 가르쳤습니다. 예수는 가이사랴 빌립보에서 베드로가 탁월한 신앙 고백을 쏟아 놓는 것을 보시자마자(성경에는 "이 때로부터"[마 16:21]라고 표현되어 있다) 고난과 죽음을 가르칩니다.

주님께 많은 사건이 있었습니다. 병자를 고치고, 죽은 자를 살리시고, 오병이어와 같은 기적도 행하시고 좋은 일을 수없이 하셨는데도 제자들에게 원하신 것은 당신의 죽음을 기념하라는 것이었어요. 주님이 제자들 곁을 떠나실 때, 최후의 만찬 자리에서 성찬을 베풀어 주시면서 당신이 다시 올 때까지 당신을 기념하되, 죽음을 기념하라고 명하셨습니다. 죽음에 비해 부활은 말할 수 없는 영광입니다. 그런데도 주님은 제자들에게 죽음을 기념하라고 말씀하셨습니다. 그만큼 주님의 사역과 삶의 핵심은 십자가와 죽음입니다.

십자가를 자랑하는 이유

그렇다면, 왜 주님과 바울은 십자가를 그렇게 자랑하고 중요하게 생각하는 것일까요? 우리가 갈라디아서를 통해 여러 번 살펴보았지만 약간 다른 방식으로 몇 가지를 생각해 보려고 합니다.

첫 번째로, 우리가 십자가를 자랑하고 사랑하는 이유가 무엇인가요? 십자가는 현장과 증거이기 때문입니다. 십자가는 생생한 현장입니다. 어떤 면에서 생생한 현장입니까? 십자가는 하나님이 만세 전부터 오랫동안 우리를 가슴에 품고 사랑하신 현장이고 증거입니다. 하나님은 우리를 작정하시고 예정하신 만세 전부터 우리를 향한 마음을 품고 계셨습니다.

우리가 이것을 어떻게 알 수 있습니까? 하나밖에 없는 귀한 아들 예수를 십자가에 못 박아 죽인 그 현장에서 우리는 듣고 보게 됩니다. 사람들은 자기가 원하는 것이 이루어질 때 하나님의 사랑을 헤아립니다. 하지만 성경은 변함없이 주님의 십자가야말로 우리를 향한 성부 하나님의 깊은 사랑의 현장이요, 증거라고 말합니다.

하나님께서 얼마나 오랫동안 가슴에 품었으면 우리를 위해 자신의 아들을 십자가에 못 박아도 조금도 아까워하지 않았을까요? 아들을 못 박아 죽이는 현장이 십자가이고 우리는 그 현장에서 비로소 하나님의 다함없는 사랑을 경험하고 맛볼 수 있습니다.

주 안에 사랑하는 여러분, 신앙 생활에서 중요한 것은 십자가 앞에서 주님을 보고, 그분의 음성을 듣고 만나는 것입니다. 교리를 줄줄 잘 꿰고,

주님에 대해 이런저런 이야기를 잘하는 것이 중심이 아니고, 십자가가 신앙의 핵심입니다.

성도가 끝없이 십자가를 가까이 묵상하고 세상 어떤 것과 비교할 수 없이 귀한 것으로 여기는 것은 현장을 보기 때문입니다. 우리를 향한 사랑의 깊이와 길이가 세상이 말하는 얄팍한 사랑과는 다릅니다. 조금도 주저하지 않고 아들을 못 박아 죽이는 그 현장에서 우리는 우리를 향한 하나님의 사랑이 얼마나 깊고 넓은지 알 수 있습니다. 그 사랑에 대한 증거는 우리의 삶에 어려움 없이 원하는 바가 다 이루어지는 것이 아닙니다. 아들도 아낌없이 우리를 위하여 내어 주시는 그 십자가에 증거가 있습니다. 그래서 우리는 마음을 다해 십자가를 사랑하고 자랑하는 것입니다.

두 번째로, 우리가 주님의 십자가를 자랑하는 이유는 샘이고 근원이기 때문입니다. 이 땅에서의 모든 복과 은총은 하나님의 다함 없는 사랑에서 나오는 것이지만 그 복과 은총의 샘과 근원은 십자가를 거쳐 우리에게 옵니다. 그렇기 때문에 주님이 주시는 은혜를 고마워하는 모든 사람은 하나같이 십자가를 자랑하고 즐거워할 수밖에 없습니다.

주님은 십자가에 달려 우리의 모든 죄와 죄가 가지고 온 불행을 대신 겪으심으로 값을 치르셨습니다. 우리는 갈라디아서 5장에서 "속량"이라는 단어를 살펴보았습니다. 구주께서 우리와 똑같은 몸을 입고 오셔서 우리를 위해 속량하셨습니다. 완전한 값을 지불하신 것입니다. 어느 누구도 다시 우리에게 죄가 있다고 말하지 못하도록 완전한 죗값을 지불하셨습니다. 우리의 양심이든 율법이든, 우리를 정죄하거나 죄 아래 끌고 가지 못하도록 하셨습니다. 주님의 십자가 때문에 우리의 모든 죄가 씻은 듯이 사라지고 용서를 받았습니다.

사랑하는 여러분, 주님이 십자가에 달려 돌아가실 때, 주님 옆에 강도가 같이 달려 죽었습니다. 그 강도는 평생 죄를 물먹듯이 지었던 사람입니다. 십자가 처형은 죄가 중한 사람에게만 내리는 형벌이기 때문에 그 강도의 죄가 얼마나 중한지는 말할 것도 없습니다. 그런데 강도가 주님을 옆에서 지켜보다가 깨닫습니다. 그리고 주님과 강도 사이에 이런 말들이 오갑니다.

> 예수여 당신의 나라에 임하실 때에 나를 기억하소서 하니 예수께서 이르시되 내가 진실로 네게 이르노니 오늘 네가 나와 함께 낙원에 있으리라 하시니라(눅 23:42-43)

주님께서 십자가에 달려 돌아가실 때, 세상 사람들은 주님을 실패자같이 보았습니다. 그런데 재미있게도 주님은 강도를 향해서 주님의 나라가 임할 때가 아니라 "'오늘' 네가 나와 함께 낙원에 있으리라"고 말씀하셨습니다. 십자가는 샘이고 근원입니다. 어떤 죄인의 죄도 씻고 덮고 가리는 주님의 모든 은혜가 우리에게 흐르는 근원이고 샘입니다. 이 사실을 아는 진실한 성도들은 마음을 다해 십자가를 사랑하고 자랑하고 의지합니다.

죄 용서만 있는 것이 아닙니다. 참 자유도 있습니다. 우리 삶에는 우리를 얽매는 것이 많습니다. 우리는 육체, 죄, 형벌, 사망, 세상 등에 매여 있습니다. 때로는 사람들의 시선에 매입니다. 주님이 십자가에 달려 우리 대신 조롱 당하시고, 버림받으시고, 모든 슬픔과 눈물을 대신 흘려 주셨기 때문에 우리는 이 모든 매임에서 자유를 얻습니다. 우리는 아무 공로 없이 주님께서 십자가를 지심으로 만복을 받았습니다.

십수 년 전에 제가 에베소서를 설교할 때였습니다. 에베소서 1장 3절을 보면, "그리스도 안에서 하늘에 속한 모든 신령한 복을 우리에게 주"셨다는 말씀이 있습니다. 저는 이 말씀이 참 힘들었습니다. 주님이 우리에게 복을 주신 것은 이해가 되는데, "모든" 복은 아닌 것 같은 생각이 들었기 때문입니다.

사랑하는 여러분, 성경은 하늘에 속한 모든 신령한 복을 우리에게 주신다고 말씀합니다. 구주 십자가의 대속 은혜 때문에 아무 자격 없는 우리에게 이 땅에서의 삶과 죽은 뒤의 삶에 귀한 복들을 주십니다. 그래서 성도들은 복을 누리면 누릴수록, 감격이 있으면 있을수록 십자가와 십자가에 달려 돌아가신 구주를 사랑하고 자랑합니다. 이것이 기독교입니다. 예수를 믿어서 복 받는 나를 자랑하는 것이 아니고, 나를 나 되게 하신 주님과 그 십자가만을 자랑하는 데 기독교의 모든 경건의 비밀이 묻어 있습니다.

저는 목회를 하면서 자신을 꺾지 못하는 수많은 성도를 보았습니다. 자신을 딱 붙들고 놓지를 못합니다. 그러나 사랑하는 여러분, 하나님은 우리 존재 자체를 받으시고 사랑하십니다. 내가 붙들지 않아도 하나님이 붙들어 주십니다. 왜 하나님이 주신 영광스러운 것들 외에 자꾸 명찰을 붙이려고 합니까? 그건 다 세상이 하는 것이지요. 우리는 주님과 십자가 외에 자랑할 것이 아무것도 없습니다.

세 번째로, 우리가 십자가를 자랑하는 이유가 무엇입니까? 십자가 위에서 진실한 승리를 보기 때문입니다. 세상처럼 싸워서 이기거나 다른 사람을 누르지 않고 오히려 세상의 질고와 허물과 죄를 대신 지고 죽는 십자가 위에서 우리는 참된 승리가 무엇인지 볼 수 있습니다. 세상이 말하는 경쟁에서 이기는 것과는 차원이 다릅니다.

주님을 사랑하기 때문에 그분이 주신 귀한 자유를 가지고 육체의 기회를 삼거나 자신을 기쁘게 하는 데 사용하지 않습니다. 오히려 종노릇하고 남의 짐을 내가 지고 가는 데 사용합니다. 그러면서 다른 사람을 누르지 않아도 도태되지 않고 참 승리를 맛봅니다.

다른 사람과 비교해서 이기지 않아도, 종노릇하여도 승리할 수 있는 문이 있습니다. 십자가를 사랑하는 자들이 들어갈 수 있는 문이 있습니다. 그것은 바로 부활로 들어가는 문입니다. 온 세상이 예수를 실패자같이 조롱했지만 그 십자가 때문에 인류는 지금까지 한 번도 본 적 없었던 사망과 관계없는 문을 만나게 됩니다.

주님은 십자가를 거쳐 사망의 권세를 깨뜨리고 이기셨습니다. 인류의 역사 속에 나타난 어떤 위대한 인물도 전부 사망에 굴복했습니다. 그러나 주님은 우리와 똑같은 모습으로 이 땅에 오시고, 사시고, 고난 받으시고, 돌아가시면서 사망과 관계없는 새로운 사람을 창조하셨습니다. 당신 자신이 첫 열매가 되셔서 우리가 주님과 함께 사망을 이기는 영광을 볼 수 있게 하셨습니다. 성경이 우리에게 보여 주는 참된 승리는 십자가와 종노릇과 희생입니다.

세상은 절대로 지려고 하지 않습니다. 자식한테도 지지 않고, 부모에게도 지지 않고, 부부 사이에도 지지 않으려고 합니다. 주님은 "종이 되라"고 가르치십니다. 자식을 제대로 사랑하는 길은 종이 되는 길밖에 없습니다. 우리는 육신의 방법으로 이기고 싶어합니다. 그런 우리에게 주님은 참 승리가 무엇인지 보여 줍니다. 그래서 우리가 주의 십자가를 사랑하는 겁니다. 고난을 통과하는 성도들에게 주님의 십자가보다 더 위로가 되는 것은 아무것도 없습니다. 세상 사람들이 보기에는 실패하고 지는 것 같지만, 그곳에 참 승리가 있습니다.

사랑하는 여러분, 세상 방식으로 이기면 같이 죽는 것입니다. 하나님이 구주를 통해 우리에게 보이신 승리가 십자가 위에 있습니다. 사도 바울은 그 이유를 보여 줍니다. 14절을 보겠습니다.

> 그러나 내게는 우리 주 예수 그리스도의 십자가 외에 결코 자랑할 것이 없으니 그리스도로 말미암아 세상이 나를 대하여 십자가에 못 박히고 내가 또한 세상을 대하여 그러하니라

특별히 사도 바울은 십자가를 자랑하는 이유를 세상이 나를 향하여 죽고 내가 세상을 향하여 죽었기 때문이라고 말합니다.

우리 신앙의 경향이 얼마나 다른지 한번 봅시다. 오늘날 조국 교회에 있는 성도들은 예수를 잘 믿고 세상도 소유하고 싶어합니다. 성도들은 예수를 잘 믿어서 천국에 가는 것은 좋지만, 이 땅에서도 잘되어야 한다고 생각합니다. 나만 잘되는 것으로 충분하지 않고 내 배우자, 자식, 사돈에 팔촌까지 전부 복 받기를 원합니다. 이런 "세속화" 때문에 조국 교회가 세

상에서 지탄을 받고 있습니다. 제가 조국 교회를 바라볼 때 마음이 아픈 것은 이런 세속화를 너무 특화한다는 것입니다. 교회 세습 문제, 목회자에게 걸맞지 않는 고급 승용차, 아파트 소유 요구 등이 다 세속적인 것이지만 더 핵심인 부분이 있습니다. 세속화의 제일 중요한 부분은 우리의 마음 중심입니다. 우리 자신이 세속화의 원흉(元兇)입니다. 내 문제죠. 어떤 다른 사람들의 문제라고 그냥 지나가면 안 됩니다. 우리의 가슴을 봐야 합니다. 주님을 만난 후, 세상은 온데간데없고 구속한 주님만 보이고 십자가만 사랑스럽고 오로지 세상을 향해 죽고 십자가만 사랑했던 사도처럼 되기란 쉽지 않습니다. 왜냐하면 우리 역시 세속화되어 있기 때문입니다. 예수를 믿고도 세상을 놓으려 하지 않습니다. 이 땅에서 내 자식이 좋은 대학에 들어가야 하고, 좋은 직장을 얻어 시집 장가 잘 가야 한다고 생각하면서 교회 물려 주는 것만 비난한다면 이것도 똑같이 세속화된 것입니다. 우리의 마음 중심에 세상이 들어와 있습니다. 혹시 내 힘으로 얻기 힘든 세상을 얻으려고 하나님의 능력과 도움을 구하는 신앙 생활을 하고 있는지요? 수많은 세상 종교처럼 하나님을 움직이려고 하지 않는지요? 여기서 "세상"은 물질적인 세상을 말하는 것이 아닙니다. 여기서 말하는 "세상"은 우리가 가지고 태어난 우리의 본성과 죄가 지배하는 가치관, 삶의 방식, 생활 양식 등을 말합니다.

　이 세상은 한마디로 하나님이 없는 삶의 방식으로 살아가고 있습니다. 주님이 세상에 오셨을 때, 주님 홀로 오신 것이 아닙니다. 구주께서 오시면서 하나님 나라를 가지고 들어오셨어요. 눈에 보이지는 않지만 구주가 세상에 오심으로 하나님 나라가 열렸습니다. 그리고 언젠가 물이 바다를 덮는 것같이 여호와를 아는 지식이 온 세상을 가득 채우고, 주님 나라만 남고 세상 제국들은 다니엘이 본 환상처럼 다 없어질 것입니다.

이렇게 열심히 가르치는데도 세속화된 성도들은 여전히 주님 나라에 대한 눈이 열리지 않고, 오고 있는 주님 나라를 사모하며 그 나라 백성으로 이 땅을 사는 것이 무엇인지 모릅니다. 그리고 세상 사람들처럼 똑같이 그렇게 세상을 살아갑니다.

세상의 특징

그렇다면, 하나님이 없는 세상은 어떤 특징을 갖고 있을까요? 세 가지 특징을 가지고 있습니다. 요한일서 2장 15-16절을 보겠습니다.

> 이 세상이나 세상에 있는 것들을 사랑하지 말라 누구든지 세상을 사랑하면 아버지의 사랑이 그 안에 있지 아니하니 이는 세상에 있는 모든 것이 육신의 정욕과 안목의 정욕과 이생의 자랑이니 다 아버지께로부터 온 것이 아니요 세상으로부터 온 것이라

첫 번째는 육신의 정욕입니다. 이것은 한마디로 탐욕, 정욕입니다. 이 세상의 가치관은 욕심입니다. 자기 자신을 위한 욕심, 돈에 대한 욕심, 편안함에 대한 욕심, 정욕을 합법적으로 추구하고 싶은 욕심. 이것들이 이 세상의 가치관을 지배하고 있습니다.

두 번째는 안목의 정욕입니다. 화려함과 찬란함이 외적으로 어떻게 보

이는지를 나타내는 것입니다. 지난 장에서도 살펴보았지만 신앙은 영적이고 내적이고 본질적인 것입니다. 신앙에서는 내가 바깥으로 사람들에게 어떻게 드러나 보일지는 핵심이 아닙니다. 하나님의 관심은 우리가 어떤 존재인지에 있습니다. 그러나 세상은 속은 아무 상관 없고 외적으로 보이는 것이 좋아야 한다고 말합니다. 좋은 학벌, 직장, 음식 등 사소한 것에서 큰 것까지 외적인 면이 중요합니다. 세상은 다 보이고 싶어합니다. 뭔가를 드러내서 사람들에게 인정받고 싶어합니다. 그리고 내가 사람들에게 어떻게 보이는지에 대한 기준을 가지고 인생을 살아갑니다. 우리의 본질을 가지고 평가하실 하나님 앞에 서서 우리 삶에 진짜가 무엇인지를 심판받을 그 날이 있다는 것을 조금도 염두에 두지 않습니다. 이것이 안목의 정욕입니다.

세 번째는 이생의 자랑입니다. 무엇이든지 자기가 중심이 되어야 합니다. 뭐든 자기가 해야 합니다. 자기가 중심이 되고 자기가 원하는 대로 해야 합니다. 중요한 자리에 자기가 있어야 합니다. 종이 되고 낮아지고 희생하는 것은 체질에 맞지 않습니다. 이생의 자랑거리들이 쌓여야 이 땅에서 사는 동안 인생이 재미있다고 생각하는 것이 세상의 가치관입니다.

십자가는 우리에게 이 세상이 얼마나 짧은지를 가르쳐 줍니다. 하나님의 아들을 못 박아 죽인 이 패역한 세상의 본성을 볼 수 있도록 도와줍니다. 세상이 온갖 좋은 것으로 우리를 유혹하지만 하나님의 아들을 못 박은 세상일 뿐입니다.

주 안에 사랑하는 여러분, 우리는 이 땅에서 나그네처럼 살다가 우리를 맞아 주실 아버지, 그분의 본향에 들어갈 날이 올 것입니다. 십자가는 이 날이 있을 것을 선명하게 말합니다. 거듭되는 경쟁과 비교와 다툼이 지배하는 세상 속에 주님은 자신의 몸을 다 허무셔서 경계의 장벽을 허물고 연합하여 하나 된 생명 공동체인 교회를 만드셨습니다. 주님은 "나와 너"가 아니라 하나이고 연합된 독특한 공동체인 교회를 이 땅에 만드시고 우리에게 가르치십니다. 비교하고 경쟁하고 다투고 살지 말 것을 당부하십니다. 오히려 사랑하고 희생하고 아끼고 짐을 함께 나눠 지고 힘을 다해 종노릇해서 남을 존귀하게 여기라고 하십니다. 세상이 보여 주는 것과 다른 구조와 질서를 가지고 살라고 하십니다. 이것이 십자가가 교회와 성도에게 던지는 메시지입니다.

하나님의 아들이 자격 없는 우리를 위해 돌아가셨습니다. 하나님의 아들이 자신의 몸을 찢을 때, 휘장이 무너져 내리면서 하나님과 우리 사이의 막힌 담도 허셨습니다. 또한 나와 너의 경계를 허무셨습니다. 그래서 우리 삶 속에 한 몸이 되는 연합된 생명의 공동체 가족, 교회를 만들어 주셨습니다. 그렇게 한 몸된 공동체 안에서 경쟁하고 비교하고 싸우고 밟는 것이 아니라 사랑하고 아끼고 희생하여 세상과 다른 방식으로 살도록 하십니다. 십자가는 우리에게 이와 같은 삶을 촉구하기 때문에, 우리는 마음을 다해 십자가를 사랑하고 자랑하는 것입니다.

사랑하는 여러분, 주님을 믿은 지 꽤 세월이 흘렀어도 내 자랑이 내가 한 것, 내 자신입니까? 아니면 주님의 십자가입니까? 저는 제대로 된 성도만 나오면 조국 교회가 달라지리라 믿습니다. 우리가 제대로 믿기만 하면 조국 땅은 소망과 힘이 어디로부터 오는지 선명하게 보게 될 것입니다. 우리 속에 참된 자랑이 회복되어서 이 땅을 바르게 회복하는 영광이 우리 모두를 통해서 나오기를 바랍니다.

야고보서 2장 14-26절

내 형제들아 만일 사람이 믿음이 있노라 하고 행함이 없으면 무슨 유익이 있으리요 그 믿음이 능히 자기를 구원하겠느냐 만일 형제나 자매가 헐벗고 일용할 양식이 없는데 너희 중에 누구든지 그에게 이르되 평안히 가라 덥게 하라 배부르게 하라 하며 그 몸에 쓸 것을 주지 아니하면 무슨 유익이 있으리요 이와 같이 행함이 없는 믿음은 그 자체가 죽은 것이라 어떤 사람은 말하기를 너는 믿음이 있고 나는 행함이 있으니 행함이 없는 네 믿음을 내게 보이라 나는 행함으로 내 믿음을 네게 보이리라 하리라 네가 하나님은 한 분이신 줄을 믿느냐 잘하는도다 귀신들도 믿고 떠느니라 아아 허탄한 사람아 행함이 없는 믿음이 헛것인 줄을 알고자 하느냐 우리 조상 아브라함이 그 아들 이삭을 제단에 바칠 때에 행함으로 의롭다 하심을 받은 것이 아니냐 네가 보거니와 믿음이 그의 행함과 함께 일하고 행함으로 믿음이 온전하게 되었느니라 이에 성경에 이른 바 아브라함이 하나님을 믿으니 이것을 의로 여기셨다는 말씀이 이루어졌고 그는 하나님의 벗이라 칭함을 받았나니 이로 보건대 사람이 행함으로 의롭다 하심을 받고 믿음으로만은 아니니라 또 이와 같이 기생 라합이 사자들을 접대하여 다른 길로 나가게 할 때에 행함으로 의롭다 하심을 받은 것이 아니냐 영혼 없는 몸이 죽은 것같이 행함이 없는 믿음은 죽은 것이니라

[부록]
야고보서와 갈라디아서 비교

우리는 갈라디아서 2장 16절에서 "믿음으로써 의롭다 함을 얻으려 함이라"는 말씀을 살펴보았습니다. 이 말씀은 믿음으로 말미암아 의롭다 하심을 받고 한 사람도 행위나 자격으로 하나님 앞에 의롭다 함을 받을 자가 없다는 진리입니다. 그러나 그동안 이 말씀을 배웠음에도 불구하고 사람들은 아직도 이 진리가 낯설고 정리가 되지 않습니다. 그래서 예수를 믿고 나면 우리에게 어떤 일이 일어나는지를 자꾸 놓칩니다. 행위로 구원받지 않았기 때문에 성도가 된 이후에도 행위는 아무 관계가 없는 것처럼 오해합니다. 그래서 야고보서 본문을 가지고 한 번 더 갈라디아서 전체를 정리하려고 합니다.

행함이 없는 믿음

이 본문을 잘 이해하려면, 14절을 주목해서 보아야 합니다.

> 내 형제들아 만일 사람이 믿음이 있노라 하고 행함이 없으면 무슨 유익이 있으리요 그 믿음이 능히 자기를 구원하겠느냐

여기에 한 사람이 등장합니다. 누구입니까? "예수를 믿는다고 고백하는 사람"입니다. 여기서는 "예수를 모르는 사람이 어떻게 성도가 될 수 있을까 혹은 어떻게 은혜 안으로 들어올까"라는 주제를 다루는 것이 아닙니다. 이미 예수를 믿는다고 고백하는 사람을 다루고 있습니다.

그런데 이 사람의 문제가 무엇인가요? 믿는다고 고백은 하지만, 믿음에 합당하게 수반되는 행위가 전혀 드러나지 않는다는 점입니다. 우리가 예수를 믿기 전에는 하나님 없이 세상을 살았습니다. 그러다가 예수를 믿으면 하나님이 우리 삶 속으로 들어오십니다. 하나님을 믿고 의지하기 시작하면 우리 삶에 구체적인 증거와 표가 나타납니다. 그런데 이 사람은 예수를 믿는 믿음은 있다고 하나 당연히 따르게 되는 행실의 증거가 전혀 나타나지 않고 있습니다.

하나님 없이 살다가 하나님을 믿게 되면 그 삶은 당연히 다를 수밖에 없습니다. 우리가 세상 방식으로 살다가 하나님의 진리를 만나 그 진리를 붙들고 살면 달라지기 마련입니다. 그러므로 "내가 믿는다"고 말할 때는 언제나 믿는 결과가 행위로 구체적인 차이를 가져옵니다. 그런데 이 사람

은 삶에 아무 증거와 표가 없습니다.

야고보는 이런 사람을 향해서 이렇게 반문합니다. "무슨 유익이 있느냐?" 세상을 살다가 하나님을 믿으면 당연히 삶이 변화될 수밖에 없는데 그런 구체적인 차이도 가져오지 못하는 믿음이라면 무슨 유익을 끼치겠느냐고 묻는 것이죠. 이런 믿음은 아무 유익도 끼치지 못한다고 이야기합니다. 심지어 뭐라고 말하지요? "그 믿음이 능히 자기를 구원하겠느냐"라고 질문합니다. 하나님을 믿는 결과가 삶에 아무런 행실의 변화를 가져오지 못한다면, 더 중요하고 결정적인 구원을 가져올 수 있느냐고 질문하는 것입니다. 불가능하죠. 그런 믿음은 성경이 가르치지 않습니다.

이에 대한 구체적인 예를 다시 한 번 들어 줍니다. 15-17절입니다.

> 만일 형제나 자매가 헐벗고 일용할 양식이 없는데 너희 중에 누구든지 그에게 이르되 평안히 가라 덥게 하라 배부르게 하라 하며 그 몸에 쓸 것을 주지 아니하면 무슨 유익이 있으리요 이와 같이 행함이 없는 믿음은 그 자체가 죽은 것이라

어느 추운 날, 옆에서 한 지체가 오들오들 떨고 있습니다. 그를 보면서 이렇게 말합니다. "되게 춥겠다, 따뜻하게 입어!" 이렇게만 말하면 됩니까? 아무 일도 일어나지 않습니다. 추우니까 따뜻하게 입으라고 말은 했지만 입을 것을 주지 않았습니다. 하나도 보탬이 되지 않고 말만 하고 끝난 것입니다.

믿음이 있다고 하면서 구체적인 변화와 행위가 없다면 그것은 헛것이고,

구원하지 못하는 것이며, 죽은 것에 불과합니다. 기독교의 믿음은 이런 것이 아닙니다. 입으로만 믿음을 말하고 그냥 막연히 믿는다고 말하면 된다고 성경은 말하지 않습니다. 그런 믿음은 영혼을 구원할 수 없습니다.

믿음과 행함이 분리되는 것 아닌가

야고보의 이런 주장에 어떤 사람이 반론을 제기합니다. 18절입니다.

> 어떤 사람은 말하기를 너는 믿음이 있고 나는 행함이 있으니

우리말 성경에는 접속사가 없지만, 원문에는 18절 앞에 "그러나"라는 접속사가 있습니다. "그러나 어떤 사람이 말하기를 너는 믿음이 있고 나는 행함이 있으니……." 야고보의 이야기를 듣고 어떤 사람이 반론을 내세우고 있습니다. "봐라, 바울이 쓴 로마서나 갈라디아서를 보면, 믿음으로 구원받는다는 진리가 선명하게 드러나고 믿음이 강조되어 있다. 야고보는 행함의 중요성을 강조하고 있다. 이처럼 우리가 신앙 생활을 하다 보면 믿음과 행함이 분리될 수 있다. 가령 어떤 사람은 믿음이 훨씬 좋아서 믿음이 자신의 신앙을 잘 드러내는가 하면, 어떤 사람은 행함, 곧 실천과 봉사를 잘 드러내서 신앙 생활을 할 수 있는 거 아니냐?"라고 반론을 펴는 것이죠. 우리가 신앙 생활을 하다 보면, 주변에 예수를 잘 믿는 것처럼 보이는 사람들이 있습니다. 기도도 많이 하고 왠지 모르게 신령하게 보이고 목소리도 늘 쉬어 있거나 가라앉아서 말투도 느릿느릿 한 분이요. 이런

분들은 구체적으로 봉사를 하거나 눈에 띄는 섬김은 없는데 왠지 신령할 것 같은 분위기가 있죠. 또 어떤 분들은 기도는 좀 모자란 것 같지만 식당 봉사라든지, 여러 봉사처에 가서 열심히 일하는 분들도 있어요. 이처럼 어떤 사람은 믿음이 있고, 어떤 사람은 행함이 있을 수 있는 거 아닌가, 믿음과 행함이 분리되어 우리의 경건이 다른 형태로 나타날 수 있는 것이 아닌가 반론을 하는 것이죠. 어떻게 생각하십니까? 은혜가 되고 호소력이 있나요? 아닙니다. 큰일 납니다. 이런 반론에 대해 야고보가 18절 하반절에 이렇게 말합니다.

> 행함이 없는 네 믿음을 내게 보이라 나는 행함으로 내 믿음을 네게 보이리라

믿음은 하나님이 그리스도 안에 있는 귀한 은혜를 우리에게 값없이 아무 자격을 묻지 않고 주실 때 우리가 그 은혜를 받을 수 있게 하는 중요한 도구입니다. 이 믿음을 통해 주님의 은혜가 우리에게 적용되고 우리 삶에 나타나는 것입니다. 그 믿음이 어디에 있습니까? 옛 믿음의 선배들은 "믿음의 좌소가 어디에 있는가?"라고 물었습니다. 우리 속에? 머리에? 손에? 믿음의 선배들은 믿음의 좌소는 "마음"이라고 했습니다. "마음"이라는 단어는 한국 사회가 흔히 생각하는 것처럼 속에 있는 막연한 어떤 것이라기보다 인격의 중심을 가리킵니다.

그렇다면, 그 믿음이 있다는 사실을 무엇으로 알 수 있습니까? 성경은, 특히 야고보는 우리에게 "행함이 없는 네 믿음을 내게 보이라"고 합니다.

"한번 보여 봐라, 어떻게 네 속에 믿음이 있다는 사실을 보여 줄 수 있는지 보여 봐라. 네가 확신하고 있는 믿음을 다른 사람들에게 어떻게 보일 수 있는가?"라고 말하는 것이죠. 그리고 야고보 자신은 어떻게 보일 수 있다고 합니까? "나는 행함으로 내 믿음을 보이리라." 이게 성경이고 기독교입니다.

우리가 하나님 앞에 의롭다 함을 받고, 죄를 용서받고, 구원에 들어가는 길은 하나밖에 없습니다. 은혜입니다. 하나님의 은혜로 우리가 구원을 받습니다. 그리고 오직 믿음으로 구원의 은혜가 우리 삶에 적용됩니다. 그러므로 오직 믿음으로 은혜가 아니면 절대로 우리가 하나님 앞에 의롭다 함을 받을 수 없습니다. 믿는다는 증거는 무엇입니까? 우리의 행위를 보면 진실로 믿는 자인지 아닌지를 알 수 있습니다. 물론 이것이 유일한 검증의 틀은 아니지만 중요한 검증 중 하나입니다.

사랑하는 여러분, 우리 속에 있는 믿음을 바깥으로 드러내 보이는 중요한 도구는 우리의 입에서 나오는 고백이 아닙니다. 물론 고백은 필요하고 중요한 것입니다. 하지만 우리 고백이 성경이 말하는 금생과 내생에 죽고 사는 것을 결정하는 믿음을 증거하지는 않습니다. 선명하게 우리의 믿음을 검증할 수 있는 틀은 우리의 삶 속에 드러나는 행함입니다. 이것이 기독교가 가지고 있는 중요한 틀입니다.

예수 그리스도의 산상수훈도 야고보서 2장과 거의 비슷한 교훈을 하고 있습니다. 마태복음 7장 20절입니다.

> 이러므로 그들의 열매로 그들을 알리라

예수께서 산상수훈 말미에 하신 말씀입니다. 우리는 나무가 어떤 종류의 나무인지 어떻게 압니까? 그 나무에 맺힌 열매를 통해 압니다. 사과가 열리냐, 배가 열리냐, 감이 열리냐에 따라 그 나무가 사과나무인지, 배나무인지, 감나무인지 아는 것처럼 사람도 참 성도인지 아닌지는 그 사람이 맺는 열매를 보면 알 수 있습니다.

사랑하는 여러분, 유사품이 있습니다. 열매가 아닌, 행위가 아닌 다른 것으로 자기를 평가하는 자들이 있습니다. 첫 번째 유사품입니다. 마태복음 7장 21절을 보겠습니다.

> 나더러 주여 주여 하는 자마다 다 천국에 들어갈 것이 아니요 다만 하늘에 계신 내 아버지의 뜻대로 행하는 자라야 들어가리라

예수께 "주님"이라고 신앙 고백 하는 자가 있다고 합니다. 야고보서 2장에 나오는 "나는 예수를 믿는다"고 말하는 사람들과 똑같습니다. "주여, 주여"라고 부르고 있습니다. 그런데 주님이 뭐라고 말씀하십니까? 그런 자마다 "다 천국에 들어갈 것이 아니요"라고 하셨습니다. 더불어 하신 말씀이, "하늘에 계신 내 아버지의 뜻대로 행하는 자라야 들어가리라"고 합니다. 이 말은 믿음으로 구원받는 것이 아니라 행함으로 구원받는다는 말씀이 아닙니다. 아버지의 뜻이 무엇인지 알고, 그 말씀을 행하는 열매를 맺는 자들이 구원을 얻는다는 겁니다. 믿음이 있는 사람을 평가하는 기준이 입술의 고백이 아니라 그의 행실이라는 열매입니다.

두 번째 유사품 무리가 나옵니다. 22-23절입니다.

> 그 날에 많은 사람이 나더러 이르되 주여 주여 우리가 주의 이름으로 선지자 노릇 하며 주의 이름으로 귀신을 쫓아 내며 주의 이름으로 많은 권능을 행하지 아니하였나이까 하리니 그 때에 내가 그들에게 밝히 말하되 내가 너희를 도무지 알지 못하니 불법을 행하는 자들아 내게서 떠나가라 하리라

한국 사람들이 제일 좋아하는 유사품 중에 하나입니다. "주님, 제가 주님의 이름으로 선지자 노릇을 했습니다, 주님의 이름으로 귀신을 내어 쫓았습니다, 주님의 이름으로 권능과 기적을 행했습니다, 그런데 나 같은 사람이 어떻게 주님을 믿지 않겠습니까?"라고 말합니다. 이 때 주님이 이렇게 말씀하십니다. "내가 너희를 도무지 알지 못하니 불법을 행하는 자들아 내게서 떠나가라." 믿음으로 의롭다 함을 받아서 죄가 덮이고 가려진 적이 없는 자들은 내게서 떠나가라고 하신 말씀입니다.

사랑하는 여러분, 눈여겨 잘 보십시오. 제가 교회에 아무리 오래 다녀도 주님을 인격적으로 만나지 않으면 아무 의미 없다고 설교하니까 사람들이 고민을 합니다. '예수 그리스도를 인격적으로 만나는 게 뭘까?'라고 고민을 하니까 어떤 성도가 조언합니다. "체험을 하면 돼, 방언이 터지는 체험을 하면 돼." 예수께서 말씀하십니다. "내가 너희를 도무지 알지 못하니 불법을 행하는 자들아 떠나가라."

영적 체험은 믿음의 증거가 아닙니다. 믿음으로 구원받고, 믿음으로 용

서받고, 믿음으로 은혜를 받아서 하나님의 백성이 되었는데, 이 믿음이 바른 믿음인지 아닌지를 검증하는 틀은 고백도 아니고, 종교적인 체험을 하는 것도 아닙니다. 24절을 보겠습니다.

> 그러므로 누구든지 나의 이 말을 듣고 행하는 자는 그 집을 반석 위에 지은 지혜로운 사람 같으리니

성경이 말하는 바른 믿음에는 반드시 행위가 따르고 열매를 맺는다는 것입니다. 그 열매를 가지고 자신의 믿음을 평가해야지, 내가 어떤 종교적인 체험을 했고, 내가 어떤 고백을 하느냐를 가지고 평가하면 영혼을 잃어버릴 위험에 처합니다.

기독교는 샤머니즘처럼 믿고 선행을 조금씩 하면서 사는 그런 종교 체계가 아닙니다. 기독교는 행함으로 구원받을 수 없고, 자격이나 조건을 구비해서 하나님 앞에 의롭다 함을 받을 자가 아무도 없기 때문에 은혜로 값없이 믿음으로만 구원에 이릅니다. 그 중요한 믿음을, 행위를 보면 안다는 것입니다. 이방 종교에도 종교적 체험이 있습니다. 그런 것이 우리 신앙의 진정성을 보증하는 것이 아닙니다. 우리 신앙의 진정성은 하나님의 말씀이 진실하다고 믿는 고백이 만들어 내는 행위에 있습니다. 행위를 가지고 자신의 믿음을 평가하고 보아야 바른 믿음인지 아닌지를 알 수 있습니다.

귀신도 믿는 믿음의 수준

이렇게 말을 해도 끝까지 아니라고 버티는 사람들이 있습니다. 야고보서 2장 19절을 보겠습니다.

> 네가 하나님은 한 분이신 줄을 믿느냐 잘하는도다 귀신들도 믿고 떠느니라

아무리 가르쳐도 끝까지 버티면서, "나는 하나님이 진짜 하나님이고 한 분이신 줄 믿어요"라고 합니다. 그러니까 야고보가 토를 달아 대답합니다. "하나님이 한 분이신 줄 믿느냐? 잘했다, 귀신들도 믿고 떤다." 끝까지 버티는 사람의 믿음의 수준이 어느 정도라고 말하나요? 귀신이 믿는 수준이라고 한 것입니다. 성경이 말하는 믿음이 아니고 귀신이 갖고 있는 믿음 수준에 불과하다는 겁니다.

구주께서 이 세상에 오셔서 살아가실 때, 제자들은 아직 주님이 어떤 존재인지도 모르는 시절이 있었습니다. 그 때 귀신들은 주님을 알아봤습니다. 그들은 예수 그리스도가 "하나님의 아들"이라고 고백했습니다. 심지어 두려워 떨며 자기들을 무저갱으로 던져 넣지 않기를 간구했습니다. 지옥이 있다고 믿고, 지옥의 형벌과 심판이 얼마나 두려운지를 알고 있었습니다. 그래서 그들은 그냥 아는 정도가 아니라 두려워서 떨 만큼 알고 있었습니다. 그러나 그 귀신들은 어떻게 되었나요? 구원받았습니까? 하나같이 다 구원받지 못했지요. 하나님의 아들이라는 것도 알고, 고백도 했으며, 두려워 떨기도 했지만 지옥불에 던져졌습니다. 하나님을 믿어 삶의 중

심으로 모시고 그분이 우리의 삶 중심에 들어온 결과로, 하나님께 예배드리고, 순종하고, 합당한 행위가 전혀 없다면 그가 갈 곳은 지옥 불밖에 없습니다. 우리 신앙이 그럴 수 있습니다. 믿는다고 고백하고, 때때로 양심의 가책도 받고, 하나님의 심판에 대한 두려움도 가지고 있으면서도, 손톱만큼도 삶의 열매와 행실의 변화가 일어나지 않는 모습으로 하나님을 믿는다고 고백할 수 있습니다. 이것은 기독교 신앙이 아닙니다. 이는 샤머니즘을 가진 종교는 될 수 있지만, 기독교 신앙은 아닙니다.

성경은 우리가 하나님을 믿으면 반드시 그분을 믿기 전과 다른 형태로, 믿음에 합당한 삶의 행실로 나타난다고 말합니다. 우리가 이 땅에서 죽고 사는 결정적인 증거는 종교적인 체험의 유무가 아니라 우리의 행실을 통해 영적 상태를 바르게 검증할 수 있다고 성경은 아주 단호고 분명하게 말하고 있는 것이죠.

야고보서가 말하는 행위는 무엇인가

사랑하는 여러분, 그렇다면, 야고보서가 말하고 있는 행위는 무엇입니까? 사도 바울이 로마서나 갈라디아서에서 행위로 말미암지 않고 믿음으로, 은혜로 말미암아 구원에 이른다고 했습니다. 그런데 야고보는 전혀 반대인 것처럼 행위를 강조합니다. 우리에게 논리적인 혼돈과 어려움이 올 수 있습니다. 제일 큰 어려움은 "행위"라고 말하면 성도들이 하나같이 머리 속에 떠올리는 것이 있습니다. 도덕적이고 윤리적인 삶, 선행과 같은 것들이죠. 아니면 마더 테레사처럼 특화된 영웅적인 삶을 머리에 떠올린다고 합니다. 아니면 바르고 참되고 의롭고 착하고 순전한 어떤 행실, 완전하고 실수가 없는 행실을 자꾸 떠올립니다. 그렇기 때문에 이런 주제를 다루면 사람들이 자꾸 방향을 잃습니다.

사랑하는 여러분, 우리는 어머니의 모태에서부터 죄인으로 태어났습니다. 그래서 아무도 행위나 자격을 구비해서 구원받을 수 없기 때문에 하나님이 은혜로, 믿음을 통해 구원에 들어오도록 우리를 초대하십니다. 하나님의 구원을 받은 우리라면 그 믿음이 있다는 사실은 구체적인 행위의 변화를 통해서 알 수 있습니다. 행위를 가지고 천국에 가는 것은 아니지만 누구든지 은혜를 받고 하나님의 구원을 받은 모든 진실한 성도들은 과거 자신의 삶과 다른 행위의 차이를 경험하게 됩니다. 마더 테레사처럼 영웅적인 어떤 삶을 사는 것은 아닙니다. 그런 사람은 천에 하나 만에 하나 있는 것이지 우리 모두가 마더 테레사처럼 사는 것은 아닙니다. 모두가 다 위대한 인물처럼 삶을 산다고 말하는 것도 아닙니다. 그럼에도 분명한 행실의 증거가 있습니다. 야고보서 2장 21절입니다.

> 우리 조상 아브라함이 그 아들 이삭을 제단에 바칠 때에 행함으로 의롭다 하심을 받은 것이 아니냐

아브라함이 나이 백 살이 넘어서 낳은 이삭을 하나님께 드렸습니다. 하나님께서 아브라함에게 가치 있고 소중한 이삭을 바치라고 말씀하실 때, 아브라함은 괴롭고 힘들었을 것입니다. 그러나 아브라함은 하나님께 이삭을 아낌없이 바쳤습니다. 왜요? 뭘 믿고 그랬을까요? 하나님을 의지하고

신뢰함으로 이삭을 바쳤습니다. 로마서 4장 19-22절을 보면, 아브라함의 믿음이 나옵니다.

> 그가 백 세나 되어 자기 몸이 죽은 것 같고 사라의 태가 죽은 것 같음을 알고도 믿음이 약하여지지 아니하고 믿음이 없어 하나님의 약속을 의심하지 않고 믿음으로 견고하여져서 하나님께 영광을 돌리며 약속하신 그것을 또한 능히 이루실 줄을 확신하였으니 그러므로 그것이 그에게 의로 여겨졌느니라

죽은 자리에서 다시 살려서라도 이삭을 통하여 자녀가 이어질 것이라는 믿음으로 이 순종의 행위가 가능했다고 성경은 말하지요. 내 삶에서 아무리 중요하다 해도 하나님께서 "그만, 이제 그만 나한테 그냥 가지고 와"라고 하시니까, 드리지 않으면 해코지 하시니까 억지로 드린다고 하는 마음이 아닙니다. 하나님이 말씀하실 때는 이유가 있는 줄 알고 어떤 방식으로든지 하나님이 이삭을 통해서 후손을 만드실 줄 믿고 순종하는 행위로 아브라함은 믿음의 진정성을 보였습니다.

혹시 우리 가운데 이런 말을 하면서 뒤로 숨고 싶은 사람 있습니까? "목사님, 아브라함은 믿음의 조상이잖아요. 저는 평신도입니다. 평범한 성도." 그래서 야고보가 한 사람을 더 예로 들었습니다. 본문 25절입니다.

> 또 이와 같이 기생 라합이 사자들을 접대하여 다른 길로 나가게 할 때에 행함으로 의롭다 하심을 받은 것이 아니냐

기생 라합은 모든 면에서 아브라함과 대조되는 인물입니다. 아브라함은 성경에 기록된 가장 탁월한 믿음의 사람입니다. 성품도 훌륭하고 많은 사람에게 존경받은 대표적인 인물이죠. 그러나 기생 라합은 아브라함의 극단에 서 있는 사람입니다. 여자입니다. 거기다 기생입니다. 행실이 바르지 못하고 죄를 물 먹듯이 먹고 살아왔습니다.

아브라함은 이삭을 드리는 데까지 40년이 넘는 오랜 영적인 연단과 훈련을 거쳤을 것입니다. 75세에 부름을 받아서 이삭을 드리는 나이가 적어도 110살은 넘었을 거라고 봅니다. 이 긴 세월 동안 아브라함은 훈련을 거쳐 하나님 앞에 아름다운 행위를 삶으로 담아내는 성숙한 예를 보여 줬습니다. 그러나 라합은 이제 갓 하나님에 대한 이야기를 들었습니다. 어느 날 성 밖을 보니 벌 떼 같은 수많은 백성이 모여 있는데, 그들이 이스라엘 백성이고 하나님의 권능으로 애굽의 강력한 군대를 깨뜨리고 자유함을 얻은 하나님의 백성이라는 이야기를 듣자 마음에 신기하게도 믿음이 생겼습니다. 아브라함은 하나님께서 준비하신 여러 체험과 수많은 과정을 거치면서 깊이 하나님을 만났지만, 라합은 기껏해야 소문을 들은 것이 전부입니다. 라합은 정확한지도 모르는 소문을 들은 것이 전부인데 재미있게도 그 작은 지식을 가지고도 하나님을 믿었습니다.

사랑하는 여러분, 라합이 이렇게 믿자 어떤 일이 있어났습니까? 작은 지식으로 가진 믿음이 일을 하게 됩니다. 행위를 만들어 냅니다. 사람들의 판단을 두려워하지 않습니다. 동족을 배신하고 수많은 불이익조차 당할 것을 두려워하지 않고 정탐꾼을 숨깁니다. 여호와 하나님이 이 땅을 반드시 정복할 것을 믿고 정탐꾼을 숨겨 주는 과감한 행동을 합니다.

아브라함의 생애도 그렇고, 이후에 나타난 라합의 생애에서도, 많은 시행착오가 있었음에도 불구하고 작은 믿음이지만, 진실한 믿음에서 행위가 나왔습니다. 하나님을 고백하고 믿는 데서 나오는 구체적이고 사실적인 행위가 그 믿음의 진정성을 보증하고 입증하는 것입니다.

사랑하는 여러분, 야고보서 2장 21-23절을 다시 한 번 보세요. 많은 사람에게 혼란을 주는 이 본문은 행함으로 의롭다 함을 가르치는 본문이 아닙니다. 21절 하반절을 보면, "행함으로 의롭다 하심을 받은 것이 아니냐"라고 해 놓고 22절에 다시 그 행함이 무엇인지를 설명합니다. "네가 보거니와 믿음이 그의 행함과 함께 일하고 행함으로 믿음이 온전하게 되었느니라"고 합니다. 행함으로 구원받는다는 말을 하는 것이 아닙니다. 믿음으로 구원을 받는데 행함이 같이 일하는 것을 볼 수 있습니다. 믿음과 행함이 같이 일하는 그 믿음을 가리켜서 "온전하다"고 합니다.

22절을 근거로 어떤 학자들, 특히 로마 가톨릭교회 학자들은 "믿음으로 충분하지 않고 행함이 더해질 때 온전하게 된다"고 가르칩니다. 만약 사람이 믿음으로 구원에 들어가는 것이 아니고, 믿음이 불완전하기 때문에 행함이 더해져야 한다면 아무도 구원에 들어가지 못할 것입니다. 우리는 하나같이 형벌을 면할 수 없을 것입니다. 이 본문은 그런 말이 아닙니다. 여러분은 23절을 어떻게 해석하실 겁니까?

> 이에 성경에 이른 바 아브라함이 하나님을 믿으니 이것을 의로 여기셨다는 말씀이 이루어졌고 그는 하나님의 벗이라 칭함을 받았나니

"아브라함이 하나님을 믿으니 이것을 의로 여기셨다"는 것은 창세기 15장에 나오는 사건입니다. 80세가 넘었을 때 창세기 15장 6절에 "아브람이 여호와를 믿으니 여호와께서 그의 의로 여기시고"라고 기록되어 있습니다. 그런데 하나님께서 아브라함의 믿음을 보시고 의롭다고 여겨 주실 때, 그의 믿음이 의롭고 참되고 온전하다는 사실이 언제 밝히 드러났습니까? 아브라함의 나이 110세가 넘었을 때입니다. 창세기 22장에서 아브라함이 이삭을 하나님께 드리는 것을 보고 그의 믿음이 진짜 온전하고, 참되며, 하나님이 보실 때 받으실 만한 믿음이라는 사실이 밝히 드러나 그 믿음이 보증되고 온전하게 인정받게 된 것입니다. 이 때 하나님께서 아브라함에게 이렇게 말씀하십니다.

이제야 네가 하나님을 경외하는 줄을 아노라(창 22:12)

아브라함은 집을 떠날 때도 하나님을 사랑했습니다. 아브라함이 하나님을 믿어서 의롭다 하심을 받을 때도 하나님을 사랑했습니다. 그럼에도 이런 구체적인 행실과 증거가 드러났을 때, "이제야 네가 나를 사랑하는 줄 알았다"고 합니다. 그 때부터 사랑했다는 말이 아니라 아브라함이 믿음을 온전하게 표현했을 때 알았다는 것입니다. 그런 면에서 22절의 온전함은 믿음이 행위라는 열매를 가져올 때, 성경이 말하는 온전한 믿음이라는 이야기를 해 줍니다.

주 안에 사랑하는 여러분, 성경은 한 사람도 행위로 자격을 구비해서 하나님 앞에 의롭다 함을 받을 자가 없다고 분명히 말합니다. 믿음으로 용서받고 구원에 이르게 된다고 분명하게 말합니다. 우리가 용서받고 구원에 이르게 하는 믿음은 어떻게 확인할 수 있습니까? 우리의 삶을 보면 됩니다.

 이 주제가 중요한 것은 조국 땅에 있는 많은 사람들이 기독교를 샤머니즘처럼 믿기 때문입니다. 성경이 말하는 믿음이 아니라 그냥 막연한 믿음으로 자신을 속입니다. 사람들이 이런저런 종교적인 체험을 가지고 자기를 속이고 있습니다. 믿음은 금생과 내생의 영원한 생명을 가름하는 결정적인 기준입니다. 되는 대로 아무렇게나 믿어서는 안 됩니다. 이렇게 결정적으로 중요한 믿음이 나에게 바르게 있는지 살펴보아야 합니다. 그저 교회를 다니고 나쁜 짓만 하지 않으면 구원받는다고 성경은 말하지 않습니다. 믿음이 아니면 죄를 용서받고 구원에 이를 자가 아무도 없습니다. 성경이 말하는 믿음이 우리에게 있는지는 내 삶을 보면 틀림없이 검증할 수 있습니다. 성경에서 말하는 산 믿음이 우리 모두에게 이루어지고 영생의 귀한 복을 영원토록 누리기를 바랍니다.

갈라디아서

초판발행	2014년 11월 20일
초판 5쇄	2019년 6월 20일
지은이	화종부
발행인	김수억
발행처	죠이선교회(등록 1980. 3. 8. 제5-75호)
주　소	02576 서울시 동대문구 왕산로19바길 33
전　화	(출판부) 925-0451
	(죠이선교회 본부, 학원사역부, 해외사역부) 929-3652
	(전문사역부) 921-0691
팩　스	(02) 923-3016
인쇄소	영진문원
판권소유	ⓒ 죠이선교회
ISBN	978-89-421-0356-0 03230

책값은 뒤표지에 있습니다.
잘못된 도서는 교환하여 드립니다.
이 책의 내용을 허락 없이 옮겨 사용할 수 없습니다.

이 도서의 국립중앙도서관 출판예정도서목록(CIP)은 서지정보유통지원시스템 홈페이지(http://seoji.nl.go.kr)와 국가자료공동목록시스템(http://www.nl.go.kr/kolisnet)에서 이용하실 수 있습니다.(CIP제어번호: CIP2014032850)